भारत में आतंकवाद

सौरभ अग्रवाल

इशिका पब्लिशिंग हाउस
जयपुर दिल्ली

इशिका पब्लिशिंग हाउस

ए -25, "गणेश सदन", गली न. 4, आदर्श बस्ती,
बी.एल. हाउस के पास, टोंक फाटक,
जयपुर-302018 (राजस्थान) भारत
फोन : 0141-2761280, Mob. 9887532741
Email: ishikapublishinghouse@yahoo.in

दिल्ली कार्यालय : 102, प्रथम मंजिल, 'सत्यम हाउस'
4324/3, अंसारी रोड़, दरियागंज, नई दिल्ली - 110 002
फोन : 011-45652440

ISBN: 9788189471316

टाइपसेटिंग : बी.एस. कम्प्यूटर्स, जयपुर

मुद्रक : थॉमसन प्रेस, नई दिल्ली

प्रस्तावना

आतंकवाद पहले के संदर्भ में इस्तेमाल किया गया शब्द राज्य आतंक का विकृत रूप है। अवैध हिंसा और युद्ध के द्वारा लोगों में डर पैदा कर अपनी बातों को मनवाना इसका मूल उद्देश्य है। आज आतंकवाद सम्पूर्ण विश्व में अपनी पैठ बना चुका है। अपने विभिन्न रूपों -- नागरिक विकार, राजनीतिक आतंकवाद, गैर-राजनीतिक आतंकवाद, अर्द्ध आतंकवाद, सीमित राजनीतिक आतंकवाद, सरकारी आतंकवाद, राष्ट्रवादी-अलगाववादी, धार्मिक कट्टरपंथी, नई धार्मिक, सामाजिक, क्रांतिकारी आदि रुपों में सम्पूर्ण विश्व को त्रस्त किये हुए है।

वर्तमान समय में हर राजनीतिक मंच पर आतंकवाद की चर्चा की जा रही है। सम्पूर्ण विश्व इसके विरुद्ध गोलबंद हो रहा है। लेकिन कुछ राष्ट्रों की राजनीतिक स्वार्थपूर्ति की नीतियों के कारण कहीं न कहीं यह युद्ध कमजोर हो रहा है। विगत कुछ वर्षों से भारत आतंकवाद का सामना कर रहा है। आतंकी गतिविधियों से निपटने के लिए सरकार सख्त नीतियों का अनुसरण कर रही है। लेकिन यह आतंकी गतिविधियाँ पाकिस्तान द्वारा निर्देशित, प्रायोजित, सुसज्जित और वित्त-प्रदत्त होने के कारण रुकने का नाम नहीं ले रही है।

प्रस्तुत पुस्तक में भारत में आंतकवाद के विविध पक्षों पर प्रकाश डाला गया है। पुस्तक में उन सभी प्रयासों और अन्तर्राष्ट्रीय नीतियों की समीक्षा की गई है, जो आतंकवादियों के प्रसार को बढ़ाने और रोकने के लिए जिम्मेदार हैं।

पुस्तक के प्रकाशन में विविध ग्रंथों, लेखों और शोध-पत्रों से मदद ली गई है। मैं उनके लेखकों के प्रति अपना आभार प्रकट करता हूँ। आशा है पुस्तक पाठकों को पसन्द आयेगी।

सौरभ उपाध्याय

अनुक्रमणिका

प्रस्तावना v

1. आतंकवाद 1
2. अंतर्राष्ट्रीय स्तर पर आतंकवाद का प्रसार 31
3. अरब देशों में आतंकवाद और भारत 77
4. पाकिस्तान में आतंकवाद और भारत 127
5. बांग्लादेश के उग्रवादी संगठन और भारत 163
6. भारतीय सुरक्षा को आतंकवाद की चुनौती 178
7. पाकिस्तानी गुप्तचर संस्थाएं एवं आतंकवाद का भारत पर प्रभाव 206

1

आतंकवाद

वर्तमान समय में पूरा विश्व आतंकवाद की समस्या का सामना कर रहा है। यह एक अप्रत्यक्ष चुनौती है, जिससे निपट पाना किसी भी देश के लिए आसान नहीं है। आये-दिन होने वाले आतंकवादी हमलों में कई निर्दोष लोगों को अपनी जान से हाथ धोना पड़ता है। आज भारत सीमा पार एवं सीमा के अन्दर दोनों ही तरह के आतंकी हमलों से जूझ रहा है। कुछ विद्वान यह मानते हैं कि आतंकवाद का स्वरूप यहीं तक सीमित नहीं है, बल्कि इसका क्षेत्र वृहद् हो चुका है। आज, अल्जीरिया से लेकर पाकिस्तान और बांग्लादेश होते हुए मलेशिया और इंडोनेशिया समेत फिलीपींस तक इस्लामिक कट्टरवाद अपने पांव पसार चुका है। इस संघर्ष के दौरान हमें कई तरह की बातें सीखने को मिलीं, जिनमें से कई बातें तो कटु सत्य थीं तथा उनसे सीख लेकर हमने काम भी किए; लेकिन हमने कुछ निम्नलिखित बातों को मानने से इंकार कर दिया है–

1. आतंकवाद का इतिहास बहुत पुराना है। आतंकवाद आज एक स्थायी युद्ध बन गया है। यदि हमें इस चिरकालिक युद्ध से निपटना है तो सबसे पहले हमें हर छोटे-से-छोटे विद्रोह या विद्रोही तत्त्वों के प्रति सजग रहना पड़ेगा। इसके लिए हमें चाणक्य की नीति को हमेशा के लिए दिलो-दिमाग में बैठा लेना चाहिए। इस सम्बन्ध में एक उदाहरण उल्लेखनीय है–एक बार चंद्रगुप्त एक खेत से गुजर रहे थे। उन्होंने देखा कि थोड़ी दूरी पर एक व्यक्ति बार-बार नीचे झुक रहा है और जमीन में कुछ डाल रहा है। ऐसा वह बार-बार कर रहा है।

चंद्रगुप्त उसके पास पहुंच गए वह व्यक्ति कोई और नहीं बल्कि चाणक्य था। चंद्रगुप्त ने उससे पूछा कि 'यह तुम क्या कर रहे हो' चाणक्य ने कहा कि 'वह एक-एक करके इस घास कुश की जड़ में मुट्ठा डाल रहे हैं, ताकि उसे जड़ से प्राप्त किया जा सके।' फिर चंद्रगुप्त ने पूछा, 'लेकिन क्यों' इस पर उनका जवाब था, 'क्योंकि इसकी एक नुकीली पत्ती ने मेरे पांव में चुभने का दुःसाहस किया है।'.... चारों मोटे शब्द स्मरणीय हैं—**समूचे** खेत में मौजूद **प्रत्येक** नुकीली पत्ती को **पूरी तरह** समाप्त करना।

2. अब तक ढेर सारे समूह आतंकवाद में संलिप्त हो गए हैं। न सिर्फ भारत में बल्कि पूरे विश्व में वे सभी आपस में तेजी से जुड़ रहे हैं। नशीली दवाओं की तस्करी को ही लें। यह व्यापार बहुत दिनों तक नहीं फल-फूल सकता है, बशर्ते वित्तीय कार्य संचालित करने वालों से इसे सहायता और समर्थन मिलना बंद हो जाए—पुलिस से, राजनीतिज्ञों से, नौकरशाहों से आर स्वयं मजिस्ट्रेटों-नागरिक अधिकारियों से। इसलिए जब आतंकवादी इनमें से किसी व्यवस्था में अपनी पहुंच बना लेते हैं, जो नशीली दवाओं के व्यापार में शामिल होते हैं, तो वे धीरे-धीरे पूरे देश में अपना जाल फैला लेते हैं। फिर वे लोगों की जिन्दगी के साथ ज्यादा आसानी से खिलवाड़ करने में सक्षम हो जाते हैं। वे विस्फोटों के माध्यम से जितने लोगों की जान ले पाते थे, उससे ज्यादा लोगों की जान अपेक्षाकृत आसानी से लेने में सक्षम हो जाते हैं। इस प्रकार वे देश की व्यवस्था में छेद कर देते हें। समय के साथ-साथ कई गैंग आपस में जुड़ते जाते हैं। दो दशक पहले स्थिति यह थी कि दवाओं और सोने की तस्करी में जो गैंग संलग्न थे, वे एक-दूसरे से भिन्न थे। उनका उन गैंगों से कोई नाता-रिश्ता नहीं था, जो राजनीतिक उद्देश्य के लिए बंदूकें चलाते थे और लोगों की हत्याएं करते थे। लेकिन आज परिस्थितियां बदल गई हैं। सभी गैंग आपस में एक-दूसरे से जुड़ गए हैं। उनकी गतिविधियां एक दूसरे के क्रमवाद जुड़ गई हैं। आई.एस.आई. या ऐसा कोई संगठन किसी एक संगठन को अपने से जोड़ लेता है और फिर पूरे नेटवर्क तक अपनी पहुंच बना लेता है। बात चाहे भरती की हो या वैचारिक समर्थन की या फिर अपनी योजना को कार्यरूप देने की, इसी नेटवर्क का सहारा लिया जाता है। उसे मुम्बई बम विस्फोट के लिए आतंकवादियों द्वारा आर.डी.एक्स. भेजने की जरूरत नहीं रह गई है—जो गैंग सोने की तस्करी कर रहा है, वही बहुत कुशलता से आर.डी.एक्स. भी गंतव्य त पहुंचा देगा। इसी तरह यह भी ध्यान देने योग्य है कि अमेरिका में

वर्ल्ड ट्रेड सेंटर और पेंटागन पर हमले के सिलसिले में किन क्षेत्रों से लोगों को गिरफ्तार किया गया था।

गैंगों के बीच इस गठजोड़ के कई पहलू उभर कर सामने आते हैं। भारत में जो समूह अपनी गतिविधियों को अंजाम दे रहे हैं, उन्हें उन एजेंसियों से प्रोत्साहन मिलता रहा है, जो भारत के प्रति वैर भाव रखते हैं। उदाहरण के लिए—आई.एस.आई. अन्य संगठनों की तरह ही नक्सलवादी संगठनों को भी एक-दूसरे के संपर्क में लाने के काम में लगातार लगी हुई है। विशेषकर पूर्वोत्तर के राज्य इस समस्या से ज्यादा परेशान हैं। यहाँ पर विभिन्न प्रकार के आतंकी संगठनों का निर्माण हो रहा है। इतना ही नहीं, कई ऐसे स्वाभाविक कारण भी हैं जिनसे ये सभी संगठन आपस में जुड़े रहते हैं। हो सकता है कि दोनों ही संगठन दवाओं की तस्करी करते हों। वे आपस में एक-दूसरे के संवाहक भी हो सकते हैं या फिर ग्राहक, आपूर्तिकर्त्ता भी या फिर एक-दूसरे के ग्राहक भी हो सकते हैं। यह भी हो सकता है कि दोनों ही संगठन हथियारों की आपूर्ति के लिए ही संगठन पर निर्भर हों। और इस तरह वे सभी एक-दूसरे को जानने लगते हों। ऐसे में वे काले धन को ठिकाने लगाने के लिए भी एक-दूसरे के चैनलों का सहारा लेते हैं।

यह समस्या एक कदम आगे और एक कदम पीछे के सिद्धान्त पर आधारित है, क्योंकि आतंकवादी अपने लक्ष्यों की प्राप्ति के लिए अनिश्चित मानदंडों को अपनाते हैं। वे किसी समूह में या स्थान पर अपनी कोई भी करतूत करके आतंक फैला सकते हैं। ऐसी कोई भी संस्था या स्थान नहीं है, जिसे संपर्क से परे रखकर चलते हैं। एक बात गौर करने लायक है कि आतंकवादी कभी स्थिर नहीं होते। वे घूमते रहते हैं। हवाई अड्डों पर कड़ी सुरक्षा के बीच भी अपनी गतिविधियों को अंजाम देने में सफल हो जाते हैं। वे आसानी से हवाई जहाज से एक स्थान से दूसरे स्थान तक चले जाते हैं। आंतकवादी अपने निशाने को हमेशा ध्यान में रखते हैं। उन्हें किसी जगह बुलाये जाने पर आसानी से पहुँच जाते हैं। इसी तरह एक वांछित आतंकवाद, जिसका दिल्ली में पीछा किया जा रहा है, वह बिहार के प्रशासनविहीन बीहड़ों तक आसानी से पहुंच सकता है। इतना ही नहीं, आतंकवादियों के लिए आम जनता और सुरक्षाकर्मियों के बीच कोई अन्तर नहीं होता है। भरे बाजार में या किसी सरकारी कार्यालय में विस्फोट करना उनके लिए एक ही बात है, क्योंकि उनकी नजरों में आम जनता मारी जाती

है तो उससे आतंक पैदा होता है, जिसे आतंकवादियों के मुख्य लक्ष्य से अलग नहीं रखा जा सकता और जो उनका एक तात्कालिक लक्ष्य भी होता है। आमतौर पर आतंकवादी का निशाना आम लोग बनते हैं न तो सुरक्षाकर्मी, विशेषकर अपनी मांगों को मनवाने के लिए अपहरण का रास्ता अख्तियार करने की स्थिति में उनके निशाने पर सामान्य जनता ही होती है। खासकर पूर्वोत्तर के राज्यों में धन की उगाही के लिए आतंकवादी इसे सबसे कारगर तरीका मानते हैं। सचमुच, इस प्रकार के अंतिम लक्ष्य-साधन से वे ही लोग जुड़ते हैं, जिनकी मदद की जरूरत आतंकवादी संगठनों को होती है। लेकिन यह 'निर्णायक' या 'अंतिम' बिंदु आतंकवादियों के क्षितिज से लगातार दूर ही होता जाता है।

4. आतंकवादी उन सभी हथियारों का उपयोग करने को तैयार होते हैं, जो उनके हाथ लग जाएं और जिनसे वे अधिक-से-अधिक जान-माल की हानि पहुंचा सकें। यदि उनका वश चले तो विस्फोटकों की पूरी बेल्ट का इस्तेमाल करने लगेंगे। यदि जैविक वायरस से उनका मकसद पूरा होने वाला हो तो वे उसका भी इस्तेमाल करने से पीछे नहीं हटेंगे। ऐसे में आतंकवादियों द्वारा चलाए जा रहे इस परोक्ष युद्ध को जीतने के लिए इस प्रकार के सभी संभव अस्त्र-शस्त्र और उसकी तकनीकी काट निकालनी होगी। यदि आतंकवादी जैविक वायरस छोड़ दें तो हमारे पास उनसे बचाव के लिए क्या कोई उपाय है और अगर है तो किस हद तक है। यदि आतंकवादी रासायनिक हथियारों का इस्तेमाल कर दें तो क्या सैनिकों के पास उस प्रकार के सुरक्षा-कवच हैं, जिससे वे प्रभावित इलाकों में घुसकर राहत पहुंचा सकें। यदि आतंकवादी किसी इलाके में वायरस या रासायनिक हथियारों से हमला कर देते हैं तो क्या हमारी सेना या सुरक्षाकर्मियों के पास वैसी सुरक्षित गाड़ियां हैं, जिनसे वे प्रभावित इलाकों में तत्काल पहुंच सकें। वैद्युत चुंबकीय आवेश बचाकर रखने के लिए हमारे कम्प्यूटर तंत्र किस हद तक सक्षम हैं। आतंकवादियों के इन हथियारों से मुकाबला करने में हमारे औजार, हमारी आधारभूत संरचनाएं, हमारी सेना, हमारी जनता कितनी सक्षम है और उनका कितनी बार परीक्षण किया जाता है। कुल मिलाकर हमारी संपूर्ण व्यवस्था इतनी सक्षम होनी चाहिए कि वह इस प्रकार के किसी भी हमले का मुकाबला कर सके और जवाब में आतंकवादी संगठनों या संबंधित देश को इस सीमा तक नुकसान पहुंचा सके, जो उसकी सहन शक्ति से ऊपर हो।

5. इसे सौभाग्य ही माना जाए कि भारत में सक्रिय आतंकवादी अभी तक जैविक हथियारों का इस्तेमाल नहीं कर पाये हैं। लेकिन वह दिन दूर नहीं, जब वे जैविक हथियारों से हमला बोलने में गुरेज नहीं करेंगे। इसके भी कई कारण हैं–

- व्यावसायिक रूप से उपलब्ध अंडे सेने वाले रासायनिक परिवर्तन वाले उपकरणों का प्रयोग करके वायरस का उत्पादन किया जा सकता है।
- उनको एक स्थान से दूसरे स्थान तक आसानी से लाया जा सकता है।
- हथियार के रूप में उपयोग करना चाहें तो उन्हें बहुत छोटी-से-छोटी वस्तु में फिट किया जा सकता है। उदाहरण के लिए–आजकल 'सूटकेस' आणविक हथियारों को देखें।
- यदि एक बार इन घातक हथियारों का निर्माण हो गया तो इन पर हमारी मरजी नहीं चलेगी।
- जैविक हथियारों से हमले को लेकर एक खास बात यह भी है कि यदि इनसे हमला करते हैं तो इनसे निपट पाना बड़ा मुश्किल होगा, क्योंकि एक बार वायरस वातावरण में फैल जाने के बाद इसका कुप्रभाव बढ़ता जाएगा। सचमुच, शुरू के कई दिनों तक यह पता लगा पाना मुश्किल होगा कि यह कोई हमला है या फिर कोई 'प्राकृतिक' प्रकोप।
- जैविक हथियार सिर्फ लोगों को ही नुकसान नहीं पहुंचाते, बल्कि फसलें भी व्यापक पैमाने पर बरबाद होती हैं।

आतंकवादी संगठनों के पास विनाशकारी हथियारों को जखीरा तो है ही साथ ही विश्व में कई ऐसे देश भी हैं जिनके पास बहुतायत संख्या में विनाशकारी हथियार हैं। नवंबर 1999 में एक सोवियत वैज्ञानिक, जिसने सोवियत संघ के जैविक हथियार कार्यक्रम पर 20 वर्षों तक कार्य किया था, ने अमेरिका एयर फोर्स वार कॉलेज में एक पत्र प्रस्तुत किया था। उसमें कहा था कि सोवयत संघ के पास करीब 100 टन से ज्यादा एंथ्रेक्स का भंडार है जिनसे वे किसी भी देश में भयंकर तबाही मचा सकते हैं। इनके पास करीब 200 टन ऐसे जैविक हथियार भी हैं, जो व्यापक पैमाने पर चेचक और प्लेग फैला सकते हैं।[1] अमेरिकी रक्षा सचिव के कार्यालय से 'प्रोलीफरेशन–थ्रेट एंड रेस्पांस' (जनवरी 2001) का हवाला देते हुए एक RAND रिपोर्ट में आगे कहा गया था, 'इस बात की पुख्ता खबर है कि उत्तरी कोरिया के पास 2,500 से 5,000 टन रासायनिक हथियार हैं। इसी तरह ईरान के पास हजारों टन और

रूस के पास 40,000 टन रासायनिक हथियार और हजारों टन जैविक तत्त्व हैं।' संक्षेप में कहें तो—इस सम्बन्ध में कुछ प्रमुख बातें इस प्रकार हैं—

- देश को आतंकवादियों और उन्हें शह देने वाली ताकतों व तकनीक में आगे बढ़ना होगा।
- इस बारे में एक बात और ध्यान देने लायक यह है कि भविष्य में युद्ध के लिए जो रणनीति बार-बार अपनाई जाएगी, वह सरहद के पीछे रहने वाली असैनिक जनसंख्या के बीच भ्रम और रोष की स्थिति उत्पन्न करने तथा उनका मनोबल गिराने के लिए होगी। इसी क्रम में देश के विभिन्न हिस्सों में यही स्थितियां उत्पन्न करने के लिए ऐसे जैविक तत्त्वों से हमला बोला जाएगा, जो न केवल व्यापक पैमाने पर फसलों को नुकसान पहुंचाएंगे, बल्कि लोगों के बीच कई तरह की परंपरागत बीमारियां भी फैलाएंगे। अन्य गैर-सैनिक हथियारों के साथ प्रयुक्त किए जाने वाले ये हथियार—जिनका हम 'गैर-प्रतिबंधित युद्ध तकनीक' की चीनी संकल्पना के अंतर्गत आगे अध्ययन करेंगे—नागरिकों में भ्रम और रोष की स्थिति उत्पन्न करने तथा उनका मनोबल गिराने के लिए सबसे ज्यादा उपयुक्त हैं, जो रणनीतिकारों के अनुसार, सशस्त्र हमले का एक अच्छा विकल्प है।
- जहां तक इन परिस्थितियों से जूझने की हमारी क्षमता का सवाल है, हम लाखों की संख्या में सीमा पार कर भारत आ रहे बांग्लादेशियों को रोकने तक में सक्षम नहीं हैं। इसलिए यह भी चौंकाने वाली बात नहीं है कि हम सीमा पार से भेजे जाने वाले हानिकारक वायरस को कहां तक रोक पाएंगे।

6. आतंकवादियों और उनको शह देने वाले देश जिन तकनीक और रणनीतियों का इस्तेमाल कर सकते हैं, वह हमारी परंपरागत सेना की समझ से बाहर है। सेना की परंपरागत तकनीक के तहत प्रशिक्षित लोगों से हम यह भी अपेक्षा नहीं कर सकते कि वे जैव तकनीक, रासायनिक इंजीनियरिंग, सूचना तकनीक इत्यादि क्षेत्रों में दक्ष हों। इनको समय-समय पर संबंधित उद्योगों (रसायन उद्योग, फार्मास्युटिकल, कंप्यूटर साइंस) के विशेषज्ञों से रू-ब-रू करवाया जाए।
7. अधिकांश देशों में यही होता है कि जब आतंकवाद से पीड़ित होने लगते हैं तो सबसे पहले पुलिस बल की मदद लेते हैं, फिर अर्धसैनिक बलों को तैनात किया जाता है और अंत में सेना की मदद ली जाती है; लेकिन आतंकवादियों द्वारा जो चुनौतियां पेश की जाती हैं, वे बिलकुल अलग होती हैं। ये उन

परंपरागत चुनौतियों से, जो सीमा पार से किसी देश में पेश की जाती हैं या फिर कानून-व्यवस्था कायम रखने संबंधी जो चुनौतियां होती हैं, उनसे बिलकुल हटकर होती हैं। इन चुनौतियों से लड़ने के लिए जरूरत है विशेष बलों की, जो संगठनात्मक तकनीक की खास युक्ति तथा रणनीति के तहत आतंकवादियों को झांसा दे सकें और सफलतापूर्वक उनका मुकाबला कर सकें। उन विशेष बलों को खास प्रशिक्षण देना होगा। उन्हें छोटे-छोटे समूहों में बांटकर चल दस्तों की तरह जगह-जगह तैनात करना होगा। इसके अलावा उन्हें संबंधित क्षेत्र के लिए अनुकूल शस्त्रों और चौकसी उपकरणों से सुसज्जित करना होगा, बजाय इसके कि उन्हें किसी खास स्थान पर कैंप में परंपरागत तरीके से प्रशिक्षण दिया जाए, जिस पर आतंकवादी जम्मू-कश्मीर की तरह ही बार-बार हमला बोलने में सक्षम हों।

8. एक ही श्रेणी का प्रत्येक विशेष बल चुनौतियों के अनुसार अपने आप में एक-दूसरे से अलग होगा। उदाहरण के लिए—सन् 1980 के दशक में जो सिख आतंकवादी थे, वे 1970 के दशक के नक्सलियों से बिलकुल अलग थे; जम्मू-कश्मीर में जो आतंकवादी सक्रिय हैं, भिंडरांवाला के समर्थकों से बिलकुल अलग हैं।

9. आज किसी भी देश के लिए अथवा आतंकवादी संगठनों के लिए हिंसा फैलाने वाले तकनीकों को प्राप्त करना आसान हो गया है। परंपरागत हथियारों—तोप, बमवर्षक, टैंक—के बनिस्बत आधुनिक हथियार और तकनीक सस्ते दामों पर उपलब्ध हैं। इन आधुनिक और विनाशकारी हथियारों की तकनीक को थोड़े से प्रयास के बाद ही खुले बाजारों में पाया जा सकता है। यहां तक कि इंटरनेट से भी इन्हें प्राप्त किया जा सकता है। इन तकनीकों से बहुत जल्दी और छोटी सी जगह में ही —यहां तक कि छोटी गाड़ियों में भी बैठकर—घातक हथियारों का निर्माण किया जा सकता है।

10. जिस क्षेत्र में आतंकवादी संगठन अपना जड़ जमा लेते हैं, वहाँ से उनका सफाया करना कठिन होता है। आज हम नक्सलियों के साथ भी इसी समस्या से जूझ रहे हैं, उनकी संख्या काफी कम है और यह भी सच है कि भारत में माओवादी क्रांति की उनकी योजनाएं कभी सफल होने वाली नहीं हैं; लेकिन केन्द्र और राज्य सरकारें उनका भी सफाया करने में कामयाब नहीं हो सकी हैं।

11. भारत जैसे विशाल देश में आतंकवाद का सफाया करना इसलिए कठिन है। क्योंकि वे आबादी में इस प्रकार घुल-मिल जाते हैं कि उनकी पहचान कर पाना कठिन होता है। ऐसे में आतंकवाद से निबटने के लिए केवल केन्द्र में विशेष तकनीक और हथियारों से लैस सुरक्षा बलों को तैनात कर देने भर से काम नहीं चलेगा। राज्य के सुरक्षा बलों को भी वहां की परिस्थितियों एवं चुनौतियों के अनुकूल सुसज्जित और प्रशिक्षित करना पड़ेगा। आज की तारीख में हमारे राज्यों में, जो सुरक्षा बल मौजूद हैं, वे वहां के आतंकवादियों से संघर्ष में पूरी तरह सक्षम नहीं हैं।

उपरोक्त तथ्यों से निम्नलिखित दो बातें स्पष्ट होती हैं–

(क) किसी भी उन्मुक्त समाज के लिए यह संभव नहीं है कि आतंकवादी जिस घातक तकनीक को पाना चाहते हैं, उस तकनीक को ही बाधित कर दिया जाए। ऐसे में एकमात्र व्यावहारिक उपाय तो यही है कि हम उस तकनीक से एक कदम आगे की सोचें, जिसे आतंकवादियों द्वारा प्रयोग किए जाने की आशंका बनी रहती है।

(ख) जिस देश को निशाना बनाया जाता है, उसे हर संभावित हिंसात्मक गतिविधियों से अपनी रक्षा के लिए तैयार रहना होता है। हाल का ही एक उदाहरण लें, अमेरिका पर जब हवाई जहाज से वर्ल्ड ट्रेड सेंटर जैसी ऊंची इमारतों पर हमला बोला गया तो मिसाइल के रूप में वायुयानों के प्रयोग से लेकर एंथ्रेक्स, आत्मघाती बमवर्षकों को ले जाने वाले ट्रकों, जहाज पर से समुद्री हमलों और गुरिल्लों का प्रयोग किया गया था।

इन सब सुरक्षात्मक उपायों से युक्त होना निस्संदेह किसी भी देश के लिए बहुत ही खर्चीला है, लेकिन आखिरकार उसे आज की दुनिया में अपना अस्तित्व भी तो बचाकर रखना है और इसके लिए उसे यही कीमत अदा करनी है। इसमें नुक्ताचीनी करना वैसे ही होगा जैसे वृद्धों के खिलाफ अपराधों से ग्रस्त किसी शहर में रहने वाला कोई वृद्ध दंपत्ती अपने घर के दरवाजे को बंद रखने में आनाकानी करे।

12. सभी संभावित हिंसात्मक गतिविधियों से अपनी रक्षा के लिए जरूरी है कि सशस्त्र सेनाओं की संरचना में परिवर्तन किया जाए; हथियारों की प्रकृति में परिवर्तन किया जाए; इनसे भी ज्यादा जरूरी है कि नियंत्रण संबंधी संरचना में परिवर्तन किया जाए; और सबसे ज्यादा जरूरी यह है कि इन मामलों पर जो प्राधिकार निर्णय लेता है, उसकी संरचना में भी परिवर्तन हो। इसमें इस हद तक परिवर्तन की जरूरत है कि वह पूरी तरह सक्षम हो और अनुकूल

क्षमता से युक्त हो। इसमें इतनी क्षमता हो कि उन परिस्थितियों में भी, जिनका सामना आज तक नहीं किया गया है, वह सहजता से अपनी योजनाएं बना लें और उसे कार्यरूप दे सकें। दुश्मन हमें जितना सक्षम दिखाई देता है, उसे उतना ही मान लेना ठीक नहीं है। हम यों ही सतही व झूठे राजनीतिक बयानों के आधार पर दुश्मन की क्षमता का अनुमान लगाते रहते हैं। हमें यह जानकारी रखनी चाहिए कि हम जो भी कदम उठाएंगे, उसके जवाब में हमारा दुश्मन क्या कदम उठाएगा और इसका दोनों पर क्या प्रभाव पड़ेगा। हमें आवश्यक रूप से यह भी पता होना चाहिए कि हमारे दुश्मन की प्रतिक्रिया क्या होगी, जब उसका संपर्क हमारे साथ होगा, उस गठबंधन या गुट से होगा, जिस पर वह अब तक निर्भर रहा है; उन विपरीत परिस्थितियों या विरोधी पक्ष से होगा, जिसका उसे सामना करना पड़ सकता है। इसी तरह हमें यह भी पता होना चाहिए कि तकनीकी में अप्रत्याशित विकास होने पर उसकी क्या प्रतिक्रिया होगी और इस तरह हमें सेनाओं की कार्यभूमि की, उनके नियंत्रण मुख्यालय की और उन उच्च नागरिक संस्थाओं की, जहां से निर्णय लिये जाते हैं, संरचना इस हद तक विकसित और अनुकूल होनी चाहिए कि वह किसी भी अप्रत्याशित स्थिति में पूर कुशलता से काम कर सकें।

13. आजकल व्यापक हिंसा फैलाने वाली तकनीक अत्यधिक घातक हो गई है और इसे अत्यंत सूक्ष्म बना दिया गया है। इन तकनीकों की प्रमुख विशेषता यह है कि कोई भी अकेला व्यक्ति इन तकनीक का इस्तेमाल कर व्यापक हिंसा फैला सकते हैं। वह व्यक्ति उपयुक्त स्थान और अपने शिकार का चुनाव करके मौके के इंतजार में घात लगाकर बैठ सकता है। इन सब में कहीं से भी उसके उपकरण बाधा नहीं बनेंगे। इस तरह वह आसानी से अपने लक्ष्य में कामयाब हो जाता है। इस कारण किसी भी देश के लिए यह संभव नहीं है कि वह इन हिंसात्मक गतिविधियों से स्वयं को पूरी तरह बचा सके। इसके तहत एक ही व्यक्ति या कुछ–बिल्कुल मुट्ठी भर–लोग अमेरिका जैसी बड़ी और अति विकसित तकनीकवाली शक्ति को चोट पहुंचा सकते हैं, उसे जड़ से हिला सकते हैं। आज भारत में आतंकवादी संगठनों से निपटने के लिए आधुनिकतम तकनीकों से लैस गुप्तचर एजेंसियों की स्थापना की गयी हैं, लेकिन इसके बावजूद भी वे इस समस्या से निपट नहीं पा रहे हैं। इसके लिए यह भी महत्त्वपूर्ण है कि वह देश, जिसे आतंकवादी संगठन निशाना बनाते हैं, आतंकवादी गतिविधियों के जवाब में किस तरह प्रतिक्रिया करता है।

आतंकवादियों के हमले का यह देश जितने स्पष्ट और जोरदार तरीके से जवाब देगा, उन्हें शह देने वाले या उनके रास्ते पर चलने वाले अन्य लोग उतने ही हतोत्साहित होंगे और यह जवाबी हमला तभी निर्णायक साबित होगा, जब यह व्यक्तिगत तौर पर भविष्य में भर्ती होने वाले रंगरूटों को प्रभावित करे और साथ ही संगठनों के नियंत्रकों तथा उन देशों को भी प्रभावित करे, जो आतंकवादियों को शह देते हैं।

14. आतंकवादी संगठन एक नेटवर्क के तहत कार्य करते हैं। वे इसके बल पर बड़ी से बड़ी हिंसात्मक गतिविधियों को चलाते हैं। उन नर्सरियों से लेकर—बच्चे-युवाओं को शिक्षित-प्रशिक्षित करते हैं और उन्हें मारक मशीन के रूप में ढालते हैं—कूरियर, संदेशवाहकों, हथियारों और विस्फोटकों के आपूर्तिकर्त्ताओं, हथियार और विस्फोटकों की खरीद के लिए धन व्यवस्था करने के लिए व्यापार करने वालों तक। इनके अलावा आतंकवादियों को जरूरत होती है ऐसे लोगों की, जो सरकार का अंग रहते हुए भी उन्हें न केवल आवश्यक सूचनाएं पहुंचाएं, बल्कि जरूरत पड़ने पर मदद भी करें, साथ ही मीडिया को भी धोखे में रख सकें। आतंकवादियों और उन्हें प्रश्रय देने वाले देश का पता लगाना जितना महत्त्वपूर्ण है उतना ही महत्त्वपूर्ण है उनके नेटवर्क का पता लगाना। आतंकवादियों ने कई मोर्चे बना रखे हैं, यथा—मदरसे, मस्जिद, अनुसंधान संस्थान, चैरिटी फाउंडेशन। 11 सितंबर की घटना की छानबीन के दौरान अमेरिका और अन्य देशों को जिन-जिन क्षेत्रों पर नजर गड़ानी पड़ी, उससे साफ जाहिर होता है कि आतंकवाद— यहां तक कि एक ही ब्रांड का आतंकवाद— वैश्विक स्तर पर किस तरह जड़ जमा चुका है। अमेरिकी धर-पकड़ में आतंकवादियों को आर्थिक मदद करने वाले और उन्हें प्रश्रय देने वाले तथा मास्टर माइंडों के बारे में जो जानकारी मिली, उससे सहज ही अंदाजा लगाया जा सकता है कि मात्र एक बैनर तले काम करने वाले आतंकवादियों का संजाल अंतर्राष्ट्रीय स्तर पर किस हद तक फैल चुका है। आतंकवादी अपनी इस मुहिम में शैक्षिक-धार्मिक संस्थानों, स्वास्थ्य केन्द्रों और चैरिटी संस्थानों का बखूबी दुरुपयोग करते हैं। इसके लिए या तो वे ऐसे संस्थान स्वयं स्थापित कर लेते हैं या फिर किसी ऐसे संस्थान को निशाना बनाकर अपने मनोनुकूल उपयोग करने लगते हैं। दो कारक ऐसे हैं, जो उनकी इस मुहिम में उनके लिए सहायक साबित होते हैं। पहला, उनका तात्कालिक लक्ष्य जो भी हो, इस प्रकार की संस्थाओं के माध्यम से वे उन लोगों में व्यवस्था के

खिलाफ रोष पैदा करते हैं और उनके भीतर जोश भरते हैं, सामान्य जिन्दगी से उठकर कुछ अलग कर दिखाना चाहते हैं। फिर वे अपने मनोनुकूल कार्य उनसे करवाते हैं। उनके इस झांसे में ऐसे लोग आसानी से आ जाते हैं, जो सामान्य स्तर की जिंदगी से ऊब जाते हैं। ऐसे लोग एक ही आवाज में अन्याय के खिलाफ लड़ने को तैयार हो जाते हैं। उनके उत्साह में दोगुनी वृद्धि तब हो जाती है जब उन्हें प्रशिक्षण देने वाले संस्थान किसी धार्मिक संगठन के नाम पर चल रहे हों और उनका नेता स्थिति को कुछ इस तरह से पेश करे कि उन्हें बस यही लगे कि उनका धर्म खतरे में है। इस प्रकार धर्म और 'धार्मिक संगठन' ही उनका अड्डा बन जाते हैं। उदाहरण के लिए—हम देख सकते हैं कि भिंडरांवाला ने किस तरह स्वर्ण मन्दिर को आतंक के मुख्यालय के रूप में परिवर्तित कर दिया था और अंत में वह आतंक का गढ़ बन गया था। इसका एक अन्य उदाहरण है पाकिस्तान, जहां चैरिटी संस्थाओं द्वारा जिहादी संगठनों के लिए धन इकट्ठा किया जाता है। आतंकवादियों और धार्मिक संस्थाओं का गठजोड़ इतना मजबूत है कि धार्मिक संस्थाओं की अपील के बाद अमेरिका रमजान के दिनों में बमबारी बंद करने पर मजबूर हो गया था। किसी देश की दुनिया में अपना अस्तित्वच बनाए रखना है तो उसे संस्थानों पर से इन नकाबों को हटाना होगा तथा पर्दे के पीछे की हकीकत को सामने लाना होगा और उन्हें नष्ट करना होगा।

15. ऐसे आतंकवाद से जूझने के लिए निस्संदेह एक अपरिहार्य शर्त है—मानवीय बुद्धि; क्योंकि बहुत ही छोटा समूह, यहां तक कि एक व्यक्ति भी बहुत बड़ी बर्बादी का कारण बन सकता है तथा उसे भेद पाना और उसे रास्ते पर लाना बेहद मुश्किल है; इसका प्रमुख कारण है कि शिक्षण-प्रशिक्षण के दौरान उनके मस्तिष्क को ऐसा बना दिया जाता है कि वे विद्वेष की भावना फैलाने के अलावा कुछ नहीं कर पाते हैं। उनके दिमाग को इस तरह से परिवर्तित कर दिया जाता है कि वे अति उग्र हो जाते हैं। जैसे-जैसे हथियारों की सूक्ष्मता और विनाशकारी क्षमता बढ़ती जाती है, गुप्तचर एजेंसियों का महत्त्व उतना ही बढ़ता जाता है। आतंकवादियों के पास जो रासायनिक और जैविक हथियार मौजूद हैं, उनसे निपटने का एक कारगर तरीका यह हो सकता है कि उनके इस्तेमाल से पहले ही उन्हें नष्ट कर दिया जाए—इसके लिए गुप्तचर एजेंसियों की मदद से पहले तो यह पता लगाया जाए कि इन हथियारों का जखीरा कहां इकट्ठा किया गया है और फिर उन्हें इस तरह नष्ट कर दिया जाए कि वे उनके स्वयं के लिए ही हानिकारक बन जाएँ।

गुप्तचर व्यवस्था ऐसी हो कि हमले की तैयारी करते समय दुश्मन के लक्ष्यों को पहचान लिया जाय और तब उसके बाद उस पर हमला करने की रणनीति बनायी जाय। भारत जैसा देश एक ओर तो निष्ठुर आतंकवादियों से जूझ रहा है, दूसरी ओर अपने परंपरागत दुश्मनों से। ऐसे में यहां गुप्तचर एजेंसियों को न केवल सेटेलाइट के सहारे उच्च स्तर की सूचनाएं जुटानी होंगी बल्कि विरोधी देशों पर भी नजर रखनी होगी। दूसरी ओर, आतंकवादी बिल्कुल ही स्थानीय स्तर पर अपने लोगों को तैनात किए रहता है। उसका काम मात्र इतना होता है कि स्थानीय स्तर पर चुपके से अपनी मुहिम को अंजाम दे सके–किसी पार्किंग स्थल पर कार खड़ी कर विस्फोट करा सके। अमरीका की तरह जमीन से लेकर सेटेलाइट तस्वीरें लेने की क्षमता प्रारम्भ में सद्दाम के समर्थकों में नहीं थी। उनके पास यह क्षमता नहीं थी कि वे भारतीय उपमहाद्वीप के किसी समुद्री जहाज पर तैनात अपने लोगों के बीच संदेश भेजकर लक्षित स्थान पर मिसाइल से हमला करवा सकते। आतंकवादियों के पास इस प्रकार की कोई विकसित तकनीक नहीं होती है और न ही उन्हें इनमें से किसी की जरूरत होती है। उन्हें सिर्फ ऐसी तकनीक की ही जरूरत होती है, जिसके सहारे वे अपने चैनल की अगली कड़ी को अपना जरूरी संदेश पहुंचा दें।

भारत जैसे विकासशील देश को अपने स्रोतों पर विश्वास करना होगा। हालांकि यह हमारे हित में है कि हम जिस आतंकवाद का दंश झेल रहे हैं, उसकी टीम से दुनिया के कई अन्य लोग भी वाकिफ हो चुके हैं। इस आतंकवाद के खिलाफ लड़ने का यही अच्छा मौका है; क्योंकि ऐसे में हमारे लिए आतंकवाद विरोधी मुहिम में अंतर्राष्ट्रीय सहयोग आसानी से मिल जाएगा। थोड़ी देर के लिए उन क्षेत्रों में अपना ध्यान लगाएं, जहां से आज की तारीख में एक ही संगठन–अल कायदा–की पहुंच देखी जा रही है। इसके व्यापक जाल का अनुमान इसी से लगाया जा सकता है कि महज एक घटना–9 सितंबर–के लिए आतंकवादियों ने एयरक्राफ्ट के प्रशिक्षण के लिए कई स्थानों का उपयोग किया था।... 1988 में सुदूर पेरू में अबू निदाल की एक शाखा का पता लगाया गया था और वर्ष 2001 में पाकिस्तानी आतंकवादियों के एक अड्डे का पता चला था। यहां तक कि कई आतंकवादियों को कोलंबिया में प्रशिक्षण के दौरान पकड़ा गया था।[1] अल-कायदा को ही लें। इसके कई उद्गम स्रोत हैं–अरब, सूडान, पाकिस्तान, फिलीपींस, इंडोनेशिया, तुर्की, ब्रिटेन। हमें अपने अनुभव से ही इतनी जानकारी है कि पूर्वोत्तर के क्षेत्रों में सक्रिय कितने ही आतंकवादी अपनी योजनाओं को अंजाम देने के लिए बैंकॉक का इस्तेमाल एक सुरक्षित स्थान के रूप में करते हैं, जहां वे आपस में मिल-बैठकर विचार-विमर्श करते हैं...लेकिन

अब जाकर... जब दक्षिणी थाईलैंड में विस्फोट हुए–वहां की सरकार को पता चला कि उसकी अदूरदर्शिता और 'उदारवादी' रवैए से अन्य लोगों पर क्या गुजरी है। मध्य एशिया के देशों को भी कुछ इसी तरह की समस्या झेलनी पड़ रही है। मध्य एशिया में सोवियत शक्तियों के विघटन के बाद गणतंत्रों में इस्लाम का उदय हुआ था। तब इस ओर किसी ने ध्यान नहीं दिया। अचानक कई राज्यों को स्वतंत्रता मिल गई। अर्थव्यवस्था चरमरा गई। नई व्यवस्था में जो नए शासक आए, उन्होंने दमन का रास्ता अख्तियार कर लिया। सरकार नाम की कोई चीज नहीं रह गई। सभी सक्षम कट्टरवादी संगठनों ने व्यवस्था को अपने मनोनुकूल ढालना शुरू कर दिया। अपने मन-माफिक भर्तियां करने लगे। इन क्षेत्रों में कट्टरपंथियों ने शीघ्र ही हेरोइन के व्यापार पर अपना कब्जा जमा लिया। इन कट्टरपंथियों को अफगानिस्तान में सोवियत संघ के खिलाफ लड़ाई के दौरान अमेरिकी मदद भी मिली थी। हालांकि ये सारी बातें एक तरह से हमारे पक्ष में ही हैं। ये हमें इन देशों से सहयोग स्थापित करने के लिए एक मजबूत आधार प्रदान करते हैं, क्योंकि इन देशों के शासक वर्गों में आज भी पूर्व साम्यवादी मौजूद हैं, जो इस्लामिक आतंकवाद के खिलाफ लड़ाई में मदद करेंगे–आखिरकार, इस्लामिक कट्टरवादी उनके शासन के लिए भी तो एक तात्कालिक एवं गंभीर खतरा बने हुए हैं।

ऐसे में तीन ऐसे महत्त्वपूर्ण क्षेत्र हैं, जहां कोशिश की जाए तो सकारात्मक परिणाम सामने आ सकते हैं–

1. इन देशों के साथ गुप्त सूचनाओं के आदान-प्रदान के लिए आपसी सहयोग को और मजबूत किया जाए।
2. इंटरपोल और अन्य संबंधित संगठनों को मजबूत किया जाए।
3. आक्रमणकारियों और संदेह के घेरे में आए अपराधियों के प्रत्यर्पण के लिए अंतर्राष्ट्रीय कार्य-प्रणाली को मजबूत बनाया जाए।
4. आतंकवादियों को समर्थन देने वाले देशों के खिलाफ अंतर्राष्ट्रीय प्रतिबंध लगाने वाले कदमों का जोरदार समर्थन किया जाए।

मजबूत गुप्तचर व्यवस्था ही इन संगठनों को ध्वस्त कर सकती है, इसके अलावा अन्य उपाय मात्र गौण साधन हैं। यह इतनी मजबूत हो कि आतंकवादियों की आगे की हर कार्रवाई की सूचना सरकारी महकमों में पहुंच जाए–'गणतंत्र दिवस समारोह के दौरान दिल्ली समेत कई राज्य की राजधानियों में आतंकवादी हमले की संभावना से इन्कार नहीं किया जा सकता।' एक इजराइली विशेषज्ञ की राय है कि इस संबंध में जो भी सूचना दी जाए, वह पूरी तरह पुख्ता हो। उसमें संभावनाओं के

लिए कोई जगह नहीं होनी चाहिए—'...संभावनाओं से इन्कार नहीं किया जा सकता'। इस्राइल काफी लम्बे समय से आंतकवाद की समस्या को झेल रहा है—

आतंकवाद के खिलाफ लड़ाई में गुप्तचर सेवा और अपराधियों से निपटने के लिए खुफिया जानकारी दोनों में तालमेल का होना अति अवश्यक है, तभी इस समस्या से निपटा जा सकेगा। गुप्तचर एजेंसियों को सूक्ष्म-से-सूक्ष्म जानकारियां देनी चाहिएं। उन्हें यहां तक बताना चाहिए कि आतंकवादियों की गाड़ी-संख्या क्या है, उनका नाम क्या है, उनका पता क्या है, उनकी दिनचर्या क्या है...। ये जानकारियां पूरी तरह सटीक और विस्तृत तथा ताजा होनी चाहिएं। इस्राइल ने बार-बार यह सीखा है कि आतंकवादी गतिविधियों से संबंधित कोई भी जानकारी स्थायी नहीं होती।

यह हम पहले ही जान चुके हैं कि गुप्तचर संस्था चतुराई से काम करके ही किसी मुहिम को अंजाम दे सकती है। जब विभिन्न फिलिस्तीनी आतंकवादी संगठनों के उद्देश्यों, उनके बीच मौजूद वैचारिक मतभेदों और पड़ोसी अरब मुल्कों से उनके गठजोड़ एवं सहयोग के बारे में जानकारी रखना हमेशा फायदेमंद रहा है। लेकिन इस प्रकार की सूचनाएं तत्काल तो बहुत ही कम उपयोगी साबित होती थीं।

वर्तमान समय में इस्राइल के लिए खुफिया जानकारी का सबसे महत्त्वपूर्ण स्रोत ह्यूमिंट (HUMINT) रहा है। आतंकवादियों के संगठन इतने ज्यादा खंडों में बंटे थे और वे अपनी विचारधारा के प्रति इतने कट्टर थे कि उनके बीच फूट डालना और उनमें से किसी एक को तोड़कर अपना स्रोत बनाना बहुत ही मुश्किल काम हुआ करता था। यदि किसी को तोड़कर अपना स्रोत बना भी लिया तो उनसे जो तथ्य प्राप्त हुआ करते थे, उनका क्षेत्र काफी सीमित हुआ करता था।'

'यह मानी हुई बात है कि गुप्तचर स्रोतों की प्रासंगिकता बहुत ही कम समय के लिए होती है। ह्यूमिंट (HUMINT) के मामले में तो यह बात और भी सच है। अधिकतर मामलों में यह होता था कि सूचनाएं कार्रवाई के पहले चरण के बाद अप्रासंगिक हो जाया करती थीं।'

'इस्राइल के लंबे अनुभव के अनुसार खुफिया जानकारियों का सबसे ठोस और समृद्ध स्रोत होता है—गिरफ्तार किया गया आतंकवादी। इसलिए हमने यही सीखा है कि यह ज्यादा महत्त्वपूर्ण है कि आतंकवादियों को जिंदा पकड़ा जाए। हमरी गुप्तचर एजेंसियों और इस्राइली रक्षा बलों (आई.डी.एफ.) के बीच हमेशा से इस मुद्दे पर तकरार हुआ करती थी। गुप्तचर एजेंसियों की कोशिश यह होती थी कि आतंकवादियों को जिंदा पकड़ा जाए, ताकि उनसे कई गुप्त सूचनाएं उगलवाई जा

सकें, जबकि रक्षा बलों की इच्छा उन्हें मुर्दा देखने की होती थी; क्योंकि वे नफरत और बदले की भावना से प्रेरित थे..।'

'हालांकि हम लोग जिंदा आतंकवादियों को गिरफ्तार कर उससे कई गुप्त सूचनाएं उगलवा लेते थे; फिर भी यदि मुठभेड़ में उसकी मौत हो जाती थी तो हम विस्तृत रूप से उसकी पहचान करते थे। उसके निवास-स्थान का पता लगाते थे, फिर परिवार का पता लगाते थे। कई मामलों में इन जानकारियों के माध्यम से हम दूसरे कई आतंकवादियों को पकड़ लेते थे।'[1]

16. किसी समाज या राष्ट्र का बिखराव प्रायः आतंकवाद को भड़काने में घातक भूमिका अदा करता है—कैलिफोर्निया और ब्रिटेन में खालिस्तानियों तथा समुद्र पार के श्रीलंकाई तमिलों आदि कारकों की निर्णायक भूमिका होती है। अपने क्षेत्रों में रहकर समाज के कई वर्गों को जो दुःख मिलता था, वह सुदूर जाने पर समाप्त हो जाता था। सुदूर जाकर उन्हें पर्याप्त आय मिलती थी, धन मिलता था। ऐसे में वे उन विलासितापूर्ण कार्यों में संलिप्त हो जाते थे, जिसके नकारात्मक प्रभाव से वे अछूते रहा करते थे। जिस समाज में वे अब रह रहे हैं, वहां के कानून बहुत लचीले हैं और सामाजिक अनुबंध भी पर्याप्त उदारवादी हैं। वहां भाषण की स्वतंत्रता है, आपस में संगठन बनाने की भी स्वतंत्रता है। लोगों को इस प्रकार की सुविधा मुहैया कराना वहां के शासकों के लिए एक सुरक्षा-कवच का काम करता है। इसका साक्षात् प्रमाण है सऊदी अरब के राजकीय आंकड़े। ऐसी सुविधाएं किसी की दुःखी अंतरात्मा के लिए एक मरहम के समान होती हैं। पंजाब में क्रांति की वकालत करने वाले कैलिफोर्नियाई लोगों ने यहां पर्याप्त सम्मान पया और सामाजिक बिखराव के समय रोष को दबाने में भी पर्याप्त भूमिका निभाई।

17. जनसंचार की तकनीक से आतंकवादी संगठनों को अत्यधिक लाभ मिल रहा है। इसका प्रयोग वे अपने मकसद के प्रति लोगों में सहानुभूति जगाने के लिए करते हैं। देखें, फिलिस्तीन में हमास और कश्मीर में आतंकवादी तथा उनके नियंत्रक पश्चिमी मीडिया को नागरिक क्षतियों का फोटो लेने की छूट देकर कितनी चालाकी से अपने विरोधियों के कार्यों के प्रति लोगों में नफरत पैदा करते हैं। इसी संदर्भ में पंजाब में भिंडरांवाला और उसके सहयोगियों द्वारा आतंकवाद को घटनाओं ने वहाँ के नागरिक स्वतंत्रता का हनन किया। साथ ही, वे ऐसा जोरदार प्रभाव उत्पन्न करते हैं कि नीति निर्धारक भी अपने सख्त कदमों को बीच में छोड़ देते हैं। इसीलिए उन तकनीकों और संगठनों का पता

लगाना हमेशा महत्त्वपूर्ण रहा है, जिनके माध्यम से वे ऐसे लक्ष्य को प्राप्त करते हैं यही कारण था कि के.पी.एस. गिल के उन सुझावों को दरकिनार कर दिया गया, जिनमें उन्होंने कहा था कि सबसे पहला उन संगठनों या व्यक्तियों को गिरफ्तार किया जाए, जो विभिन्न 'नागरिक स्वतंत्रता' संगठनों को वित्तीय मदद पहुंचा रहे हैं। वे पंजाब के लोगों को देश की रक्षा के लिए लड़ रही पुलिस के खिलाफ भड़का रहे हैं। और अंततः इस लापरवाही का परिणाम आज भी हम भुगत रहे हैं।

18. भिंडरांवाला और उनके समर्थकों के बारे में लोगों का मानना था कि 'भिंडरांवाला और उसके सहयोगी गलत लोगों के नेतृत्व में हैं, लेकिन उनके आदर्शवाद, सच्चाई के लिए मर-मिटने की उनकी तत्परता से भी इन्कार नहीं किया जा सकता।' कुल मिलाकर कहा जाए तो वास्तविकता कुछ और ही है। आतंकवाद एक लाभदायक व्यवसाय बन चुका है। उदाहरण के लिए—पूर्वोत्तर के राज्यों को ही लें। यहां आतंकवादी संगठनों में शामिल होने का साफ मतलब है रातोंरात अमीर बन जाना; विभिन्न आतंकवादी संगठनों द्वारा एकत्र किए जाने वाले 'टैक्स' और अपहरण से प्राप्त फिरौती से काफी आय होती है। मजे की बात तो यह है कि आतंकवादी अपनी इन करतूतों को न्यायपूर्ण ठहराने के लिए अपनी विचारधारा का आवरण ओढ़ लेते हैं, यहां तक कि आदर्शवादी होने का राग अलापते हैं। उदाहरण के लिए, हम पंजाब में ही देखें। वहां के आतंकवादी अपनी करतूतों पर धर्म का परदा डाल लेते थे, जबकि पर्दे के पीछे की हकीकत कुछ और थी—राज्य के उस पार वे नवयुवतियों के साथ क्या करते थे, उनके नेताओं ने कितनी सारी संपत्ति अर्जित कर ली थी। इससे पहले कि आतंकवादी अपने काले कारनामों को छुपा सकें, प्रशासन और विशेषकर मीडिया को इनका खुलासा करने के लिए अवश्य ही आगे आना होगा।

19. आतंकवादियों को पंगु बनाने के लिए हमें कई मोर्चों पर लड़ना होगा। हमें उनके आर्थिक स्रोतों पर हमला बोलना होगा। उसे पूरी तरह बंद कराना होगा। हमें यह देखना होगा कि कौन-कौन से तत्व ऐसे हैं, जो आतंकवादियों को प्रश्रय देते हैं और उन्हें अपनी गतिविधियों के संचालन के लिए प्लेटफॉर्म प्रदान करते हैं। ऐसे तत्वों की पहचान कर उनका सफाया करना होगा अथवा उन्हें ऐसा करने से रोकना होगा। इतना ही नहीं, हमें उन तत्त्वों को भी पंगु बनाना होगा, जो आतंकवादियों को हथियार और विस्फोटक मुहैया कराते हैं। हमें आतंकवादियों

के पूरे जाल को भी छिन्न-भिन्न करना होगा। इस तरह से हमें इन सभी मोर्चों पर एक साथ हमला बोलना होगा।

20. इन सभी मोर्चों पर लड़ाई को कामयाब बनाने के लिए देश की सभी संस्थाओं को एक ही दिशा में कार्य करना होगा; उन्हें मिल-जुलकर कदम बढ़ाना होगा। पुलिस आतंकवादियों को पकड़ने में लगी रहे और न्यायालय अपनी परंपरागत चाल से अपना काम करते रहें; वे भारतीय साक्ष्य अधिनियम और ऐसे अन्य अधिनियमों का हवाला देते रहें। सेना विस्फोटकों के गुप्त भंडार का पता लगाने में जुटी रहे, जबकि कस्टम वाले आर.डी.एक्स. लाने की अनुमति देते रहें। अगर ऐसा भी होगा तो जीत आतंकवादियों के हाथों में निश्चित है।

21. आतंकवादियों को जरा भी ढ़ील देने की गुंजाइश नहीं बनती है। जब तक हमारी सरकार ढुलमुल नीति अपनाती रहेगी, हम आतंकवादियों के खिलाफ सक्षम मुहिम को अंजाम नहीं दे सकते हैं। डेढ़ दशक गुजर गए। हम आज तक मुंबई बम-कांड के दोषियों को सजा नहीं दे पाए हैं। इससे निस्संदेह ही आतंकवादियों के हौसले बुलंद होते जाएंगे। जो कस्टम अधिकारी आज रिश्वत लेकर सोने की तस्करी करने की अनुमति देते हैं, वे ही कल रिश्वत लेकर हथियारों की तस्करी की ओर से भी आंखें मूंद लेंगे। जो पुलिसकर्मी आज रिश्वत लेकर बंग्लादेशियों को सीमा पार से घुसपैठ करने दे रहे हैं, वे ही पुलिसकर्मी कल रिश्वत लेकर आई. एस.आई. को अपने देश में घुसपैठ करने देंगे।

कल्पना करें कि ओसामा बिन लादेन अफगानिस्तान से चुपके से भागता है। यदि वह चीन या ईरान में पलायन करता है तो अंतर्राष्ट्रीय गठबंधन आश्वस्त रहेगा क्योंकि उसे ऐसी अवस्था में फाँसी की सजा दी जा सकती है। अगर वह मध्य एशिया के किसी देश में पाया जाता है तो उस पर मुकदमा चलाया जा सकता है। यदि वह पाकिस्तान भागता है तो गठबंधन यहां भी आश्वस्त रहेगा कि या तो पाकिस्तान सरकार उसे किसी 'दुर्घटना' में मृत करार दे देगी या फिर उसे गठबंधन को प्रत्यर्पित कर देगी। ओसामा बिल लादेन के भारत आने पर यहाँ पर नया विवाद उत्पन्न हो सकता है। ओसामा पर मुकदमा किस अधिनियम के तहत चलाए जाए—भारतीय साक्ष्य अधिनियम के तहत या फिर किसी अन्य कानून के तहत साधारण कोर्ट में चलाया जाए अथवा किसी विशेष न्यायालय में, क्या सरकार अमेरिकी तानाशाही के दबाव में आकर काम नहीं कर रही है, लेकिन इसी बीच क्या होगा एक और विमान अपहरण—मीडिया अपहृत यात्रियों के परिजनों की करुण नाद सुनाएगा, दिखाएगा।

''सरकार ने यात्रियों को छुड़ाने के लिए आसोमा को आतंकवादियों के हाथों में फिर सौंप दिया''।

भारत को पाकिस्तानी आतंकवादियों से अत्यधिक खतरा है। पाकिस्तान चाहे तो कम-से-कम बीस ऐसे आतंकवादियों को भारत को सौंप सकता है, जो भारत में व्यापक पैमाने पर हत्याएं कर चुके हैं; लेकिन इससे भी ज्यादा दुःखद बात है आतंकवादियों को नहीं मिलने वाली सजा। कारण चाहे गुप्तचर एजेंसियों की क्षमता हो या हमारे न्यायालय की लंबी प्रक्रिया या फिर हमारे वकीलों की दक्षता, लेकिन आश्चर्य की बात है कि उनमें से किसी भी आतंकवादी को आज तक किसी मामले में पूरी तरह दोषी ठहराते हुए सजा नहीं दी गई है।

22. इस आतंकवादी समस्या से न निपट पाने के लिए औपरचारिक संस्थाओं को जिम्मेदार नहीं ठहराया जा सकता है। इसके लिए अंततोगत्वा सरकार और प्रशासन जिम्मेदार होता है। हम जनता भी एकजुट होकर कुछ ऐसे कदम उठा सकते हैं, जिससे सरकारी कदम को ठोस समर्थन मिल सके, उसे अपनी कार्रवाइयों में मदद मिल सके। उदाहरण के लिए—बांग्लादेशियों की घुसपैठ को रोकने के लिए सिर्फ सरकारी कोशिश ही काफी नहीं है। इसके लिए वहां के लोगों द्वारा भी पहल किए जाने की जरूरत है। वहां के लोग स्थानीय स्तर पर ऐसा माहौल बनाएं, जिससे घुसपैठियों को यह आभास होने लगे कि इस क्षेत्र से दूर रहना ही बेहतर है। स्थानीय लोग घुसपैठियों को यह एहसास कराएं कि यहां उनकी जान-माल सुरक्षित नहीं है।

23. न केवल समाज सामान्य रूप से पहल करे, बल्कि व्यक्तिगत तौर पर एक नागरिक भी प्राधिकारियों को आतंकवाद-विरोधी मुहिम में मदद पहुंचा सकता है। कई लोग हैं, जो एयरपोर्ट पर तलाशी के दौरान आनाकानी करते हैं। कई लोग ऐसे भी हैं, जो अपने किराएदार के बारे में पड़ोस के पुलिस स्टेशन में यह सोचकर सूचना नहीं देते हैं कि इससे उनके व्यक्तिगत मामलों में हस्तक्षेप होता है। ऐसे लोग जाने-अनजाने आतंकवादियों की मदद कर रहे होते हैं। ऐसे में, एक ओर तो आतंकवादी के लिए यह सुविधाजनक हो जाता है कि वह एक सुरक्षित स्थान तलाश ले, जहां से वे अपने अगले कारनामे को अंजाम दे सकें और दूसरी ओर, औसत पुलिस वाले अपनी ड्यूटी के प्रति हतोत्साहित होते हैं।

24. इस तरह की किसी भी स्थिति में बहस का संतुलन उल्टा हो ही जाता है—भारत के साथ तो यह और भी सच है, आतंकवाद का मुकाबला करने के लिए एक

अध्यादेश जारी हुआ और उसके बाद जो पोटा अधिनियम पारित किया गया उसके तहत यह प्रावधान था कि इस अधिनियम के तहत गिरफ्तार लोगों का वकील पूछताछ के दौरान उनसे मिल सकता है। साथ ही यह भी प्रावधान किया गया कि यदि किसी पुलिसकर्मी ने अपने अधिकार का दुरुपयोग करते हुए पोटा का इस्तेमाल किया है तो उक्त पुलिसकर्मी को दो वर्ष तक की कैद हो सकती है। भले ही कोर्ट के कई चक्कर लगाने के बाद वह आरोप-मुक्त हो जाए। इसके जीते-जागते उदाहरण हैं–पंजाब के पुलिसकर्मी। इन प्रावधानों की वजह से ही आज यह अध्यादेश और कानून आलोचना का विषय बना हुआ है। जब इस कानून को अतिम रूप दिया जा रहा था तो कई रहस्यमयी भिन्नताएं बरती गईं। अध्यादेश में यह प्रावधान था कि आतंकवादियों की संपत्ति को जब्त किया जा सकता है, लेकिन उसमे भी किंतु-परंतु जोड़ दिया गया था। इसमें यह भी कहा गया कि उन्हीं संपत्तियों को जब्त किया जाए, जो आतंकवादी गतिविधियों के द्वारा अर्जित की गई हों। इसका सीधा सा अर्थ यह हुआ कि उन संपत्तियों को नहीं जब्त किया जा सकता है, जिन्हें गिरफ्तार व्यक्ति ने वैध रूप से अर्जित किया हो अथवा उसके रिश्तेदारों ने अर्जित किया हो। इस तरह की मानसिकता के साथ हम आतंकवाद का मुकाबला कैसे कर सकेंगे।

25. अस्थायी उपायों का भी नकारात्मक प्रभाव पड़ेगा–उल्फा (ULFA) कैडर के उग्रवादियों की हमने बहुत मदद की। उन्हें नौकरी दी गई। उन्हें हथियार रखने की छूट दी गई। नतीजा क्या निकला! इसका परिणाम हमें असम में देखने को मिला–वहां अब एक नहीं बल्कि दो उग्रवादी संगठन वजूद में हैं–एक तो उल्फा कैडर, जो भूमिगत रहता है और दूसरा वह कैडर, जिसने समर्पण का रास्ता अख्तियार कर लिया है। यही बात पश्चिमी देशों द्वारा आतंकवाद प्रभावित देशों को दी गई मदद के साथ भी देखने को मिल रही है। पाकिस्तान द्वारा तालिबानियों को भारत में आतंकवादी हमले के लिए दी जा रही आर्थिक सहायता खुद उनके लिए समस्या खड़ी कर सकता है। आए दिन हो रही आतंकवादी घटनाओं ने ऐसी मदद की संकल्पना को पूरी तरह झुठला दिया है। फिर भी कई लोग इसे मानने के लिए आज भी तैयार नहीं हैं। इसके पीछे निश्चित रूप से एक कारण यह रहा है कि जिसके पास कोई संसाधन–माना, धन–है या फिर जिन्हें किसी एक क्षेत्र–माना, तकनीकी–में विशिष्टता हासिल है, वे स्वाभाविक रूप से यही सोचकर चलते हैं कि यह संसाधन विशेष–धन या तकनीकी–उनकी कूटनीतिक युक्ति के लिए अच्छा उपाय है।

26. मिसेज थैचर का कहना है कि आतंकवादियों के लिए प्रचार ऑक्सीजन के समान है, जिनके सहारे वे जिन्दा रहते हैं। इसलिए उनके हर गतिविधियों को विफल करना होगा। अमेरिका के वर्ल्ड ट्रेड सेंटर पर हमले की घटना आतंकवादियों की गाथा में कई दशकों तक शामिल रहेगी; इसी की बदौलत वे अपने खतरनाक संगठन में भर्ती के लिए लंबे समय तक युवकों को आकर्षित करते रहेंगे। आतंकवादियों को यदि एक बार सफलता मिल जाती है तो उनके लिए दूसरी तरफ से भी सफलता का द्वार खुल जाता है। किसी वारदात के बाद लोग अपने दुःखों में डूब जाते हैं। कुछ समय के बाद वे फिर से अपने रोजमर्रा के कामों में जुट जाते हैं। उन लोगों की कान तभी खुलती हैं जब कोई दूसरा धमाका होता है। वर्षों से यही सब देखा जा रहा है। संसद का सत्र शुरू होने वाला होता है तो आतंकवादी जम्मू-कश्मीर में कहीं किसी बड़ी घटना को अंजाम दे देते हैं, विपक्ष गृहमंत्री का सिर नोचने लगता है; सरकार तथ्यों की जांच कराने का आश्वासन देती है, राजनेता घटना की प्रतिक्रिया में उसी दिन या अगले दिन अपना रटा-रटाया भाषण पढ़ देते हैं– 'क्रूरतापूर्ण' कायरतापूर्ण कार्रवाई है। इसकी सर्वत्र निंदा होनी चाहिए। "इस तरह निर्दोष और असहाय बच्चों, महिलाओं को मारना मानवीय है, सभ्यता के विरुद्ध है, किसी भी धर्म के सिद्धांतों के विरुद्ध है।" इस भाषण के बाद वे भूल जाते हैं कि उन्होंने क्या कहा।

श्लोमो गैजिट ने अपने इस्राइली अनुभवों के आधार पर बहुत ही पुख्ता तरीके से लिखा है–

जहां यह दावा जायज है कि आतंकवाद का कोई सैनिक समाधान नहीं है, वहीं इजराइल की स्पष्ट नीति पर भी गौर करना महत्त्वपूर्ण है, जिसका दावा है कि आतंकवाद का कोई राजनीतिक समाधान नहीं है। इतना ही नहीं, इसके लिए ऐसे ऑपरेशन चलाने की जरूरत है, जो आतंकवादी संगठनों को हरसंभव तरीके से कमजोर कर सकें।

इस लंबे युद्ध में सबसे महत्त्वपूर्ण हथियार है–धैर्य, दृढ़ निश्चय, चालाकी। इसके लिए सिर्फ सैनिक बहादुरी, साहस और चालाकी की ही जरूरत नहीं पड़ती। अपनी रणनीति में इस्राइलियों को संयम और हलकी झड़पों को सहने की क्षमता भी शामिल करनी चाहिए थी।

लोगों के बीच अभी भी यह बहुत ही विवादास्पद मुद्दा है कि युद्ध का कोई और तरीका है या नहीं; जबकि इस्राइल अपने अनुभवों से इस निष्कर्ष पर पहुंचा है

कि रक्षात्मक कार्यों पर जो खर्च होता है, उसके मुकाबले आक्रामक कार्यों पर बहुत ही कम खर्च बैठता है। इस्राइल सुरक्षा और रक्षात्मक क्षेत्रों पर जितना खर्च करता गया, आतंकवादियों को उतना ही लाभ मिलता गया। ऐसा पहले जॉर्डन और बाद में लेबनान के सीमा पार से आतंकवादी कार्यों में देखा गया। इस दौरान कुछ खास मामलों में यह भी देखा गया कि आतंकवादियों को बिना कुछ किए ही कामयाबी मिल गई। दूसरी ओर, इस स्पष्ट धारणा पर कि आतंकवादियों के पास हमेशा बहुत ही सीमित संसाधन होते हैं, जब सैनिक फिलिस्तीनी आतंकवादियों के पीछे पड़ गए तो उन्हें छुपने के लिए जंगलों की ओर भागना पड़ रहा था। इससे आतंकवादियों की गतिविधियां बुरी तरह प्रभावित होती गईं। आतंकवादियों की इतनी बुरी दशा क्यों हुई, उन्हें नए रंगरूटों को भर्ती करना मुश्किल हो रहा था, अपने संगठन को व्यवस्थित करना मुश्किल हो रहा था, अपने लोगों को प्रशिक्षण देने में दिक्कतें आ रही थीं, साथ ही नए संसाधन नहीं मिल रहे थे।[1]

यदि इन परिस्थितियों में भी आतंकवादी अपने किसी कारनामे को सफलतापूर्वक अंजाम दे देते हैं तो वे उनका संगठन और उन्हें प्रश्रय देने वाले संगठन—सभी दंड के अधिकारी हैं। उन्हें अपने द्वारा किए गए जान-माल के नुकसान का दंड भुगतने को तैयार रहना होगा। इस संदर्भ में हमें जनरल वेयांड द्वारा उल्लिखित बातों पर गौर करना होगा—युद्ध थोपना कोई दयापूर्ण तरीका नहीं है। युद्ध का अर्थ है मौत, विनाश और खून-ही-खून।

जो देश आतंकवादी समस्या से पूर्णतया निपटना चाहते हैं तो उन्हें सर्वप्रथम उग्रवादी विचारधारा के एक ही संकेत मिलने पर जनता को लामबंद करना प्रारम्भ कर देना होगा। वास्तव में वही लोग दयालु होते हैं, जो युद्ध शुरू होने पर गला फाड़कर चिल्लाते हैं, जो पहले ऐसे संगठनों की झूठी, मनगढ़ंत कहानियों में सत्याभास करवाते थे। इस बारे में जनरल वेयांड ने कहा है—कोई भी युद्ध 'न्यूनतम बल' तैनात कर नहीं जीता जा सका है। आतंकवादी जब अपने कारनामों से लड़ाई के अलावा कोई और विकल्प नहीं छोड़ते तो उदारवादी इसी तरह का अनिश्चित कदम उठाते हैं। लड़ाइयां हमेशा विरोधी पर भारी पड़ कर उसे अधिक शक्ति लगाकर जीती जाती हैं। आतंकवादी या उसे संरक्षण देनेवाले देश के साथ लड़ाई में भी यही सिद्धांत प्रश्रय देने वाले देश के बीच युद्ध हो तो यह ब्रह्म वाक्य नहीं अपनाया जाता है—'एक आंख के बदले एक आंख; एक दांत के बदले एक दांत'; बल्कि 'एक आंख के बदले दोनों आंख; एक दांत के बदले पूरा जबड़ा।'

27. आतंकवादी घटनाओं के पैर पसारने का प्रमुख कारण यह भी है कि आज के ज्यादातर लोग उपेक्षा और निराशा की हालत में जी रहे हैं, वे आतंकवाद के भड़काने पर जल्द ही उनकी बातों से सहमत हो जाते हैं। आज जो मानवाधिकार संगठन और न्यायविद् पंजाब में पुलिस के आचरण पर भाषण देते हैं, वे उस समय बताते कि ऐसे में पुलिस किस तरह लड़ाई जारी रखती—जब पंजाब में पूरी व्यवस्था चरमरा गई थी, आतंकवादियों के भय से न्यायपालिका भी चुप्पी लगाए बैठी थी, मजिस्ट्रेट आतंकवादियों से बुरी तरह खौफजदा थे, गवाह आतंकवादियों के डर से कुछ भी उगलने के लिए तैयार नहीं थे; जबकि उन्होंने अपनी आंखों के सामने अपने दोस्तों, रिश्तेदारों और करीबियों को आतंकवादियों द्वारा मौत के घाट उतारे जाते देखा था। आतंकवादी के समर्थकों के साथ प्रमुख परेशानी यह है कि वे एक बार उनसे जुड़ जाने के बाद उससे बाहर नहीं निकल सकते, क्योंकि उन्हें मौत की नींद सुला दिया जाता है। जब परिस्थितियां इस तरह बिगड़ गई हों तो हमें आदर्शवाद और अव्यावहारिक बातों में नहीं पड़ना चाहिए, रहस्यवादी कल्पनाओं का शिकार नहीं होना चाहिए। हमें आतंकवादियों की उन गतिविधियों के प्रति अति सतर्क होना चाहिए, जिसके तहत वे लोकतांत्रिक व्यवस्था को खत्म करने के लिए लोकतंत्र को ही अपना हथियार बना रहे हों। हमें हिटलर की 'वैधता शपथ' को हमेशा ध्यान में रखना चाहिए। उसने शपथ ली थी—सत्ता प्राप्त करने के लिए नाजी सिर्फ वैध साधनों का सहारा लेंगे, वह अपनी शपथ पर पूरी तरह कायम रहा। हमें भी सार्वजनिक रूप से यह घोषणा कर देनी चाहिए—'हां, हम आतंकवादियों के अधिकार के प्रति सचेत हैं—लेकिन वहीं तक जहां तक आतंकवादी अपने शिकारों के अधिकार के प्रति सचेत रहेंगे।' आंतरिक सुरक्षा के लिए गठित टास्क फोर्स, जिसके बारे में हम बाद में चर्चा करेंगे, ने वस्तुस्थिति को कुछ इस तरह प्रस्तुत किया है—

इस पर शायद ही कोई विवाद हो सकता है कि युद्ध, विद्रोह अथवा किसी अन्य आंतरिक कलह से सफलतापूर्वक निपटने के लिए मैग्नाकार्टा के सिद्धांत उपयोगी हैं। सामान्य स्थिति में जन-सुरक्षा का प्रबंध सर्वोच्च प्राथमिकता होती है; लेकिन जब किसी बाहरी आक्रमण अथवा आंतरिक विद्रोह के कारण अव्यवस्था फैल जाए तो राज्य या देश का अस्तित्व पहली प्राथमिकता हो जाती है और राज्य के व्यापक हित में व्यक्तिगत स्वतंत्रता द्वितीयक प्राथमिकता बन जाती है।

28. आज, जबकि आतंकवादी संगठनों की गतिविधियां किसी एक देश की सीमा से बंधी नहीं हैं; इसलिए न सिर्फ किसी एक देश को बल्कि पूरे अंतर्राष्ट्रीय समुदाय को अवसरवादी लोगों के प्रति सचेत होना चाहिए। हर बार कोई-न-कोई मध्यस्थ बीच में आ जाता है या फिर मानवाधिकार संगठन हस्तक्षेप करने लगता है। इससे आतंकवादी संगठनों को बल मिलता है। इन संगठनों के नेता अपने समर्थकों को इसी आधार पर समझाने में सक्षम हो जाते हैं कि 'हम सफलता की ओर अग्रसर हैं। हम लोग जो कर रहे हैं, उसे कुछ समय के लिए और जारी रखना है। बस, अब कुछ ही कुर्बानियों की जरूरत है। उसके बाद हमारा मकसद कामयाब हो जाएगा।' चलते-फिरते वक्तव्यों से आतंकवादियों के मन में यह बात नहीं भरी जा सकती कि देश हिंसा या आतंक के साथ कोई समझौता नहीं करेगा। ऐसा तो तभी संभव है, जब हम दशकों तक दृढ़ बने रहें और उन पर ऐसा आघात करें कि उनके लिए यह सब असहनीय हो जाए।

29. इन आतंकवादी विचारधाराओं को बल देने के लिए इनमें एक और घातक तथ्य जुड़ गया है—पाकिस्तान जैसे राष्ट्र आतंकवाद को अपनी राष्ट्र-नीति के एक अभिन्न अंग के रूप में अपना चुके हैं। मुर्शरफ तो कई बार अपने बयानों में इस बात की पुष्टि भी कर चुके हैं—'जिहाद राष्ट्रीय नीति का एक साधन है।' ऐसे राष्ट्रों के लिए तो यह एक आकर्षक विचारधारा है; यह सस्ते में लड़ा जाने वाला एक युद्ध है। ऐसी विचारधारा है, जो इस तरह के साधनों से चलती है, जिसमें बंदूक की संस्कृति का प्रसार किया जाता है, पर अंततः वह विफल हो जाती है—जैसा पाकिस्तान के तालिबानीकरण से देखने को मिलता है। यह भी बात ध्यान देने लायक है कि कोई राष्ट्र इन आतंकवादियों से निपटने की कोशिश करता है तो उसे दूसरे राष्ट्रों से दुश्मनी मोल लेनी पड़ती है।' मुसोलिनी के भाड़े के गुंडों के बारे में जो कुछ कहा जाता था, वह आतंकवादियों के संदर्भ में दोगुना सच साबित होता है—'सत्ता के बिना उनका कोई अस्तित्व नहीं था, लेकिन सत्ता मिलने की स्थिति में वे बेलगाम थे।' वर्तमान समय में इस सिकुड़ती दुनिया में हर देश ऐसे राष्ट्र का पड़ोसी है, इसलिए यदि कोई एक राष्ट्र आतंकवाद को अपनी राष्ट्र नीति के रूप में अपनाता है तो वह न सिर्फ पड़ोसी मुल्क के लिए खतरा है बल्कि पूरे विश्व के लिए भी जानलेवा है। 11 सितंबर की घटना के बाद यह बात पूरी तरह साबित हो चुकी है।

30. भारतवासियों को इस बात से अनभिज्ञ नहीं होना चाहिए कि इस आतंकवादियों का नेटवर्क पूरे विश्व में है। लेकिन हमें यह भी याद रखना होगा कि ये संगठन सिर्फ वहीं नहीं फलते-फूलते हैं, जहां की सरकार उन्हें सक्रिय मदद देती है, उनके लिए तो जिस देश की सरकार कमजोर पड़ जाती है, उसी की सरजमीं उपयोगी साबित होती है। हमारे पड़ोस में तो ऐसे क्षेत्रों की भरमार है—बांग्लादेश, म्यांमार, भूटान और नेपाल के विशाल भूभाग—और भारत के भीतर तो ऐसी विशाल पट्टी के बारे में तो कहने की आवश्यकता ही नहीं है। बंगलादेश में देखा जाय तो वह इस्लामीकरण के माध्यम से भारत में आने का प्रश्रय देने का कार्य कर रहा है। बांग्लादेश का पाकिस्तान और चीन के साथ संबंध तथा स्वयं बंगलादेश में शासन की ढांचागत कमजोरी भारत की सुरक्षा के लिए एक खतरा है। बंगलादेश के ही एक कूटनीतिज्ञ ने मुझसे कहा था—न केवल देश के बड़े हिस्से पर, बल्कि कई प्रमुख गतिविधियों पर भी वहां के एक बड़े माफिया डॉन का नियंत्रण है। वे भारतीय सेनाओं और पुलिस कर्मियों को भ्रष्ट मानते हैं। उन्होंने यहां तक बताया कि आप बांग्लादेश में चौक-चौराहों पर ही आराम से केवल 10 हजार रुपये में बांग्लादेशी पासपोर्ट खरीद सकते हैं। इस ढील या यों कहें कि भारत के खिलाफ साजिश की वजह से ही परेश बरुआ जैसे उल्फा नेता भारत के इर्द-गिर्द मंडराते रहते हैं। एक अन्य तथ्य से भी ये बातें स्पष्ट हो जाती हैं; अवैध हथियारों का अंबार। अनुमान है कि बांग्लादेश में अवैध आग्नेयास्त्रों (बंदूक, पिस्तौल, राइफल आदि) की संख्या 2 लाख से 2.5 लाख तक है। ये हथियार वहां तक कई स्रोतों से पहुंचते हैं। बांग्लादेश दवा-उत्पादक देशों के गोल्डन ट्राएंगल (Golden Triangle) और शस्त्र-उत्पादक देशों—गोल्डन क्रीसेंट (Golden Crescent) के मध्य स्थित हैं। दवाओं के व्यापार में लगे सुस्थापित नेटवर्कों का इस्तेमाल बंदूकों के लिए भी किया जा रहा है। सीमा पार यातायात के कारण जहाजी बेड़ों से होते हुए बहुत से हथियार बांग्लादेश तक पहुंच जाते हैं। 2 अप्रैल, 2004 को—बांग्लादेश में अब तक हथियारों और गोला-बारूदों की सबसे बड़ी जब्ती में—सेना ने चिट्टागोंग में कर्णफूली तट पर छोटी मशीनगनों, ए.के-47 राइफलों और अन्य हथियारों तथा गोला-बारूदों से भरे 10 ट्रक बरामद किए थे। वहां बंदूक-निर्माण में संलग्न कुटीर उद्योग खूब फल-फूल रहा है। अस्त्र-उत्पादक चोरी के हथियारों की मरम्मत करके उनका संग्रह करते हैं और आग्नेयास्त्रों के पुर्जे खंडहरों तथा छोटी-छोटी कार्यशालाओं में स्थापित फैक्टरियों में रखते थे। बड़ा

चिट्‌टगोंग क्षेत्र में पचास से अधिक अस्त्र-उत्पादक कार्यशालाएं हैं, जहां प्रमुख रूप से हाथ से चलाई जाने वाली बंदूकें तैयार की जाती हैं। चिट्‌टगोंग अंतर्राष्ट्रीय पत्तन और कोक्स बाजार का तट अंतर्राष्ट्रीय तस्करों द्वारा हथियारों की तस्करी के लिए प्रमुख समुद्री मार्ग हैं। चिट्‌टगोंग के बारे में भी खबरहै कि वहां लगभग तीन दर्जन ऐसे संगठन हैं, जो हथियारों की तस्करी करते हैं। संक्षेप में, बांग्लादेश से हमारे लिए समस्या की जड़ है—आई.एस.आई. (ISI), डी.जी.एफ.आई. (DGFI), बांग्लादेशी सेना तथा इस्लाम-पसंद संगठनों द्वारा सक्रिय सहयोग। वैसे बात यहीं तक नहीं है—क्योंकि परेश बरुआ बांग्लादेश और उसके आस-पास बराबर धावा बोलता है, वहां रहता है, अपना व्यवसाय चलाता है। यह सब बंगलादेशी प्राधिकारियों की सक्रिय सहायता के बिना कैसे हो सकता है, दूसरा है अक्षम शासन। इसी तरह इंडोनेशिया को भी उदाहरणस्वरूप ले सकते हैं। वहां की सरकारें अक्षम हो गई हैं। प्रशासनिक संस्थाएं पंगु हो गई हैं। राजनेता और राजनीतिक पार्टियों के बीच बिखराव पैदा हो गया है। ऐसे में इंडोनेशिया न तो इस्लामिक आतंकवाद से सख्ती से निपट पा रहा है और न ही इस्लामिक राष्ट्र के रूप में स्वतंत्रता चाहने वालों से। फिलीपींस के मिंडानाओं प्रांत की कहानी भी इनसे अलग नहीं है। साथ ही नेपाल के माओवादियों की सफलता की कहानी भी कुछ ऐसी ही है।

इस संदर्भ में स्वयं भारत की स्थिति भी खतरे के निशान से ऊपर पहुंच चुकी है। साधारण अपराधियों और यहां तक कि माफिया सरगना और आतंकवादियों—जो मजिस्ट्रेटों और लोक अभियोजन अधिकारियों तक को अपने मार्ग से सभी रोड़ों को हटा देने की अपार क्षमता रखते हैं और इनसे निपट पाने में हमारी आपराधिक— न्यायप्रणाली लाचार है। यह कमजोरी सिर्फ अदालतों के कारण ही नहीं है। यह कमजोरी पुलिस नियंत्रण तथा दस्तावेजीकरण और जांच-पड़ताल की प्रक्रिया के पूरे ढांचे तथा जांच की अदालती, वैज्ञानिक प्रक्रिया में कमी के कारण है। इसके अतिरिक्त आधुनिक तकनीकी के माध्यम से भी इस तरह के आंकड़े प्राप्त कर पाना कठिन है। दूसरी ओर, भारत में कई राज्यों ने आतंकवादियों से बातचीत और आत्मसमर्पण से संबंधित अलग-अलग कई प्रक्रियाएं लागू कर ली हैं, जिसका सीधा लाभ आतंकवादियों को मिलता है; इससे उन्हें 'वैध' व्यवस्था के तहत ही अपना प्रभाव जमाने, अपनी ताकत बढ़ाने और धन कमाने का आसान रास्ता मिल जाता है।

आतंकवाद से निपटने के लिए सरकार को उन समस्याओं को खत्म करना होगा जिससे लोगों में निराशा पैदा होती है। कई दशकों तक पूर्वोत्तर और जम्मू-कश्मीर की समस्याओं से निपटने के लिए दिल्ली सरकार ने एक संविदाकार (ठेकेदार) आदर्श के तौर पर कार्य किया है–आदर्श कि स्थानीय नेताओं को अपनी इच्छानुसार कार्य करने की छूट तब तक होनी चाहिए जब तक शासन में उनकी भागीदारी हो। यह तरीका अपना रास्ता नाप चुका है। पूर्वोत्तर और जम्मू-कश्मीर में स्थानीय प्रशासन इतना लचर हो गया है कि लोगों का विश्वास अब उन पर से उठ गया है। स्थिति यह है कि स्थानीय शासन सरकार के ढांचे को बनाए रखने तक में सक्षम नहीं दिख रहा है। इस प्रकार क्षेत्रीय स्तर पर विकास के लिए नेताओं में आपसी सहयोगी को बढ़ावा देना चाहिए एव लोक-कल्याणकारी कार्यों को प्राथमिकता देनी चाहिए।

वास्तव में देखा जाय तो इसके अलावा और भी कई कदम उठाए जाने की जरूरत है। आतंकवादियों के विरुद्ध लड़ाई में हमारे सुरक्षा बल सफल हों–इसके लिए यह भी जरूरी है कि स्थानीय लोग आतंकवादियों को शरण देना बंद कर दें, उनकी मदद करना बंद कर दें, इसकी बजाए सुरक्षा बलों को आतंकवादियों के बारे में जानकारी दें, उनकी गतिविधियों के बारे में जो भी जानते हों, उसे सुरक्षा बलों को बताएं। आतंकवादियों को स्थानीय जनता से तभी लाभ प्राप्त हो सकता है जब उनकी सुरक्षा की कोई गारंटी नहीं होती है। उन्हें यह आभास कराया जाए कि सरकार आतंकवादियों से उनकी सुरक्षा करने में सक्षम है, यह गारंटी स्थायी रूप से लोगों को दी जाए। ऐसा होने पर जब सैनिक उनके बीच से चले जाएंगे और आतंकवादी वहां वापस जाएंगे तो न केवल स्थानीय ग्रामीण, बल्कि दूर के कस्बों के निवासी भी सामने आएंगे और आतंकवादियों के बारे में सुरक्षा बलों को सूचना देंगे।

31. जैसा हम देख रहे हैं–नेपाल, श्रीलंका आदि हमारे पड़ोसी देशों की सरकार अपने यहां के विद्रोहियों को कुचलने में अक्षम हैं; लेकिन इसका खामियाजा हमें भुगतना पड़ रहा है। वहां की अक्षमता से मजबूत होते विद्रोही संगठन हमारे देश के लिए बड़ा खतरा बनते जा रहे हैं; इसलिए हमें स्वयं पहल करते हुए इन पड़ोसी देशों में सुरक्षा पुख्ता करने में मदद करनी चाहिए।
32. यहां एक तथ्य और भी है। हम यह मान बैठते हैं कि हम अविवेकपूर्ण कार्यों के ऊपर उठ चुके हैं। उदाहरण के लिए–जब हम शहादत की बात करते हैं तो हमारे दिमाग में उस व्यक्ति का ख्याल आता है, जो वैसे लोगों की करतूतों की भेंट चढ़ गया, जो पिछड़े हैं। यानी हम मान बैठते हैं कि आतंकवादी या विद्रोही पिछड़े हुए हैं, वे मानव सभ्यता के आरंभिक चरण में हैं, जबकि

वास्तविकता कुछ और है, जो 11 सितंबर की घटना से स्पष्ट हो जाती है। इसके अलावा, आतंकवादी दुनिया के दूर-दराज के हिस्सों में चल रही अपनी गतिविधियों में जिन कुशल तकनीकों का इस्तेमाल कर रहे हैं और जितनी तेजी से वे नई-नई तकनीकों का प्रयोग करने के लिए तत्पर दिखाई दे रहे हैं, उससे भी यह वास्तविकता स्पष्ट हो जाती है। जिस प्रकार के विस्फोटकों का प्रयोग वे करते हैं या फिर 11 सितंबर की घटना में उन्होंने जिस तरीके से हवाई जहाजों को मिसाइल के रूप में उड़ाया था, उससे साफ जाहिर होता है कि आतंकवादी संगठनों के पास अत्याधुनिक तकनीक मौजूद है। जितनी कुशलता से वे इंटरनेट का प्रयोग अपने विभिन्न कार्यों में करते हैं–सूचनाओं के आदान-प्रदान के लिए, धन इकट्ठा करने के लिए और उसे स्थानांतरित करने के लिए, विस्फोटक और जहर तैयार करने से लेकर हत्याओं को अंजाम देने, अपना लक्ष्य बेधने और डाटा चुराने तक के तरीकों को अपने पूरे नेटवर्क तक फैलाने के लिए, जनमत को अपने पक्ष में मोड़ने के लिए, जाली क्रेडिट कार्ड तैयार करने के लिए–उससे उनके 'अत्याधुनिक' होने की बात सिद्ध हो जाती है। सचमुच, इस तरह की कई तकनीकों में तो वे बड़ी महारत हासिल कर चुके हैं। एक अध्ययन के अनुसार, मनीला में आतंकवादियों के एक गुप्त अड्डे से कंप्यूटर से जब्त किए गए एक डाटा का पता लगाने में अमेरिकी जांचकर्त्ताओं को लगभग दो वर्ष लग गए थे–इतनी चालाकी से उसे छिपाया गया था। आतंकवादी संगठन अपने नेटवर्क और उसकी तकनीक को अधिक कुशल बनाने के लिए इंजीनियरों, कंप्यूटर विशेषज्ञों और विभिन्न तकनीकों में कुशल अन्य विशेषज्ञों की भर्ती कर रहे हैं। उनकी अपनी सैकड़ों वेबसाइट चल रही हैं। (प्रसंगवश, उन वेबसाइटों में, जैसा पाकिस्तानी आतंकवादी नेताओं का दावा है, अमेरिका, इस्राइल और भारत को आम तौर पर करीबी दुश्मन के रूप में दिखाया गया है।) इन आतंकवादियों का वेबसाइटें सिस्टम इतना व्यवस्थित होता है कि वे किसी भी चीज को आसानी से समझ लेते हैं, विश्व के वे आधुनिकतम तकनीक जिनके बारे में मात्र कुछ ही लोगों की जानकारी होती है, में पूर्णतया कुशल होते हैं, इसी वजह से वे किसी भी घटना को अंजाम देने के बाद गायब हो जाते हैं। उनकी प्रशिक्षण तकनीक इतनी उन्नत है कि एक अनुभवी व्यक्ति जिस कार्य को सफलतापूर्वक नहीं कर सकता है, उसे एक नवप्रशिक्षित व्यक्ति आसानी से निपटा सकता है।

33. जैसा कि पहले बताया जा चुका है कि पाकिस्तान द्वारा आतंकवादियों के माध्यम से भारत के खिलाफ जो 'परोक्ष युद्ध' चलाया जा रहा है, उसके प्रति विश्व को जागरूक करना कितना मुश्किल हो रहा है। करीब बीस वर्षों तक हजारों की संख्या में लोग मारे जाते रहे, लेकिन जब अमेरिका या यूरोपीय देशों के प्रतिनिधि भारत आते थे तो कहते थे कि हमें प्रमाण दो कि इन आतंकवादियों के पीछे पाकिस्तान का हाथ है। अमेरिका के पेंटागन और वर्ल्ड ट्रेड सेंटर पर हमले के बाद उनकी गुप्तचर व्यवस्था और अन्य तकनीकें सारा रहस्य जनता के समाने आ गयीं। जब प्रत्यक्ष रूप से आतंकवादी हमारे देश में हजारों लोगों की जानें ले रहे थे तब हम विश्व समुदाय के समक्ष यह साबित नहीं कर पाए कि इनके पीछे पाकिस्तान का हाथ है। ऐसे में जब आतंकवादी वायरस के माध्यम से हमला करेंगे तो यह साबित करना हमारे लिए भी मुश्किल होगा। एक कंप्यूटर वायरस हमारे पूरे नेशनल पावर ग्रिड को हिलाकर रख देता है। वर्तमान समय में कुछ ऐसे भी वायरसों को खोज लिया गया है जो 2-3 वर्षों तक सुषुप्त रहने के बाद पूरे वातावरण में फैल जाते हैं। किसी इंटेग्रेटेड सर्किट के निर्माण के समय उसमें एक नैनो-अस्त्र रख दिया जाता है, जिसे फिर सर्किट के बनने पर तीन वर्ष बाद एक इलेक्ट्रोमैग्नेटिक पल्स द्वारा सक्रिय कर दिया जाता है; एक सूक्ष्म रोबोट जो हाइड्रो संयंत्र और नागरिक उड्डयन की नियंत्रण व्यवस्था को एक साथ चरमरा सकता है—ऐसी परिस्थिति में हो सकता है कि हमें पता चल जाए कि इन वायरस हमलों में पाकिस्तान और चीन का हाथ है। लेकिन इस बात को हम विश्व समुदाय को कैसे समझा सकते हैं। हमने कटु अनुभवों से सीखा है, हम उस विश्व समुदाय को ऐसी बातें कैसे समझा सकते हैं, जो स्वयं ही समझना नहीं चाहते हैं। दूसरी ओर, एक सर्वविदित घटना है 11 सितंबर को, जब अमेरिका पर हमला हुआ। अमेरिका किसी के समक्ष इस बात का कोई प्रमाण नहीं पेश कर सका कि इस घटना के पीछे ओसामा बिन लादेन का हाथ है, फिर भी अमेरिका की क्रूज मिसाइलें अफगानिस्तान पर बरसनी शुरू हो गईं। उसके पास इस बात का भी कोई प्रमाण नहीं था कि सद्दाम हुसैन के पास जन-संहारक हथियारों का जखीरा है। लेकिन जब कमजोर राष्ट्रों की बारी आती है तो प्रमाण की जरूरत पड़ जाती है।

34. कई ऐसे लक्षण दिख रहे हैं, जिनसे खतरे का संकेत मिल रहा है—मानसिक तौर पर सम्मोहित क्रिया जा रहा है, संगठनों को जाल में फंसाया जा रहा

है, पाकिस्तान जैसे राष्ट्रों द्वारा प्रश्रय दिया जा रहा है, पड़ोसी देशों की सरकारों को कमजोर किया जा रहा है, अत्याधुनिक तकनीकें अधिगृहीत की जा रही हैं, सूक्ष्म-से-सूक्ष्म तकनीकें विकसित की जा रही हैं। ऐसे में हमें आश्वस्त हो जाना चाहिए कि आने वाले दशक में ये कट्टरपंथी संगठन देश में जन-संहारक हथियार लाने में सक्षम होंगे और व्यापक तौर पर जन-संहार करेंगे। उन्हें इस बात की कोई परवाह नहीं रहेगी कि इसमें हजारों की जानें जाएंगी। उन पर सिर्फ यही जुनून सवार होगा कि यह सब अल्लाह की मर्जी से हो रहा है। वे सिर्फ प्रत्यक्ष रूप से हत्या करने वाले हथियारों का ही इस्तेमाल नहीं करेंगे बल्कि उनके पास लोगों को ब्लैकमेल करने का एक कारगर तरीका होगा। और हम उनका मुकाबला करके अपने देश की रक्षा करने के लिए कितने तैयार हैं—इसकी एक झलक उस समय मिल गई थी, जब आतंकवादियों ने इन हथियारों का प्रयोग करके मात्र एक विमान का अपहरण कर उसे कंधार पहुंचा दिया था और हमें उनकी मांगों के सामने झुकना पड़ गया था।

35. फिर, हिंसा तो उनकी विचारधारा इनकी वफादारी के केन्द्र में ही स्थित है। आतंकवादी किसी भी कीमत पर हिंसा पर उतारू हैं और आधुनिक तकनीक हिंसा या हत्याओं को और भी सार्वजनिक बना रही है—सचमुच एक ऑपरेशन की खबर अब तक दूरदर्शन कार्यक्रम की तरह घर-घर में पहुंच जाती है। 11 सितंबर की घटना की तस्वीर को याद करें, जिसमें मारे गए लोगों के क्षत-विक्षत शरीर या गगनचुंबी टॉवरों को ध्वस्त होते देखा गया था।

36. आतंकवचाद सभी के लिए एक खतरा है। आज उसने किसी एक देश को अपनी चपेट में लिया है तो कल किसी दूसरे देश को अपनी चपेट में लेगा। इसलिए अगर कोई देश किसी ऐसे देश का साथ देता है—जो आतंकवादियों को संरक्षण दे रहा हो, उन्हें वित्तीय सहायता दे रहा हो, उन्हें प्रशिक्षण दे रहा हो और उनके लिए हथियार की व्यवस्था कर रहा हो—तो यह उसकी बुद्धिमानी कतई नहीं होगी। आतंकवाद का मुकाबला करने के लिए विभिन्न देशों को आपस में एकता कायम करना होगा एवं एक दूसरे के संसाधनों के प्रयोग हेतु सहभागिता करनी होगी। वास्तविकता की बात की जाए तो भारत जैसे देश को हमेशा यह याद रखना चाहिए कि उसे अपनी लड़ाई खुद लड़नी है, उसकी ओर से लड़ाई लड़ने के लिए कोई और नहीं आने वाला है।

37. आतंकवाद एक वायरस के समान है, जिसे एक बार मार देने के बाद फिर जिंदा हो उठता है, इसकी सीख अमेरिका को इराक में आतंकवादियों के साथ जूझने में मिली है।

38. हमें इस बात पर अवश्य देना चाहिए कि यह वैसा युद्ध नहीं है, जो किसी निश्चित तारीख को शुरू हुआ था और किसी निश्चित तारीख को खत्म हो जाएगा। यह लगातार नया रूप लेते हुए एक 'स्थायी युद्ध' है। इस युद्ध में हमेशा के लिए कोई विजयी नहीं होता है, इसलिए इससे थकना ठीक नहीं है। इसके लिए हमें आवश्यक रूप से और कोई एक नियमित प्रक्रिया अपनाने से बचना होगा।

39. आतंकवादी एक प्रकार का सूक्ष्म हथियार प्रयोग करते हैं जिन्हें उनके नियंत्रकों को इस्तेमाल करते हुए हमने देखा है। यह एक ऐसा हथियार है, जिसे कोई उदारवादी समाज स्वीकार करने में भी संकोच करता है। आतंकवादी संगठनों की सफलता का एक रहस्य यह है कि वे बहुत ही ढीले-ढाले ढंग से संगठित रहते हैं। उनमें से कुछ लोगों की यदि मृत्यु भी हो जाती है तो उनका अस्तित्व खत्म नहीं हो जाता है–भले ही उनके विरोधी मरने वाले को एक महत्त्वपूर्ण आतंकवादी करार दें। इनकी सबसे बड़ी ताकत 'कट्टरपंथी विचारधारा' है। वे ग्रंथ जिन पर यह विचारधारा टिकी हुई है; वह विशाल ढांचा, जो विचारधारा को प्रचार करने के लिए तैयार किया गया है–बांग्लादेश, पाकिस्तान के भीतर तथा भारत की सीमा से लगे क्षेत्रों में चल रहे हजारों मदरसे; पाकिस्तान जैसे देश में 'सामान्य' शिक्षा का अंग बन चुकी कट्टर विचारधारा–से यह बात निश्चित हो जाती है कि यदि कोई एक आतंकवादी संगठन–एक अल कायदा–कुचल भी दिया जाता है तो भी आतंकवाद जड़ से खत्म होने वाला नहीं है। ऐसे में तो बस यही कहा जा सकता है कि दोनों तरह के देश–जो उसे 'अपनी राष्ट्रीय नीति के माध्यम' के रूप में मान्यता देकर संरक्षण दे रहे हैं और जो उसे लड़ने के लिए निकले हैं–उन्हीं शासकों पर आश्रित हैं।

40. लड़ाई लड़ने के लिए एक मूल मंत्र है–विजयी होने पर अपने विरोधी पक्ष को कभी मत भूलो; लेकिन यह एक विडंबना और हमारा दुर्भाग्य है कि हम ऐसा करने के आदी हो गए हैं।

2

अंतर्राष्ट्रीय स्तर पर आतंकवाद का प्रसार

वर्तमान समय में आतंकवाद ने अंतर्राष्ट्रीय रूप धारणा कर लिया है। आज प्रत्यक्ष एवं अप्रत्यक्ष, दोनों रूपों से सभी देश इस समस्या से ग्रस्त हैं। विश्व में सबसे ज्यादा आतंकवादी हमलों का शिकार इस्राइल है। इसके अलावा भारत, पाकिस्तान, रूस, अमेरिका, यूरोप तथा एशिया के अन्य देशों में भी आतंकवाद की घटनाएं प्रायः होती रहती हैं। अंतर्राष्ट्रीय आतंकवाद के इतिहास पर गौर करने से यह पता चलता है कि इसका आरंभ अरब नेशनलिस्ट मूवमेंट (एएनएम) ने किया। 1963-64 में इस संगठन ने इस्राइल में गुप्त आतंकवादी सेल स्थापित कर सूचनाएं इकट्ठी कीं और इस्राइल के विभिन्न संगठनों पर स्पीकर एजेंट स्थापित कर दिए। 1967 से पहले एएनएम ने विभिन्न अरब राष्ट्रों में लीडर नियुक्त किए और लेबनान की राजधानी बेरूत में एक अंतर्राष्ट्रीय नेतृत्व दल भी स्थापित किया, जिसमें जार्ज हबाश, वादी हदाद, हन्नीअल हिंदी और मुशीन इब्राहिम शामिल थे।

जार्ज हबाश ने 1967 में अरब पराजय के पश्चात् यह निर्णय लिया कि हमें वियतनामी गुरिल्लाओं से प्रेरणा लेते हुए क्रान्ति करनी होगी एवं इसके लिए एक मजबूत संगठन बनाना होगा। सभी लोगों को साथ में लाना है। हम किसी सरकार पर निर्भर नहीं रहेंगे। हमें इस्राइल के विरुद्ध 20 वर्ष तक युद्ध लड़ना है।' और इस प्रकार 'पापुलर फ्रंट फार लिबरेशन ऑफ पैलेस्टाइन (पीएफएलपी) की स्थापना हुई।

हबाश इसका नेता था। यह दल अंतर्राष्ट्रीय क्रांति के जरिये विश्व में परिवर्तन लाकर अंततः फिलिस्तीनी राष्ट्र की स्थापना करना चाहता था। दल ने अरब देशों की राजनीति में घुसपैठ की और इस्राइल से बदला लेने के लिए अंतर्राष्ट्रीय आतंक के हथकंडे अपनाए उसके अन्य नेता वादी हदाद ने इस्राइली हवाई जहाजों के अपहरण का सुझाव दिया तो हबाश नाराज हो गया। दोनों मे जमकर बहस हुई। चूंकि हदाद ने हबाश को सीरिया की जेल से छुड़ाया था, इसलिए वह हदाद का आभारी था। अंततः हबाश उसकी बात मान गया।

22 जुलाई 1968 हो हदाद के तीन सदस्यों की टीम ने इस्राइल के एक विमान का अपचालन कर लिया और उसे अल्जीरिया ले गए। वहां अल्जीरियाई सरकार की मध्यस्थता के परिणामस्वरूप उन्होंने इस्राइली मूल के 12 यात्रियों को रिहा कर दिया। अंतर्राष्ट्रीय समाचार जगत में अपहरण और फिलिस्तीनी समस्या की विस्तृत चर्चा हुई। 31 अगस्त को विमान और बंधकों को भी छोड़ दिया गया। बदले में इस्राइल ने भी कुछ फिलिस्तीनी कैदियों को रिहा कर दिया।

विमान अपचालन के मामले में इस्राइल ने लेबनान को उत्तरदायी ठहराया, क्योंकि दो विमान अपहरणकर्त्ता कुछ समय तक लेबनान रिफ्यूजी कैंप में रहे थे और बेरूत से एथेंस के लिए उड़े थे। 28 दिसंबर 1968 को इस्राइल ने बेरूत हवाई अड्डे पर विशेष बल उतारा, जिसने लेबनान के 13 यात्री जहाजों को जलाकर नष्ट कर दिया।

18 फरवरी 1969 को पीएफएलपी की टीम और अलअल सुरक्षा गार्डों के बीच ज्यूरिख हवाई अड्डे पर गोलीबारी हुई। दो दिन बाद इस संगठन ने येरूशलम के सुपरमार्केट में दो व्यक्तियों की हत्या की और 20 को घायल कर दिया। एक महिला ने येरूशलम की हिब्रू यूनिवर्सिटी पर बम फेंका। हबाश ने इस्राइली नागरिकों पर हमले जारी रखने की घोषणा की क्योंकि इस्राइल फिलिस्तीनियों को प्रताड़ित कर रहा था।

29 अगस्त 1969 को लीला खालिद नामक एक शरणार्थी लड़की (जो हाईफा से आई थी और अरब नेशनलिस्ट मूवमेंट से जुड़ी थी) ने एएनएम के आतंकवादियों के साथ टीडब्ल्यूए एयरलाइंस के एक विमान का अपहरण कर लिया। उसे सीरिया में उतारा गया, जहां दो इस्राइलियों को दो दिनों तक बंदी बनाए रखा गया।

इस अंतर्राष्ट्रीय आतंकवादी कार्रवाई की विश्वव्यापी चर्चा हुई। अनेक देशों के उग्रवादी संगठनों ने अपहरण के मामलों में इनका अनुकरण किया।

18 जुलाई 1969 को जॉर्ज हबाश के पीएफएलपी ने लंदन में एक यहूदी स्टोर में बम के धमाके किए।

9 सितंबर 1969 को पीएलएफपी के यूथ ग्रुप 'लायंस कब्ज' ने हालैंड और पश्चिमी जर्मनी स्थित इस्राइली एंबेसियों और बेल्जियम स्थित एयरलाइंस के दफ्तरों में ग्रेनेड के विस्फोट किए।

दो वर्षों में ही फिलिस्तीनी उग्रवादी पूरे विश्व के समाचार जगत में छा गए। ऐसा नहीं है कि अपहरण की अन्य घटनाएं कम हुईं या हर अपहरण का चरमोत्कर्ष सफल ही रहा, लेकिन अंतर्राष्ट्रीय आतंकवाद के लिए यह मील का पत्थर सिद्ध हुआ।

मध्यपूर्व में आतंक का प्रसार

1970-80 के दशक में मध्यपूर्व का आतंकवाद पूरे विश्व में फैला। पश्चिमी देशों में सक्रिय अपने सहयोगियों की सहायता से मध्यपूर्व के उग्रवादियों ने व्यापक स्तर पर बम विस्फोट किए, हत्याएं कीं और विमानों तथा अन्य वाहनों का अपचालन किया। वे अपना उद्देश्य पूरे विश्व के सामने रखना चाहते थे। इस्राइल का समर्थन करने वाले राष्ट्रों पर भी प्रहार हुए। आतंकवादी दल छोटे-छोटे गुटों में बंटते गए। इनमें से कुछ तो बहुत क्रूर और अति हिंसक थे और कुछ पूरे विश्व में इस्लाम का शासन स्थापित करने की मांग लेकर बढ़े थे।

20वीं शताब्दी के उक्त दशक में मध्यपूर्व के आतंकवाद का स्वरूप तेजी से बदला। आतंकवादी घटनाओं का दुष्प्रभाव मध्यपूर्व क्षेत्र तक ही सीमित नहीं रहा, इसलिए जवाब कार्रवाई करने वाले राष्ट्रों की कार्य-पद्धति में भी बहुत परिवर्तन आया। हिंसा, अपहरण और आतंक की घटनाएं पूरे विश्व के मंच पर होने लगीं। आतंकवादियों ने विशेष रूप से उन नेताओं और राष्ट्रों को अपना निशाना बनाया, जिनकी आर्थिक, राजनीतिक या वैचारिक रुचि मध्यपूर्व क्षेत्र में थी। जो राष्ट्र फिलिस्तीनियों का समर्थन नहीं कर रहे थे या इस्राइल के पक्षधर थे, उन पर करारे वार किए गए। अपहृत विमानों और उनके यात्रियों को मुक्त करने की आतंकवादियों ने खासी कीमत वसूल की। वे अपहृत विमानों को नष्ट करने में भी नहीं हिचकिचाए। आतंक की इन घटनाओं में सफलता प्राप्त करने पर अरब आतंकवादियों ने सोचा कि मध्यपूर्व के देशों में छोटे-मोटे निशानों पर वार करते रहने से कहीं बेहतर विमानों का अपहरण करना और आतंक फैलाना है, क्योंकि समाचार-जगत के

माध्यम से पूरे विश्व का ध्यान इस ओर आकर्षित हो रहा था। 1967 और 1973 में युद्धों में इस्राइल ने सिद्ध कर दिया कि अरब राष्ट्र इस्राइल को समुद्र में नहीं ढकेल सकते, इसलिए अरब चरमपंथियों ने हिंसा और आतंक की गतिविधियां बढ़ा दीं।

चरमपंथियों की हिंसक कार्यवाहियों में बाढ़ आ गई। पश्चिमी राष्ट्र इससे जूझने के लिए तैयार न थे। 1972 में जर्मनी में खेले जा रहे ओलंपिक के दौरान जब आतंकवादियों ने इस्राइली खिलाड़ियों का अपहरण किया तो आतंकविरोधी ऑपरेशन में पुलिसकर्मी और इस्राइल के अनेक बंधक भी मारे गए। वहां की पुलिस आतंक-विरोधी ऑपरेशन के लिए प्रशिक्षित न थी, इसलिए विश्व के अनेक देशों ने आतंकवादियों से जूझने के लिए विशेष सैनिक और अर्द्धसैनिक दल तैयार किए। परिणामस्वरूप इस्राइल ने 1976 में युगांडा के एनटेवे हवाई अड्डे से अपहृत विमान और यात्रियों को सफलतापूर्वक छुड़ा लिया। फिर 1977 में पश्चिमी जर्मनी के विशेष सशस्त्र दल ने भी अपहर्ताओं से विमान मुक्त करा लिया।

आतंकी हमलों से निपटने के लिए जब कोई भी ऑपरेशन किया जाता है तो उसे काफी जोखिम उठाना पड़ता है। इसी युग में वामपंथी आतंकवाद भी बड़े पैमाने पर आंरभ हुआ। यूरोप के मध्यवर्गीय और सुदूर पूर्व और दक्षिण-पूर्व में वामपंथियों ने अपनी ही सरकारों के विरुद्ध क्रांतिकारी आंदोलन शुरू किए। पश्चिमी देश, मध्यपूर्व और अन्य क्षेत्रों के उग्रवादियों में प्रशिक्षण-सूचनओं के आदान-प्रदान और आवश्यक सहायता का युग आरंभ हुआ।

आज अंतर्राष्ट्रीय स्तर पर अनेक उग्रवादी नेताओं ने विभिन्न प्रकार के मजबूत संगठनों का निर्माण किया है। कार्लोस जैकाल, अबू निडाल (अगस्त 2000 में हत्या हो गई), प्रभाकरन, ओसामा बिन लादेन आदि कुछ प्रमुख उग्रवादी नेता समाचार-जगत मे छा गए। इसी युग में चरमपंथी मुसलमान संगठन, जिनका फिलीस्तीन से कुछ लेना-देना न था, संगठित हुए। आत्मघाती दस्तों अथवा फिदायीन हमलों का एक दौर भी शुरू हुआ।

दक्षिण अमेरिका में आतंकवाद

दक्षिणी अमेरिका दो शताब्दियों से आतंकवाद का शिकार रहा है। वहां के अधिकांश देशों ने जिन पर गिने-चुने यूरोपीयों के शासन थे, उन्नीसवीं शताब्दी में पराधीनता से मुक्ति पाई। इन उपनिवेशों पर मुख्यतः स्पेन और पुर्तगाल का शासन

था। स्वतंत्रता-संग्राम में वहां आतंक और हिंसा का अत्यधिक प्रयोग हुआ। विदेशी शासकों ने स्थानीय अशिक्षित, भोले-भाले, भूमिहीन लोगों पर वर्षों तक शासन किया और अथाह संपत्ति और धनार्जन किया। वे हिंसा और आतंककारी दमन का प्रयोग करने से नहीं चूके। अल सल्वाडोर पर मात्र 14 परिवारों का आधिपत्य था जो वहां से कॉफी उत्पादन का 95 प्रतिशत भाग हथिया लेते थे।

1950 के दशक में क्यूबा की बतिस्ता सरकार को खत्म करने के लिए फिदेल कास्त्रों के नेतृत्व वामपंथी संगठन का निर्माण किया गया जिसमें गरीब, दलित और अशिक्षित स्थानीय जनता को शामिल किया गया था। यह संगठन यहां बहुत ही लोकप्रिय हुआ। देखते ही देखते वहां वामपंथी उग्रवाद शुरू हुआ, जिसे कुचलने और साम्यवाद के दक्षिणी अमेरिका में प्रवेश को रोकने के लिए अमेरिका ने लातिन अमेरिकी देशों की दक्षिणपंथी सरकारों का पूर्ण समर्थन किया और उन्हें आर्थिक और सामरिक सहायता दी। फलस्वरूप वामपंथी शायद ही किसी देश में चरमपंथी सरकार को अपदस्थ कर अपना शासन स्थापित कर लें।

अर्जेंटीना

अर्जेंटीना के तानाशाह जुआन डोमनीगो पेरोन का 1946 से चलता सैनिक शासन का 1955 के प्रारंभ तक का समय स्वर्णयुग माना जाता है। 1955 में सैनिक विद्रोह ने उसे अपदस्थ कर निर्वासित कर दिया तो अर्जेंटीना आर्थिक संकट में डूब गया। देश में राजनीतिक संकट भी शुरू हो गया। फलस्वरूप निर्वासित तानाशाह के सम्मान के प्रतीक पेरोनवादी और ट्राटस्कीवादी वामपंथियों को आतंकवादी गतिविधियां शुरू करने का अवसर मिल गया। पेरोनिज्म के समर्थक दक्षिण और वामपंथी दोनों ही थे। तानाशाह पेरोन ट्रेड यूनियन और भूमि-सुधार का समर्थक था। वह घोर राष्ट्रवाद और एकतंत्र का पोषक था। वह तेजी से रूढ़िवादी परंपराओं को अपनाने लगा था।

उसके विरोधियों ने 1970 के दशक के आरंभ में उसकी वापसी के समय हिंसा का सहारा लिया जो शीघ्र ही 'गंदे युद्ध' (डर्टीवार) में परिवर्तित हो गई, जिसके दौरान हजारों अर्जेंटीनावासियों की हत्याएं हुईं। लोगों को जेलों में ठूंसा गया और प्रताड़ित किया गया।

1960 के दशक में भारी मंदी के कारण लोगों के जीवन-स्तर में गिरावट आई। मई 1969 में औद्योगिक नगर कोरडझेवा में आंदोलन शुरू हो गया, जिसकी अगुआई छात्र और श्रमिक कर रहे थे। वे सैनिक सरकार की घोर मितव्ययता का विरोध कर

रहे थे। इस आंदोलन के परिणामस्वरूप पेरोनवादी और ट्राटस्कीवादी मिलिटेंसी आरंभ हुई। देखते ही देखते अनेक आतंकवादी संगठन पैदा हो गए। सबसे महत्त्वपूर्ण थे 'मोंटोनेरो' और पीपुल्स रिवोलूशनरी आर्मी (ईआरपी)।

'मोंटोनेरो' वामपंथी छापामार गुट था जो मानता था कि पेरोन की जनप्रिय और राष्ट्रवादी नीतियों को सामाजिक क्रांति के जरिये देश में लागू करना चाहिए। 1968 में इस संगठन की स्थापना कैथोलिक यूथ आंदोलन के भूतपूर्व सदस्यों फर्नांडो अबल मेडिना, कार्लोस गुस्तावी रामस और मैरियो इडार्डो फर्मेनिच ने की थी। इन्होंने तेजी से अपनी सदस्य संख्या बढ़ाकर 10,000 कर ली और लैटिन अमेरिका के अन्य उग्रवादी संगठनों से संपर्क किया, जिसमें कोलंबिया का एम-19 ग्रुप भी शामिल था। यह संगठन इतना बड़ा, बेडोल और असंतुलित था कि उसके मात्र दो सदस्य ही गहन मिलिटरी प्रशिक्षण प्राप्त कर सके।

इसकी तुलना में ही छोटा दल ईआरपी, वर्कर्स रिवोलूशनरी पार्टी से निकला जो ट्राटस्की पार्टी से संबद्ध था। कोरडोवा नगर के नाम पर 1969 के आंदोलन का नाम कोरडोवाज पड़ा था। इसके आंदोलन के पश्चात् 1970 में ईआरपी ने सरकार पर आगजनी और बम विस्फोटों के आक्रमण किए। अपहरण किए और फिरौती की रकम वसूल कर उसे उग्रवादी गतिविधियों पर व्यय किया। उग्रवादियों के कुछ नेता पकड़े भी गए, लेकिन अप्रैल 1972 में मेंडोजा में हुई जनक्रांति के बाद अनेक वरिष्ठ सैनिक अधिकारियों और व्यवसायियों की हत्याएं हुईं। इससे पहले भी वामपंथी उग्रवादी संगठन 'मोंटोनेरो' ने 29 मई 1970 को पहल की थी। उन्होंने जनरल पैड्रो यूगेनिओ अरांबुरू का अपहरण कर लिया। वह 1955 से 1958 तक राष्ट्रपति रहा था। उसने पैरोनिस्ट नीतियों और प्रभाव को समाप्त करने का भरपूर प्रयत्न किया था, ताकि अर्जेंटीना की राजनीति से उसका प्रभाव समाप्त हो जाए। बाद में जमीन में दफन उसका शव 16 जुलाई 1970 को मिला। इस संगठन ने अस्थायी तौर पर ला कलेरा नगर पर कब्जा कर लिया जो कोरडोवा निकट ही था। दो मारे गए और अन्य गिरफ्तार हुए। इस संगठन की सदस्य संख्या 1970 के अंत तक 20 हो गई थी। तब उन्होंने सरकार से सीधा टकराव छोड़ दिया और छोटी सैनिक और पुलिस टुकड़ियों पर छोटे-छोटे आक्रमण किए। 1973 तक दर्जनों बम विस्फोट अमीर और प्रतिष्ठित लोगों को लक्ष्य करके हुए। विदेशी इमारतों में आग लगा दी गई और अपहरण भी किए गए। लेकिन अंत में संगठन के वरिष्ठ नेता और आतंकवादी भी मारे गए।

इस देश में जैसे ही आतंकवाद ने पैर पसारा, महंगाई तेज रफ्तार से बढ़ी। अंततः जनवरी 1972 में सैनिक सरकार ने समझौते का रास्ता अपनाया। पेरोनवादी राजनीतिक आंदोलन को वैधता मिल गई। जस्टीलियस्ट पार्टी (पीजे) को चुनाव लड़ने की आजादी भी मिली। चुनाव हुए, पीजे पार्टी जीती। उस पार्टी के राष्ट्रपति ने, जो पेरोन का वफादार था, शीर्घ ही पुनः चुनाव कराए जिसमें 77 वर्षीय पेरोन ने भी चुनाव लड़ा और जीता।

पेरोनवादियों ने सत्ता तो हाथ में ले ली किन्तु वामपंथी श्रमिक यूनियनों और उदारवादी दक्षिणपंथी छात्रों में नीतियों और सिद्धांतों के प्रश्न पर तनाव शुरू हुआ, जो 20 जून 1973 को खूनी संघर्ष में बदल गया। उस रोज चुनाव जीतकर पैरोन वापस स्वदेश लौट रहा था। हवाई अड्डे पर राष्ट्रपति पेरोन के पांच लाख समर्थक स्वागत के लिए जमा हुए। पर उनमें संघर्ष शुरू हो गया। गोलीबारी में 13 मारे गए और 100 घायल हुए। हत्याओं और षड्यंत्रों का दौर शुरू हुआ। अंत में राष्ट्रपति पेरोन और उसकी तीसरी सुंदर पत्नी की हत्या का षड्यंत्र रचने के आरोप में सरकार ने वामपंथियों को कुचलना शुरू किया तो वामपंथी पार्टी ने पहली मई 1974 को मोंटोनेरो से संबंध-विच्छेद कर लिया।

1974 में राष्ट्रपति पैरोन की मृत्यु हो गई। उसकी पत्नी राष्ट्रपति बनी। अर्जेंटीना में बहुत अव्यवस्था थी। यह दक्षिणपंथी मंत्री जोस लोपेज रेगा पर निर्भर रहने लगी, जो वामपंथी उग्रवादियों को उड़ा देने के लिए साम्यवाद-विरोधी संगठन (एएस) के हत्यारे दस्तों का प्रयोग करता था। उन्होंने अनेक नेताओं पर निशाने साधे। वामपंथी उग्रवादियों ने वरिष्ठ नेताओं और अमीर व्यवसायियों के अपहरण किए और करोड़ों डालर फिरौती में वसूले। हत्याओं में अनेक लोग मारे गए। उग्रवादी कमांडो अपने साथियों के पकड़े जाने पर सैनिक अधिकारियों की हत्याएं करने लगे।

1974 में ईआरपी ने कास्ट्रो ओर चेग्वेरा की नकल में टूकूमन प्रांत में ग्रामीण छापामार दल संगठित किए। शुरू में पुलिस की असफलताओं के कारण उनका उग्रवाद फैला। लेकिन शीघ्र ही वहां सेना तैनात कर दी गई। उसने उग्रवादियों का सांस लेना भी कठिन कर दिया। तब उग्रवादी भूमिगत हो गए।

इस बीच मोंटोनेरो चरमपंथियों ने अपहरण का विशाल पैमाने पर प्रयोग किया। सितंबर 1974 में एक व्यवसायी के अपहरण में उन्हें 6 करोड़ डालर की फिरौती मिली। नवंबर 1974 में उग्रवादियों ने संघीय पुलिस चीफ की हत्या कर दी।

1975 में उग्रवादियों ने कई सफल अभियान किए, महत्त्वपूर्ण लोगों की हत्याएं कीं और सैनिक टुकड़ियों पर आक्रमण भी किए। उन्होंने नौसेना के मिसाइल वाहक फ्रिगेट में बारूद लगाकर विस्फोट किया। उनके हमलों में सैनिकों एवं पुलिसकर्मियों के अलावा अनेक महिलाएं और अबोध बच्चे भी मारे गये या घायल हुए।

जनमत अब आतंक के विरोध में बढ़ रहा था। जनता चरमपंथियों और सरकारी तंत्र की बदले में की गई हिंसक कार्यवाहियों के विरुद्ध थी। आतंक का अर्थव्यवस्था पर बुरा असर पड़ रहा था। मार्च 1976 में सैनिक अमांडर-इन-चीफ ने सैनिक विद्रोह किया और पेरोन की विधवा—जो राष्ट्राध्यक्ष थी—को अपदस्थ कर सत्ता हथिया ली।

राष्ट्र की पुनर्गठन प्रक्रिया के दौर में सैनिक सरकार ने सब कुछ ठीक-ठाक करने की घोषणा की। इस 'गंदे युद्ध' (डर्टी वार) में सैनिक सरकार ने आतंक का सरकारी अभियान छेड़ा, जो वामपंथियों के विरुद्ध था। इनमें छापामारों के अलावा छात्र, राजनेता और बुद्धिजीवी भी शामिल थे।

एएए के मौत के दस्तों के हजार अर्जेंटीनावासियों को हिरासत में लेकर यातनाएं दीं। उन्हें मौत के घाट उतार दिया और उनके शवों को समुद्र में फेंक दिया या अज्ञात कब्रों में दफना दिया। मात्र तीन महीनों में सैनिक सत्ता ने मिलिटरी इंटेलिजेंस के एजेंटों की सहायता से वामपंथी लीडरशिप का सफाया कर दिया। मोंटोनेरो उग्रवादियों का लगभग सफाया ही हो गया। 1976 में उन्होंने सुरक्षाबलों, व्यवसायियों और वरिष्ठ नेताओं पर 300 हमले किए थे।

1977 में सबसे ज्यादा मोंटोनेरो संगठन ने आतंकवादी हमले किये, इसने कुल 600 हमलों का दावा किया। 1978 के मध्य तक इस संगठन के 4000 से अधिक आतंकवादी मारे गए। 1979 में इक्का-दुक्का हमलों के अलावा कुछ न हुआ। 1979 के बाद इस संगठन ने कोई अभियान नहीं छेड़ा। इस संगठन का एक नेता मारियो फर्मेनिच भागकर ब्राजील चला गया, लेकिन प्रत्यर्पण प्रक्रिया से 1985 में उसे वापस लाकर उस पर मुकदमा चलाया गया और उसे 30 वर्ष के कारावास की सजा सुनाई गई।

1983 में अर्जेंटीना में प्रजातांत्रिक सरकार बनते ही इस सरकार को खत्म करने का निर्णय वामपंथी नेताओं ने लिया। इसके लिए उन्होंने पुराने साथियों को जोड़ने का प्रयत्न किया लेकिन उन्हें कोई सफलता प्राप्त नहीं हुई।

1089 आते-आते अर्जेंटीना की अर्थव्यवस्था बुरी तरह चरमरा गई। सेना में कम वेतन के कारण असंतोष बढ़ रहा था। डर्टी वार में भाग लेने वालों पर मुकदमे चलने के कारण भी असंतोष व्याप्त था।

वामपंथी नेताओं को जैसे ही अवसर मिला, उसके प्रमुख गोरियाटन ने आतंकवादी हमले पुनः शुरू कर दिये। 23 जनवरी 1990 को 50 छापामारों ने उसकी अगुवाई में सेना की तीसरी रेजिमेंट की बैरकों पर हमला किया। इस कांड में 11 सैनिक और 50 में से 34 छापामार भी मारे गए। इसके बाद कुछ विशेष नहीं घटित हुआ। अक्टूबर 1995 में गोरियाटन गिरफ्तार किया गया। उस पर मुकदमा चला और अंत में उसे कारावास का दंड दिया गया।

ब्राजील

इस देश में 1960 और 70 के दशक में छोटे-छोटे आतंकवादी संगठन बन गये। कुछ ने नगरों को और अन्य ने ग्रामीण क्षेत्रों को अपना बेस बनाया। इन संगठनों की आपस में सांठ-गांठ न थी। वे छोटे-छोटे स्वतंत्र दल थे। इसी कारण अधिक समय तक जीवित न रह पाए। ब्राजील के ये आतंकवादी संगठन पापुलर रिवोलूशनरी वेनगार्ड (वीआरपी), एक्शन फॉर नेशनल लिबरेशन (एएनएल), माओइस्ट कम्युनिस्ट पार्टी ऑफ ब्राजील (पीसीबी), द नेशनलिस्ट रिवोलूशनरी मूवमेंट (एमएनआर), रिवोलूशनरी मूवमेंट ऑफ। ट्वेंटी सिक्स्थ (एमआर-26), वर्कर्स पालिटिक्स (पीओएलओपी), नेशनल लिबरेशन कमांडो (सीओएलआईएनए) आर्म्ड रिवोलूशनरी वेनगार्ड–पाल्मेयर्स (वीएआर–पाल्मेयर्स), द अक्तूबर-8 रिवोलूशनरी मूवमेंट (एम-8) के नाम से चर्चित हुए। इनमें से दो संगठनों–पापुलर रिवोलूशनरी वेनगार्ड (बीआरपी) और एक्शन फॉर नेशनल लिबरेशन (एएनएल) की आतंकवादी कार्यवाहियों के कारण वहां की सैनिक सरकार फिफ्थ इंस्टीट्यूशनल एक्ट-1968 लागू करने को विवश हुई। इस एक्ट से सैन्य सरकार को आतंक से निपटने के लिए असीमित शक्तियों और दमन का अधिकार मिल गया।

1960 के दशक के आरंभ में आतंकवादियों ने क्यूबा विद्रोह की नकल पर ग्रामीण छापामारों की ररणनीति अपनाई। कुछ ने चेग्वेरा और रेगिस डेब्रे की सीख का अनुसरण भी किया। माओवादी कम्युनिस्ट पार्टी के छापामारों (पीसीबी) ने 1960 के दशक के आरंभ मे पारा प्रांत में ठिकाने बनाए। एमएनआर की स्थापना 1967 में हुई, लेकिन जब उन्होंने सीमांत क्षेत्र में ठिकाने बनाए तो सेना ने उन्हें धर दबोचा। कुछ भाग खड़े हुए और स्वयं को क्यूबा आंदोलन के नाम पर '26 का रिवोलूशनरी मूवमेंट' (एमआर-26) कहने लगे। उन्होंने जेल में कैद अपने कुछ साथियों को छुड़ा लिया, लेकिन जब सेना ने उनके ठिकाने पर हमला किया तो वे खिसक गये।

छात्रों ने भी अपने आतंकवादी संगठन बनाए। लेकिन श्रमिकों और छात्रों के विचारों में दरार पड़ी गई।

1969 में वीपीआर आतंकवादी संगठन ने एक सैनिक बटालियन के मुख्यालय पर हमला किया, ताकि उन्हें प्रसिद्धि मिले और कुछ हथियार भी हाथ लगें। अगले दो महीनों में ही पुलिस ने 30 वीपीआर चरमपंथियों को पकड़ लिया। इस प्रकार यह संगठन लगभग तहस-नहस हो गया। दिसंबर 1970 में इस संगठन ने स्विट्जरलैंड के राजदूत का अपहरण कर लिया और उसके बदले अपने 70 सहयोगियों को जेल से मुक्त करा लिया। लेकिन कुछ ही दिनों बाद इनके प्रमुख छापामार दल का मुखिया सीमा के पास पकड़ा गया। एक बार वह निकल भागा, लेकिन सुरक्षा बलों ने उसका पीछा न छोड़ा और 18 सितंबर 1971 को उसे गोली से उड़ा दिया। इसके बाद पीपीआर टूट गया। 1960 के दशक के अंत में और 1970 के दशक में ब्राजील के छोटे-छोटे छापामार दलों ने विभिन्न गठजोड़ किए। लेकिन पुलिस और सेना का दबाव बहुत अधिक था। इस कारण अधिकतर छापामार पकड़े गए। आर्म्ड रिवोलूशनरी वेनगार्ड और पाल्मेयर्स (वीएआर–पालमेयर्स) ने 1969 के वर्ष में कुछ सफलताएं प्राप्त कीं, लेकिन अक्टूबर 1970 में इसके 24 सदस्य पकड़े गए और जेल में ठूंस दिए गए।

ब्राजील में जिस कम्युनिस्ट पार्टी की स्थापना की गयी थी उससे एक दल अलग होकर छापामार कार्यवाहियों में संलग्न हो गया। इस प्रकार छोटे-छोटे दल बने, लेकिन वे विशेष सफलता नहीं पा सके। सैनिक इंटेलिजेंस और उनकी तत्परता प्रशंसनीय थी, जिसके कारण नगरों ओर गांवों–दोनों ही क्षेत्रों में आतंकवादियों का सांस लेना भी कठिन हो गया।

निस्संदेह, सिर्फ एक्शन फॉर नेशनल लिबरेशन (एएनएल), जिसकी स्थापना पीसीबी के असंतुष्टों ने की थी, एक महत्त्वपूर्ण और सफल आतंकवादी संगठन था। उनका लीडर कार्लोस मारिगेला था। वह 1920 की दशाब्दी से पीसीबी से जुड़ा था। 1964 के सैनिक विद्रोह के बाद उसने 'बाहिया ग्रुप' बनाया जो क्रांतिकारी युद्ध (इनसर्जेंसी) शुरू करना चाहता था। वह 1967 में क्यूबा में लैटिन अमेरिकी एकता संगठन (ओएलएएस) की बैठक में शामिल होने गया। यह संगठन ब्राजीली पीसीबी का विरोधी था। उसे पार्टी से निकाल दिया गया। इस पार्टी ने फिदेल कास्त्रों के सिद्धान्तों पर आधारित संगठन का निर्माण करते हुए नगरीय छापामार प्रणाली के आधार पर गुरिल्ला युद्ध प्रारम्भ कर दिया। 1968 में उसने सुरक्षाबलों पर हमले किए। हमले अकस्मात् किए गए थे, जिनका वह प्रबल पक्षधर था। एक

सैनिक अस्पताल से छापामारों को हथियार भी हाथ लगे। 25 सितंबर 1968 को उसने एएनएल का घोषणापत्र प्रकाशित किया, जिसमें लिखा था कि एएनएल का उद्देश्य इतना संकट पैदा करना है कि सरकार सेना का इस्तेमाल करने के लिए विवश हो जाए। सैन्य अभियान के पश्चात् जन-विद्रोह को दबाया जा सकता है। लेकिन इसका प्रमुख दोष यह होगा कि सत्ता सेनाओं के हाथ में चली जायेगी। उसकी घोषणा को अपराधी की घोषणा नहीं माना गया, बल्कि इनसर्जेंट की घोषणा माना गया। सरकार ने फिफ्थ इंस्टीट्यूशनल एक्ट के अंतर्गत तानाशाही शक्तियां प्रकट कीं। उग्रवादियों के हमलों के बाद कुछ उग्रवादियों का भी समर्थन सैनिक सरकार को मिला, जिसने 'तलाशो और नष्ट करो' अभियान क्रांतिकारियों के विरुद्ध शुरू किया था।

4 नवंबर 1969 को मारिगेला को पुलिस ने गोली से उड़ा दिया। उसका उत्तराधिकारी भी गिरफ्तार हो गया। एएनएल ने जापानी राजनयिक का अपहरण करके जेल में बंद अपने लीडरों को छुड़ाने का असफल प्रयास भी किया था। जून 1970 में एएनएल उग्रवादियों ने पश्चिम जर्मनी के राजदूत की गाड़ी पर गोलियां चलाईं, गार्डों को मार डाला और राजनयिक का अपहरण कर लिया। उसके बदले में वे अपने 40 साथियों को रिहा कराने में सफल रहे।

सरकार के सतत सैन्य प्रयासों के बावजूद उग्रवादियों के हमले जारी रहे। उन्होंने दिसंबर 1970 में स्विट्जरलैंड के राजदूत का अपहरण कर लिया और अपने और भी 70 साथियों को सरकार की कैद से मुक्त करा लिया, जिसमें एमआर-8 और एएनएल के उग्रवादी शामिल थे।

लेकिन पुलिस की सतर्कता और सेना के निर्मम हिंसक प्रहारों के आगे अंततः एएनएल चरमराकर छिन्न-भिन्न हो गया। सन् 1971 के बाद तो ब्राजील में नगरों में छापामार हमलों का पूरी तरह अंत ही हो गया।

चिली

वामपंथी विचारधारा वाले चिलीवासियों ने मूवमेंट ऑफ द रिवोलूशनरी लेफ्ट (एमआईआर) संगठन बनाकर क्रांतिकारी आतंकवाद 1965 से 1989 तक चलाया, जिसका उद्देश्य मार्क्सवादी सरकार की स्थापना करना था।

चिली में 1931 से ही दक्षिणपंथी और वामपंथी विचारधाराओं का टकराव चल रहा था। वहां वामपंथियों के मिले-जुले प्रयास से 1938 में वामपंथी राष्ट्रपति जीता।

इसके बाद एलेंडी को राष्ट्रपति बनाने के सतत प्रयास समाजवादियों और साम्यवादी गठजोड़ ने किए। 1952-58 और 64 की असफलताओं के बाद 1970 में एलेंडी प्रजातांत्रिक देशों में विश्व का पहला मार्क्सवादी राष्ट्राध्यक्ष बना।

उधर 1965 में छात्रों ने एमआईआर की स्थापना की, जो एक ऐसा गोपनीय संगठन था जो क्यूबा के फीडल कास्त्रों से प्रेरित और समर्थित था।

एमआई आर के क्रांतिकारियों ने भर्ती शुरू की और देश में वामपंथी प्रेशर ग्रुप बनाया। यह संगठन हत्याओं और आतंकवाद के लिए तैयार था। आरंभ में इस संगठन ने बैंक लूटे तथा व्यावसायिक और निवास-योग्य प्रतिष्ठानों पर कब्जे किए। इसी बीच 1970 में मार्क्सवादी राष्ट्राध्यक्ष ने सत्ता संभाली और एमआईआर को सत्ता में शामिल करना चाहा, पर संगठन के नेताओं ने इंकार कर दिया। हां, उन्होंने 'क्रिटिकल सपोर्ट' देने का आश्वासन दिया। एलेंडी की सरकार में एमआरआई इसलिए शामिल होना नहीं चाहते थे कि उसकी पापुलर यूनिटी पार्टी ने मॉडरेट क्रिश्चियन डेमोक्रेट से गठबंधन करके सरकार बनाई थी। जबकि एमआईआर की आस्था सीधे एक्शन (डायरेक्ट एक्शन) में थी। उसने ग्रामीण और उपनगरीय क्षेत्रों में बड़ी कृषि भूमि पर कब्जे किए। वहां उग्रवादियों के प्रशिक्षण केन्द्र खोले, अपने प्रचार-प्रसार-केन्द्र बनाए और भूमिहीन पार्टी समर्थकों को जमीन के पट्टे बांटे। एलेंडी की इसमें मौन स्वीकृति थी। केन्द्रीय घाटी में जमीन हथियाने का आंदोलन तेजी से फैला। सरकार में शामिल अनेक नेता जमीन हथियाने और व्यावसायिक प्रतिष्ठानों पर कब्जों का समर्थन कर रहे थे।

किसानों के सहयोग से बनी एम आई आर की मिलिशिया ने 1972 तक 75 प्रतिशत खेतिहर भूमि पर अधिकार कर लिया था। एलेंडी से पहले राष्ट्रपति फ्री ने उद्योगों का 'चिलीकरण' कर लिया था तथा विदेशी उद्योगों में हिस्सेदारी स्थापित कर उन पर सरकारी नियंत्रण स्थापित किया था। एलेंडी एक कदम और आगे गया। उसने राष्ट्रीयकरण की नीति अपनाई और विदेशी कम्पनियों के उद्योगों पर कब्जा कर लिया। सबसे अधिक दुष्प्रभावित अमेरिकन संचार कंपनी आईटीटी हुई। इससे अमेरिका नाराज हुआ।

चिली में वामपंथियों के बढ़ते प्रभाव से अमेरिका अत्यधिक-चिंतित हुआ। उसने वहाँ सीआईए को सक्रिय किया। 1970 के चुनाव में सीआईए ने एलेंडी की विजय को रोकने के भरसक प्रयत्न किए, पर एलेंडी चुनाव जीत गया। उसके राष्ट्राध्यक्ष काल में अमेरिकी गुप्तचर संस्था ने मार्क्स-विरोधी प्रचार किया और वहां सैनिक विद्रोह कराने का प्रयास भी किया।

सी. आई. ए. ने वामपंथियों के संगठन को ध्वस्त करने में महत्त्वपूर्ण योगदान दिया। उसमें राजनीतिक अस्थिरता के लिए विरोधी संगठनों और दक्षिणमार्गी चरमपंथी 'फादरलैंड' और 'लिबर्टी' को आर्थिक के साथ-साथ हथियारों की सहायता दी। इन दोनों संगठनों ने सरकार और एमआई आर आतंकवादियों को चुनौती दी। उन्होंने तोड़फोड़ और आगजनी की कुछ मामूली-सी घटनाओं में भाग लिया। लेकिन 1973 में उन्होंने केबिनेट मंत्री जनरल कार्लोस गोंजालीज की हत्या का प्रयास किया। सरकार ने तुरंत कार्यवाही की। और उसके बाद शायद ही इन दोनों संगठनों की कभी कोई चर्चा हुई।

बड़े भूस्वामियों एवं उद्योगपतियों ने एलेंडी सरकार का प्रबल विरोध किया। उन्हें अमेरिका सरकार से सहयोग भी प्राप्त हुआ। एमआईआर भी संतुष्ट था, क्योंकि उसके विचार में सरकार की रफ्तार ढीली थी। उनके मुखपत्र में सरकार-विरोधी लेख छपे तो दोनों में टकराव शुरू हो गया। जमींदारों ने अपनी भूमि की सुरक्षा के लिए सशस्त्र गार्ड तैनात कर दिए। भूमि हथियाने वालों से इनकी मुठभेड़ें आम बात थीं। नागरिक अशांत थे। सरकार दबाव में थी। अर्थव्यवस्था पर बहुत बुरा असर पड़ा था। 1972 में महंगाई 3.50 प्रतिशत हो गई थी। आए दिन हड़तालें होतीं। यह ऐसी अवस्था थी, जिसमें सैनिक हस्तक्षेप की संभावना बढ़ गई। एक असफल विद्रोह, जिसके पीछे एमआईआर और साम्यवादी अर्द्धसैनिक थे, 29 जून 1973 को हुआ। 11 सितंबर को नौ-सेना ने भी विद्रोह किया। राष्ट्रपति भवन पर हुई। हवाई बमबारी में एलेंडी मारा गया। उसके मंत्री गिरफ्तार कर लिए गए।

देखते ही देखते कुछ ही दिनों में चिली एक पुलिस राज्य बन गया। सैनिक सत्ता के आदेश पर हजारों विद्रोही या उनके समर्थक गिरफ्तार कर यातनाएं भोगने के लिए जेलों में डाल दिए गए या मौत के घाट उतार दिए गए। महिलाओं से बलात्कार और पुरुषों के गुप्तांगों को बिजली के करेंट देना, बेरहमी से पीटना या सिर में बिजली के शॉक देना आम बात थी। निशाने पर मुख्यतया एमआईआर थी। इसलिए यह संगठन राजधानी में सैनिक गश्ती दस्तों पर अनेक हमले करने के बाद ग्रामीण इलाकों में जा छिपा। उनका लीडर जोस जोर्जिओ तो बच गया, लेकिन उसका नंबर दो और एक वरिष्ठ लीडर पकड़े गये। एक को जेल में डाल दिया गया और दूसरे को गोली से उड़ा दिया गया।

एमआईआर ने उन सैनिक ठिकानों पर छोटे-छोटे हमले किए, जहां सैनिक बैरकों में लोगों को यातनाएं दी जाती थीं या उनकी हत्याएं की जाती थीं। दिसंबर 1973 में

उन्होंने रोम में अपदस्थ सरकार वाली पार्टी से गठजोड़ किया और सैनिक सत्ता के विरुद्ध अभियान छेड़ने का निर्णय लिया। जिन लोगों ने आतंक फैलाने का प्रयास किया वे सहज ही पहचाने गए, बंदी बनाए गए या मौत के घाट उतार दिए गए।

एलेंडी के शासनकाल में कानून की छाया-तले एमआईआर कार्यरत थी। इस दल को आतंकवादियों के विरुद्ध सरकारी सेनाओं की प्रतिक्रिया और प्रत्युत्तर का आभास ही नहीं था। इनके पास समर्थ इंटेलिजेंस, पर्याप्त युद्ध-सामग्री, सुदृढ़ संगठन और आवश्यक हथियार नहीं थे कि सरकार सुरक्षाबलों से टक्कर ले सके।

सैनिक सत्ता से एलेंडी के सामाजिक सुधार कार्यक्रम के विरुद्ध कार्य किया तो अर्थव्यवस्था कमजोर पड़ी और लाखों किसान भुखमरी के कगार पर आ गए। सरकार ने शक्तिशाली इंटेलिजेंस व्यवस्था तैयार की और उसे उग्रवादियों के विरुद्ध असीमित अधिकार दिए। मात्र संदेह के आधार पर अनगिनत लोगों को मौत के मुंह में ढकेल दिया गया। इसकी विश्व-जनमत ने कड़ी भर्त्सना की। जब सरकार ढीली पड़ी तो उग्रवादी मजबूत हुए। 1980 में उन्होंने बैंकों को लूटना और पुलिस स्टेशनों पर हमले करना शुरू किया। एमआईआर ने सेना के इंटेलीजेंस स्कूल के अध्यक्ष को मशीनगन से भून डाला। अनेक सरकारी अधिकारियों की हत्याएं कर दीं। 1983 में सैंडिआगो के मिलिटरी गवर्नर की भी हत्या कर दी गई। अक्टूबर और नवंबर 1993 में उन्होंने बम विस्फोट किए और जानबूझकर भारी हिंसा और आर्थिक क्षति पहुंचाई। चार ऐसे व्यापारिक संस्थानों में बम विस्फोट किए, जिनके अमेरिका से मजबूत संबंध थे।

एफपीआर भी चिली का प्रमुख वामपंथी संगठन है जिसका जन्म 1983 में हुआ था। इसने नगरों में छापामार युद्ध प्रारम्भ किया। 1983-85 की अवधि में उन्होंने आठ नगरों में बम विस्फोट किए। उन्होंने पावर हाउसों और अमेरिकी हितों को निशाना बनाया। काफी लोग पकड़े गए। उन्हें घोर यातनाएं दी गईं, लेकिन चिली में शांति नहीं लौटी। आखिरकार अक्टूबर 1988 में पिनौचे सरकार ने जनमत-संग्रह कराया जिसमें सैनिक सरकार को हटाकर जनतांत्रिक सरकार बनाने के पक्ष में निर्णय किया गया। इसके साथ ही चिली से आतंकवाद समाप्त हो गया। 1989 में चुनावों में क्रिश्चियन डेमोक्रेट पैट्रीसिओ आयलविन की सरकार बनी।

निकारागुआ

यह देश भी लम्बे समय से आतंकवाद का सामना कर रहा है। इस देश में 1920 के दशक में संयुक्त राज्य अमेरिका की सेनाओं की मौजूदगी के विरोध में

जनरल ऑगस्टो सैंडीनो ने छापामार दल गठित किया। 1933 में अमेरिकी सेनाएं लौट गईं तो वहां की नेशनल गार्ड के कमांडर अनास्तसिओ सोमोजा ने सैंडीनो की हत्या करवाकर 1936 में सत्ता हथिया ली। सैंडीनो और सोमोजा के समर्थकों में आपस में संघर्ष बढ़ा। 1961 में कार्लोस फोंसेका अमाडोर ने क्यूबा के कास्ट्रो और चेग्वेरा से प्रेरित होकर कसेंडाविस्टा छापामारों को संगठित किया। सोमोजा ने 1956 तक शासन किया, जिसके बाद उसका बड़ा बेटा सत्ता में आया। तब सेंडाविस्टा छापामारों ने उत्तरी पहाड़ियों के ग्रामीण क्षेत्रों में छापामार युद्ध शुरू किया। ये छापामार, युद्ध में प्रशिक्षित और गोपनीयता न होने के कारण सरकार द्वारा इन्हें कुचल दिया गया और फोसेंका सहित कई छापामारों को बन्दी बना लिया गया।

सोमोजा का छोटा पुत्र 1967 में राष्ट्रपति बना। उसने सत्ता में बने रहने के लिए नेशनल गार्ड को अपनी निजी सेना के रूप में प्रयोग किया। 1973 में उसने निकारागुआ संविधान का अपने अनुकूल संशोधन कर लिया, ताकि वह असीमित समय तक सत्ता में बना रहे। सोमोजा परिवार ने अपने सत्ताकाल में अरबों डालर बनाए, निकारागुआ की 20 प्रतिशत खेतिहर जमीन का स्वामित्व ग्रहण कर लिया और 150 से अधिक व्यावसायिक प्रतिष्ठान स्थापित किए। अमेरिका और यूरोप के बैंकों में इस परिवार ने असीमित धनराशि जमा की।

इसके विरोध में सैंडीनों के नाम से प्रेरित होकर वामपंथियों ने सेंडानिस्टा नेशनल लिबरेशन फ्रंट (एफएसएनएल) की स्थापना की। छापामारों का लीडर कार्लोस फोंसेका ने पहली छापामार असफलता के बाद उन्हें नगरों में संगठित किया, लेकिन 1969 में उनकी पहचान कर ली गई। सात में से पांच छापामार मुठभेड़ में मारे गये और फोंसेका को गिरफ्तार कर कोस्टारिका में बंदी बनाया गया। 1970 में छापामारों ने कोस्टारिका के एक विमान का अपहरण करके फोंसेका को मुक्त करा लिया।

23 दिसंबर 1972 के भूचाल में राजधानी मानागुआ में भयंकर विनाश हुआ। विदेशों से भारी आर्थिक सहायता आई, लेकिन उसका बंटवारा सिर्फ सोमोजा परिवार और उसके समर्थकों के बीच ही हुआ। सरकारी नेशनल गार्ड ने ध्वस्त हुई इमारतों में घुसकर लूटपाट की। वामपंथियों ने इस कांड का समर्थन जुटाने के लिए प्रयोग किया।

दिसम्बर 1974 में तेरह सशस्त्र छापामार सेंडानिस्टों ने अमरीकी राजदूत की पार्टी में घुसकर दूतावास पर कब्जा कर लिया तथा अनेक मंत्रियों, मेयर और राजनयिकों एवं प्रतिष्ठित व्यापारियों को साठ घंटों तक बंदी बनाए रखा। उन्हें मुक्त

करने के बदले छापामारों ने अनेक राजनीतिक बंदियों को मुक्त कराया, औद्योगिक श्रमिकों और ग्रामीण मजदूरों की मजदूरी बढ़वाई और 20 लाख डालर की रकम भी ऐंठी।

इसके बाद सरकार का कहर टूटा। 400 लोगों को मौत के घाट उतार दिया गया। फलस्वरूप वामपंथी संगठित हुए। सेंडानिस्टा संगठन में इस बात को लेकर फूट पड़ गई कि सरकार को प्रत्युत्तर कैसे दिया जाए। 1975 में फोंसेका के निधन के बाद संगठन तीन दलों में बंट गया। तीनों विभिन्न वामपंथी विचारधाराओं से प्रभावित थे। एक गुट ने अक्टूबर 1977 में सरकार पर हमला बोला।

जनवरी 1978 में एक सशस्त्र हमलावर ने एक दैनिक समाचार-पत्र के संपादक पैड्रो की हत्या कर दी। विश्वास किया जाता है कि नेशनल गार्ड ने उसकी हत्या इसलिए की थी कि उसने सरकार की आलोचना की थी। विरोधी एक हुए। आम हड़ताल हुईं। उत्तर में सेंडानिस्टा ने समर्थन किया और दक्षिण में प्रजातांत्रिक विरोधी फ्रंट ने कोस्टारिका और पनामा से।

छापामारों ने राजधानी के राष्ट्रीय महल में 100 शीर्ष राजनेताओं को बंधक बना लिया। बदले में सेंडानिस्टों ने बीसियों राजनीतिक बंदियों को मुक्त कराया और 5,00,000 डालर की फिरौती की रकम भी ली।

निकारागुआ 1978 के मध्य में गृहयुद्ध के चपेट में आ गया। नेशनल गार्ड जी-जान से लड़े। लेकिन सोमोजा के पास और कोई समर्थन न था। सेंडानिस्टों ने अन्य विरोधियों से गठजोड़ कर कलिया और कोस्टारिका के इलाके से प्रोविजनल सरकार की घोषणा कर दी। वे सोमोजा की जगह अमेरिकी राजनयिक समझौतावादी उम्मीदवार को राष्ट्रपति बनाने का प्रयास कर रहे थे। 17 जुलाई 1979 को सोमोजा देश छोड़कर भागने के लिए मजबूर होना पड़ा। सेंडानिस्टों ने सत्ता संभाली। अगले दो वर्ष तक अस्थायी सरकार ने अनेक सुधार लागू किए, जिनमें साक्षरता-अभियान, निःशुल्क चिकित्सा की व्यवस्था करना और मौत की सजा समाप्त करना शामिल था। अमेरिकी राष्ट्रपति रीगन को आशंका थी कि वामपंथी क्रांतिकारी सफलता के पीछे सोवियत रूस वहां क्यूबा, हवाना और मानागुआ के माध्यम से षड्यंत्र रच रहा है।

1979 में सोमोजा सरकार के पतन के बाद गृहयुद्ध में निकारागुआ में 50,000 से अधिक लोग मारे गये। 1981 में राष्ट्रपति रीगन ने हुंड्रा बेस में वामपंथी छापामारों के विरुद्ध क्रांतिकारी-विरोधी संगठन अधिकृत किया, जिसका संचालन सीआईए ने किया। संगठन का नाम निकारागुआ डेमोक्रेटिक फ्रंट (एफडीएन) था। इसका संक्षिप्त नाम था कंट्रा (काउंटर रेवोलूशनरी)। इस संगठन

ने वर्ष 1982 में आर्थिक टारगेटों पर हमले प्रारम्भ कर दिये और उत्तरी क्षेत्र में इन हमलों से भारी तबाही हुई।

1983 में अमेरिका ने 200 लाख डालर की सहायता दी और एक सौ पचास सीआईए एजेंट उपलब्ध कराए। दक्षिणपंथी छापामारों ने वामपंथियों और रूसी मूल के नौसैनिक जहाजों पर हमले किए। अमेरिका ने वामपंथी सरकार की कड़ी आलोचना की। उधर कंट्राओं की हिंसक गतिविधियों ने हत्या, बलात्कार, प्रताड़ना और डकैतियों का स्वरूप ले लिया।

इन उग्रवादी संगठनों ने देशी-विदेशी शक्तियों के गठजोड़ से हिंसा और गृह युद्ध में तीव्रता आयी। ये घटनायें मुख्य रूप से 1983-84 के बीच हुईं। लेकिन दक्षिणपंथी आतंकवादी वामपंथियों को रौंद नहीं पाए। 1984 में अमरीकी संसद ने इस देश को दी जाने वाली आर्थिक सहायता में कटौती कर दी। नवंबर 1984 में निष्पक्ष चुनाव हुए। सेंडानिस्टा पार्टी जीती और डेनियल आरटेगा राष्ट्रपति बना। फिर भी हिंसा समाप्त नहीं हुई।

वामपंथियों के शासन में व्यक्तिगत स्वतंत्रता पर रोक लगी। वहां की सेना ने मार्च 1986 में सीमा पर होंड्रा पर आक्रमण कर दिया। अमेरिका ने अब खुले तौर पर कंट्राओं को सहायता देने का निर्णय लिया। अब तक अमेरिका उन्हें चोरी-छिपे ही सहायता दे रहा था।

लेकिन इसी बीच कंट्राओं द्वारा ईरान को बेचे गये अमेरिकी हथियारों के समाचार प्रकाशित हुए।

छापामार युद्ध चलता रहा। 1986 से 1990 तक अमेरिका और संबंधित पार्टियों में समझौता-वार्ता चलती रही, लेकिन हिंसा-प्रतिहिंसा तथा आक्रमण-प्रत्याक्रमण का दौर चलता ही रहा।

युद्ध सहसा समाप्त नहीं होते, विशेषकर तीसरे विश्व के देशों में।

पेरू

1960 में पेरू में 'शाइनिंग पाथ' नामक वामपंथी संगठन ने आतंकवादी गतिविधियां शुरू कीं। लातिन अमेरिकी की इनसर्जेंसियों में शइनिंग पाथ सबसे क्रूर और कुख्यात है, क्योंकि इसने आतंकवाद का प्रभावशाली ढंग से संचालन किया। इसका उद्देश्य अमेरिका समर्थित सरकार को उखाड़ फेंकना था। मार्क्सवादी सिद्धांतों से प्रेरित यह संगठन पेय के किसानों और नगर के श्रमिकों के आर्थिक उद्धार के

लिए सशस्त्र संघर्ष में विश्वास रखता है। आरंभ में उन्होंने किसानों और श्रमिकों को मार्क्सवादी सिद्धांतों की शिक्षा दी। उग्रवादियों तथा छापामारों के लिए स्कूल चलाए। उनका मानना था कि छापामार युद्ध के कारण सरकार दमन करेगी तो आंदोलन टूट जाएगा। सैनिक संघर्ष के विरोधियों को पार्टी से निकाल दिया गया।

1980 में राष्ट्रपति चुनाव के पहले कुछ नकाबपोशों ने चुनाव कार्यालय में घुसकर मतपत्र लूटे, लेकिन अगले रोज ही नए मतपत्र भेजकर चुनाव करा लिया गया। 1980 में उन्होंने 400 हिंसात्मक वारदातें कीं। टैक्स रिकॉर्ड जला दिए तथा दफ्तरों और पावर लाइनों में विस्फोट किए। 1981 में इनके छापामार दूर-दराज के गांवों में गए जहां इनकी लोकप्रियता बढ़ी, क्योंकि वे मवेशीचोरों, बेवफा पतियों और बेईमानी दुकानदारों को भी दंडित करते थे। निरंकुश सरकारी अधिकारियों को भी उन्होंने दंडित किया। लेकिन उन्होंने कुछ अपने ही नियम गांवों में लागू किए, जिसका किसानों ने विरोध किया। कभी-कभी तो पुलिस को उनके बारे में सूचना भी दी। मार्च 1982 में उन्होंने पेय के दक्षिणी भाग और केन्द्रीय पर्वत-शृंखला क्षेत्र में जनता की कमेटियां बनाईं। जमींदारों की भूमि पर लोगों द्वारा कब्जा करा लिया तथा संपत्ति लोगों में बांट दी। साथ ही तोड़फोड़ की ओर पुलिस को एंबुश किया।

मार्च 1982 में उन्होंने एक जेल पर हमला करके ढाई सौ कैदियों को छुड़ा लिया। जैसे ही सरकार को इस बात की खबर हुई तो उसने आतंकवादी विरोधी दस्ता तैयार करके दमन की कार्यवाहियां प्रारम्भ कर दीं। शाइनिंग पाथ और मानवाधिकार संगठनों ने उनके विरुद्ध जनसंहार के आरोप लगाए। सुरक्षाबलों और छापामारों के बीच भीषण मुठभेड़ें हुईं। 1980 के दशक में पुलिस और आतंकवादियों के हाथों सैंकड़ों किसान मारे गए।

छापामार को छोटे-छोटे किसानों से सहयोग मिलने के कारण वे और भी ज्यादा मजबूत हो गये थे। जंगलों में से किसान कोको की पैदावार करते थे और सस्ते दामों पर बोलिविया के कोकीन उत्पादकों को बेच देते थे। छापामारों ने किसानों की उन गुंडों से रक्षा की जो बोलिविया के बाजार में उन्हें बाजार भाव से कम दाम पर कोको की पत्तियां बेचने पर मजबूर करते थे।। उन्होंने वेश्यावृत्ति तथा शराबखोरी के विरुद्ध भी अभियान चलाया। स्थानीय प्रतिनिधि सरकारें बनाईं। इसके बदले वे कर वसूलते थे। उन्होंने नगरों में बम विस्फोट किए और हत्याएं कीं, बैंक लूटे और जेलों में दंगे भी कराए।

जेलों की व्यवस्था ठीक करने के लिए सुरक्षा बलों को भेजा गया और उन्होंने 120 कैदियों को गोलियों से भून डाला। इस नरसंहार के कारण शाइनिंग पाथ को

और समर्थन मिला। नगरों में उन्होंने 60 मेयरों और मेयर उम्मीदवारों की हत्याएं कीं तथा विस्फोट और औद्योगिक तोड़-फोड़ भी। 1990 के आम चुनाव में हत्याएं कीं और मतपत्रों की लूट मचाई। 1991 में उनकी संख्या लगभग 5,000 हो गई।

छापामारों और सरकार के बीच हिंसा का दौर चलता रहा। विस्फोट, कत्ल और हिंसा का दौर बीसवीं सदी के अंत तक नहीं थमा। शाइनिंग पाथ की आतंक की गतिविधि के कारण 25,000 लोग मारे गये और पेय जैसे छोटे देश को 22 अरब डालर से अधिक की हानि उठानी पड़ी।

1990 के दशक के मध्य में ऐसा लगा कि आतंक की गतिविधियां कम हो गईं। लेकिन वर्तमान राष्ट्रपति अलेग्जेंड्रो टोलेडो की सरकार से आम जनता अप्रसन्न है। सरकार लोकप्रिय नहीं है। अतः अब शाइनिंग पाथ पुनः सक्रिय हो गया। 10 जुलाई 2003 को उन्होंने सेना के दो सैनिकों को गोली से उड़ा दिया। सन् 2003 में उन्होंने गैस पाइप लाइन पर काम कर रहे 71 कर्मियों का अपहरण कर लिया। वैसे उन्हें एक दिन बाद ही रिहा कर दिया गया। शाइनिंग पाथ पुनः ग्रामीण क्षेत्रों में सक्रिय हुआ है। लगता है, शाइनिंग पाथ इस बार फिर सरकार का तख्ता पलटने की तैयारी कर चुका है।

उरुग्वे

दक्षिण अमेरिकी देशों में यह देश भी आतंकवाद का शिकार रहा है। इस देश का नेशनल लिबरेशन मूवमेंट टूपामारोस 1960 के दशक में सक्रिय हुआ। इसके आतंकवादी मुख्यतः राजनयिकों के अपहरण करने में माहिर थे। टूपामारोस नामक इस संगठन ने अठारहवीं शताब्दी के 'टूपाकआमरू' से लिया, जिसने स्पेन के विरुद्ध असफल विद्रोह किया था।

बीसवीं शताब्दी के पूर्वार्द्ध में शासक दल कोलारेडो पार्टी ने सेना के शक्ति-प्रसार पर अंकुश लगाया और अनेक सुधार लागू किये। वहां पर एग्जीक्यूटिव राष्ट्रपति की शक्तियों को सीमित करने के उद्देश्य से संविधान-संशोधन किया गया। 1952 में राष्ट्रपति के स्थान पर काउंसिल ऑफ स्टेट की नियुक्ति हुई। 1960 के दशक में वहां आर्थिक ह्रास की प्रक्रिया शुरू हुई। वहां की अर्थव्यवस्था अनाज और गोश्त के निर्यात पर आधारित थी, क्योंकि वहां उद्योगों और खनिजों का अभाव था। काउंसिल ऑफ स्टेट गिरती अर्थव्यवस्था और महंगाई को रोक नहीं पाई। जनमत-संग्रह के आधार पर 1967 में वहां पुनः राष्ट्रपति-प्रणाली शुरू हुई। नए राष्ट्रपति की जल्दी ही मृत्यु हो गई तो

उप-राष्ट्रपति जनरल जार्ज पेचेको राष्ट्रपति बना। वह पूर्व मुक्केबाज था जो अपनी शक्तियों का कुछ अधिक ही प्रयोग करने में विश्वास रखता था।

1962 में टूपामारोस, क्यूबा की 1959 की क्रांति से प्रेरित होकर संगठित किया गया था। यह आंदोलन मध्यमवर्गीय लोगों ने गांवों में आरंभ किया था, लेकिन शीघ्र ही यह नगरों में शक्तिशाली हो गया। इस आंदोलन का नेता रॉल सैंडिक एंटोनासियो बना। यह संगठन तत्कालीन राजनीतिक व्यवस्था को उखाड़ फेंकना चाहता था। सैद्धांतिक तौर पर यह संगठन कट्टर राष्ट्रवादी था, जो स्वतंत्र समाजवादी राष्ट्रीय समुदाय की स्थापना करना चाहता था। यह संगठन देश की अर्थव्यवस्था से अमेरिकी और ब्राजीली प्रभाव को समाप्त करना चाहता था।

टूपामारोस के अनेक सदस्य उच्च और प्रतिष्ठित पदों पर थे, अतः उनकी पहुंच शीर्ष की इंटेलिजेंस सूचनाओं तक थी। इस कारण इस संगठन ने अनेक क्रांतिकारियों को सफलता देने वाले निर्णय लिये। उन्होंने अनेक जेलें तोड़ीं। यह उग्रवादी संगठन अपनी गोपनीयता और सुरक्षा में माहिर था। इसने पांच-पांच, दस-दस लोगों के छोटे-छोटे सेल बनाए थे।

जनवरी 1966 में आंदोलन के नेता सैंडिक ने राष्ट्रीय बैठक बुलाकर निर्णय लिया कि क्यूबा के ग्रामीण उग्रवाद की लैटिन अमेरिकी शैलों को त्यागकर वे नगरों में अपने ठिकाने बनाएंगे। दिसंबर 1966 में उन्हें गोलीबारी में हानि हुई। उनके प्रशिक्षण-केन्द्र का पता लगाकर उनके दो गुप्तस्थलों में भी पुलिस पहुंच गई। अगले एक वर्ष तक टूपामारोस के उग्रवादी निष्क्रिय रहे।

दिसम्बर 1967 में उन्होंने पुलिस के नाम खुली चिट्ठी में यह घोषणा की कि हम लोगों को कानून के दायरे में शामिल नहीं किया जाता है और न ही हमें बराबरी का दर्जा दिया जाता है। यह सिर्फ नकली और बेईमान लोगों के हितों की रक्षा करता है। यह कानून देश की प्रगति में रुकावट है। इसे बनाने वाले अपनी सुविधा के लिए स्वयं को इससे परे ही रखते हैं। उनका कोई कुछ नहीं कर सकता। 1967 से 1970 के मध्य इस संगठन ने भ्रष्ट राजनीति और आर्थिक व्यवस्था का निरादरण किया। राष्ट्रपति पेचेको के खिलाफ जनमत बढ़ा।

आतंकवदियों ने जनवरी 1968 में 1000 पौंड बारूद चुराकर वर्ष-भर बम विस्फोट किए। तीन वर्षों में उग्रवादी शक्तिशाली बने। आम आदमी की उग्रवादियों के प्रति समर्थन और सद्भावना थी। उग्रवादियों ने राष्ट्रपति की इन्कमटैक्स के दस्तावेज और उसे नंग-धड़ंग फोटो भी प्रकाशित किए थे। उन्होंने एक जुआघर लूटकर उसकी धनराशि गरीबों में बांट दी। एक रेडियो पर कब्जा कर विज्ञापन भी शुरू किए। मूल

रूप से उग्रवाद का यह दौर मनोवैज्ञानिक दौर का युग था। उनके ऑपरेशनों के विरोध में सुरक्षाबल भारी बलप्रयोग करते थे, जिसका दुष्प्रभाव जनमानस पर स्वाभाविक था। वे अपनी कार्यवाहियां समाचार-पत्रों के लिए खुली रखते थे।

आतंकवादियों ने विस्तृत योजना के तहत बड़े-बड़े बैंकों, व्यवसायियों को लूटा एवं भ्रष्ट अधिकारियों का अपहरण कर भारी मात्रा में धन की प्राप्ति की। उन्होंने अमेरिकी और सीआईए के एजेंटों का भी अपहरण किया। सीआईए ने पुलिस को पूछताछ करने, यातना देने, प्रताड़ित करने, बलात्कार करने और बिजली के झटके देने की ट्रेनिंग दी थी, जिससे टूपामारोस के आतंकवादी नाराज़ थे। उन्होंने एक कुख्यात पुलिस इंस्पेक्टर की दिन-दहाड़े हत्या कर दी, जो यातना देने के लिए कुख्यात था।

उग्रवादियों ने जेल तोड़ने और राजनयिकों के विशेषकर अमेरिकी और ब्रिटिश राजनयिकों का अपहरण किया। भूमिगत संगठन के रूप में टूपामारोस ने अच्छी ख्याति पाई थी, लेकिन सत्ता में आने के लिए उन्हें चुनावों में भाग लेना आवश्यक था। 1971 के चुनावों में उन्होंने वामपंथी गठबंधन को समर्थन दिया, लेकिन राष्ट्रपति पद के लिए उनके समर्थित उम्मीदवार को मात्र 18 प्रतिशत मत मिले। चुनावों के बाद दक्षिणपंथी उम्मीदवार राष्ट्रपति बना। उसने सार्वजनिक घोषणा में ब्राजील का समर्थन किया तो टूपामारोस ने पुनः ऑपरेशन शुरू कर अनेक सरकारी कार्मिकों की हत्याएं कीं, क्योंकि इन लोगों ने सरकारी 'मौत के दस्तों' की सहायता कर नागरिकों को मरवाया था।

उग्रवादी ऑपरेशन शुरू होते ही नए राष्ट्रपति ने आंतरिक युद्ध की स्थिति की संसद में घोषणा कर संविधान को निरस्त कर दिया। इसी बीच टूपामारोस का एक प्रमुख लीडर दल बदलकर सरकार से जा मिला, जिसके फलस्वरूप सरकार को बहुत संवेदनशील गोपनीय सूचनाएं मिलीं। 1972 के अंत तक 2600 टूपामारोस उग्रवादी बंदी बना लिए गए और चालीस से अधिक मौत के घाट उतार दिए गए। उनके 200 गुप्त ठिकानों का रहस्योद्घाटन भी हुआ। पुलिस ने हथियार, बम बनाने और जाली दस्तावेज बनाने के उपकरणों के साथ ही उनका छापाखाना भी पकड़ लिया। इससे संगठन की कमर ही टूट गई। सैंडिक भी गिरफ्तार हो गया। मुकदमा चला। उसे 45 वर्ष कैद की सजा दी गई। उसके राजनीतिक फ्रंट का नेता जनरल सेरेग्नी भी पकड़ा गया। उसे 14 वर्ष की सजा मिली।

1985 में जनमत-संग्रह हुआ और सैनिक शासन के स्थान पर संवैधानिक सरकार बनी, जिसने टूपामारोस से शांतिपूर्वक राष्ट्र-निर्माण के साथ जुड़ने का आग्रह किया। बंदी नेताओं को रिहा कर दिया गया।

1988 में टूपामारोस ने हिंसा और उग्रवाद का पूरी तरह परित्याग कर दिया।

वेनेजुएला

वेनेजुएला में 1963 में राष्ट्रपति के चुनावों को रोकने के लिए वामपंथी उग्रवादी संगठन आर्म्ड नेशनल लिबरेशन फोर्सेज (एफएएलएन) ने अभियान किया था, परंतु असफल रहे। उस समय वे नगरीय छापामार अभियान चला रहे थे। इसके बाद मिलिटेंटों ने ग्रामीण क्षेत्रों को छापामार युद्ध का बेस बनाया। लेकिन वहां भी वे सफल नहीं हो पाए।

1960 के दशक के आरंभ में वेनेजुएला को लातिन अमेरिका में सशस्त्र आंदोलन के लिए सबसे उपयुक्त देश माना जाता था। 1958 तक वेनेजुएला में तानाशाही थी। 1958 में सशस्त्र सेनाओं ने विद्रोह किया और तख्ता पलट दिया। वामपंथी उनके समर्थन में थे। वामपंथियों का नेता 29 वर्षीय फेविसियो ओजेडा पत्रकार था। विद्रोह के परिणामस्वरूप वहां रोमूलू बोटन कोर्ट के नेतृत्व में प्रजातांत्रिक सरकार बनी। आजेडा की वेनेजुएला कम्युनिस्ट पार्टी (पीसीवी) ने सरकार का विरोध शुरू किया और सशस्त्र आंदोलन शुरू किया।

वेनेजुएला में इसी दौरान सत्ताधारी डेमोक्रेटिक एक्शन पार्टी से अलग हो गयी एवं इसके एक गुट ने मूवमेंट ऑफ द रिवोलूशनरी लेफ्ट का निर्माण किया। सरकार ने उसके सदस्यों को गिरफ्तार करने के लिए कार्यवाही की। परिणामस्वरूप वेनिजुएला की गलियों में संघर्ष शुरू हो गया। विश्वविद्यालय भी अछूता नहीं रहा। 1960 में अक्टूबर से दिसंबर तक संघर्ष चलते रहे।

इस संगठन ने सरकार के दमन से निपटने के लिए फिदेल कास्त्रों की मदद लेकर ग्रामीण इलाकों में लड़ाई प्रारम्भ कर दी। लेकिन सही ढंग की शुरुआत से पहले ही सेना को उग्रवादियों पर छोटे एंबुश लगाने शुरू किए। वे एंबुश बहुत बड़े इलाके में लगाए गए, फलस्वरूप छापामारों के 20 ग्रुप शीघ्र ही नष्ट कर दिए गए। आंदोलन को भारी आघात लगा।

छापामारों का पर्याप्त प्रशिक्षण नहीं हुआ था एवं उनके अस्त्र-शस्त्र भी घटिया किस्म के थे। धीरे-धीरे अनुभव और सहायता रंग लाई। मई 1962 में 450 मैरीन विद्रोहियों ने एक नौसैनिक बेस पयूरेटो काबेलो पर चौबीस घंटों तक कब्जा जमाए रखा। विद्रोहियों ने रेडियो स्टेशन भी कब्जे में लेकर सरकार के विरुद्ध सहायता देने

की अपीलें प्रसारित कीं। लेकिन एयर फोर्स ने रेडियो स्टेशन पर बमबारी की, जिसमें दो उग्रवादी मारे गए और 10 घायल हुए।

ओजेडा एमआईआर में आ मिला, लेकिन अक्टूबर 1962 में वह पकड़ा गया। उसे 18 वर्ष की कारावास की सजा हुई। सितंबर 1963 में वह फरार हो गया। राष्ट्रपति बेटनकोर्ट वामपंथी आंदोलन को पूरी ताकत से कुचल रहा था।

फरवरी 1963 में पीसीवी और एमआईआर के सदस्यों ने सेना के विद्रोहियों से गठजोड़ कर लिया और एफएएलएन संगठन बनाया। नेशनल लिबरेशन फ्रंट (एफएलएन) भी उग्रवादियों ने गठित किया।

यह संगठन अपने देश में अमेरिका का किसी प्रकार का हस्तक्षेप नहीं चाहता था। इसलिए उसने अमेरिकी हितों को नुकसान पहुँचाना प्रारम्भ कर दिया। फरवरी 1963 में उन्होंने 3000 टन का जलपोत कब्जे में कर लिया और उसे ब्राजील ले गए।

उन्होंने अर्जेंटीना के फुटबाल खिलाड़ी का भी अपहरण किया। फिर वेनेजुएला के हवाई जहाज का, उसमें सवार 17 लोगों सहित अपहरण कर लिया। नवंबर 1927 को उन्होंने एक अमेरिकी कर्नल को बंधक बनाकर उसे छोड़ने के बदले कई वामपंथी चरमपंथियों को रिहा करवा लिया। मार्च 1964 में बेटनकोर्ट के स्थान पर रोल लिओनी राष्ट्रपति बना तो उसने कम्युनिस्ट पार्टी (पीसीवी) से प्रतिबंध इस शर्त पर हटाने को कहा कि वह सशस्त्र संघर्ष बंद कर दे। पीसीबी ने आफर स्वीकार कर छापामार युद्ध से किनारा कर लिया।

इसके बाद भी अन्य संगठन संघर्ष करते रहे। 1969 तक क्यूबा से सहायता मिलती रही। 1969 में क्रिश्चियन डेमोक्रेट सत्ता में आए तो उनसे अच्छे संबंध बनाने के लिए उन्होंने क्यूबा पर दबाव डाला कि वह छापामारों को सहायता देना बंद कर दे। ऐसा ही हुआ।

सरकार ने क्षमादान-घोषणा की ओर एफएएलएन ने भी आतंकवादी गतिविधियां बंद कर दीं।

1979 तक सभी वामपंथी चरमपंथियों ने अभयदान स्वीकार कर लिया।

1962 से 1969 तक छापामार युद्ध में कम से कम छह हजार लोग मारे गए थे।

उग्रवादी संगठनों में सबसे अधिक शक्तिशाली और सक्रिय एफएएलएन ही था। 1963 में उसने सीयर्स रोबक कंपनी के राजधानी काराकस स्थित कार्यालय में आग लगा दी थी, जिससे पच्चीस लाख डालर की क्षति हुई थी।

श्रीलंका में तमिल उग्रवाद

श्रीलंका के तमिल और सिंहली मूल के लोगों के संघर्ष से तमिल टाइगर के आतंकवादी संगठन लिबरेशन टाइगर ऑफ तमिल ईलम (एलटीटीई) का जन्म हुआ। विश्व का यह ऐसा कुख्यात और आतंकवादी संगठन है, जिसने भारत और श्रीलंका के दो पूर्व राष्ट्राध्यक्षों की हत्या की—राजीव गांधी की 1991 में और रणसिंघे प्रेमदास की 1993 में।

श्रीलंका में बसे तमिलभाषी लोगों की जनसंख्या 12 प्रतिशत है। वे हिंदू और ईसाई धर्म के अनुयायी हैं, जबकि सिंहली बौद्ध धर्म के अनुयायी हैं। 19वीं शताब्दी में अंग्रेज बड़ी संख्या मं भारतीय तमिलों को श्रीलंका ले गए थे। उनके लिए तो उन्होंने शिक्षा की व्यवस्था की थी लेकिन सिंहलियों के लिए नहीं। 1948 में स्वतंत्रता के बाद सिंहली-बहुल श्रीलंका सरकार ने सिंहलियों के वर्चस्व बनाने के लिए व्यवस्था की। तमिल हितों की अनदेखी हुई। शिक्षित बेरोजगारों की संख्या बढ़ी। तमिलों का विभिन्न नीतियों और निर्देशों के जरिये दमन किया जाता रहा। इसी कारण वहां युवकों में बेरोजगारी बढ़ी। सामाजिक तथा सांप्रदायिक तनाव और संघर्ष बढ़ा। 1972 में अन्य तमिल आतंकवादियों के साथ-साथ एलटीटीई का जन्म हुआ जिसका नेता कृतसंकल्प, अनुशासित और कर्मनिष्ठ लीडर वेलू पिल्लई प्रभाकरण है।

शुरू में उग्रवादियों ने सरकारी पदों पर आसीन उन तमिलों की हत्याएं कीं जिन्हें वे गद्दार मानते थे। तत्पश्चात् उन्होंने उन भ्रष्ट पुलिस अधिकारियों और नेताओं को निशाना बनाया जो गुप्त सूचना दे रहे थे। उन्होंने उत्तरी प्रांत तमिल ईलम की माँग की और स्वतंत्र राष्ट्रवाद का नारा बुलंद किया। आरंभ में श्रीलंकाई सेना उनसे टक्कर न ले पाई और जब तक सेना को पुनर्गठित, शिक्षित, सुसज्जित किया गया, तब तक तमिल उग्रवादी ग्रामीण और नगरीय छापामार युद्ध में माहिर हो चुके थे। उन्होंने संवेदनशील उपकरण, नौकाएं, शस्त्रास्त्र, गोला-बारूद और घातक विस्फोट करने वाली पर्याप्त सामग्री एकत्र कर ली। तमिल छापामार प्रशिक्षण लेने मध्यपूर्व एशिया और पड़ोसी देशें में भी गए। उन्होंने घात लगाकर हमले किए, बारूदी सुरंगों से विस्फोट किए, सार्वजनिक स्थानों पर आतंक फैलाया और श्रीलंका के अनेक नेताओं पर निशाना साधा।

श्रीलंका में 1983 में सिंहलियों और तमिलों के बीच खूनी दंगे हुए। सिंहलियों ने तमिलों द्वारा 13 सैनिकों की हत्या के विरोध में दंगे आरंभ किए। तब लाखों तमिल सिंहल-बहुल दक्षिणी प्रांत को छोड़कर उत्तर-पूर्वी प्रांत में पलायन

कर गए। तमाम सिंहली भी उत्तर से पलायन कर गए। अगले 5 वर्षों में 20 हजार युवक तमिल स्वतंत्रता आंदोलन के मेरुदंड सिद्ध हुए। आरंभ में भारत की गुप्तचर संस्था रॉ ने उनसे साठगांठ की, क्योंकि उस समय श्रीलंका का झुकाव पश्चिम की ओर था। तमिलों ने भारत से हथियार और गोला-बारूद लेकर श्रीलंका पर आतंक का राज कायम किया। उन्होंने व्यावसायिक वाहनों, पादरियों, धार्मिक यात्रियों और अन्य संप्रदायों पर हमले किए और स्त्री-पुरुषों तथा बच्चों को भी मौत के घाट उतारा। उन्होंने सेना और पुलिस को निशाना बनाया। बदले में सैनिक और पुलिस दस्ते भी प्रतिक्रिया करते थे जिससे अनेक तमिल परिवार प्रभावित हुए। तमिल परिवारों को इस कारण से सफलता प्राप्त हुई क्योंकि उन्हें सिंहली परिवारों से भी प्राप्त हुई थी।

मई 1987 में श्रीलंका सरकार ने असैनिक ठिकानों पर भारी बमबारी की जिसमें बड़ी संख्या में नागरिक मारे गए, जिससे असंतोष और बढ़ा। श्रीलंका का घटनाचक्र भारत के दक्षिणी तमिल-बहुल क्षेत्रों को दुष्प्रभावित कर रहा था। दक्षिण में एक स्वतंत्र तमिल राज्य की मांग शुरू हो गई थी। तमिल उग्रवादी भारतीय गुप्तचर संस्था के नियंत्रण से बाहर हो गये थे।

राजीव गांधी ने जुलाई 1987 में भारत-श्रीलंका शांति समझौते पर हस्ताक्षर किए और एक लाख सैनिक श्रीलंका में शांति बनाए रखने के लिए भेजे। लेकिन तीन मास बाद तमिल टाइगरों ने भारतीय शांति-सेना के विरुद्ध भी युद्ध की घोषणा कर दी। भारतीय सेना के पास साधन और शस्त्रास्त्र तो आधुनिकतम थे, लेकिन जंगलों और समुद्रतटीय क्षेत्रों में छापामार युद्ध लड़ने का उसे अधिक अनुभव नहीं था। स्थानीय लोगों से भी उन्हें सहायता न मिली।

1989 में प्रेमदास चुनाव जीते और उन्होंने तमिलों से शांति वार्ता की पहल की। उधर सिंहलियों ने विदेशी सेना (भारतीय सेना) को आक्रांता माना और सरकार के विरुद्ध संघर्ष का बिगुल बजा दिया। हिंसा तेज हो गई, जिसमें लगभग 40 हजार लोग मारे गये। सरकार के विरुद्ध मानव-अधिकारों के हनन के अभियोग लगे। प्रेमदास ने भारतीय सेना की वापसी की मांग की, जो दिल्ली ने अस्वीकार कर दी। प्रेमदास ने चोरी-छिपे तमिलों को सैनिक सहायता देनी शुरू की। अंत में मार्च 1990 में भारतीय सेना स्वदेश लौट आई। तमिल टाइगरों ने अपने हमले तेज कर दिए और तीन माह में चार सौ पुलिसकर्मियों को मार डाला। मई 1991 में तमिल आत्मघातियों ने भारत में ही राजीव गांधी की हत्या कर दी।

तमिल उग्रवादियों की संख्या 1986 की तीन हजार से बढ़कर 1996 में 16 हजार हो गई। उन्होंने विरोधी तमिलों की हत्याएं कीं तथा 30 अन्य उग्रवादी संगठनों का सफाया किया। गद्दारों को मौत के घाट उतारा, आत्मघाती हमले किए, हत्याएं कीं और बारूदी विस्फोट किए। उन्होंने राष्ट्रपति प्रेमदास की हत्या क़र दी और कितने ही सैनिक-असैनिकों को मौत के घाट उतारा।

तमिल टाइगरों का अनुशासन बहुत कठोर है। शराब, धूम्रपान और विवाहेतर संबंध निषिद्ध हैं। संगठन की एक सेंट्रल कमेटी तो है, लेकिन सारे निर्णय प्रभाकरण ही लेता है।

आतंकवादी कौशल के क्षेत्र में तमिल टाइगरों ने विश्व-ख्याति अर्जित की है। प्रोपेगंडा, इंटेलीजेंस, ट्रेनिंग, शस्त्रास्त्र और धन एकत्र करने में भी वे माहिर हैं। उन्होंने उत्तरी श्रीलंका में दो हवाई अड्डे भी बना लिए और हवाई प्रशिक्षण के लिए कैंप भी स्थापित किए। उन्होंने फ्रांस और ब्रिटेन में पायलट प्रशिक्षित कराए जो आत्मघाती मिशन में रडार पर भी नजर न आने वाले छोटे जहाजों में बारूद भरकर सैनिक, राजनीतिक और आर्थिक ठिकानों पर विस्फोट करने के लिए तत्पर रहते थे। उन्होंने देश-विदेश में बसे तमिल मूल के लोगों और भारत-विरोधी अन्य संगठनों से संबंध स्थापित किए। 20 लाख डालर की धनराशि में से कम से कम 60 प्रतिशत धनराशि उन्हें विदेशों में बसे तमिलों से ही प्राप्त होती है। उन्होंने अपना अंतर्राष्ट्रीय मुख्यालय लंदन में और अन्य फ्रंट कार्यालय आस्ट्रेलिया, कनाडा, फ्रांस, जर्मनी, इटली, हालैंड, स्कैंडिनेविया, स्विट्जरलैंड और जापान में स्थापित किए हैं, जो श्रीलंका को दी जाने वाली आर्थिक सहायता के विरोध में लाबी करते रहते हैं।

तमिल टाइगरों ने भू-उपग्रह संचार प्रणाली को विकसित कर लिया है एवं बड़ा नौसैनिक बेड़ा भी स्थापित किया है। वे म्यांमार (बर्मा) से यूरोप के लिए हथियार और नशीले पदार्थों की तस्करी करते हैं। उवर्रक, लकड़ी, चीनी, सीमेंट और अन्य व्यावसायिक वस्तुएं जहाजों में लादकर ले जाते हैं। उन्होंने यूरोप और एशिया में शेयर बाजार और संपत्ति में धन लगाया और मुद्रा तथा सोने का व्यापार करके भी खासी धनराशि अर्जित की। तमिल उग्रवादी जाली पासपोर्ट और अन्य दस्तावेज बनाने में भी माहिर हैं। तामिल आतंकवादियों ने श्रीलंकाई पुलिस और सेना पर विसृत हमले की योजना बनाई और उन पर असंख्य हमले किये। 1993 के नवंबर माह में उन्होंने श्रीलंका के 640 सैनिक मार डाले। वे श्रीलंका के टैंक, मिसाइलें, नौकाएं, तेल-भंडार और सरकारी इमारतें नष्ट करते रहे हैं। सितंबर 2000 में श्रीलंका सरकार और एलटीटीई के बीच एक समझौता हुआ। एलटीटीई ने अब अलग तमिल राज्य की मांग छोड़ दी है। 20 वर्ष बाद वहां शांति लौटने की संभावना प्रबल हुई।

हिंदचीन में आतंकवाद

हिंदचीन भी लम्बे समय से आतंकवादी घटनाओं का शिकार रहा है। हिन्दचीन में मूलतः वियतनाम, कंबोडिया और लाओस आदि देशों को शमिल किया जाता था। 1940 और 1950 के दशक में वहां कम्युनिस्टों ने फ्रांसीसी शासकों के विरुद्ध युद्ध लड़ा और 1954 में वे विजयी हुए। वियतनाम 19वीं शताब्दी से ही फ्रांस के अधीन था, लेकिन 1940 में जब जर्मनी ने फ्रांस पर कब्जा कर लिया तो वियतनाम पर जापान ने आधिपत्य जमा लिया। तब चीन और अमेरिका के राष्ट्रवादी ग्रुपों ने जापान के विरुद्ध छापामार युद्ध लड़ा। हो ची मिन्ह उनका मुखिया था। दूसरा महायुद्ध जैसे ही खत्म हुआ सन् 1945 में जापान को आत्मसमर्पण करते ही वियतनाम में छापामारों का जन्म होने लगा एवं उन्होंने चीन के सैनिक छावनी हनोई में घुस गये। 80 प्रतिशत वियतनामी गांवों में रहते थे, जहां छापामार सक्रिय हुए। दक्षिणी वियतनाम में ब्रिटेन की सहायता से फ्रांसीसी प्रशासन पुनः लागू हुआ। वियतमिन्ह और फ्रांस के बीच वार्ताएं तो हो रही थीं, लेकिन वियतमिन्ह ने अपने छापामारों को गांव-गांव में संगठित किया और अंत में फ्रांस को पराजित कर दिया। छापामारों ने भय का ऐसा वातावरण बनाया कि गांववासी बिना विरोध किए समर्पण करते थे। जहां विरोध होता, वहां वे गांववालों को गोली से उड़ा देते। वे विरोधियों के अंग-भंग करके उन्हें सार्वजनिक स्थानों पर छोड़ देते और घरों में आग लगा देते। नगरों में उन्होंने अनेक फैक्टरियों में भी आग लगा दी और अंत में फ्रांस को अपने कब्जे में ले लिया।

मलाया में आतंकवाद

मलाया की कम्युनिस्ट पार्टी के छापामारों ने दूसरे विश्वयुद्ध के बाद आतंक की लहर फैलाई तो वहां के अंग्रेज शासकों ने जून 1948 में इमरजेंसी लगा दी, जो 1960 तक पूरे 12 वर्ष लागू रही। इसके तहत असंख्य लोगों को बंदी बनाया गया, देश से निष्कासित किया गया। साथ ही विद्रोहियों को मौत की सजा दी गई।

दूसरे विश्वयुद्ध में इंग्लैंड ने मलाया के छापामारों को प्रोत्साहित किया था। उन्होंने हथियार सप्लाई किए थे और सलाहकार भी दिए थे। छापामारों की संख्या लगभग 7 हजार थी। विश्वयुद्ध के बाद कम्युनिस्ट छापामारों ने विदेशी शासकों के विरुद्ध जंग छेड़ दी और वहां सोवियत रूस स्टाइल की क्रांति लाने की कोशिश की, लेकिन सफल न हो सके। उन्होंने असैनिकों और सैनिकों पर घात लगाकर हमले

किए। सरकार-समर्थकों की हत्याएं कीं। रकमें ऐंठीं। मिलों, रबड़ के बागानों और कंपनियों में हड़तालें कराईं। फलस्वरूप हिंसा में लगभग 11 हजार लोग मारे गए। 1950 तक उन्होंने लंबे युद्ध की तैयारी कर ली थी। हिंसा, प्रतिहिंसा और रक्तपात का दौर पूरी दशाब्दी तक चल रहा। 1951 के अंत में इसमें परिवर्तन आया।

ले. जनरल हेरोल्ड ब्रिग्स को वहां ब्रिटिश डायरेक्टर ऑफ ऑपरेशन बनाकर भेजा गया। उन्होंने ग्रामों के पुनर्वास और एकीकरण की इस तरह की योजना बनाई कि उग्रवादी अन्न की तलाश में खुले क्षेत्रों में आएं। ग्रामीणों से उन्हें भोजन और शरण (सहायता) मिलनी बंद हो गई। उग्रवादियों को विवश होकर सामने आना पड़ा। तब सरकारी सैनिकों ने उन पर हमले किए।

अंततः इंग्लैंड ने 31 अगस्त 1957 को मलाया को स्वतंत्रता दे दी।

केन्या में उग्रवाद

केन्या में माऊ-माऊ नामक एक गुप्त संस्था ने ब्रिटिश-अफ्रीकी कॉलोनी केन्या में आतंकवादी गतिविधियां शुरू कीं। 1949 में इनकी संख्या बहुत बढ़ गई। यह संगठन प्रचार करता था कि श्वेतों ने जन-जातीय लोगों का शोषण करके सफलता पाई है। 1952 में इस संगठन ने छापामार सेना बनाई और हिंसा शुरू की। इसका उद्देश्य साम्राज्यवादियों को उखाड़ फेंकना और किकूयू जन-जाति की अन्य जन-जाति पर श्रेष्ठता स्थापित करना था। अक्टूबर 1952 में माऊ-माऊ की हिंसा बढ़ी तो केन्या में इमरजेंसी लगा दी गई। चार वर्षों में माऊ-माऊ के 11,500 छापामार मारे गए तथा 63 यूरोपीय सुरक्षा सैनिक, तीन एशियन और 524 अफ्रीकी सुरक्षा सैनिक भी मारे गए। 8 हजार स्थानीय लोग भी हिंसा के शिकार हुए। ब्रिटिश सेनाओं ने छापामार लीडर जनरल चायना को पकड़ लिया, जिसने छापामारों को हथियार डालने को राजी कर लिया। 12 सौ माऊ-माऊ समर्थकों को भी गिरफ्तातर किया गया। केन्या को 1963 में आजादी मिल गई।

जिम्बाब्वे (रोडेशिया) में उग्रवाद

अफ्रीका का यह देश काफी लम्बे समय तक ब्रिटिश उपनिवेश रहा है। यह 11 नवम्बर 1965 को स्वतंत्र हुआ। प्रधानमंत्री इआन स्मिथ ने विरोध किया, हालांकि वहां 5 प्रतिशत श्वेत लोग ही रहते थे। अफ्रीकी राष्ट्रवादियों ने दो आतंकवादी संगठन बनाए, जिनका उद्देश्य श्वेत शासन को हटाना था। एक का नाम था, जिम्बाब्वे

पीपुल्स रेवोलूशनरी आर्मी (जेडआईपीआरए या 'जिप्रा') और जिम्बाब्वे अफ्रीकन नेशनल आर्मी (जेडएएनएलए या 'जानला')। पहले संगठन को रूस ने और दूसरे को चीन ने हथियार उपलब्ध कराए। 1968 से 1969 तक छापामार युद्ध हुआ। निशाने पर श्वेतों के फार्म और पुलिस ठिकाने थे। लेकिन रोडेशिया के सुरक्षाबलों ने दोनों संगठनों को नष्ट कर दिया। शांतिवार्ता शुरू हुई। पर वह असफल हो गई तो जेडएएनएलए ने पुनः श्वेत टारगेटों पर हमले किए।

छापामारों को खत्म करने के लिए रोडेशियाई सरकार ने ऑपरेशन हरीकेन कार्यक्रम प्रारम्भ किया और सितंबर 1975 तक हजारों की संख्या में छापामारों को मार गिराया। जून 1975 में पड़ोसी देश मोजांबिक स्वतंत्र हुआ तो 'जानला' को वहां छिपने के ठिकाने मिल गए। उन्होंने पूर्वी रोडेशिया पर हमले शुरू किए। जांबिया से 'जिप्रा' सक्रिय हुआ। 1965-79 के बीच 1300 सुरक्षा सैनिक और नौ हजार नागरिक आतंकवाद के दौरान मारे गए। छापामारों की संख्या 10 हजार थी। सीमापार से दोनों आतंकवादी संगठन श्वेतों पर हमले करते रहे। कभी-कभी आपस में भी टकराव होता रहा। जिप्रा उग्रवादियों ने सितंबर 1978 और फरवरी 1979 में जमीन से हवा में मार करने वाली मिसाइलों से दो जहाज मार गिराए।

श्वेत सैनिकों ने बर्बरतापूर्वक उग्रवादियों का दमन किया। उग्रवादियों द्वारा सरकार से अनेकों बार शांति के प्रस्ताव किये गये लेकिन ब्रिटेन 1979 में ही युद्धविराम की घोषणा की। 1989 में चुनाव हुए और नया संविधान बना, जिसमें बहुसंख्यकों का शासन स्थापित हुआ और श्वेत अल्पसंख्यकों को सुरक्षा का आश्वासन मिला। 'जानला' नेता रॉबर्ट मुगाबे राष्ट्रपति बना।

नामीबिया में आतंक

दक्षिण अफ्रीका ने मित्र-सेनाओं की ओर से जर्मन उपनिवेश दक्षिण-पश्चिम अफ्रीका पर कब्जा कर लिया। लीग ऑफ नेशंस ने दक्षिण अफ्रीका को वहां शासन करने का अधिकार दे दिया। 1946 में राष्ट्रसंघ ने दक्षिण अफ्रीका को इस खेत्र को आजादी के लिए तैयार करने को कहा। लेकिन दक्षिण अफ्रीका की प्रीटोरिया में बैठी दक्षिण अफ्रीकी सरकार ने वहां शासन चालू रखा और रंग-भेद की नीति चालू कर दी। इसका विरोध हुआ। 1966 में राष्ट्रसंघ की जनरल असेंबली ने रोक लगाई। 1968 में इस क्षेत्र को नामीबिया का नाम दिया गया तथा दक्षिण अफ्रीका को निर्देश दिया कि नामीबिया को आजादी दे दे। इसके बावजूद कुछ नहीं हुआ। जुलाई 1971

में अंतर्राष्ट्रीय न्यायालय ने नामीबिया में दक्षिण अफ्रीकी शान को अवैध घोषित कर दिया।

1960 में साउथ-वेस्ट अफ्रीका पीपुल्स आर्गेनाइजेशन (एसडब्ल्यूएपीओ) या 'स्वापो' नामक राष्ट्रीय आंदोलन का गठन किया गया तो दक्षिण अफ्रीकी श्वेत सरकार ने दमन शुरू कर दिया। अनेक आंदोलनकारी भागकर तंजानिया चले गए और वहां पीपुल्स लिब्रेशन आर्मी ऑफ नामीबिया का गठन किया। इनसर्जेंटों की ट्रेनिंग शुरू हुई, साथ ही तोड़-फोड़ भी। 1966 में इनकी संख्या एक हजार थी; जो 1978 तक 10 हजार हो गई। मार-काट, दमन और रंग-भेद की नीति यहां छाई रही। स्वापो हमला करता तो दक्षिण अफ्रीकी सैनिक भी जवाब में भरपूर वार करते। स्वापो के मृतकों की संख्या 10 गुना ज्यादा थी। हत्याओं तथा बम विस्फोट का दौर 1988 तक चलता रहा। 1988 में रूस और अमेरिका ने यहां समझौता कराया। नवंबर 1989 में चुनाव हुए और मार्च 1990 में स्वापो ने नामीबिया में सरकार बनाई।

अफ्रीकी पुर्तगाली उपनिवेश में आतंक

अफ्रीका में सबसे पहले पुर्तगाल यूरोपीयन औपनिवेशिक शक्ति के रूप में प्रविष्ट हुआ। उन्होंने 15वीं शताब्दी में ही अंगोला, पुर्तगाली गिनी और मोजांबिक पर कब्जा कर लिया था। 1951 में इन तीनों इलाकों को पुर्तगाल ने विदेशी प्रांत घोषित किया। 1950 के दशक के अंत में कांगो में बेल्जियम की सत्ता का पतन हुआ तो अंगोला में मिलिटेंसी शुरू हो गई। स्थानीय आदिवासियों के आर्थिक शोषण, राजनीतिक असमानता आदि का विरोध किया गया और कपास की खेती वाले क्षेत्रों पर हमले किए गए। पुर्तगाल अन्न की जगह कैश क्रॉप ही उगाने देता था, जिसे स्वयं सरकार खरीदती थी। फरवरी 1961 में मिलिटेंटों ने राजधानी लुआंडा (अंगोला) की जेल और दो पुलिस बैरकों पर आक्रमण कर दिया और जेलों में बंद अफ्रीकियों को छुड़ाने का प्रयास किया। 1961 में 267 यूरोपीय अधिकारी मारे गए और 62 लापता हो गए।

पुर्तगाल की सरकार ने इन उग्रवादियों को खत्म करने के लिए हथौड़ों का इस्तेमाल किया और भारी पैमाने पर किसानों और दुकानदारों की हत्याएं की। 15 मार्च 1961 को आतंकवादियों ने दाओं और छोटे हथियारों से कपास उगाने वाले किसानों, उनके परिवारों तथा कितने ही दुकानदारों और पुर्तगाली जमींदारों को काट डाला। लोग वहां से हवाई जहाजों से भागे। अप्रैल में हालात और बिगड़े। उग्रवाद को राष्ट्रद्रोह की संज्ञा दी गई। पुर्तगाली सेना ने दमन करने के लिए वायुसेना का

प्रयोग किया और सितंबर 1961 में 50 हजार अफ्रीकियों को मौत के घाट उतार दिया। इसके बावजूद भी विद्रोह को रोका नहीं जा सका और 1963 तक गिनी में उग्रवादियों का कत्लेआम जारी रहा। इन हमलों में 20 हजार पुर्तगाली सैनिक भी मारे गये। फिर तो अतिरिक्त कुमुक वहां आ पहुंची। 1961 में वहां सिर्फ एक हजार सैनिक थे, 1967 में उनकी संख्या 30 हजार हो गई। जनरल अंटोलियां डी स्पेनौला ने 1968 में सेना की कमान संभाली। उसने स्थानीय लोगों का दिल और दिमाग जीतने का प्रयास किया। स्थानीय लोगों के लिए सेना द्वारा कई सामाजिक कल्याण कार्य भी किये गये। सेना ने 15 हजार घर, 150 स्कूल, 50 अस्पताल स्थापित किए और 80 कुएं भी बनाए। मोजांबिक में इसी समय उग्रवाद शुरू हो गया तो पुर्तगाल सरकार ने उस क्षेत्र में सेना की संख्या 1960 की 16 हजार से चार गुनी बढ़ाकर 64 हजार कर दी। आतंकवादियों ने जबरदस्त हमले किए। सेना पर अभियोग लगा कि उसने क्रूरतापूर्वक 400 अफ्रीकियों का नरसंहार किया है। अंततः पुर्तगाल ने इन तीनों उपनिवेशों–गिनी को सितंबर 1974 में, मोजांबिक को जून 1973 में और अंगोला को नवंबर 1975 में आजादी दे दी।

रूस में आतंकवाद

सोवियत संघ के पतन के पहले कई उग्रवादी समूहों का जन्म होने लगा था, जो सरकार की नीतियों से असंतुष्ट थे। जब 1985 में गोर्बाचोव द्वारा प्रेस्त्रोइका का गठन किया तो अधिकाधिक संख्या में लोगों ने इनका विरोध करना प्रारम्भ कर दिया। वस्तुतः सोवियत संघ में राष्ट्रीय और जातीय पहचान को 75 वर्ष तक दबाकर रखा गया था। आखिरकार 1991 में जब सोवियत रूस का विघटन हुआ तो अनेक गुटों ने स्वतंत्रता और अपने पूर्व गृहराज्यों की मांग शुरू कर दी। लोगों ने हिंसा और आतंक का मार्ग अपनाया। ईसाई आरमेनियाइयों ने पड़ोसी अजरबैजान स्थित नागौरनो-काराबाख एनक्लेव वापस मांगे। दंगे शुरू हुए तो गोर्बाचोव ने वहां लाल सेना भेजी। तब तक देर हो चुकी थी। अजरबैजान में राष्ट्रीयता की लहर दौड़ गई। जिसके कारण आरमेनियाइयों को हिंसा का परिणाम भुगतना पड़ा। वहां बसे सैकड़ों लोग काल के गाल में समा गए।

आरमेनियाइयों ने 1994 में लंदन में दो चेचनों की हत्या कर दी क्योंकि वे अजरबैजान सरकार के लिए हथियार खरीद रहे थे। इस कांड के बाद एक बार पुनः अजरबैजान क्षेत्र में गृहयुद्ध छिड़ गया।

जॉर्जिया में भी दक्षिणी ओसेटिया ऐसा क्षेत्र था, जिसमें भिन्न-भिन्न जन-जातियां बसी थीं। उन्होंने 1990 में अपना गणराज्य घोषित कर दिया। दंगे शुरू हो गए। अंत में सोवियत सेना ने वहां युद्धविराम लागू किया। जॉर्जिया के उत्तर-पश्चिम में स्थित अबखजिया प्रांत में 1992 में भी कुछ ऐसा ही हुआ। राष्ट्रवादी जॉर्जिया से अलग होने की मांग कर रहे थे। दंगों में दो वर्षों में तीन हजार लोग मारे गए। 1994 के युद्धविराम के बाद ही वहां शांति आई।

चेचन्या में संघर्ष

अबखाजी विद्रोह में उत्तरी काकोशिया के 8 हजार वालंटियर भी थे जिनमें से अनेक पड़ोसी चेचन्या से गए थे। यह प्रांत सोवियत संघ के विघटन के बाद रूस के नियंत्रण में था, लेकिन यहां भी अलगाववादी स्वतंत्रता की मांग कर रहे थे। उन्होंने आतंक फैलाया, अपहरण किए और रूसी प्रतिष्ठानों पर हमले भी। संघर्ष पड़ोसी देशों में भी फैल गया, जहां बड़ी संख्या में चेचन रहते हैं। रूसी राष्ट्रपति बोरिस येल्तसिन और चेचन प्रमुख (सोवियत एयरफोर्स का भूतपूर्व) जनरल डी. दूदाएब अपनी-अपनी शक्ति प्रदर्शन पर तुल गए। रूस ने सेना भेजी तो चेचन आतंकवाद पर उतर आए। मुस्लिम देशों विशेषकर अजरबैजान, यूक्रेन, मिस्र, जोर्डन और अफगानिस्तान से उग्रवादी गए। संघर्ष युद्ध में बदल गया और 18 महीनों में 50 हजार लोग मारे गए, जिनमें अधिकांश असैनिक थे। रूसी सेनाओं ने दूदाएब को भी मार डाला, लेकिन उसका उत्तराधिकारी चेचन्या की पूरी आजादी के लिए कृतसंकल्प है। 2002 में चेचन उग्रवादियों ने मास्को के एक थियेटर में ग्यारह सौ लोगों को बंदी बना लिया। लेकिन रूसी कमांडो दल ने उग्रवादियों का सफाया कर दिया। चेचन उग्रवादी अब भी हिंसक गतिविधियों जुटे में हैं।

रूस में उग्रवादियों का खतरा टला नहीं। यूक्रेन और क्रीमिया भी अशांत हैं। 1991 के बाद ढाई लाख कट्टर मुसलमान अपनी गृहभूमि क्रीमिया में लौट आए हैं। वे गरीब हैं और मताधिकार से वंचित। वे भी आतंक की धमकी दे रहे हैं।

पूर्वी क्षेत्र में अलगाववादियों ने आतंकवादी हमले 1990 में शुरू किए। ताजिकिस्तान में 50 हजार मारे गए और 5 लाख शरणार्थी हो गए। वहां की कम्युनिस्ट सरकार का 50 हजार रूसी सैनिकों की सहायता से एक-तिहाई भूमि पर अधिकार है। वहां की डेमोक्रेटिक पार्टी और इस्लामिक रिनेसां पार्टी मिलकर सरकार चलाना चाहती हैं। यदि अफगानिस्तान में सत्ता-परिवर्तन न हो गया होता तो हालात और भी बिगड़ गए होते।

विश्व के कुख्यात आतंकवादी संगठन

2 मई 2002 को यूरोपीय कांउसिल ने संयुक्त राष्ट्र सुरक्षा परिषद् के प्रस्ताव-1373 दिनांक 27 दिसंबर 2001 के संदर्भ में विनाशकारी उग्रवादी गतिविधियों में लिप्त व्यक्तियों, समूहों और संगठनों की लिस्ट तैयार करके उनकी संपत्ति और बैंक बेलेंस आदि जब्त कर लिया, क्योंकि उकने विरुद्ध न्यायिक और पुलिस मामले लंबित हैं। उग्रवाद के विरुद्ध युद्ध की तैयारी में यूरोपीय देशों ने विभिन्न देशों के 36 उग्रवादियों और 23 संगठनों के विवरण जारी किए, जिनका विवरण नीचे प्रस्तुत है :

उग्रवादी व्यक्तित्व

क्र.सं.	नाम	जन्मतिथि	जन्म-स्थान/देश
1.	अबौंजा मार्टिनेज	1.1.1965	गुरनिका
2.	अलवर्डी उरंगा	7.10.1965	डूंरगो
3.	अलबीरा इरियाते	7.6.1965	सैन्य सैबिस्टियन
4.	अल कालडे लिनारेस	2.5.1943	पुर्तगाल
5.	अल मुगालिस उर्फ अबू उमरान उर्फ अहमद इब्राहिम	26.6.1967	सऊदी अरब
6.	अल नासिर उर्फ अब्दुल करीम हुसैन मोहम्मद	-	सऊदी अरब
7.	इज-अल-दीन, हसन उर्फ गरवाया अहमद उर्फ सईद उर्फ सालवान समीर	1963	लेबनान
8	मौहम्मद खालिद शेख उर्फ अली सलेम उर्फ बिन खालिद, फहद बिन अब्दुल्लाह उर्फ हसित अशयूफ रिफात नेबिथ उर्फ खालिद वदूद	14.4.1965	कुवैत
9.	मोरसील्लो ओरेस ग्रेसिया	15.3.1967	स्पेन
10.	मुणिका गोनी	27.6.1970	स्पेन
11.	मुगनिया अहमद फैज उर्फ मुगनिया इमाद फयिज (हिजबुल्लाह का सीनियर इंटेलीजेंस अफसर)	7.12.1962	लेबनान

क्र.सं.	नाम	जन्मतिथि	जन्म-स्थान/देश
12.	अली याकूब उर्फ इब्राहिम सालेह मोहम्मद	16.10.1966	सऊदी अरब
13.	अपोलाजा साचो इवान	10.11.1971	स्पेन
14.	अरजालत तापिया	8.11.1957	रेगिल (स्पेन)
15.	अतबा अली उर्फ बासलिय अमर मंसूर उर्फ सलीम हसन रुस्तम	1960	लेबनान
16.	बेरास्तागी इस्करडो इस्मायल	15.6.1969	स्पेन
17.	इलकोटो आस्तुई पौलो	11.10.1973	स्पेन
18.	इल हूरी अली सईदबिन	10.7.1965	सऊदी अरब
19.	फाइगल अरांज, एंटोनिया आगस्टिन	2.12.1972	पुर्तगाल
20.	गला स्टे गुई सोडुप, लग्जुर गोगिआस्चोई	18.6.1969	पुर्तगाल
21.	पेरेज अराम्वुरू जोन इलाकी	18.9.1964	स्पेन
22.	क्विंटाना जोरोरोजुआ एजीअर	27.2.1968	पुर्तगाल
23.	रूबेनाच रोइग जुआन लुई	18.9. 1964	पुर्तगाल
24.	सईज द इगुईलाज मुरगुइजोंडी	9.12.1963	स्पेन
25.	उरंगा आरटोला केमेन	25.9.1969	पुर्तगाल
26.	बिल यिशिलेता फरमिन	12.3.1970	स्पेन
27.	जुबिआमा ब्रेवो मानेक्स	14.8.1979	पुर्तगाल
28.	गोइरिसेलाया गोंजालेज	23.12.1967	स्पेन
29.	अरोटेंगुई, एनेको	29.4.1967	पुर्तगाल
30.	इपारा गुइटे गुनेशिया (नवारा)	25.4.1961	इस्कोरियाजा
31.	मुनाओ आर्डोजगोइटी	6.7.1976	स्पेन
32.	नरवाइज गोनी, जुआन जीसस	23.2.1961	नवारा
33.	औलारा गुरीडी जुआन एंटोनिआं	11.9.1967	स्पेन
34.	ओरबे सेविलानो, जिगोर	22.9.1975	पुर्तगाल
35.	ओटेगुई ओनेनू माइकेल	8.10.1972	स्पेन
36.	पलासिओ अल्डे गोरका	17.10.1974	पुर्तगाल

उग्रवादी गुट और संगठन— औम शिरिक्यो, बब्बर खालसा, कंटीन्यूटी आइरिश रिपब्लिकन आर्मी, यूस्काडी ता अस्कासुना/टीरा वास्का लिबरटड/बास्क फादरलैंड एंड लिबर्टी, अल-गामा-अल-इस्लामिया (इस्लामिक ग्रुप—आईजी), ग्रुपोस द रेजिस्टेशिया एंटी-फासिस्टा प्रिम्रेरा द अक्टूबे/एंटीमासिस्ट रेजिस्टेंस ग्रुप्स-फर्स्ट ऑफ अक्टूबर, हमास-ठज्ज अल-दीन अल-कासिम, इंटरनेशनल सिख यूथ फेडरेशन (आईएसवाईएफ), कुर्दिस्तान वर्कर्स पार्टी (पीकेके), लश्करे-ए-तोइबा (एलईटी)/पशान-ए-अहल-हदीस, लायलिस्ट वालंटियर फोर्स (एलवीएफ), मुजाहिदीन-ए-खलक ऑर्गनाइजेशन (एमईके या एमकेओ) उर्फ नेशनल लिबरेशन आर्मी ऑफ ईरान, द पीपुल्स मुजाहिदीन ऑफ ईरान (पीएम-ओआई), नेशनल काउंसिल ऑफ रेजिस्टेंस, मुस्लिक ईरानियन स्टूडेंट्स सोसाइटी, ऑरेंज वालंटियर्स (ओवी), पैलेस्टाइनियन इस्लामिक जेहाद (पीआईजे), रीयल आईआरए, रेड हेड पिरेंडस्न (आईएचडी), रिवोलूशनरी न्यक्ली, रिवोलूशनरी ऑर्गनाईजेशन 17 नवंबर, रिवोलूशनरी पीपुल्स लिबरेशन आर्मी/फ्रंट पार्टी, रिवोलूशनरी पॉपुलर स्ट्रगल, शाइनिंग पाथ, अल्सटर डिफेंस एसोसिएशन/अल्सटर फ्रीडम फाइटर्स (यूडीए/यूएफएफ), यूनाइटेड सेल्फ डिफेंस फोर्सेज/ग्रुप ऑफ कोलंबिया

मई 2002 में अमेरिका के गृह मंत्रालय ने 33 विदेशी आतंकवादी संगठनों की एक लिस्ट जारी की, जिनकी गतिविधियों को आतंक-विरोधी अधिनियम के तहत अवैध बताते हुए यह घोषणा की कि इन संगठनों को धन देना अथवा अन्य किसी प्रकार की सहायता देना गैर-कानूनी है। सभी वित्तीय संस्थाओं को यह भी निर्देश दिए गए कि इन आतंकवादी संस्थाओं और उनके एजेंटों की धनराशि रोक ली जाए और सूचना गृह-वित्त विभाग को भेजी जाए।

ऐसे 33 संगठनों के नाम हैं :— अबूनिडाल ऑर्गनाईजेशन (एएनओ), अबू सय्याफ ग्रुप (एएसजी), अल अक्स मार्टायर ब्रिगेड, आर्म्ड इस्लामिक ग्रुप (जीआईए), असबत-अल-अंसार, औम सुप्रीम ट्रुथ, बास्क फादर लैंड एंड लिबर्टी (ईटीए), अल-गामा-अल-इस्लामिया (इस्लामिया ग्रुप आईजी), हमास (इस्लामिक रेजिस्टेंस मूवमेंट), हरकत-उल-मुजाहिदीन (एचयूएम), हिज्ब-अल्लाह (पार्टी आफ गॉड), इस्लामिक मूवमेंट ऑफ उज्बेकिस्तान (आईएमयू), जैश-ए-मोहम्मद (जेईएम), अल-जिहाद (इजिप्शियन इस्लामिक जिहाद), कहाने चाई (काच), कुर्दिस्तान वर्कर्स पार्टी (पीकेके), लश्करे-ए-तोइबा (एलईटी), लिबरेशन टाइगर आफ तमिल ईलम (एलटीटीई), मुजाहिदीन-ए-खलक ऑर्गनाइजेशन (एमईके), नेशनल लिबरेशन आर्मी (ईएलएन) कोलंबिया, पैलेस्टाइन इस्लामिक जिहाद (पीआईजे), पैलेस्टाइन लिबरेशन

फ्रंट (पीएलएफ), पीपुल्स फ्रंट फॉर द लिबरेशन ऑफ पैलेस्टाइन (पीएफएल-पी), पीपुल्स फ्रंट फॉर द लिबरेशन ऑफ पैलेस्टाइन जनरल कमांड (पीएफएल-पी-जीसी), अलकायदा, रीयल आईआरए (आरआईआरए), रिवोलूशनरी आर्म्ड फोर्स ऑफ कोलंबिया, रिवोलूशनरी न्यूक्ली, रिवोलूशनरी ऑर्गनाइजेशन 17 नवंबर, रिवोलूशनरी पीपुल्स लिबरेशन पार्टी ऑफ फ्रंट (डीएचकेपी सी), सल्फिस्ट ग्रुप फॉर काल एंड कंबेट (जीएसपीसी), संडेरो लूमीनोसो (शाइनिंग पाथ या एसएल), यूनाइटेड सेल्फ डिफेंस फोर्सेज/ग्रुप ऑफ कोलंबिया (एयूसी)

अबू निडाल ऑर्गेनाइजेशन

इस संगठन की चर्चा अरब-यहूदी संबंधों के संदर्भ में पहले की जा चुकी है। 1974 में यह संगठन पीएलओ से अलग हो गया और अपने राजनीतिक, सैनिक और वित्तीय मामलों की स्वयं देखभाल करने लगा।

कई सौ उग्रवादियों वाला यह संगठन 20 देशों में आतंकवादी हमलों में 900 लोगों की हतयाएं कर चुका है। इन देशों में अमेरिका, इंग्लैंड, फ्रांस, माउरेट, फिलिस्तीन, रोम और विएना शामिल हैं। इस संगठन ने विमानों का अपचालन भी किया। इस संगठन का मुखिया सवरी अलबन्ना दिसंबर 1998 में इराक में देखा गया।

इस संगठन को इराक, लीबिया और सीरिया (1987 तक) सैन्य सहायता शरण और आर्थिक मदद मिली।

अबू सय्याफ ग्रुप

दक्षिणी फिलीपींस में सक्रिय यह इस्लामी अलगाववादी आतंकवादी संगठन मध्यपूर्व के देशों और अफगानिस्तान में युद्धरत इस्लामिक कट्टरपंथियों से संपर्क बनाए रहा। 1999 के दशक के आरंभ में इसका विभाजन हुआ। एक दल का मुखिया अबू बकर जन जलानी फिलीपीनी पुलिस की मुठभेड़ में मारा गया।

एक हजार से अधिक कट्टर आतंकवादी सदस्यों वाले इस संगठन ने फिरौती के लिए अपहरण किए, बम विस्फोट और हत्याएं कीं। दक्षिणी फिलीपींस में स्वतंत्र इस्लामिक राज्य की मांग करने वाला यह संगठन मूल रूप से आतंक का प्रयोग आर्थिक लाभ के लिए करता है। अप्रैल 2000 में फिरौती के लिए मलेशिया से इसने 10 विदेशी पर्यटकों का अपहरण किया। इसके अतिरिक्त अनेक विदेशी पत्रकारों और नागरिकों का भी अपहरण किया। मई 2001 में तीन अमेरिकी नागरिकों और

18 फिलीपींस निवासियों का अपहरण किया। इस्लाम के नाम पर अपहरण एवं हत्या करने वाला यह संगठन स्ववित्तपोषी है।

अल-अक्सा (शहीद ब्रिगेड)

इसका गठन वेस्ट बैंक में किया गया था। इस संगठन का उद्‌देश्य गाजा पट्‌टी और यरूशलम से यहूदी सेनाओं को भगाना था। यह संगठन इस्राइली सैनिकों और असैनिकों तथा उन फिलिस्तीनियों पर हमले करता है जो इस्राइल की सहायता करते हैं। जनवरी 2002 में इस संगठन ने पहली बार महिला आत्मघाती का प्रयोग किया।

आर्म्ड इस्लामिक ग्रुप (जीआईए)

यह अल्जीरिया का एक प्रमुख आतंकवादी संगठन है, जिसमें लगभग 200 आतंकवादियों को शामिल किया गया है। इसका उद्‌देश्य अल्जीरिया की धर्मनिरपेक्ष सरकार का तख्ता पलटकर वहां इस्लाम का शासन स्थापित करना है। 1992 में इसकी हिंसक गतिविधियां शुरू हुईं, जिनका विवरण प्रस्तुत पुस्तक में अन्यत्र दिया गया है। अब तक यह संगठन यूरोपीय मूल के सौ से अधिक लोगों की हत्याएं कर चुका है। अल्जीरिया की सरकार ने ईरान और स्वीडन पर इस संगठन को सहायता देने का आरोप लगाया।

असबत-अल-अंसार

इस संगठन का निर्माण लेबनान में फिलिस्तीनी आतंकवादियों के सहयोग से हुआ। इसे सुन्नी मुसलमानों का संगठन कहा जाता है। ये इस्लाम के चरमपंथी सिद्धांत को मानने वाले हैं जो राजनीतिक उद्‌देश्यों की प्राप्ति के लिए नागरिकों पर हमलों को उचित ठहराता है। लेबनान में सक्रिय यह संगठन वहां की सरकार को उखाड़ फेंकने के लिए प्रयासरत है।

इस संगठन में लगभग 300 सदस्यों को शामिल किया गया है जिसका मूल ठिकाना आईन-अल-हिलवाह फिलीस्तीनी शरणार्थी कैंप (दक्षिण लेबनान) में है। इसके आतंकवादियों ने लेबनान के धार्मिक नेताओं की हत्याएं कीं और 1990 के दशक के मध्य में नाइट क्लबों, थियेटरों और शराबघरों में भी विस्फोट किए। बेरूत में रूसी दूतावास पर इसने रॉकेट ग्रेनेड हमले किए। इसे आर्थिक सहायता अलकायदा संगठन से मिलने के आरोप हैं।

सुप्रीम ट्रूथ (औम)

1987 के पूर्व इस संगठन का प्रभाव जापान तक था लेकिन इसके बाद इसका प्रभाव पूरे विश्व में बढ़ता गया। इस संगठन ने कहा कि विश्व का अंत बहुत निकट है, क्योंकि अमेरिका जापान के साथ तीसरा विश्वयुद्ध शुरू करेगा। 20 मार्च 1995 को इसके उग्रवादियों ने भूमिगत रेल टोकियो में नर्व गैस छोड़ी, जिसमें 12 लोग मारे गए और 6 घायल हुए। यह संगठन 1995 में जापान में रहस्यमय रासायनिक दुर्घटना के लिए जिम्मेदार था। 1995 में पुलिस ने इसके कार्यकर्त्ता शोको असहारा को पकड़ा। उस पर 13 अभियोग लगे हैं। मुकदमा जारी है। जुलाई 2001 में रूसी अधिकारियों ने रूसी शाखा के औम के अनुयायियों को टोकियो में बम विस्फोट की योजना बनाते हुए गिरफ्तार किया। इसकी वर्तमान सदस्य-संख्या 1,500 से 2,000 तक है। 1995 में जापान में इसके नौ हजार और पूरे विश्व में 40 हजार अनुयायी हैं।

बास्क फादर लैंड एंड लिबर्टी (ईटीए)

1969 में गठित यह उग्रवादी संगठन मार्क्स के सिद्धान्तों पर आधारित है। यह स्पेन के उत्तरी प्रांतों और दक्षिण-पश्चिमी फ्रांसीसी क्षेत्रों को मिलाकर एक स्वतंत्र राज्य बनाना चाहता है। सैकड़ों सदस्यों वाला यह संगठन स्पेन और फ्रांस में सक्रिय है। अपहरण, डकैती, जबरदस्ती धन-वसूली के उद्देश्य से इसके आतंकवादियों ने अनेक बम विस्फोट किए और आठ सौ से अधिक हत्याएं कीं। अकेले 2000 में इसने 38 हत्याएं कीं। इसके आतंकवादियों को लीबिया, लेबनान, निकारागुवा, क्यूबा ओर दक्षिण अमेरिका ने प्रशिक्षण, आश्रय एवं सहायता प्रदान की।

अल गमइया अल इस्लामिया (इस्लामिक ग्रुप, आईजी)

मिस्र के इस कुख्यात आतंकवादी संगठन का विवरण इस पुस्तक में अन्यत्र भी दिया गया है। 1970 के दशक से यह मिस्र का सबसे बड़ा सक्रिय आतंकवादी संगठन है, जिसकी जड़ें अनेक देशों में फैली हुई हैं। 1993 के वर्ल्ड ट्रेड सेंटर बम कांड में लिप्त इसके प्रमुख आध्यात्मिक नेता उमर अल रहमान को आजीवन कारावास का दंड दिया गया था। इसके वरिष्ठ नेताओं ने ओसामा बिन लादेन के फरवरी 1998 के फतवे के तहत हस्ताक्षर किए। उसने अमेरिका पर हमले का आह्वान किया था। मार्च 1999 में इस संगठन ने युद्धविराम की घोषणा की, लेकिन अभी भी इसके अनेक सदस्य सक्रिय हैं।

हमसा (इस्लामिक रेजिस्टेंस मूवमेंट)

इस संगठन की चर्चा फिलीस्तीन-इस्राइल संघर्ष के संदर्भ में विस्तार से की जा चुकी है। 1987 में गठित मुस्लिम ब्रदरहुड की यह फिलीसतीनी शाखा हिंसा और राजनीति दोनों में सक्रिय है। यह संगठन इस्राइल के स्थान पर स्वतंत्र इस्लामिक राज्य स्थापित करना चाहता है। इसके कट्टर अनुयायियों और समर्थकों की संख्या हजारों में है। इसके मिलिटेंट ब्रिगेडों ने इस्राइली सैनिक और असैनिक ठिकानों पर अनेक हमले किए। इसकी शाखाएं सीरिया, लेबनान, ईरान आदि मध्यपूर्व के अनेक देशों में फैली हैं। ईरान, सऊदी अरब और अन्य अरब राष्ट्रों से इसे आर्थिक सहायता प्राप्त होती है। इसका प्रचार-तंत्र पश्चिमी यूरोप और उत्तरी अमेरिका में सक्रिय है।

हरकत-उल-मुजाहिदीन (एचयूएम)

पाकिस्तान समर्थित यह आतंकवादी संगठन पूरे कश्मीर में प्रभाव रखता है। चरमपंथी इस्लामी पार्टी जमात-उल-उलेमा-ए-इस्लाम (फजलुर रहमान गुट) से जुड़ी यह पार्टी ओसामा बिन लादेन से संबद्ध है। इस पार्टी ने भी फरवरी 1998 में ओसामा बिन लादेन के अमेरिका-विरोधी फतवे पर हस्ताक्षर किए थे। इस संगठन ने अफगानिस्तान में उग्रवादियों के ट्रेनिंग कैंप स्थापित किए थे, जिन्हें अमेरिका ने हवाई हमले में (2001 में) नष्ट कर दिया।

इस संगठन में हजारों की संख्या में आतंकवादी शामिल हैं। यह पाक अधिकृत कश्मीर से लेकर पाकिस्तान के अनेक नगरों तक अपना प्रभाव रखता है। कश्मीर में सैनिक और असैनिक ठिकानों पर हमले करने वाला यह चरमपंथी संगठन कश्मीरी मिलिटेंट ग्रुप अल फरान से जुड़ा है, जिसने जुलाई 1995 में 5 विदेशियों का अपहरण कर बाद में उनकी हत्या कर दी थी। इंडियन एयरलाइंस के विमान का दिसंबर 1999 में नेपाल से इसी संगठन ने अपचालन किया था। इस अपचालन के कारण ही हरकत-अल-अंसार का नेता अजहर मसूद और अहमद उमर शेख जेल से छूटे थे।

हिज्ब-अल्लाह उर्फ इस्लामिक जिहाद

सन् 1982 में इस्राइज ने जब लेबनान पर हमला किया तो वहाँ के शियाओं ने खुमैनी से प्रेरणा लेकर इस्राइल का नामोंनिशान मिटा देने का संकल्प किया। कई हजार समर्थकों वाला यह कट्टरपंथी संगठन बेकाघाटी, बेरूत, दक्षिण लेबनान आदि

में सक्रिय है। यूरोप, अफ्रीका, एशिया और अमेरिका में इसकी शाखाएं फैली हैं। अमेरिकी दूतावास पर अप्रैल 1983 में और नौसैनिकों की बैरक पर अक्टूबर 1983 और बेरूत में अमेरिकी एंबेसी पर हुए आतंकवादी हमलों में इसी संगठन का हाथ था। 1985 में विमान के अपहरण, पश्चिमी देशों के नागरिकों के अपहरण और इस्राइली ठिकानों पर हमलों से भी इस संगठन का नाम जुड़ा है।

इस्लामिक मूवमेंट ऑफ उज्बेकिस्तान (आईएमयू)

यह अंतर्राष्ट्रीय प्रभाव रखने वाला एक प्रमुख उग्रवादी संगठन है। इसमें अफगानिस्तान, ईरान, किरगिस्तान, पाकिस्तान, तजिकिस्तान, उज्बेकिस्तान और दक्षिण एशिया के उग्रवादी सक्रिय है। उज्बेकिस्तान और केंद्रीय एशिया के अन्य राज्यों के इस्लामी आतंकवादियों का यह संगठन उज्बेकिस्तान की धर्मनिरपेक्ष सरकार का विरोधी है और वहां इस्लाम का राज्य स्थापित करना चाहता है। 1999 में इसने ताशकंद में पांच कार बम विस्फोट कराए, अमेरिकी और जापानी नागरिकों को बंधक बनाया तथा अफगानिस्तान के तालिबान और अलकायदा-विरोधी आतंकवादियों की हत्याएं कीं।

इस संगठन को मध्यपूर्व केंद्रीय और दक्षिणी एशिया के अनेक उग्रवाद-समर्थक देशों से सहायता प्राप्त होती है।

जैश-ए-मोहम्मद (जेईएम)

पाकिस्तान में शक्तिशाली आधार बनाकर भारत में आतंक फैलाने वाले इस संगठन का संस्थापक आतंकवादी मसूद अजहर सन् 2000 के आरंभ में भारतीय जेल से इंडियन एयरलांइस के विमान और इसके यात्रियों को छोड़े जाने के बदले रिहा हुआ। यह संगठन भारतीय कश्मीर को भी पाकिस्तान में मिलाना चाहता है। जमायते-उलमाए-इस्लामी फजलुर रहमान शाखा जैसे चरमपंथी राजनीतिक संगठनों से इसके गहरे संबंध हैं। पाकिस्तान ने जनवरी 2002 में इस संगठन पर प्रतिबंध लगा दिया था।

सैकड़ों सशस्त्र उग्रवादियों वाला यह संगठन पाक-अधिकृत कश्मीर, पाकिस्तान, दक्षिणी जम्मू-कश्मीर—विशेषकर डोडा क्षेत्र में सक्रिय है, जहां इसके चरमपंथी हिजबुल-मुजाहिदीन के आतंकवादियों के साथ आतंक में लिप्त हैं। संगठन ने भाड़े के अनेक अफगान और अरब ऐसे आतंकवादी दिए हैं, जिन्होंने अफगान युद्ध में भाग लिया था। यह संगठन मशीनगनों, असाल्ट राइफलों, मोर्टारों, विस्फोटक सामग्री और रॉकेट ग्रेनेडों का इस्तेमाल करता है। पेशेवर, मुजफ्फराबाद और अफगानिस्तान

में स्थित प्रशिक्षण-शिविरों में इसके उग्रवादी भली-भांति प्रशिक्षित हुए। अक्टूबर 2001 में इस संगठन ने कश्मीर विधानसभा और 13 दिसंबर 2001 को भारतीय संसद पर लश्कर-ए-तोइबा के साथ मिलकर आक्रमण करने की जिम्मेदारी ली थी।

इस संगठन के लिए उग्रवादी और विध्वंसक एवं संचार-सामग्री हरकत-उल-जिहाद अल इस्लामी (हूजी) और हरकत-उल-मुजाहिदीन से तथा धन ओसामा बिन लादेन से प्राप्त होता है। इसके अलावा पाकिस्तान से प्रकाशित समाचार-पत्र और पत्रिकाएं तथा पैंफलेट बांटकर यह संगठन स्थानीय लोगों से दान लेता है। इसकी बड़ी धनराशि बैंकों, व्यावसायिक प्रतिष्ठानों, व्यापार आदि में लगी है।

अल जेहाद/इस्लामिक जेहाद/जेहाद ग्रुप

1970 के दशक में इन संगठनों को अत्यधिक लोकप्रियता प्राप्त हुई। इसमें मिस्र के अनेक इस्लामी चरमपंथियों को शामिल किया गया है। इसकी जड़ें विश्व के अनेक देशों में फैली थीं, लेकिन 11 सितंबर के आतंकवादी हमले के बाद पूरे विश्व में इसकी गतिविधियों को झटका लगा। यह संगठन मिस्र की सरकार का तख्ता पलटना चाहता है। कई सौ कट्टर आतंकवादियों वाला यह संगठन मिस्र के अलावा यमन, अफगानिस्तान, पाकिस्तान, लेबनान और इंग्लैंड में सक्रिय रहा। मिस्र की सरकार का आरोप है कि इसे ईरान और अलकायदा से सहायता प्राप्त होती है।

इस संगठन ने मिस्र के सरकारी कार्मिकों, कैबिनेट मंत्रियों और अमेरिकी अधिकारियों पर आक्रमण किए तथा मिस्र के प्रतिष्ठानों पर भी विस्फोटकों से अनेक हमले किए। यह वही संगठन है जिसमें मिस्र के राष्ट्रपति अनवर सादात की हत्या की जिम्मेदारी ली थी। गृहमंत्री की अगस्त 1993 में और प्रधानमंत्री की नवंबर 1993 में हत्या की जिममेदारी भी ली। 1993 के बाद इसने मिस्र में तो हमले नहीं किए, लेकिन विदेशों में मिस्र के दूतावास में (इस्लामाबाद में 1995 में) विस्फोट किया और 1998 में अल्बानिया में अमेरिकी दूतावास को उड़ाने का प्रयास किया।

कहाने चाई (काच)

1994 में अवैध घोषित किये जाने वाले इस संगठन को चरमपंथी इस्राइली-अमेरिकी रब्बी मीर कहाने ने इस्राइल में बिबलिकल राज्य पुनर्स्थापित करने के लिए शुरू किया था। कहाने चाई का अर्थ है 'कहाने जीवित है।' यह संगठन

मीर कहाने के बेटे ने अपने पिता की अमेरिका में हत्या होने के बाद शुरू किया था। यह संगठन इस्राइल ओर वेस्ट बैंक क्षेत्र में सक्रिय है। यह इस्राइली सरकार का विरोधी है तथा फिलिस्तीनियों, अरबों और इस्राइली सरकार के अधिकारियों पर हमले करता है। इसे अमेरिका और यूरोप से सहायता प्राप्त होती है।

कुर्दिस्तान वर्कर पार्टी (पीकेके)

यह संगठन मार्क्सवादी और लेनिनवादी विचारधारा पर आधारित है, जिसका गठन 1994 में किया गया था। इसका उद्‌देश्य दक्षिण-पूर्वी तुर्की में स्वतंत्र कुर्द राज्य स्थापित करना है। इराक युद्ध (2003) से पूर्व इसकी सदस्य-संख्या 4 हजार से 5 हजार तक थी, जिनमें से अधिकांश उत्तरी इराक में थे। इसके हजारों समर्थक तुर्की और यूरोप में हैं। इस संगठन ने तुर्की सुरक्षाबलों को, तुर्की राजनयिकों और व्यापारिक प्रतिष्ठानों को 1993 में तथा पश्चिमी यूरोप को 1993-95 में निशाना बनाया। पर्यटकों का अपहरण और पर्यटन-स्थलों और होटलों में बम विस्फोट इस संगठन की मुख्य गतिविधियां रही हैं। इसको सीरिया, इराक और ईरान से सहायता मिली रही।

लश्कर-ए-तोइबा

पाकिस्तान मुख्यालय में कार्यरत लश्कर-ए-तोइबा सुन्नी मुसलमानों के संगठन मरकज-उद-दवा-अल-इरशाद (एमडीआई) नामक धार्मिक संगठन का सशस्त्र विंग है। इसकी स्थापना 1989 में की गई थी। इसके दीर्घकाल तक प्रशिक्षित आतंकवादी जम्मू-कश्मीर में आतंक फैला रहे हैं। यह संगठन अमेरिका-विरोधी भी है। अमेरिकी दबाव पर पाकिस्तान सरकार ने इसकी संपत्ति जनवरी 2002 में जब्त कर ली थी। सैकड़ों कट्टरपंथी उग्रवादियों वाला यह संगठन एचयूएम, जैश-ए-मोहम्मद आदि की भांति पाकिस्तान सरकार और आईएसआई से शरण, सहायता और निर्देश लेता रहा है। आईएसआई के भूतपूर्व लेफ्टिनेंट जनरल हमीद गुल, जनरल जावेद निसार और जनरल अरशाद इस संगठन से जुड़े थे। इस संगठन ने भारतीय क्षेत्र में 1993 के बाद अनेक आतंकवादी ऑपरेशन किए हैं। विश्व में कट्टरपंथी इस्लाम का राज्य स्थापित करने का उद्‌देश्य लेकर चलने वाला यह संगठन जेहाद समर्थक है। अनेक सुरक्षाकर्मियों की हत्या तथा बम विस्फोट करने के अलावा यह संगठन 13 दिसंबर 2001 को भारतीय संसद पर हुए आतंकवादी हमले में भी शामिल था।

इसके उग्रवादी गैर-कश्मीरी मूल के हैं और अधिकांश उन मदरसों से आए हैं, जहां पाकिस्तान और अफगानिस्तान में तथाकथित तालिबान प्रशिक्षित किए जाते हैं। इस संगठन के पास संवेदनशील आधुनिकतम हथियारों के अलावा आधुनिकतम संचार-प्रणाली भी है।

यह संगठन अपने लिए धन फारस की खाड़ी, इंग्लैंड, गैर-सरकारी इस्लामी संगठनों, पाकिस्तान और अन्य उग्रवाद-समर्थक देशों से प्राप्त करता है। पूरे विश्व में धन एकत्र करने के अलावा इसने चरमपंथियों से धार्मिक-सैनिक संबंध बनाए हैं। इसकी जड़ें फिलीपींस से लेकर मध्यपूर्व और चेचन्या तक फैली हैं, जिसमें एमडीआई इसकी सहायता करता है।

एलटीटीई

मुख्यतः श्रीलंका में सक्रिय तमिलों के इस उग्रवादी संगठन की विस्तृत चर्चा पुस्तक में अन्यत्र की जा चुकी है।

मुजाहिदीन-ए-खलक ऑर्गनाइजेशन (एमईईके या एमकेओ)

1960 के दशक में इस संगठन का जन्म ईरान में हुआ था। इसका निर्माण इस्लाम और मार्क्स के सिद्धांतों के समन्वय के आधार पर हुआ था। लेकिन 1979 मे ईरान की धार्मिक क्रांति के समय इसे निष्कासित कर दिया गया तो इसने अपना ठिकाना पड़ोसी देश इराक में सद्दाम की छत्रछाया में बना लिया। यह संगठन अब ईरान में धर्मनिरपेक्ष सरकार स्थापित करने की मांग कर रहा है। जब इस संगठन ने 1970 के दौरान ईरान में कार्य करना प्रारम्भ किया तो शुरुआत में इसने अनेक अमेरिका सैनिक और असैनिकों पर हमले किये। तेहरान में अमेरिकी दूतावास की घेराबंदी का समर्थन किया। 1990 में बम विस्फोट से 70 वरिष्ठ ईरानी अधिकारियों की हत्याएं कीं। 1991 में शिया और कुर्द विद्रोह के दौरान इसने इराकी सरकार की सहायता की थी। 1992 में 13 देशों में स्थित ईरानी दूतावासों पर हमले किए। 1999 और 2000 में इसने वरिष्ठ सैनिक अधिकारियों की हत्याएं कीं। यह संगठन पूरे इराक में विस्तृत है। इसमें हजारों की संख्या में सशस्त्र आतंकवादी शामिल हैं। इसके पास टैंक, पैदल सेना की गाड़ियां और तोपखाना भी था। इस संगठन को ईरान और इराक से आर्थिक सहायता प्राप्त होती रही है।

नेशनल लिबरेशन आर्मी

यह आतंकवादी संगठन कोलंबिया और वेनेजुएला में सक्रिय है। इसमें तीन हजार से लेकर पांच हजार सशस्त्र योद्धाओं को शामिल किया गया है। मार्क्सवादी इनसर्जेंट ग्रुप ने इसकी स्थापना फीडल कास्त्रो ओर चेग्वेरा की प्रेरणा से की। 1999 में बड़ी संख्या में अपहरण करने के बाद शांतिवार्ताएँ शुरू हुईं। अपहरण, अपचालन, बम विस्फोट, धन ऐंठने और गुरिल्ला युद्ध में लिप्त यह संगठन आम सैनिक क्षमताओं वाला है। प्रतिवर्ष फिरौती वसूलने के लिए विदेशी कंपनियों, विशेषकर पेट्रोल उद्योग से जुड़े लोगों का अपहरण कर यह संगठन भारी धनराशि वसूलता है।

पैलेस्टाइन इस्लामिक जेहाद/पीपुल्स फ्रंट फॉर लिबरेशन ऑफ पैलेस्टाइन, पीपुल्स फ्रंट फॉर लिबरेशन ऑफ पैलेस्टाइन और जनरल कमांड

यह फिलिस्तीनी-इस्लामी उग्रवादियों का संगठन है। यह अरब-फिलिस्तीनी क्षेत्र और इस्राइल में बसे यहूदियों के विरुद्ध संघर्षरत है। इनका उद्‌देश्य इस्लामी फिलिस्तीनी राज्यँ स्थापित करना और इस्राइल का जड़-मूल से सफाया करना है। इसमें विभिन्न राजनीतिक सिद्धांतों—मार्क्स-लेनिनवादी विचारधारा के लोग भी शामिल हैं। यह संगठन वेस्ट बैंक, गाजा पट्‌टी, इस्राइल, लेबनान, सीरिया आदि में सक्रिय है और अनेक बार यूरोप, मध्यपूर्व और अन्य क्षेत्रों में इस्राइली और अमेरिकी ठिकानों पर आत्मघाती हमले, बम विस्फोट, अपहरण, अपचालन के कांड इसने रचे और राजनीतिक उद्‌देश्य से अनेक हत्याएं भी कीं।

रियल आईआरए

1998 में गठित यह भूमिगत संगठन ब्रिटेन के विरुद्ध पॉलिटिकल प्रेशर ग्रुप के रूप में उभरा है, जो आयरलैंड के एकीकरण की मांग कर रहा है। इसके कार्यकर्त्ताओं की संख्या मुश्किल से दो सौ है। यह संगठन बम विस्फोट, हत्याओं तथा डकैतियों के जरिये अपना दबाव बनाए रखना चाहता है। 1998 में 15 अगस्त के हमले में इसने 29 लोगों को मौत के घाट उतार दिया और 220 को घायल किया। यह संगठन इंग्लैंड की मुख्य भूमि पर गुप्तचर मुख्यालयों और बीबीसी पर हमले करता रहा है।

रिवोलूशनरी आर्म्ड फोर्सेज ऑफ कोलंबिया (एफएआरसी)

1964 में कोलंबिया की कम्युनिस्ट पार्टी ने अपना यह मिलिट्री विंग गठित किया जो सबसे पुराना, सक्षम और अनुभवी मार्क्सवादी इनसर्जेंट संगठन है। यह संगठन बम विस्फोटों, हत्याओं, अपहरण, हाईजैकिंग, छापामार युद्ध और कोलंबिया सरकार के विरुद्ध मिलिट्री एक्शन में जुटा है। मादक द्रव्यों के तस्करों से इसकी अच्छी सांठ-गांठ है। लगभग दस-बारह हजार सशस्त्र योद्धाओं वाला यह संगठन कोलंबिया, वेनिजुएला, पनामा और इक्वेडर में सक्रिय है।

रिवोलूशनरी न्यक्ली (आरएन)

अमेरिका, नाटो और यूरोपियन यूनियन-विरोधी यह वामपंथी संगठन ग्रीस (यूनान) में 1995 और 98 के बीच में गठित हुआ। इसे ग्रीस के रिवोलूशनरी पीपुल्स स्ट्रगल–जो जनवरी 1995 से निष्क्रिय है–का वंशज मानते हैं। अराजकतावादी यह संगठन मूल रूप से एथेंस के नगरीय इलाके में सक्रिय है। जनवरी 1995 में इस संगठन ने ग्रीस में अमेरिकी, यूरोपीय और यूनानी ठिकानों पर विस्फोटों से तथा आग लगाकर दो दर्जन हमले किए। 1999 में इसने एक अंतर्राष्ट्रीय होटल में बम विस्फोट किया। अनेक स्थानों पर बम विस्फोट, सरकारी इमारतों, प्राइवेट गाड़ियों और ऐसे दफ्तरों पर हमले करना जो नाटो के लिए काम करते हैं, इसके लिए आम बात है।

रिवोलूशनरी ऑर्गनाईजेशन (17 नवंबर)

इस वामपंथी संगठन का जन्म 1973 में सैनिक शासन के विरोध में एक आन्दोलन के फलस्वरूप हुआ था। यह यूनानी प्रतिष्ठान, अमेरिका, तुर्की और नाटो-विरोधी है। यह साइप्रस से तुर्की और अमेरिकी प्रतिष्ठानों तथा यूनान के नाटो और यूरोपीय संघ से संबंध-विच्छेद की मांग कर रहा है।

रिवोलूशनरी पीपुल्स लिबरेशन पार्टी/फ्रंट

इस संगठन का गठन 1978 में तुर्की पीपुल्स लिबरेशन पार्टी में आपसी मतभेद के कारण हुआ था। मार्क्सवादी विचारधारा से प्रेरित यह संगठन अमेरिका-नाटो विरोधी है। बम विस्फोट, आत्मघाती हमले, हत्याएं इसके प्रमुख हिंसात्मक साधन है।

सेलफिस्ट ग्रुप फॉर काल एंड कंबेट (जीएसपीसी)

इस आंतकवादी संगठन का जन्म अल्जीरिया में 1996 में जीआईए के विरोध के फलस्वरूप हुआ था। यूरोप, अफ्रीका और मध्यपूर्व में सक्रिय यह आतंकवादी संगठन प्रमुख रूप से सरकारी और सैनिक ठिकानों को निशाना बनाता है। यह संगठन अलकायदा से जुड़े उत्तरी अफ्रीकी चरमपंथी संगठनों से संबद्ध है।

सैंडेरो लमिनोसो/शाइनिंग पाथ/(एसएल)

यह संगठन माओवादी उग्रवादियों के सिद्धांतों पर आधारित है, जिसका जन्म 1960 में हुआ था। 1980 के दशक में यह संगठन पश्चिमी गोलार्द्ध का अत्यधिक क्रूर आतंकवादी दल रहा, जिसका 30 हजार लोगों की हत्याओं में हाथ रहा है। इसका घोषित उद्‌देश्य पेरू में कम्युनिस्ट कृषक शासन स्थापित करना है। यह संगठन अमेरिकी दूतावास को निशाना बनाकर हत्याओं की साजिश रचता रहा है।

यूनाइटेड सेल्फ डिफेंस फोर्सेज/ग्रुप आफ कोलंबिया

1997 में गठित यह उग्रवादी संगठन क्षेत्रीय अर्द्धसैनिक बल है, जिसका उद्‌देश्य इनसर्जेंटों के विरुद्ध आर्थिक हितों की रक्षा करना है। सरकार की असफलता के कारण अनेक धनी, मादक द्रव्यों के तस्करों और स्थानीय लोगों ने अपनी सुरक्षा के लिए यह संगठन बनाया। इसके प्रत्येक सदस्य को मासिक वेतन मिलता है। यह संगठन इनसर्जेंटों और उनके समर्थकों और सहायकों के विरुद्ध अभियान में सहायता करता है और उनके ठिकानों पर हमले भी। इसकी कुल संख्या लगभग 8 हजार है।

3

अरब देशों में आतंकवाद और भारत

अरब में आतंकवाद के जन्म लेने का प्रमुख कारण अरब-इस्राइल युद्धों का प्रारम्भ था। 1996 तक शीतयुद्ध का दौर अमेरिकी शांति-प्रयासों से समाप्त हो गया। अरब-इस्राइल शांति-प्रयासों की सफलता के परिणामस्वरूप पुराने शत्रु मित्र बन गए। फिलिस्तीनियों की मुख्य धारा के नेता, इस्राइली, जोर्डनी और मिस्री नेताओं के साथ मिलकर मध्यपूर्व क्षेत्र में अमेरिका की छत्रछाया में एक नए मध्यपूर्व के निर्माण में जुट गए। प्रारम्भ में उग्रवाद का स्वरूप राष्ट्रवादी और धर्मनिरपेक्षवादी था लेकिन बाद में चलकर इसका स्वरूप धार्मिक कट्टरपंथी हो गया। शांति-प्रयासों का विरोध यहूदी और मुस्लिम कट्टरपंथी कर रहे थे।

फिलिस्तीनी फिदायीनों–जो पहले (1990 के आरंभ में) सिर पर कैफिया (सिर पर पट्टा) बांधते थे और केलाशिनिकोव असाल्ट राइफलें लेकर घूमते थे–का स्थान शहीद होने के लिए तैयार आत्मघाती इस्लामी मिलिटेंट ले चुके थे, जो अपने शरीर पर बम बांधकर ऑपरेशन करते थे।

अरब राज्यों में आतंकवाद को प्रश्रय फिलिस्तीनियों द्वारा तो मिल ही रहा है, साथ में इराक, सीरिया और लीबिया भी साथ दे रहे थे। ईरान ने हिज्ब-अल्लाह आतंकवादी संगठन को प्रोत्साहित किया। 1960 के दशक का वामपंथी और साम्राज्यवाद-प्रेरित उग्रवाद अब नौजवानों को आकर्षित नहीं कर पा रहा था। मध्यपूर्व

की सरकारें 1990 के दशक में अधिकांशतः दमनकारी, गैर-प्रजातांत्रिक, निकम्मी और भ्रष्ट थीं और 'इस्लाम' के नाम पर सांस ले रही थीं। ये सरकारें अपनी असफलताओं का दोष अमेरिकी इस्राइली-गठबंधन और धर्मनिरपेक्ष अरब सरकारों के सिर मंढ़ रही थीं।

रूसी सेनाओं के अफगानिस्तान से हटते ही वहाँ हजारों कट्टरपंथियों का जन्म होना प्रारम्भ हो गया। इनमें से अनेक अपने देश वापस लौटे तो उन्होंने इस्लामी कट्टरपंथी उग्रवाद को उकसाया तथा प्रशिक्षित और प्रेरित किया। गिने-चुने फिदायीनों (आत्मघाती बंबरों) ने 1996 में इस्राइल पर हमले करके शांति प्रक्रिया को बाधित कर दिया।

1987 में वेस्ट बैंक और गाजा पट्टी क्षेत्र में भारी जन-विद्रोह हुआ, जिसे 'इंतिफदा' कहा जाता है। यह फिलिस्तीनियों का इस्राइलियों से प्रबल टकराव था। 1991 के खाड़ी युद्ध में बने फिलिस्तीनी छापामार दस्ते इराक की ओर से लड़े थे। उनका इस्राइल के प्रति भी आक्रामक रुख था।

1991 में जब फिलिस्तीनियों और इस्राइल के बीच मैड्रिड में शांति वार्ता शुरू हुई तो आतंकवाद का स्वरूप बहुत तेजी से बदला। 1993 में ओस्लो-समझौते के बाद इस्राइल और पीएलओ ने शांति-प्रक्रिया में बाधा डालने वाले उग्रवादियों के विरुद्ध कड़े कदम उठाए। अधिकांश फिलिस्तीनी छापामार शांति-प्रक्रिया का हिस्सा बनना चाह रहे थे। ऐसे अवसर पर इस्लामी मिलिटेंट बनी चुनौती के रूप में उभरे।

13 मार्च 1996 को मिस्र से पीएलओ अध्यक्ष यासर अराफात और इस्राइली नेताओं ने साथ मिलकर इस्राइल में बमों से हमले करने वाले हमास और फिलिस्तीनी इस्लामिक जेहादी उग्रवादियों से निबटने की घोषणा की। इस्लामी मिलिटेंटों ने समानांतर चुनौती दी। यहूदी उग्रवादी गुटों ने भी अभूतपूर्व चुनौती दी। यहूदी कट्टरपंथियों ने अपने राष्ट्र के प्रधानमंत्री रॉबिन की हत्या कर दी। ये उग्रवाद शांति-प्रक्रिया का विरोध कर रहे थे।

दिसंबर 1987 में वेस्ट बैंक और गाजा पट्टी में बसे फिलिस्तीनियों ने इस्राइलियों के विरुद्ध जनक्रांति शुरू कर दी, सिज 'इंतिफदा' का नाम दिया गया। अरबी भाषा में इसका अर्थ है—'मुक्त होना'। जनक्रांति की शुरुआत गाजा पट्टी में एक इस्राइली ट्रक ड्राइवर द्वारा फिलिस्तीनियों को ले जाती एक कार में टक्कर मारने से शुरू हुई। फलस्वरूप झगड़ा शुरू हुआ, जिसे इस्राइलियों ने निर्ममतापूर्वक कुचल दिया। इस कारण जन-असंतोष बढ़ा और विरोध-प्रदर्शन शुरू हुआ, जो वेस्ट बैंक तक जा पहुंचा। स्थिति को इस्राइली काबू में नहीं कर पा रहे थे। प्रदर्शनकारियों ने

असहयोग किया, हड़तालें कीं, टैक्स अदा नहीं किए, दंगे हुए और इस्राइली सैनिकों और वहां आरंभ में बसे यहूदियों पर हमले हुए। आरंभ में आक्रमणकारियों के पास ईंट-पत्थर ही थे, लेकिन ज्यों-ज्यों प्रदर्शन उग्र हुए, वे शस्त्रास्त्रों, विस्फोटकों और मोलोतोव काकटेल का प्रयोग भी करने लगे। इस संघर्ष में भाग लेने वाले फिलिस्तीनी युवक प्रायः वे थे, जो 1967 के युद्ध के बाद बड़े हुए थे और ऐसे फिलिस्तीनी संगठनों से नाराज थे, जो फिलिस्तीन को मुक्त कराने में असफल रहे थे। यह विरोध और संघर्ष इस्राइलियों और फिलिस्तीन की मुक्ति का दम भरने वाले नेताओं के विरुद्ध था।

क्रांति में पहले कोई केंद्रीय नेता नहीं था, लेकिन बाद में एक संस्था 'यूनिफाइड नेशनल लीडरशिप ऑफ द अपराइजिंग' औपचारिक रूप से गठित कर ली गई, जो हड़तालों को आयोजित करने और विभिन्न राष्ट्रीय स्तर के फिलिस्तीनी संगठनों से चर्चा करने के बाद वक्तव्य जारी करती थी।

इंतिफदा जो कि नागरिक हिंसा में लिप्त थी, इस्राइल और फिलिस्तीनी संघर्ष में भाग लेना प्रारम्भ कर दिया था। परिणामस्वरूप 1990-91 में आतंकवादी घटनाएं और बढ़ीं। महत्त्वपूर्ण बात यह है कि 1991 में खुद फिलिस्तीनियों ने इस्राइली सेना की तुलना में कहीं अधिक फिलिस्तीनियों को मौत के घाट उतारा था। इन संघर्षों में 1988 और 1990 के बीच 34 इस्राइली और 932 फिलिस्तीनी मारे गए, जिनमें से 28 की हत्याएं फिलिस्तीनियों ने ही की थीं। इस्राइली डिफेंस फोर्सेज ने धीरे-धीरे मार-काट में भाग लेना कम कर दिया, लेकिन 1991 में कुवैत पर इराकी हमले के कारण तनाव पुनः बढ़ा। 1991 में 10 फिलिस्तीनी और 12 इस्राइली मारे गए।

इंतिफदा सुनियोजित तरीके से हमला नहीं करता था, उसके ज्यादातर हमले सम्पत्ति को लूटने के लिए किये जाते थे। अधिकांश वारदातें छुरे घोंपने की ही होती थीं। हिंसा की घटनाओं की जिम्मेवारी फिलिस्तीनी इस्लामिक जेहाद ने भी लेनी शुरू कर दी।

इस्लामिक संगठनों ने सन् 1990-91 में हमले को सुनियोजित करने प्रारम्भ कर दिये और नियमित अंतराल पर कुछ हत्याएं एवं बम विस्फोट होने लगे। 1991 में बम विस्फोट और आगजनी की अनेक विस्फोट नियमित अंतराल पर होते रहे। 1991 में बम विस्फोट और आगजनी की अनेक छोटी घटनाएं हुईं, जो इस बात का संकेत थीं कि फिलिस्तीनी आतंकवादी इराक के सद्दाम हुसैन के साथक हैं, जो अमेरिका और उसके सहयोगियों के विरुद्ध युद्ध लड़ रहा था। 1992 में आतंकवादी आक्रमण और बढ़े। इन आक्रमणों में 24 इस्राइली मारे गए। दूसरी ओर, यहूदी

सेनाओं ने 158 फिलिस्तीनियों को कुचल दिया।

इंतिफदा के समाप्त होने के पश्चात् फिलिस्तीनी संघर्ष का नेतृत्व पीएलओ ने सम्भाली। फिलिस्तीनी इलाकों में बसे लोग संघर्ष के लिए आगे आए। कुछ फिलिस्तीनी सह-अस्तित्व वाले दो ऐसे राष्ट्रों की बात सोच रहे थे जिसमें फिलिस्तीनी इस्राइल के साथ-साथ अपना राज्य शांतिपूर्वक बनाना चाहते थे। वे अरब राज्य के सपने को संजोना नहीं चाहते थे, लेकिन पीएलओ नेता इस्राइल से किसी समझौते के पक्ष में नहीं थे। इस्राइल की पुलिस, सेना और जनता वर्षों से इंतिफदा से तंग आ चुकी थी। वैसे भी मानवाधिकारों के हनन और जनमानस के विरुद्ध शक्ति-प्रयोग के कारण इस्राइल के प्रति विश्व के राष्ट्रों का समर्थन कम हो रहा था। फिलिस्तीनी क्षेत्र में शांति-व्यवस्था पर होने वाला व्यय भी बढ़ रहा था। आर्थिक, सैनिक, सामाजिक और नैतिक क्षति तो इस्राइल को भुगतनी ही पड़ी। इस्राइली लोग अब गाजा पट्टी और वेस्ट बैंक क्षेत्रों को फिलिस्तीनियों को सौंपने का मन बनाने लगे थे। इस्राइली डिफेंस फोर्सेज द्वारा की जाने वाली दमनकारी कार्यवाहियों और फिलिस्तीनियों की निर्मम पिटाई के दृश्य टेलीविजन पर अनेक बार पूरे विश्व नें देखे थे, जिनकी भर्त्सना हुई थी। अमेरिका प्रशासन पर भी दबाव था कि इस्राइलियों के प्रति नीति में परिवर्तन लाया जाए। उधर 1991 के अंत तक इंतिफदा भी कमजोर पड़ने लगा था। तीन वर्षों में उन्हें लगातार काफी क्षति उठानी पड़ी थी। इस्राइली सेनाएं भी अब निर्ममता और क्रूरता से पीछे हटने लगी थीं।

कट्टरपंथी फिलिस्तीनी युवक भी स्वयं को अर्द्धसैनिक संगठन के रूप आयोजित करने लगा था, किन्तु समय रहते इस्राइली गुप्तचर संस्था ने फिलिस्तीनियों के बीच दरार डाल दी। नया दल अब फिलिस्तीनी नेताओं पर ही हिंसक हमले कर रहा था। अकेले 1992 में विरोधी फिलिस्तीनी गुट ने 200 फिलिस्तीनियों को ही मौत के घाट उतार दिया। इंतिफदा ने इस प्रकार फिलिस्तीनी संघर्ष की दिशा ही बदल दी थी।

इंतिफदा के समानांतर ही फिलिस्तीनी राष्ट्रीय उग्रवाद—जो 1987 में शुरू हुआ था—वेस्ट बैंक और गाजा पट्टी में सक्रिय रहा। इसमें वे सभी उग्रवादी दल शामिल थे, जो 1960 के दशक में सक्रिय थे। 1982 में इस्राइली आक्रमण के बाद फिलिस्तीनियों के दक्षिण लेबनान के बेस भले ही नष्ट हो गए, लेकिन फिलिस्तीनियों ने हमले जारी रखे।

नवंबर 1988 में अमेरिकी अनुरोध पर पीएलओ ने आतंक का परित्याग कर इस्राइल के अस्तित्व के अधिकार को स्वीकार कर लिया। लेकिन पीएलओ अध्यक्ष

अराफात का नियंत्रण अपने ही गुट पर था, अन्य आतंकवादी संगठनों पर नहीं। यही कारण है कि इसके बाद भी पापुलर फ्रंट फॉर लिबरेशन ऑफ पैलेस्टाइन (पीएफएलपी) डेमोक्रेटिक फ्रंट फॉर लिबरेशन ऑफ पैलेस्टाइन (डीएमएलपी), पैलेस्टाइन लिबरेशन फ्रंट (पीएलएफ), पापुलर फ्रंट फॉर लिबरेशन ऑफ पेलेस्टाइन जनरल कमांड (पीएफएलपी-जीस), अबू निडाल आर्गनाइजेशन (एएम) और अबू मूसा ग्रुप ने इस्राइल के विरुद्ध लेबनान, सीरिया और जोर्डन के ठिकानों से हमले जारी रखे। फिलिस्तीनियों को इराकी तानाशाह सद्दाम हुसैन का भी समर्थन प्राप्त था सन् 1993 में नार्वे में अराफात और पीएलओ और इस्राइल की बीच एक शांति समझौते पर हस्ताक्षर किय गया।

ब्लैक सितंबर संगठन

पीएलओ को सितंबर 1970 में शाह हुसैन की सरकार द्वारा जोर्डन से निष्कासित कर दिया गया, जिसके परिणामस्वरूप मध्यपूर्व में एक बहुत शक्तिशाली आतंकवादी संगठन ब्लैक सितंबर ऑर्गेनाइजेशन का गठन हुआ। पीएलओ के निष्कासन के दो कारण थे–एक तो सन् 1967 के युद्ध के बाद इस्राइल ने उन फिलिस्तीनी छापामारों पर शिकंजा कसा जो वेस्ट बैंक क्षेत्र में युद्ध के बाद सक्रिय थे। इस्राइली प्रत्याक्रमण के बाद वे भागकर जोर्डन चले गए थे और वहां से छापामार गतिविधियां करते रहे। दूसरा कारण यह था कि पीएलओ के कुछ नेता अपनी सफलता के लिए शाह हुसैन को हटाया जाना आवश्यक समझते थे। 'पापुलर फ्रंट आफ लिबरेशन फॉर पैलेस्टाइन' यह घोषणा कर चुका था कि येरूशलम जाने वाली सड़क ओमान (जोर्डन की राजधानी) होकर जाती है।

इस्राइल ने फिलिस्तीनी छापामारों को खत्म करने के लिए जोर्डन के सीमावर्ती क्षेत्रों पर भी आक्रमण किया। मार्च 1968 में फिलिस्तीनियों ने एक बारूदी सुरंग इस्राइल में लगाई थी जिसमें विस्फोट से दो स्कूली बच्चे मारे गए और 27 घायल हो गए। इस्राइली जनता बदले की मांग करने लगी तो इस्राइली सेना ने जोर्डन के गांव करामेह स्थित फतेह संगठन के कार्यालय पर हमला किया। फिलिस्तीनी और जोर्डन सेना ने मिलकर मोर्चा संभाला। इस्राइल ने काफी संख्या में फिलिस्तीनियों को मारा लेकिन वे आगे बढ़ने में सफल नहीं हो सके, फतेह इसको अपनी विजय मानने लगा। इस्राइल ने जोर्डन के कुछ अन्य स्थानों पर हमले किए जिनका उद्देश्य जोर्डन को कमजोर बनाना तो था, लेकिन इन हमलों से इस्राइल बार-बार जोर्डन को

फिलिस्तीनियों के विरुद्ध कार्यवाही करने का संदेश दे रहा था। शाह हुसैन की हालत अच्छी नहीं थी। जोर्डन के अनेक इलाकों पर फिलिस्तीनी उग्रवादियों का नियंत्रण था, जिसे शाह हुसैन निरस्त करना चाहते थे।

शाह हुसैन ने नवंबर 1968 में फिलिस्तीनी प्रदर्शनकारियों से संघर्ष के दौरान अपनी सेना को कठोरता से निपटने का आदेश दिया। जोर्डन की सेना ने राजधानी ओमान के निकट दो शरणार्थी शिविरों को घेरकर उन पर तीन दिन तक गोलाबारी की, फिर भी शाह हुसैन का अपने देश पर मजबूत नियंत्रण न हो सका।

फरवरी 1970 में फिलिस्तीनियों के प्रदर्शन करने और हथियार रखने आदि पर प्रतिबंध लगाया गया तो शाही सेना से उनका संघर्ष शुरू हुआ, जिसमें 300 लोग मारे गए। शाह हुसैन ने समझौते का रास्ता अपनाया और नियंत्रण हटा लिए। वाममार्गी फिलिस्तीनियों का लगाा कि शाह हुसैन कमजोर हो गया है, इसलिए इसी समय उसका तख्ता पलट देना ठीक होगा। अप्रैल 1970 में पीएफएलपी ने ओमान में दंगे भड़काए। उस समय अमेरिका के अंडर सेक्रेटरी स्टेट मध्यपूर्व के दौरे पर आने वाले थे। वामपंथी इसे रोकना चाहते थे। 10 हजार लोग गलियों में प्रदर्शन करने लगे। उन्होंने धरने के साथ-साथ घरों और बाजारों में लूट मचाई और विदेशियों को बंधक बना लिया। 9 जून को फिलिस्तीनियों और जोर्डन की सेना के बीच संघर्ष हुआ। शाह हुसैन भी बाल-बाल बचे, जब फिलिस्तीनियों ने उनके काफिले पर गोलीबारी की। शाह हुसैन ने यह कहकर एक बार फिर सुलह का प्रयास किया कि हम सब फिदायीन हैं। उन्होंने फिलिस्तीन-समर्थक सरकार भी गठित की और 10 जुलाई को फिलिस्तीनियों से शांति-समझौता भी किया। फिलिस्तीनी लगभग काबू में आ चुके थे। इस्राइल और अमेरिका जोर्डन के घटनाक्रम से चिंतित थे।

23 जुलाई 1970 को मिस्र के राष्ट्रपति नासिर ने अमेरिकी प्रस्ताव माना और इस्राइल से शांति समझौता कर लिया। फिर क्या था, फिलिस्तीनी बौखला उठे। उन्हें यह समझौता स्वीकार नहीं था। नासिर पर गद्दारी का आरोप लगा। शाह हुसैन के विरुद्ध भी प्रदर्शन हुए, क्योंकि फिलिस्तीनियों का अनुमान था कि वह भी इस्राइल के साथ शांति-समझौता करेगा। सेना फिलिस्तीनियों के विरुद्ध भी कार्रवाई के लिए दबाव डाल रही थी। हुसैन ने फिलिस्तीनियों को चेतावनी दी कि वे उसकी सत्ता से छेड़छाड़ न करें। संघर्ष शुरू हो गया।

1 सितंबर को हत्या का एक और प्रयास किया गया। पापुलर फ्रंट के जार्ज हबाश ने 6 सितंबर को तीन विमानों का अपहरण कर लिया। अपहर्ता एक विमान को काहिरा ले गए जहां उसे नष्ट कर दिया और दो को उड़ाकर ओमान के निकट

उतारा गया। उन्होंने तीन दिन बाद एक और विमान का अपहरण किया। उसे भी ओमान के निकट डाउसन फील्ड पर ही उतारा गया। अपहर्ताओं के पास तीन सौ से अधिक बंधक थे, जिनके बदले में वे यूरोप और स्थानीय जेलों में बंद फ़िदायीनों की रिहाई की मांग कर रहे थे। 12 सितंबर को उन्होंने तीनों जहाजों को नष्ट कर दिया और 54 इस्राइली और अमेरिकी यहूदियों को छोड़कर शेष बंधकों को रिहा कर दिया। ये बंधक बाद में फिलिस्तीनियों की रिहाई होने पर ही मुक्त किये गए।

विमानों के अपहरण और उन्हें नष्ट करने की घटना की चर्चा पूरे विश्व में हुई, लेकिन इस घटनाक्रम ने शाह हुसैन को भी कठोर कार्रवाई करने के लिए विवश कर दिया। शाह हुसैन ने 17 सितंबर को सेना और टैंक भेजकर फिलिस्तीनी रिफ्यूजी कैंपों में स्थित पीएलओ बेसों को नष्ट करने का आदेश दिया। इसके तुरंत बाद पीएलओ को जोर्डन से निष्कासित कर दिया गया। सेना ने हजारों फिलिस्तीनी योद्धाओं को मौत के घाट उतार दिया। पीएलओ का जोर्डन से निष्कासन जुलाई 1971 तक पूरा हो गया। इस घटना को 'ब्लैक सितंबर' के नाम से जाना जाता है।

अक्टूबर 1974 में अरब राष्ट्रों ने पीएलओ को फिलिस्तीनियों का एकमात्र प्रतिनिधि स्वीकार किया और वही नीति-निर्देश विभिन्न राष्ट्र स्वीकारते रहे। इस्राइल ने आरंभ से ही कठोर रुख अपनाए रखा और आतंक का जोरदार प्रत्युत्तर दिया। उसकी रणनीति आक्रामक थी, जिसके फलस्वरूप 1978-82 में लेबनान पर आक्रमण हुआ।

पीएलओ ने अपने संगठन का विस्तार लेबनान तक किया, लेकिन अराफात को यहाँ विशेष सफलता प्राप्त नहीं हुई, लेकिन उसकी पार्टी 'फतह' के अनेक लोग इस तरह के समझौते से सहमत न थे। अरब राष्ट्र इस्राइली हमलों से जूझना नहीं चाहते थे, इसलिए पीएलओ ने अपना कार्य-क्षेत्र फैलाकर अंतर्राष्ट्रीय मंच पर स्थापित कर दिया। उन्होंने फतह की शाखा के रूप में 'ब्लैक सितंबर' संगठन बनाया। उस संगठन को फतह का आतंकवादी सेल भी माना जाता है। यह चरमपंथी ऐसा संगठन था जिसने पहली बार जोर्डन के प्रधानमंत्री बासफी अल-ताल पर काहिरा में नवंबर 1971 में हमला किया और उसकी हत्या कर दी। इस हत्या के बाद अरब देशों के अनेक युवक आतंकवादी संगठनों में शामिल होने लगे।

इस संगठन ने दिसंबर 1971 में जोर्डन के एक राजदूत की हत्या करने का प्रयास किया लेकिन उसे सफलता प्राप्त नहीं हुई। यह संगठन अपनी आतंकवादी गतिविधियों को यूरोप में ले जा रहा था। संगठन ढीला, लचीला और कमजोर नियंत्रण वाला ऐसा आतंकवादी दल था, जिसमें फतह के लोग अपनी कुंठा को आतंकवादी

गतिविधियों के माध्यम से प्रदर्शित करना चाहते थे। मई 1972 में संगठन के यूरोपीय ऑपरेशन प्रमुख अली हसन ने बेल्जियम के एक हवाई जहाज का अपहरण कर उसे तेल अबीब में उतरने के लिए विवश किया। लेकिन छद्मवेशी इस्राइली कमांडो सैनिकों ने दो उग्रवादियों को मार डाला और दो अन्य को पकड़ लिया। किसी अपहृत विमान के विरुद्ध यह पहली सैनिक कार्यवाही थी जिसमें एक यात्री की मृत्यु हो गयी थी और 5 जख्मी हुए थे।

1972 में म्यूनिख ओलंपिक में ब्लैक सितंबर ने यहूदी खिलाड़ियों का कत्लेआम किया था। इस कारण यह संगठन बहुत कुख्यात हो गया।

इसके बाद ब्लैक सितंबर ने किताबों में रखकर बम भेजने शुरू किए। एक घटना में एक इस्राइली काउंसिल मारा गया। अक्टूबर 1972 में ही उन्होंने जर्मनी के लुफ्थांसा विमान का अपचालन किया।

फरवरी 1973 में इस्राइलियों ने लीबिया के एक जहाज को मार गिराया जिसमें 106 लोग थे। लीबिया के राष्ट्रपति कर्नल गद्दाफी ने ब्लैक सितंबर की सहायता करनी शुरू की। एक मार्च 1973 को ब्लैक सितंबर के 8 उग्रवादियों ने खारतूम (सूडान) स्थित सऊदी अरब के दूतावास पर कब्जा कर लिया। उन्होंने सभी फिलिस्तीनी कैदियों की रिहाई की मांग की, अमेरिका के रॉबर्ट कैनेडी की हत्या करने वाला फिलिस्तीनी सिरहन भी शामिल था। उन्होंने पश्चिमी जर्मनी के बादर माइन के उग्रवादियों की रिहाई की मांग भी की। अमेरिकी राष्ट्रपति रिचर्ड निक्सन ने उग्रवादियों की मांग ठुकरा दी तो आतंकवादियों ने कार्यवाहक अमेरिकी राजदूत और बेल्जियम के एक राजनयिक की मशीनगनों से निर्मम हत्या कर दी।

फतह के नेताओं को महसूस हो रहा था कि ब्लैक सितंबर उनके नियंत्रण से बाहर है। इस्राइली भरपूर बदला ले रहे थे। अप्रैल में इस्राइली सैनिकों ने 17 फिलिस्तीनियों को मार डाला जिनमें ब्लैक सितंबर के तीन उग्रवादी भी थे। सितंबर 1973 में इस संगठन ने पेरिस स्थित सऊदी अरब के दूतावास पर कब्जा करके जोर्डन की जेल में बंद एक फिलिस्तीनी मिलिशिया कमांडर अबू दाउद को छुड़ाने का असफल प्रयास किया। तब स्वयं अराफात ने भी इस कार्यवाही की भर्त्सना की। ब्लैक सितंबर अलग-थलग पड़ता गया।

फिलिस्तीनियों का पापुलर फ्रंट फॉर द लिबरेशन ऑफ पैलेस्टाइन—जिसका गठन 1967 में हुआ था—एक स्वघोषित मार्क्सवादी संगठन है। इसके एक हजार सदस्य हैं, जो लेबनान, इस्राइल, वेस्ट बैंक, गाजा पट्टी, शेष मध्यपूर्व और यूरोप

में सक्रिय रहे हैं। आरंभ के 20 वर्षों में इस संगठन ने लगभग 40 बम विस्फोट किए, कई विमानों का अपचालन किया, अनेक सशस्त्र हमले किए, 9 बार बंधक बनाए और तीन हत्याएं भी कीं।

अक्टूबर 1973 में अरब-इस्राइल युद्ध के बाद अमरीका के मंत्री हेनरी किसिंगर ने मध्यपूर्व में स्थायी शांति स्थापित करने में राजनीतिक प्रयास किए। पीएफएलपी-जीसी ने 1974 में शांति-प्रयासों में पलीसा लगाने के लिए इस्राइल में दो विनाशकारी ऑपरेशन किए। अप्रैल 1974 में उन्होंने उत्तरी इस्राइली सीमा-क्षेत्र में एक चार मंजिला इमारत पर हमला किया और इमारत में रहने वालों पर गोलीबारी की। इस्राइलियों द्वारा उग्रवादियों को घेरे जाने से पूर्व, उन्होंने बारूद से जो हमले प्रारम्भ किये थे, उनके चपेट में वे खुद आ गये थे। इससे इजराइल को कम और पीएलओ को ज्यादा नुकसान उठाना पड़ा। उसी वर्ष मई में पापुलर डेमोक्रेटिक फ्रंट फॉर लिबरेशन ऑफ पैलेस्टाइन (पीडीएफएलपी) ने 90 इस्राइली स्कूली बच्चों को बंधक बना लिया। यह वामपंथी संगठन था। दोनों घटनाओं के बाद फिलिस्तीनियों का प्रतिनिधि सिद्ध होने के लिए दोनों ऑपरेशनों का औचित्य पीएलओ को भी स्वीकार करना पड़ा। स्कूली बच्चों की रिहाई के बदले में फिलिस्तीनी उग्रवादियों ने 26 उग्रवादियों की रिहाई की मांग की। इस्राइल ने उनकी मांग ठुकरा दी। फिलिस्तीनी उग्रवादियों ने इस्राइल के स्कूल पर हमला बोल दिया। मुठभेड़ में 16 बच्चे मारे गए और 70 घायल हो गए। इन ऑपरेशनों का मूल उद्देश्य किसिंगर के शांति-प्रयासों को असफल बनाना था।

पीएलओ तथा अरब देशों के संबंधों पर 1970-80 के दशक में आतंकवादी गतिविधियों का प्रत्यक्ष प्रभाव पड़ा। 1964 में अरब लीग ने फिलिस्तीन को जियोनिस्ट साम्राज्यवाद से मुक्त कराने की घोषणा की थी, लेकिन अरब राष्ट्र ऐसा कोई काम नहीं कर पाए कि फिलिस्तीन मुक्त हो जाता। 1970-80 के दशक में पीएलओ और फतह का काफी विकास हुआ। यासिर अराफात निर्णय लेने वाले शक्तिशाली नेता के रूप में सामने आए। अनेक आतंकवादी संगठनों से जुड़ाव हुआ। यहाँ कुछ प्रमुख संगठन इस प्रकार हैं–

1. अरब लिबरेशन फ्रंट–यह संगठन इराकी पक्ष को पीएलओ के सामने प्रस्त करने के लिए इराक सरकार द्वारा 1969 में गठित किया गया था।
2. पॉपुलर फ्रंट फॉर लिबरेशन ऑफ पैलेस्टाइन : जनरल कमांड (पीएएफएलपी-जीसी)

3. पैलेस्टाइन लिबरेशन फ्रंट (पीएलएफ)।
4. द पॉपुलर स्ट्रगल फ्रंट।
5. फतह—शांति समझौते का पक्षधर।
6. पापुलर फ्रंट फॉर लिबरेशन ऑफ पैलेस्टाइन (पीएफएलपी)—यह संगठन अरब राष्ट्रों को एकजुट करना चाहता था। संगठन पर मार्क्सवादी नेताओं का जोर था।
7. द डेमोक्रेटिक फ्रंट फॉर लिबरेशन ऑफ पैलेस्टाइन (पीएफएलपी) से 1969 में अलग हुआ मार्क्सवादी गुट।
8. साईका (कड़कती बिजली)—सीरिया समर्थित छापामार दल।

अंतिम तीनों संगठन पीएलओ के अंतर्गत ही सक्रिय छोटे-छोटे संगठन हैं।

उपरोक्त दल धर्मनिरपेक्ष अरब राष्ट्रवाद की परंपरा मानते हैं। इन पर इस्लाम और मुस्लिम धार्मिक नेताओं का 1950-60 के दशक में अधिक प्रभाव न था।

1970-80 के दशक में पीएलओ की सबसे महत्त्वपूर्ण निर्णय लेने वाली संस्था पैलेस्टाइन नेशनल काउंसिल थी, जो 15 सदस्यों को चुनकर पीएलओ की कार्य-समिति में भेजती थी। 1973 में पीएलओ ने 40 सदस्यीय सेंट्रल काउंसिल बनाई, जो तीन माह में एक बार मिलती रही, ताकि अल्पसंख्यकों की बात भी सुनी जा सके।

1970 में पीएलओ का बेस जोर्डन में था। पीएफएलपी यहीं से विमान अपचालन के ऑपरेशन करता था। डाउसन फील्ड में अपहृत विमानों को नष्ट करते समय भी फिलिस्तीनी छापामारों का बेस यहीं था, परिणामस्वरूप सितंबर 1970 की घटना घटित हुई। फिलिस्तीनी आतंकवादी शाह हुसैन को उखाड़ फेंकना चाहते थे, लेकिन हुआ कुछ उल्टा ही। जोर्डन से निकाले जाने के बाद उन्हें किसी भी अरब देश से सहायता नहीं मिली, क्योंकि फिलिस्तीनी छापामारों को ठिकाने देने का अर्थ था इस्राइली कहर को न्यौता देना।

तब पीएलओ ने अपना मुख्यालय लेबनान में बनाया। वहां एक बहुत कमजोर सरकार सत्ता में थी, जिसके लिए फिलिस्तीन योद्धाओं को बाहर खदेड़ना संभव नहीं था। वहां 1948-49 में अनेक फिलिस्तीनी शरणार्थी शिविर स्थापित हुए थे। 1967 के युद्ध के बाद वे और बड़ा आकार ले बैठे। फिलिस्तीनियों ने लेबनान से अपनी आतंकवादी गतिविधियां शुरू कीं, तो इस्राइल ने करारा जवाब दिया। फिलिस्तीनी छापामार कार-बम विस्फोट, हत्या और बंधक बनाने की कार्यवाहियां करते थे। ये कार्यवाहियां उन्होंने लेबनान में भी कीं।

लेबनान में अनेक धार्मिक संप्रदायों के लोग बसे हैं। 25 प्रतिशत मेरोनी ईसाई हैं, जो दक्षिणपंथी पार्टी फैलेंगिस्टा के समर्थक थे। 20 प्रतिशत सुन्नी मुसलमान और 30 प्रतिशत शिया मुसलमान थे। पहाड़ी क्षेत्रों में बसे दरूज मुसलमान भले ही 7 प्रतिशत थे लेकिन उनकी राजनीतिक शक्ति असाधारण थी। छोटे-छोटे यूनानी ऑर्थोडाक्स और आरमेनियन ईसाई भी लेबनान में बसे थे। मिली-जुली सरकार थी।

लेबनान में मुख्यालय बनाने के बाद पीएलओ ने इस्राइल के विरुद्ध अपने ऑपरेशन तेज कर दिए। इस्राइल ने भी बिना झिझक, कभी प्रतिक्रियास्वरूप तो कभी पहले वार करते हुए इन पर अनेक आक्रमण किए। वहां बसे शिया मुसलमानों में फिलिस्तीनियों की उपस्थिति के कारण राजनीतिक जागरूकता आई और वे मेरोनी ईसाइयों द्वारा किए जाने वाले आर्थिक शोषण के विरुद्ध भी आवाज उठाने लगे। लेबनान में घरेलू तनाव बढ़ने लगा। मेरोनी ईसाई अपने हितों की रक्षा के लिए तैयार थे।

1975 में यह स्थिति और भयावह हो गयी जब सिडोन समुद्रतट क्षेत्र में मछली पकड़ने को लेकर विवाद प्रारम्भ हुआ। फिलिस्तीनी छापामारों ने 29 जून 1975 को अमेरिकी सेना के एक कर्नल का बेरूत में अपहरण कर लिया। इसके पहले, अप्रैल में फिलिस्तीनी बंदूकधारी ने फैलेंगी लीडर के बॉडीगार्ड (अंगरक्षक) की हत्या कर दी थी। ईसाइयों ने 27 फिलिस्तीनियों को मौत के घाट उतार दिया और 19 को घायल कर दिया। वालिद जा कि दरूज मुसलमानों का नेता था, फैलेंगियों की कैबिनेट में मौजूदगी को स्वीकार नहीं किया, जिसके कारण सरकार ताश के पत्तों की तरह ढह गयी। लेबनानी सुन्नी मुसलमान मिलिशिया और फिलिस्तीनी एक हो गए और फैलेंगियों के विरुद्ध लड़ने लगे। जनवरी 1976 में मेरोनी ईसाइयों ने फिलिस्तीनियों के दो कैंप घेर लिए। मजबूर होकर पीएलओ नेता यासिर अराफात को गृहयुद्ध में लेबनान नेशनल मूवमेंट का साथ देने की घोषणा करनी पड़ी। भीषण आतंक और रक्तपात का दौर शुरू हुआ।

पीएलओ और लेबनान नेशनल मूवमेंट फौजों ने समुद्रतट पर बसे ईसाइयों का नरसंहार करना शुरू कर दिया। सीरिया को आशंका थी कि फिलिस्तीनी विजयी हुए तो इस्राइल भी इस संघर्ष में कूद पड़ेगा, इसलिए सीरियाई सेना मेरोनियों को नष्ट होने से बचाने के प्रयास करने लगी। फिलिस्तीनियों का सीरियाई सेना से युद्ध होने लगा। मेरोनियों ने ईसाई-बहुल क्षेत्र में स्थित दो फिलिस्तीनी कैंपों को नष्ट कर दिया।

अरब देशों ने सीरियाई सैनिकों को अधिकाधिकों संख्या में भर्ती करके लेबनान में शांति सेना तैयार की। जब तक यह शांतिसेना पहुंची, तब तक बेरूत को छोड़कर शेष लेबनान में नरसंहार होने लगा था। 11अक्टूबर 1978 को फतह के उग्रवादियों ने इस्राइलियों के विरुद्ध अपने अभियान में एक बस में सवार इस्राइलियों को बंधक बना लिया। उन्होंने 35 को मौत के घाट उतार दिया और 82 को घायल कर दिया। तेल अबीब में घटित इस घटना की इस्राइली प्रतिक्रियास्वरूप सभी उग्रवादी मारे गए। इस घटना के बाद इस्राइल को लेबनान स्थित पीएलओ ठिकानों पर भी हमला करने का बहाना मिल गया। 14-15 मार्च 1978 को 20 हजार इस्राइली सैनिकों ने लबनान में प्रवेश करके फिलिस्तीनी ठिकानों पर जबरदस्त गोलाबारी की। ऑपरेशन लिट्रानी नामक यह अभियान पूरे सात दिनों तक चला, जिसमें इस्राइलियों ने दक्षिण लेबनान में 'मुक्त लेबनान' नामक अपनी एक सुरक्षापट्टी स्थापित कर दी, जिसका नियंत्रण लेबनानी ईसाइयों के पास था। यह पट्टी सुरक्षा जोन बनी।

इस्राइली सरकार ने अपने गुप्तचर व्यवस्था विशेषज्ञ मेजर जनरल अहारोन यारिव को फिलिस्तीनी छापामारों को नष्ट करने के असीमित अधिकार दे रखे थे। उसके साथ गुप्तचर संस्था मोसाद, आतंक-विरोधी दस्ते तथा राजनयिक और नागरिक विशेषज्ञ भी थे। इस्राइलियों ने जब लेबनान पर हमला किया तो उनके ऑपरेशन बहुत कठोर थे। उग्रवादियों को नष्ट करने के दौरान 1978 से 1982 के बीच लेबनान में 2000 नागरिक इस्राइली भी सेना के हाथों मारे गए।

1982 में इस्राइली सेना लेबनान का पूरा इलाका पार करती हुई राजधानी बेरूत में जा पहुंची, जहां उसने घेराबंदी के बाद भयंकर बमबारी की। पीएलओ के छापामार फंस गए। तोपखाने, नौसेना और वायुसेना की बमबारी 13 जून से 12 अगस्त तक चली। परिणामस्वरूप भोजन और पानी की सप्लाई ठप्प हो गई और वहां टाईफाइड तथा हैजा फैल गया। 15 सितंबर को पीएलओ के निकलने के बाद इस्राइली सेनाएं पश्चिमी बेरूत में प्रविष्ट हुईं। ठीक उसी समय लेबनानी ईसाई मिलेशिया ने सबरा और चटीला शरणार्थी-शिविरों में महिलाओं और बच्चों सहित सैकड़ों लोगों को मौत के घाट उतार दिया। इस्राइली सेना ने खुद तो इस नरसंहार में भाग नहीं लिया, लेकिन उसने हत्यारों को रोका भी नहीं।

इस्राइल ने 'रैथ ऑफ गाड' (ईश्वर का प्रकोप) टीमें भेजकर आतंकवादियों और फिलिस्तीनी नेताओं की देश-विदेश में—विशेषकर यूरोप में—हत्याएं कराईं। इस्राइली प्रतिक्रिया 1980 के पूरे दशक तक चलती रही। 1981 में फिलिस्तीनियों पर इस्राइलियों की जबरदस्त गोलाबारी हुई। 6 जून 1982 को इस्राइली सेनाएं लेबनान

में 'ऑपरेशन पीस फार गैलीली' के दौरान प्रविष्ट हुई। इस्राइल सरकार ने घोषणा की थी कि वह एक ऐसा असैनिक जोन बनाना चाहती है कि फिलिस्तीनी उग्रवादी उत्तरी इस्राइल पर हमला न कर सकें। इस अभियान का उद्देश्य पीएलओ का विनाश और सीरिया से बाहर निकाल फेंकना था, ताकि बेरूत में इस्राइल के इशारे पर चलने वाली ईसाई सरकारें स्थापित हो सकें। 6 जून को अभियान शुरू करने का अवसर 3 जून की उस घटना के बाद इस्राइल को मिला, जिसमें लंदन में इस्राइली राजदूत की हत्या का प्रयास किया गया था। यह षड्यंत्र निडाल ने रचा था। इस्राइली सेनाओं ने फैलेंगी मिलेशिया के साथ मिलकर लेबनान को 6 दिन में रौंद डाला। उन्होंने बैकाघाटी में सीरियाई वायुसेना को नष्ट कर दिया और मुस्लिम-बहुल बेरूत पर घेरा डाल दिया। वहां भोजन, ईंधन और पानी का अकाल पड़ गया। इस्राइल में 12 अगस्त तक अंधाधुंध बमबारी की जिससे लगभग 90 लोग प्रभावित हुए। अमेरिका ने शांति-प्रयास किए, युद्धविराम हुआ। पीएलओ तथा सीरिया के सैनिक बेरूत से बाहर निकाल लिए गए। इस्राइल की कार्यवाही की विश्वव्यापी आलोचना हुई, फिर भी इस्राइली सैनिक बेरूत में जमे रहे। 1985 में इस्राइली सेनाएं वहां से लौटीं, लेकिन तब दक्षिण लेबनान का नियंत्रण ईसाई फोर्सेज के हाथों में था।

1982 में लेबनान में एक नये संगठन का जन्म हुआ जिसने अपना नाम हिज्ब-अल्लाह (खुदा की पार्टी) रखा। इसका आरंभ ईरान में हुआ था। ईरान की प्रेरणा तथा सीरिया एवं लेबनानी शिया धार्मिक नेताओं की सहायता से यह पार्टी लेबनान पहुंची। हिज्ब-अल्लाह के उग्रवादी आत्माघाती बम विस्फोट करते थे। उन्होंने 1983 और 84 में टायर में इस्राइली मुख्यालय को निशाना बनाया। अप्रैल 1983 में बेरूत में अमेरिकी दूतावास पर हमला करके 16 अमरीकियों को मार डाला। 23 अक्टूबर 1983 को आत्मघाती बंबर ने बेरूत हवाई अड्डे के निकट विस्फोट करके 241 सैनिकों को मार डाला। उनके एक और आत्मघाती हमले में फ्रांस के 58 सैनिक मारे गए।

इसके बाद लेबनान से अमेरिकी एवं इजराइली फौजें हटने लगीं। लेबनानी शिया उग्रवादियों ने बदले की भावना से 14 जून 1985 को एक विमान का अपचालन कर लिया। हिज्ब-अल्लाह उग्रवादी पश्चिमी देशों के महत्त्वपूर्ण लोगों को बंधक बना लेते थे। कार्यवाही 1980 के दशक में निरंतर बढ़ती रही।

फिलिस्तीनी इस्लामी जेहाद

जब ईरान में 1978-79 के बीच मार्क्स और इस्लाम के सिद्धान्तों पर आधारित क्रांति का प्रारम्भ हुआ तो इससे फिलिस्तीनी आंदोलन बहुत ज्यादा प्रभावित हुआ।

ईरान ने धन और शस्त्रास्त्र इस्लामी धार्मिक नीति के विकास के लिए उपलब्ध कराए। मुस्लिम कट्टरपंथियों ने अक्टूबर 1981 में मिस्र के राष्ट्रपति अनवर सादात की हत्या इसलिए कर दी कि उसने इस्राइल को एक राष्ट्र के रूप में स्वीकार किया था। मिस्र के इस्लामिक जेहाद ने ही सादात की हत्या की थी। यह संगठन मिस्र के मुस्लिम ब्रदरहुड से जन्मा था। 1950 के दशक में इसकी संख्या 5 लाख तक जा पहुंची थी। राष्ट्रपति नासिर ने मुस्लिम ब्रदरहुड पर अंकुश लगाने की कोशिश की तो 1954 में उसकी हत्या का षड्यंत्र रचा गया। नासिर ने संगठन पर प्रतिबंध लगा दिया जो उसकी मृत्यु-पर्यंत 1970 तक लगा रहा। उसे बाद राष्ट्रपति बने सादात ने प्रतिबंध हटा लिया ताकि वामपंथी राजनीतिक पार्टियों को काबू में रखा जा सके। मुस्लिम ब्रदरहुड ने वेस्ट बैंक और गाजा पट्टी क्षेत्र में धर्मनिरपेक्ष राष्ट्रवादियों को 1979 में छात्रों के चुनावों में चुनौती दी। फतह से साम्यवादियों के विरुद्ध गठजोड़ किया। विश्वविद्यालय छात्र चुनावों और इंजीनियर एसोसिएशन में मुस्लिम ब्रदरहुड के समर्थक आगे थे। चरमपंथी मिस्री मुसलमानों और इस्लामी जेहाद ने फिलिस्तीनियों में कट्टरपंथियों को प्रेरित किया। 1980 में कट्टरपंथियों ने फिलिस्तीनी इस्लामी जेहाद का गठन किया। इस्राइली गुप्तचर संस्थाओं ने इन कट्टरपंथियों में घुसपैठ की और मुस्लिम कट्टरपंथी संगठनों में अपना प्रवेश बढ़ाने लगे। उन्होंने इस्लामी जेहाद को बढ़ाने की कोशिश की ताकि पीएलओ शक्तिशाली न बन सके। उन्होंने छात्रसंघों, व्यावसायिक एसोसिएशनों और मस्जिदों पर भी अपनी पकड़ मजबूत की। चोरी-छिपे मस्जिदों के निर्माण के लिए अनुदान दिए।

उधर इस्लामी जेहाद मुस्लिम ब्रदरहुड से अलग हो गया।

इस्लाम फिलिस्तीनी राष्ट्रवाद के इलाके में एक शक्तिशाली राजनीतिक चुनौती बनकर उभर रहा था।

चरमपंथी कट्टरवादी अपने-आपको इस्लामी जेहाद से जुड़ा बताते थे। 1984 के बाद उन्होंने गाजा पट्टी में इस्राइलियों पर हमले किए। फिलिस्तीनियों के हमले में इस्राइल के 65 रेक्रूट घायल हुए। इस्लामी जेहाद ने इस हमले की जिम्मेदारी ली। फतह के अन्य गुटों ने भी हमले की जिम्मेदारी ली। लेबनान से पीएलओ के बेस भले ही समाप्त हो गए हों, लेकिन वहां मुस्लिम कट्टरपंथियों ने इस्राइल विरोधी छापामार दस्ते गठित कर लिए थे।

फिलिस्तीन में इस्लामी कट्टरपंथ

1988 और 1996 के मध्य फिलिस्तीनी आंदोलन हमास और पैलेस्टाइन

इस्लामी जेहाद के इर्द-गिर्द घूम रहा था, जो जनक्रांति इंतिफदा के कारण शक्तिशाली बने थे। दोनों कट्टरपंथी संगठनों की जड़ें अनेक मध्यपूर्वी देशें में भी फैली थीं। अगस्त 1988 में हमास ने अपने चार्टर में कहा कि फिलिस्तीन मुस्लिम जगत का ट्रस्ट है और किसी को यह अधिकार नहीं कि इसे छोड़ दे या इसका एक भाग किसी को सौंप दे। हमास ने इस्राइल को उखाड़ फेंककर वहां इस्लामी राज्य स्थापित करने की बात कही। हमास का मानना था कि शांति-वार्ता बकवास है, जिस पर समय बेकार, नहीं गंवाना चाहिए। हमास ने उद्देश्य-पूर्ति के लिए जेहाद की घोषणा की।

1980 और 90 के दशक में यह संगठन अपने चलाए हुए स्कूलों; मेडिकल सेंटरों और अन्य सामाजिक कल्याण-केन्द्रों के जरिये लोकप्रिय हुआ। इस संगठन ने गाजा पट्टी के उस क्षेत्र को अपना आधार बनाया, जहाँ घनी आबादी घनघोर गरीबी में जी रही थी। यहीं इस्लामिक संगठन को अत्यधिक बढ़ावा मिला। यहां के ठिकानों में उग्रवादियों की भर्ती भी की जाती थी। इसकी लोकप्रियता जोर्डन और लेबनान के फिलिस्तीनियों में भी थी। सीरिया और इराक से भी इसे समर्थन प्राप्त था, लेकिन 'बांटो और राज्य करो' की उनकी नीति उल्टी पड़ी। हमास और शक्तिशाली बना।

इस्लामिक जेहाद के नाम पर स्थापित इस संगठन पर मुस्लिम ब्रदरहुड का प्रभाव पड़ा। इंतिफदा में इनकी खासी घुसपैठ थी। दोनों संगठनों ने मिलकर इस्राइलियों पर हमले जारी रखे। समय-समय पर वे इस्राइल से हुई शांति-वार्ता में पलीता लगाते रहे। ऐसी वार्ता के दौरान उनकी हिंसक और आतंकवादी गतिविधियां बढ़ जाती थीं। उन्होंने सैकड़ों सैनिकों और असैनिकों को मौत के घाट उतारा, भले ही फिलिस्तीनियों ने प्रतिक्रिया में बुरी तरह मार भी खाई। उनके निशानों पर अधिकांशतः सैनिक ठिकाने होते थे। छुरेबाजी, बम विस्फोट, अपहरण, गोलीबारी के अलावा ये दोनों संगठन आत्मघाती हमले भी करते थे।

1994 में अरब में जेहादी संगठन बनने लगे जिसमें से इस्लामी जेहाद और हमास ने इस्राइलियों पर आक्रमण-प्रत्याक्रमण किए। इस्राइल ने अराफात के फिलिस्तीनी अधिकारियों से मांग की कि इन दोनों संगठनों के विरुद्ध कड़ी कार्यवाही की जाए। अराफात इस मांग से खुश था, क्योंकि इस्लामी जेहाद, जिस ईरान का समर्थन प्राप्त था, फिलिस्तीनी क्षेत्र में लोकप्रिय नहीं था। फिलिस्तनी अधिकारियों ने दोनों संगठनों के विरुद्ध कार्यवाही शुरू की।

हमास और इस्लामी जेहाद ने जनवरी 1995 में इस्राइलियों पर हमला करना प्रारम्भ कर दिया था। स्थिति बिगड़ती जा रही थी। अराफात के पीएलओ और इस्राइल ने सितंबर 1995 में एक अंतिम समझौते पर हस्ताक्षर किए, जिसमें वेस्ट बैंक में फिलिस्तीनी प्रशासन लागू होना था। 440 गांवों और 6 नगरों से इस्राइली सेना वापस बुला ली गई।

फिलिस्तीन में जनवरी 1996 में चुनाव हुए, जिसमें अराफात के दल को बहुमत मिला। चुनाव में विजय के बाद अराफात को हमास के विरुद्ध कार्यवाही करने के लिए और शक्ति तथा अधिकार प्राप्त हो गए। हालांकि हमास ने चुनाव का विरोध किया था, फिर भी 75 प्रतिशत लोगों ने वोट डाले। अराफात और इस्राइल की गुप्तचर संस्थाओं के मिले-जुले प्रयासों से इस्लामिक जेहाद का संस्थापक और अन्य कट्टरपंथी उग्रवादी मारे गए, फिर भी इस्लामी कट्टरपंथी शांत नहीं हुए। मार्च 1996 में हमास और इस्लामी जेहाद के आत्मघाती हमले इस्राइल में शुरू हुए जिसमें 50 लोग मारे गए और 125 जख्मी हुए। बसों में विस्फोट हुए और सैनिकों पर धार्मिक कट्टरपंथ की बर्बरता भयानक आकार ले रही थी। इस्राइल ने हमास के विरुद्ध युद्ध की घोषणा कर दी कि इस्राइल के उग्रवाद-विरोधी अभियान में पूरा सहयोग दिया जाएगा।

फिलिस्तीनी पुलिस ने मस्जिदों, इस्लामी सेंटरों और शिक्षा-संस्थानों पर छापे मारकर संदेहास्पद लोगों को हिरासत में लिया। उग्रवादियों ने घोषणा की कि वे जियोनिस्टों के विरुद्ध पुनः आत्मघाती हमले शुरू कर रहे हैं। अशांति का दौर जारी रहा।

यहूदी उग्रवादी भी अपने कट्टरपंथी धार्मिक विश्वास और राष्ट्रीयता की भावना को मुखर करने के लिए आतंक फैला रहे थे। 1991 में काच पार्टी ने येरूशलम स्थित अमेरिकन कल्चरल सेंटर पर हमला किया। फिलिस्तीनी अरबों पर एक मस्जिद में गोली बरसाकर 29 लोगों को मार डाला गया। 1994 में 200 फिलिस्तीनियों को घायल कर दिया। उन्होंने इस्राइल के प्रधानमंत्री पर 1995 में एक शांति रैली में गोली चलाई। यहूदी उग्रवादियों का मुख्य उद्देश्य विश्व के संचार-माध्यमों का ध्यान अपनी ओर आकर्षित करना था, ताकि पूरा विश्व यहूदियों की समस्या से परिचित रहे।

1980 के दशक के अंत से लेकर 90 के मध्य तक लेबनान चरमपंथियों का मुख्य केंद्र रहा। सीरिया ने अनेक चरमपंथी संगठनों को या तो अनदेखा कर दिया या उन्हें शरण दी, लेकिन अपने नियंत्रण में रखा। लेबनान और इस्राइल के विरुद्ध गोलाबारी, रॉकेटों से हमले, शरणार्थी-शिविरों पर आक्रमण, बेरूत के पॉवर स्टेशनों पर हेलीकॉप्टरों के हमले, बैकावैली पर हवाई हमले, सिडॉन पर हमले और लेबनान के बेरूत और अन्य बंदरगाहों की घेराबंदी जैसे कांड मध्यपूर्व के आतंकवाद से जुड़े हैं।

अरब देशों में 1980-90 के दशक में आतंकवाद प्लेग की तरह फैला। जोर्डन लंबे समय तक इसका केंद्र रहा। ब्लैक सितंबर, अबू निडाल ऑर्गेनाइजेशन और अन्य कट्टरपंथी संगठनों, जिसमें इस्लामिक यूथ, पीएफएलपी-जीसी, इस्लामिक

लिबरेशन पार्टी (जीआई), मुजाहिदीन, पीपुल्स डेमोक्रेटिक रिपब्लिकन के वामपंथी गुरिल्ला, यमन सोशलिस्ट पार्टी, हिज्ब-अल्लाह फ्रंट फॉर लिबरेशन फॉर बहरीन, फ्रीडम मूवमेंट आदि प्रमुख हैं—ने मध्यपूर्व को वर्षों तक आतंक पीड़ित क्षेत्र बनाए रखा।

वर्तमान इस्लामी चरमपंथ का आरंभ

1979 में धार्मिक कट्टरपंथियों ने आंदोलन किया और ईरान के शाह का तख्ता पलट दिया। इसके साथ इस्लाम के कट्टरपंथी की नई लहर शुरू हुई जिसका उद्देश्य मध्यपूर्व, अफ्रीका और अन्य मुस्लिम-बहुल देशों में इस्लाम पर आधारित सरकारें स्थापित करना रहा है ये कट्टरपंथी मुख्य रूप से इस्राइल के शत्रु थे। इनका उद्देश्य पश्चिमी जीवन-शैली और इस्लाम के सिद्धांतों से मेल न खाने वाली संस्कृतियों को मटियामेट करना रहा है। धार्मिक उन्माद से प्रेरित उग्रवादियों ने हिंसा, अपहरण, बम विस्फोट और आतंक फैलाने के उन सभी साधनों का प्रयोग किया, जिनसे उन्हें आत्मतुष्टि मिलती थी।

शियाओं में चरमपंथ की भावना अत्यधिक थी। आगे चलकर उन्होंने इस्लाम साम्राज्य को स्थापित करने का निर्णय लिया। शिया और सुन्नी मूल के धार्मिक चरमपंथियों ने अपने रहन-सहन, जीवन-शैली और विचारधारा से पश्चिमी जगत के प्रभाव को उखाड़ फेंकने और इस्लाम का शरियत पर आधारित समाज स्थापित करने का बीड़ा उठाया है।

इस्लामिक आतंकवाद 1980 के दशक के प्रारम्भ से ही जंगल की आग की तरह अरब में फैलता गया। ये उग्रवादी सहनशील और धर्मनिरपेक्ष मुसलमानों के विरोधी हैं ये इस्राइल को नष्ट करने के लिए कृतसंकल्प हैं, इनका संदेश धार्मिक रूप से शक्तिशाली है। इनका मानना है कि मुसलमान पददलित और पूरी तरह पिछड़े हुए हैं, जिसके कारण विदेशों की पूंजीवादी और मार्क्सवादी विचारधाराएं उनके समाज में घुसपैठ कर गई हैं, इसी कारण इस्लाम के संस्कृतिक और दार्शनिक मूल्यों में बदलाव आया और वह जीवन-शैली, जिसे विश्व महान सभ्यता के रूप में जानता था, अस्त-व्यस्त हो गई। इन कट्टरपंथी लोगों का विश्वास है कि इस्लामी समाज अब भी अपने लिए आधुनिक सभ्यता संजोए रख सकता है, बशर्ते पश्चिमी नियम-कानून और परंपराएं निकाल फेंकी जाएं और इस्लाम का शरियत कानून लागू हो।

ये कट्टरपंथियों यह मानते हैं कि मात्र इस्लाम ही सामाजिक, आर्थिक और नैतिक संकट से निपट सकती है। कट्टरपंथियों के नेताओं ने शनैः-शनैः मुस्लिम समाज पर प्रभाव जमाना शुरू किया। मिस्र के मुस्लिम ब्रदरहुड जैसे संगठनों ने स्कूल, चिकित्सालय, अनाथालय और अन्य समाजसेवी संस्थाओं के जरिये मुस्लिम जगत को चरमपंथ और उग्रवाद की ओर ढकेल दिया। ईरान की शिया-बहुल धार्मिक क्रांति ने समूचे मध्यपूर्व के शिया आतंकवादियों को भड़काया। ईरान ने उन उग्रवादियों को सहायता भी दी। ईरानी क्रांति ने पश्चिमी जगत को अनेक बार कठिनाई में डाल दिया। तेहरान स्थित अमेरिकी दूतावास की 444 दिन चली घेराबंदी के दौरान अमेरिकी सैनिकों द्वारा घेराबंदी तोड़ने का ऑपरेशन असफल हो जाने के कारण अमेरिका का नीचा देखना पड़ा। इससे शिया उग्रवादियों के हौसले और बुलंद हुए।

लेबनान युद्ध में ईरान द्वारा प्रेरित शिया उग्रवादियों ने अहम् भूमिका निभाई। हिज्ब-अल्लाह ने पश्चिमी देशों और इस्राइल के विरुद्ध महत्त्वपूर्ण सफलताएं अर्जित कीं।

अफगानिस्तान युद्ध में रूसियों के विरुद्ध लड़ने के लिए मुस्लिम जगत के तथाकथित जांबाज इस्लामी योद्धाओं के रूप में वहां पहुंचे। उन्होंने युद्ध में पश्चिमी जीवन-शैली और साम्यवादियों को पराजित भी किया और युद्ध के बाद सफलता के जुनून में डूबे मुजाहिदीन पूरे मध्यपूर्व और संकटग्रस्त बोस्निया, हरजेगोविना आदि क्षेत्रों में जा पहुंचे।

अफगानिस्तान में सफलता के लिए भले ही वे इस्लामी चरमपंथी संगठनों—जिसमें मुजाहिदीन, तालिबान और पाकिस्तान स्थित लश्करे-ए-तोइबा जैसे उग्रवादी संगठन शामिल थे—पर निर्भर रहे, उन्होंने रूस की पराजय के तुरंत बाद नई रणनीतियां निर्धारित कीं। अलकायदा और पकिस्तानी गुप्तचर संस्था आईएसआई द्वारा प्रेरित अनेक इस्लामी चरमपंथी अमेरिकी शस्त्रास्त्रों और अफगानिस्तान युद्ध के अनुभव को आधार बनाकर बेलगाम होने लगे। इस बीच अनेक मुसलमान देशों ने कट्टरपंथी उग्रवादियों को शह और शरण दी। परिणामस्वरूप पश्चिमी राष्ट्रों तथा इस्राइल के और भारतीय निशानों पर जेहाद के नाम पर उग्रवादी हमले किए जाने लगे। विश्व-भर के समाचार पत्रों में उग्रवादी घटनाओं के समाचार मुख पृष्ठ पर छपने लगे। अलकायदा जैसे संगठनों ने इन चरमपंथियों को संगठित करने का प्रयास किया; देश-विदेश में विध्वंस और विनाश के अनेक

संसाधन जुटाए और अंततः 11 सितंबर 2001 को अमेरिका पर ऐसा आतंकवादी हमला बोला कि पूरा विश्व स्तब्ध रह गया।

इस्लामी देशों के आर्थिक संकट और सामाजिक असंतोष ने भी इस उथल-पुथल में महत्त्वपूर्ण भूमिका अदा की। बेरोजगार युवक, जिनमें से अनेक काफी पढ़े-लिखे भी थे, मुजाहिदीन बनकर उग्रवाद से जुड़ गए। फिलिस्तीन के झुग्गी-झोंपड़ी इलाकों से अनेक युवक फिलिस्तीन के हमास और लेबनान के हिज्ब-अल्लाह तथा पाकिस्तान के युवक लश्करे-ए-तोइबा, हिजबुल मुजाहिदीन, जैश-ए-मोहम्मद आदि संगठनों में भर्ती हो गए। आईएसआई की योजना को कार्यरूप में परिणत करने के लिए पाकिस्तान के अलावा बांग्लादेश, नेपाल और म्यांमार में भी युवकों को आतंकवादी संगठनों के लिए भर्ती किया गया।

इस्लाम के चरमपंथी नेता जेहाद–अर्थात् आंतरिक संघर्ष जो पाप के विरुद्ध लड़ा जाता है, को अब पुनः परिभाषित कर रहे हैं। वे प्रचार कर रहे हैं कि इस्लाम बुराई को मिटाने के लिए ताकत के प्रयोग की अनुमति देता है। ये नेता जेहाद के नाम पर मध्ययुगीन मूल्य और मान्यताओं को पुनजीर्वित कर रहे हैं। इस्राइल, यूरोप, अमेरिका और भारत जैसे देशों के विरुद्ध अनेक सुन्नी कट्टरपंथी जेहाद का नारा बुलंद कर रहे हैं। इन आधुनिक मुस्लिम नेताओं ने सहनशील, धर्मनिरपेक्ष और वामपंथी मुसलमान वर्गों के विरुद्ध भी आतंक की लड़ाई को उचित ठहराया है। मिस्री मुस्लिम ब्रदरहुड के सदस्य रहे सैयद कुतुब नामक नेता ने उन मुसलमानों की मौत के घाट उतारने को वैध ठहराया है जो समझौते और सहनशीलता के पक्षधर हैं।

कुतुब ने अपनी कृति 'माइल स्टोन' में अरबवासियों को इस बात के लिए दोषी ठहराया कि वे इस्लाम की शुरुआत से अज्ञानी हैं। उन्हें झूठा मुसलमान कहा और उन पर आतंकवादी हमले करने को चरमपंथियों को प्रेरित किया। कुतुब का ही एक अनुयायी शेख उमर अब्दुल रहमान वर्ल्ड ट्रेड सेंटर पर आक्रमण के लिए दोषी पाया गया। सबसे अधिक कट्टरपंथी आतंकवाद अयातुल्ला खुमैनी प्रतिपादित शिया सिद्धांतों में मिलता है। उसने मुसलमान समाज की रक्षा के लिए शियाओं को हथियार उठाने का आह्वान किया।

ग्यारहवीं शताब्दी के इस्लाम के कट्टर अनुयायी असेसिंस की चर्चा की गयी। ये विरोधी नेताओं की हत्या करते थे और इस्लाम से जुड़े थे। आज की सबसे बड़ी लड़ाई चरमपंथी शिया मुसलमानों और धर्मनिरपेक्ष समाज के बीच ईरान क्रांति से शुरू हुई है। अयातुल्ला खुमैनी ने आतंक का सहारा लेकर ईरान में इस्लामी गणराज्य को मजबूत बनाया और धर्म से प्रेरित उग्रवाद को राजकीय संरक्षण दिया। अयातुल्ला

खुमैनी ने इस्लाम और धर्मनिरपेक्ष के कई पहलुओं को शामिल करके जो खिचड़ी पकायी है, उसे आम आदमी के लिए समझ पाना कठिन है।

1945 में ईरान में 'सेल्फ सैक्रीफाइसर्स ऑफ इस्लाम' का गठन किया गया, जिसने इस्लामी कानून लागू करने की मांग की तथा पश्चिमी प्रभाव की हर चीज का विरोध किया, जिसमें वस्त्र, तंबाकू, जुआ और फिल्में भी शामिल थीं। यह दल पश्चिमी राष्ट्रों का कट्टर विरोधी था। 1948 में इस संगठन ने एक धर्मनिरपेक्ष वकील और इतिहासकार की हत्या कर दी। 1951 में ब्रिटेन-समर्थक प्रधानमंत्री जनरल अली राजमारा की भी हत्या कर दी गई। 1955 में इस संगठन के चार लीडरों को हत्या करने के प्रयास के आरोप में गोली से उड़ा दिया गया और संगठन को भंग कर दिया गया। ईरानी क्रांति के दौरान सेल्फ सैक्रीफाइसर्स को पुनर्जीवित किया गया। माना जाता है कि इसी संगठन ने 1979 में पेरिस में शाह के भतीजे की हत्या की थी। ईरान में शाह के शासन में धार्मिक नेताओं का शिक्षा-संस्थाओं से नियंत्रण हट गया था। शाह ने अनेक उदारवादी कानून लागू किए थे और महिलाओं की स्थिति को बेहतर बनाया था। शाह ने अमेरिका और इंग्लैंड से घनिष्ठ संबंध स्थापित किए थे। अमेरिका ने भी शाह को भरपूर सहायता इस शर्त पर दी थी कि ईरान में सामाजिक और आर्थिक सुधार लागू किए जाएंगे।

ईरान की श्वेत क्रांति को आम जनता का समर्थन प्राप्त था, लेकिन धार्मिक नेता उसका प्रबल विरोध कर रहे थे। उन्होंने इसे इस्लाम-विरोधी घोषित किया और शाही परिवार में फैले भ्रष्टाचार और अनैतिकता की बढ़-चढ़कर चर्चा की।

5 जून 1963 को शाह की इंपीरियल गार्ड ने ईरान की सबसे बड़ी धार्मिक शिक्षा-संस्था 'कौम' पर हमला किया। वे वहां से अयातुल्ला खुमैनी को गिरफ्तार करना चाहते थे, क्योंकि खुमैनी वहां चरमपंथियों को संगठित कर रहा था और सरकार-विरोधी गतिविधियां संचालित कर रहा था। इंपीरियल गार्ड के आक्रमण से 'कौम' के छात्र भड़क उठे। खुमैनी-समर्थक दंगे शुरू हो गए। शाह के सैनिकों ने अनेक छात्रों को कालेज़ की छत से नीचे फेंक दिया और अनेक को नजदीक की झील में डुबो दिया। क्रांति शुरू हुई तो दमन भी शुरू हुआ, जिसके परिणामस्वरूप सुरक्षाबलों ने 300 से अधिक लोगों को मौत के घाट उतार दिया। खुमैनी को देशनिकाला दे दिया गया। वह सीमापार इराक में जा बसा और वहीं से शाह-विरोधी उग्रवादी और राजनीतिक गतिविधियों का संचालन करने लगा। खुमैनी 14 वर्ष तक ईरान से बाहर रहा, लेकिन उसने अपने समर्थकों से अपना संपर्क बनाए रखा।

1970 के दशक में वामपंथी उग्रवादियों ने ईरान में विशाल पैमाने पर उग्रवाद

फैलाया। ईरान में उग्रवाद फैलाने वाले प्रमुख संगठन पीपुल्स फाइटर्स और पापुलर सेल्फ सैक्रीफाइसर थे। पीपुल्स फाइटर्स का गठन चोरी-छिपे शिया चरमपंथी कालेज स्नातकों ने किया था। इनमें से अनेक 1963 के उपद्रवों में सक्रिय थे। इस संगठन ने मार्क्सवाद और इस्लाम का अद्‌भुत मिश्रण तैयार किया था। वे मानते थे कि पश्चिमी पूंजीवाद के विरुद्ध सच्चे मुसलमान एक वर्ग-विहीन समाज की स्थापना करेंगे और रूढ़िवादी धार्मिक नेताओं का विरोध करेंगे। पापुलर सेल्फ सैक्रीफाइसर्स ने अगस्त 1971 में राजतंत्र की 2500 वीं वर्षगांठ पर उग्रवादी कार्यवाहियां शुरू कीं। जिनमें प्रमुख है तेहरान के उस पुलिस-प्रमुख की हत्या, जिसने संघर्ष में छात्रों का दमन किया था। साथ ही अमेरिका की एयरफोर्स के दो कर्नलों की हत्या तथा अगस्त 1976 में अमेरिकी टैक्नीशियनों की हत्याएं की गईं।

वामपंथी छात्रों की सहायता से पापुलर सेल्फ सैक्रीफाइसर्स का गठन किया गया था, जो क्यूबा के फीडल कास्त्रो और चेग्वेरा के छापामार कारनामों से प्रेरित थे। 1971 में उन्होंने पुलिस स्टेशनों पर हमला किया। सियाकाल पुलिस स्टेशन पर हुए हमले के साथ ही ईरान सरकार के विरोधी, जिनमें सैकड़ों मध्यवर्ग के युवक भी थे, इस संगठन से जुड़ गये। इस संगठान ने लेबनान और यमन में पीएलओ के संगठन की मदद से छापामार युद्ध का प्रशिक्षण लिया। 1975 में दल में फूट पड़ी और मार्क्सवादी विचारधारा के समर्थकों ने बैंक लूटे, सरकार को सूचना देने वालों की हत्याएं कीं, सरकारी कर्मचारी, विशेषकर सावक पुलिस के अधिकारियों को मौत के घाट उतारा और ईरान में विदेशी सरकारों की संपत्ति पर हमले किए। शाह ने इनका दमन करना चाहा और इस तरह आतंक-प्रत्यांतक प्रदर्शन और दमनचक्र से स्थिति अराजक हो उठी, जिसका खुमैनी ने पूरा लाभ उठाया। शाह को अमेरिकी दबाव के कारण अनेक उदार-नीतियों को अपनाने के लिए मजबूर होना पड़ा। इससे विरोधी बहुत ही नाराज हुए। हालात बिगड़ते ही गए। धार्मिक नेता उन्माद फैला ही रहे थे। सितंबर 1978 में एक लाख लोगों ने प्रदर्शन किए। तीन दिन बाद और प्रदर्शन हुए तो शाह ने मार्शल लॉ लगा दिया। प्रदर्शनकारी फिर भी नहीं माने तो इंपीरियल गार्ड ने उन पर फायरिंग की, जिसमें 500 प्रदर्शनकारी मारे गए। इस घटना को 'ब्लैक फ्राइडे' के नाम से भी जाना जाता है। इराक में बैठा खुमैनी इस संघर्ष का संचालन कर रहा था। शाह के अनुरोध पर इराक ने भी खुमैनी को निष्कासित कर दिया तो वह पेरिस जा पहुंचा, जहां उसे संचार और संपर्क के अभूतपूर्व साधन उपलब्ध हो गए। वह और अधिक सक्रिय और शक्तिशाली हो गया। शाह ने विद्रोह को कुचलने के लिए 5 नवंबर 1978 को मार्शल लॉ लागू कर दिया, फिर भी हालात बिगड़ते ही गए।

13 जनवरी 1979 को शाह ने बख्तियार को प्रधानमंत्री मनोनीत किया, ताकि स्थिति को नियंत्रित किया जा सके। लेकिन बख्तियार ने कहा कि जब तक शाह स्वयं ईरान नहीं छोड़ देते वह पद नहीं स्वीकारेगा। विवश होकर 16 जनवरी को शाह ईरान छोड़कर चला गया। 31 जनवरी को खुमैनी तेहरान लौट आया और 11 फरवरी 1979 को उसने इस्लामिक गणराज्य की घोषणा कर दी।

ईरानी छात्र उस समय ज्यादा नाराज हुए जब अमेरिका ने मानवीय आधार पर अमेरिका से चिकित्सालय सुविधा प्राप्त की। उन्होंने अमेरिकी दूतावास की घेराबंदी कर ली जो 444 दिन चली। अमेरिकी सुरक्षा बल डेल्टा फोर्स ने जहाजों और हेलीकॉप्टरों का प्रयोग करके 'ऑपरेशन ईगल क्लो' (चील का पंजा) आयोजित किया। तेहरान से 200 मील दक्षिण में डेल्टा फोर्स के 118 कमांडो डेजर्ट वन में उतरे। यहां से हेलीकॉप्टरों में जाकर उन्हें दूतावास के बंधकों को रिहा करना था, लेकिन तेज रेतीले तूफान के कारण सब कुछ गड़बड़ा गया। डेल्टा बल वापस आने का प्रयास कर रहा था, लेकिन हवा में उड़ता एक हेलीकॉप्टर दुर्घटनाग्रस्त होकर नीचे खड़े अमेरिकी जहाज पर जा गिरा। भयंकर विस्फोट हुआ, जिसमें 8 लोग मारे गए और अमेरिकी मिसाइलें दुर्घटनावश ईरान के आकाश में ऊंचाई पर जाकर फटने लगीं। खुमैनी ने इस घटना को अमेरिकी गद्दारी की संज्ञा दी।

खुमैनी ने सत्ता हथियाने के बाद आतंक का सहारा लेकर ईरान में सब कुछ बदलने का प्रयास किया। क्रांति के तुरंत बाद थोक के भाव राजतंत्र-समर्थकों और वामपंथियों को मौत की सजा दी गई। 1983 तक 10 हजार से ज्यादा लोगों को मौत के घाट उतार दिया गया। इस्लामिक रिवोलूशनरी गार्ड की स्थापना करके खुमैनी ने देश का एक अर्द्धसैनिक संगठन स्थापित किया। संविधान में इसके गठन को शामिल कर संगठन को वैध बनाया गया। इस संगठन ने आतंक के माध्यम से खुमैनी को शक्तिशाली बनाया, उसके विरोधियों को नष्ट किया और उसकी धार्मिक क्रांति के विरोधियों का सफाया।

शीघ्र ही इस्लामिक रिपब्लिकन सरकार भी आतंक का निशाना बनी। 'फरघन' नामक एक अज्ञात संगठन ने सेना-प्रमुख की हत्या कर दी। क्रांतिकारी समिति के प्रमुख की भी हत्या कर दी, और भी कई धार्मिक नेताओं को मौत के घाट उतार दिया, विदेशी व्यापार संगठनों पर हमले किए और सरकार के अन्य समर्थकों पर भी वार किए। 1981 में 'पीपुल्स फाइटर' ने कम्युनिस्टों और कुर्दी समाजवादियों के साथ मिलकर सत्ता हथियाने की कोशिश की तो आईपीजीसी से उनकी मुठभेड़ें हुईं, जिनमें सैकड़ों लोग मारे गए। अनेक को पकड़कर मौत के घाट

उतार दिया गया। आमने-सामने की लड़ाई में पराजित होने के बाद पीपुल्स फाइटर ने आतंकवाद का सफाया सफलतापूर्वक किया। उन्होंने सरकारी कर्मचारियों, मंत्रियों, पार्टी वर्करों, धार्मिक नेताओं तथा पुलिस एवं न्यायिक अधिकारियों कीं हत्याएं की और आत्मघाती हमले किए, जिनमें कम से कम एक से दो हजार तक लोग काल के गाल में समा गए। शुरू में खुमैनी आतंक का विरोध करता था, क्योंकि पारंपरिक शिया सिद्धांत केवल आत्मरक्षा के लिए युद्ध की अनुमति देता है। जेहाद या 'पवित्र युद्ध' सिर्फ सुन्नी ही स्वीकारते हैं, शिया नहीं। खुमैनी ने आतंक का औचित्य ठहराते हुए कहा कि ऐसी हिंसा, जो कुरान की शिक्षा के विरुद्ध है, यदि राज्य के हित में हो तो स्वीकार्य है। इसी बीच सलमान रुश्दी को भी इसी आधार पर मौत का फतवा जारी किया गया। मौत का फतवा भी आतंक का एक अंग है। सजा-ए-मौत आतंक की नीति का ही अंग थी। खुमैनी जून 1979 से अपनी मृत्यु-पर्यंत ईरान में इस्लाम का राज्य चलाता रहा। 1980 के दशक से ही ईरान अंतर्राष्ट्रीय आतंकवाद का समर्थक रहा है। अयातुल्ला खुमैनी कट्टरपंथी इस्लामी क्रांति को पूरे मध्यपूर्व क्षेत्र में, विशेषकर कुवैत, सऊदी अरब और बहरीन में, फैलाना चाहता था। ईरान ने इराक के शियाओं को भड़काया जो ईरान-इराक युद्ध में ईरान के महत्त्वपूर्ण समर्थक सिद्ध हुए। ईरान ने लेबनान में हिज्ब-अल्लाह पार्टी की बहुत सहायता की थी।

जब अयातुल्ला खुमैनी की 1989 में मृत्यु हो गयी तब हाशिमी रफसंजानी वहां का राष्ट्रपति बना तो उसने ईरानी क्रांति के वेग को कम किया। खाड़ी देशों से ईरान के संबंध भी सुधारे, लेकिन वह भी हिज्ब-अल्लाह की सहायता करता रहा, जिसने विरोधियों और इराकियों पर हमले किए। ईरान पर 1990 में कट्टरपंथियों की सहायता करने की आलोचना हुई। ईरान में 1990 के दशक में मिस्र पर इस बात के लिए आरोप लगाया कि वह हमारे देश में सक्रिय उग्रवादी गतिविधियां चला रहा है। इस्राइल एवं अमेरिका ने भी हमास और फिलिस्तीनियों के इस्लामी जेहाद को बढ़ावा देने के लिए ईरान की आलोचना की । 1980 के दशक में ईरान 6 से 8 करोड़ डॉलर प्रतिवर्ष हिज्ब-अल्लाह को देता रहा।

सलमान रुश्दी के मृत्यु-दंड की घोषणा करते समय खुमैनी ने उसकी हत्या करने वाले को 10 लाख डालर देने की भी घोषणा की थी। ईरानी मूल के हत्यारे के लिए पुरस्कार की यह राशि 30 लाख डालर थी। 1990 में ईरान के एजेंटों ने स्वीडन, स्कॉटलैंड, फ्रांस और पाकिस्तान में विरोधी ईरानियों की तलाश कर-करके उनकी हत्याएं कीं।

ईरान ने ऑर्गेनाइजेशन ऑफ इस्लामिक रेवोलूशन इन द अरबियनपेनिन सुला, इस्लामिक फ्रंट फार लिबरेशन ऑफ बहरीन तथा द इस्लामिक रेवोलूशन फॉर इराक की भरपूर सहायता की। ईरान के शिया उग्रवादियों ने कुवैत और बहरीन के कुछ खास क्षेत्रों में हत्याएं और बम विस्फोट किये। इसके अलावा इन्होंने, विदेशी दूतावासों पर हमले किए और विमानों का अपचालन किया। एक बड़ी ही सनसनीखेज घटना हुई। 1987 में मक्का में हज के लिए गए 257 ईरानी हाजी दंगों के दौरान मारे गए थे, उसके बाद ईरान ने सऊदी अरब के शासक परिवार को उखाड़ फेंकने के लिए आतंक का सहारा भी लिया। 1989 में हज के दौरान किए गए दो बम-विस्फोटों में एक व्यक्ति मारा गया और 20 घायल हुए। सऊदी सरकार ने 16 कुवैती शियाओं को मृत्यु-दंड दिया, जिन्होंने इस ऑपरेशन के लिए ईरान में प्रशिक्षण प्राप्त करने की बात स्वीकार की थी।

इसके बाद उसी वर्ष अक्टूबर में लाहौर (पाकिस्तान) में तथा अंकारा और बेरूत में भी सऊदियों पर हमले हुए। 1991 में संभवतः ईरानी मूल के हत्यारों ने सलमान रुश्दी की पुस्तक के अनुवादक को घायल कर दिया। तुर्की का इस्लामी जेहाद ईरान से जुड़ा रहा है। 1992 में ब्रिटेन ने 3 ईरानी अधिकारियों को सलमान रुश्दी की हत्या करने का षड्यंत्र रचने के आरोप में निष्कासित किया था। रफसंजानी ने अनेक बार घोषणा की है कि उसकी सरकार रुश्दी की हत्या नहीं कराएगी।

1990 के दशक में इस्लामी कट्टरपंथी उग्रवादियों का गढ़ माने जाने वाले सूडान में हमास, हिज्ब-अल्लाह, अबू निडाल संगठन, फिलिस्तीनी इस्लामिक जेहाद और मिस्र का अल गमात जड़ें जमाए बैठे थे। सूडान ईरान के बहुत नजदीक आया था। ईरान का राजनयिक मजीद कमाल स्वीडन और लेबनान में कट्टरपंथियों का जबरदस्त सहायक रहा।

ईरान में धार्मिक क्रांति

ईरान के धार्मिक कट्टरपंथियों ने 1979 में धार्मिक क्रांति का बिगुल बजाया, जिसकी आधाशिला 19वीं शताब्दी में ही रखी गई थी। ईरान तब फारस के नाम से प्रसिद्ध था। फारस पर काजिर वंश का शासन था। देश भौगोलिक, पारिवारिक और जातीय आधार पर कबीलों में बंटा था, जो आपस में लड़ते रहते थे। देश में

भावनात्मक एकता का अभाव था। ईरान का सैन्य बल कमजोर था, क्योंकि उसका संगठन, नेतृत्व, प्रशिक्षण और युद्ध-सामग्री समयानुकूल न थी। फारस की सेनाएं पश्चिमी राष्ट्रों से युद्ध लड़ने में समर्थ नहीं थीं। इसी कारण जब रूस ने पश्चिमी-क्षेत्र में घुसपैठ की और ब्रिटेन ने दक्षिण-पश्चिमी भाग पर कब्जा कर लिया तो काजिर वंश के शासकों ने कोई विरोध न किया।

पश्चिमी राष्ट्र फारस पर छाए रहे। शासक-वर्ग पश्चिमी राष्ट्र के निवेशकों को भारी आर्थिक रियायतें देता रहा और मुनाफा कमाने में लगा रहा। पाश्चात्य देशों द्वारा फारस की पारंपरिक अर्थ-व्यवस्था के अतिक्रमण का स्थानीय व्यापारियों पर बहुत बुरा प्रभाव पड़ा। आयात-निर्यात उनके नियंत्रण से निकल गया। कुटीर-उद्योग, विशेषकर कपड़े बुनने के उद्योग, पर बहुत बुरा प्रभाव पड़ा, क्योंकि विदेशी मशीनों से बना कपड़ा स्थानीय कपड़े से बहुत सस्ता था। व्यापारियों, कारीगरों और मध्यमवर्ग ने पश्चिमी आर्थिक घुसपैठ का विरोध किया। वे शासकों से नाराज थे, क्योंकि आम जनता की तकलीफों के प्रति शासक एकदम लापरवाह थे। शिया उलेमा भी नाराज थे, क्योंकि पश्चिमी संस्कृति के बढ़ते प्रभाव से उन्हें खतरा महसूस हो रहा था। सरकार की राष्ट्रीय नीतियों पर फारस के बुद्धिजीवी कड़ी नजर रखे हुए थे। उन्हें आशा थी कि पश्चिमी देशों के आदर्श और सामाजिक कल्याण, समृद्धि और विकास के पहलू फारस के लिए हितकारी सिद्ध होंगे। पश्चिमी चिंतन-शैली के आधार पर वे काजिर वंश के निरंकुश शासन के विरुद्ध संघर्ष की अपेक्षा कर रहे थे। पश्चिमी देशों के विचारों—विशेषकर राजनीतिक, शासनगत एवं उनके आधुनिक समाज और धर्मनिरपेक्षता के विचारों—को वे अपनाना चाहते थे। लेकिन ऐसे लोग मुख्य धारा से जुड़े हुए नहीं थे।

काजिर शासकों की गलत नीतियों के कारण फारसी समाज आर्थिक बोझ के नीचे दबता जा रहा था। लोग शासकों को निकम्मा, अनैतिक और आर्थिक रूप से दीवालिया मानने लगे थे। कबीलों के निरंतर बढ़ते आपसी संघर्ष से चरमराई कानून-व्यवस्था और अर्थव्यवस्था के कारण अराजकता बढ़ती जा रही थी। 1906 में पारंपरिक, धार्मिक, धर्मनिरपेक्ष और उदारपंथी निकट आए और देश में विरोध-प्रदर्शन और टकराव का दौर शुरू हो गया। अंततोगत्वा काजिर शाह को विवश होना पड़ा और उसने मजलिस (संसद-प्रणाली) और लिखित संविधान लागू किया। लेकिन मजलिस (संसद) में ऐसे परस्पर-विरोधी दल पहुंचे कि वहां निरंकुशता का वातावरण गरमा उठा और संवैधानिक प्रक्रिया में ठहराव आ गया। रूस और पश्चिमी राष्ट्र ध्यानपूर्वक घटनाक्रम यह देख रहे थे, क्योंकि शांति-व्यवस्था और विकासशील फारसी

शासन अनेक आर्थिक हितों को सुरक्षित रख सकता था। 1911 में रूस के दबाव में फारस की मजलिस भंग कर दी गई।

प्रथम विश्वयुद्ध के प्रारम्भ होने के दौरान ही रूस ने फारस के उत्तरी क्षेत्र पर कब्जा कर लिया और दक्षिणी प्रदेश में ब्रिटिश सैनिक प्रवेश कर गए। स्थिति विस्फोटक थी। 1921 में 42 वर्षीय रजा खां नामक एक सैनिक अधिकारी ने अपने तीन हजार अनुयायियों की सहायता से राजधानी तेहरान पर कब्जा कर लिया। उसने आपसी संघर्ष और अराजकता को बेरहमी से कुचल दिया; फलस्वरूप उसे जन-समर्थन मिला। रजा खां ने रूस से बातचीत के जरिये उत्तरी फारस का क्षेत्र भी वापस ले लिया।

1925 में उसने अंतिम काजिर शाह को अपदस्थ कर दिया और स्वयं पहलवी वंश के नाम पर ईरान का शाह बना। उसने पश्चिमी तौर-तरीके अपनाकर फारस को आधुनिक बनाने का प्रयास किया—सिर्फ राजनीतिक ढांचे में बदलाव नहीं किया। वहां आधिकारिक राजतंत्र लागू रहा। मजलिस एक रबड़ स्टैंप-तंत्र की तरह काम करती रही। नए शाह का दृष्टिकोण गैर-पारंपरिक था, इसलिए स्वाभाविक रूप से उसका कट्टर मुसलमानों से—जिनका नेतृत्व उलेमा कर रहे थे—टकराव और तनाव बढ़ा, जिसकी परिणति अंततः खुमैनी की 1979 की क्रांति में हुई।

1930 के दशक में रजा खां ने ही फारस का नाम बदलकर ईरान रख दिया था।

दूसरे विश्वयुद्ध के दौरान अंग्रेज सरकार को शक हुआ कि रजा खां हिटलर-समर्थक है, इसलिए उसे हटाकर उसके 22 वर्षीय पुत्र मोहम्मद रजा शाह को ईरान का शासक बनाया। रजा शाह एकदम अनुभवहीन युवक था, जिसके नजरिये में पैनापन, दूरदृष्टि और विचारों की गहराई नहीं थी। सेना से भी उसके निकट संबंध भी नहीं थे, इसलिए अपना शासन चलाने के लिए वह पश्चिमी राष्ट्रों के प्रति झुकता गया और अमेरिका उसका प्रमुख मित्र बना। अमेरिका को मुख्य आकर्षण ईरान के तेल का था। इसके अलावा ईरान की भौगोलिक स्थिति भी महत्त्वपूर्ण थी (उसकी सीमाएं कम्युनिस्ट रूस से लगी थीं)। पश्चिमी जीवन-शैली और संस्कृति का ईरान में तेजी से प्रवेश हुआ और आर्थिक दोहन भी। रजा शाह और पश्चिमी राष्ट्रों ने स्थानीय लोगों की आर्थिक आवश्यकताओं और ईरान के राष्ट्रहित को अनदेखा किया। फलस्वरूप ईरान के तेल-उद्योग के राष्ट्रीयकरण को लेकर 1951-53 में संघर्ष शुरू हुआ।

चमत्कारी व्यक्तित्व वाले राष्ट्रीय नेता डा. मोहम्मद मौसा डेग ने 1906 के संविधान के आधार पर 1949 में प्रजातंत्र लागू करने के लिए नेशनल फ्रंट का गठन

किया था, जिसने तेल-उद्योग के राष्ट्रीयकरण की मांग की थी, ताकि राष्ट्रीय अर्थव्यवस्था का विकास हो सके। 1951 में मौसा डेग ईरान का प्रधानमंत्री बना और उसने तुरंत ही तेल उद्योग का राष्ट्रीयकरण कर दिया। नया प्रधानमंत्री उदार और स्वच्छंद प्रवृत्ति का था; जिससे रजा शाह को लगा कि उसकी सत्ता को ही चुनौती दी जा रही है। प्रधानमंत्री की सहानुभूति वामपंथियों के प्रति थी। 1953 में पश्चिमी राष्ट्रों विशेषकर अमेरिका और इंग्लैंड ने षड्यंत्र रचा। उन्होंने ईरानी तेल का बहिष्कार किया और अगस्त 1953 में सशस्त्र विद्रोह कराकर प्रधानमंत्री को अपदस्थ कर दिया। शाह पुनः शक्तिशाली बना तो उसने तेल का राष्ट्रीयकरण रद्द कर दिया। 1973 तक तेल उद्योग पर ईरान का कोई नियंत्रण नहीं रहा।

शाह के परामर्शदाता (सीआईए और इस्राइल की गुप्तचर संस्था मोसाद के वरिष्ठ पदाधिकारी) शाह का मार्ग-दर्शन कर रहे थे, इसलिए कोई भी शक्तिशाली राजनेता नहीं उभरा। मजलिस में भी हुकम बजाने वाले ही पहुंचते थे। शाह ने सावक नामक खुफिया पुलिस का गठन किया जो गिरफ्तारियों और यंत्रणाओं के जरिये विरोधियों का दमन करती थी। शाह ने स्थानीय उच्च वर्ग के लोगों के लिए नई आर्थिक नीतियां बनाईं। यह वर्ग अपनी संस्कृति से अलग-थलग रहकर पश्चिमी सभ्यता और संस्कृति का पुजारी था। शाह ने विदेशी पूंजीपतियों और पश्चिमी राष्ट्रों की सरकारों, विशेषकर अमेरिकी और ब्रिटिश सरकारों, से निकट संबंध स्थापित किए विदेशी शक्तियां न चाहते हुए भी शाह की सत्ता में बार-बार दखलंदाजी करती थी। ईरान के शाह को 1960 और 1970 के दशक में अमेरिकी जनता की भारी मांग पर अपने देश में मानवाधिकार कानूनों को लागू करने के लिए बाध्य होना पड़ा। शाह को भूमि-सुधार लागू करने व साम्यवाद का प्रसार रोकने और दमन की कार्यवाहियां स्थगित करने, महिलाओं को मताधिकार देने, वाणिज्य हितों को बेचने और मुनाफा कमाने वाली सरकारी संस्थाओं में बोनस व्यवस्था लागू करने के लिए विवश किया गया। विदेशी सलाहकार ग्रामीण और दूर-दराज के इलाकों में जन-सामान्य से जन-संपर्क बनाने में सफल रहे और उनकी नब्ज नहीं पढ़ पाए। शाह भी चाटुकारों से घिरा था। वह भी बढ़ते हुए जन-विरोध को पहचान नहीं पाया।

ईरान शिया-प्रधान देश है, जहां शिया उलेमाओं का बहुत आदर है। उलेमाओं के नेता को अयातुल्ला कहते हैं। तेहरान के धार्मिक स्कूल, धर्मार्थ संस्थाएं, मस्जिद और अन्य धार्मिक संस्थान उलेमा ही चलाते हैं। इस तरह वे आम जनता के निकट संपर्क में रहते हैं। समाज में उनका सम्मान है। व्यापारी वर्ग भी उनका बहुत आदर करता है।

ईरान में जब भी कोई सरकार इस्लाम को अनदेखा कर शासन चलाती है, वह उलेमा प्रतिरोध को प्रोत्साहित देती है। अपने शासन के अंतिम काल में शाह ने श्वेत क्रांति आरंभ की, जिसके कारण उलेमा शाह के विरुद्ध मैदान में कूद पड़े। इससे पहले शाह ने जब महिलाओं को मताधिकार दिया था, तब उसे इस्लामी जीवन में पश्चिमी शैली की घुसपैठ माना गया और इसे गैर-इस्लामी और अस्वीकार्य कहा गया था।

भूमि सुधारों से होने वाले लाभों के प्रति कट्टरपंथी मुसलमान अनभिज्ञ नहीं थे, लेकिन उनके लिए एक प्रमुख समस्या यह थी कि धर्मार्थ संस्थाओं और धार्मिक प्रतिष्ठानों के पास बड़े पैमाने पर जमीनें थीं जिन्हें छोड़ने के लिए वे कभी भी तैयार नहीं थे। ईरान के अनेक धनी लोगों ने धर्म के नाम पर भूमि और भवन दान में दिए थे। उनके किराये से होने वाली आय से मदरसे, मस्जिदें और धार्मिक ट्रस्ट चलते थे, अस्पताल में रोगियों का इलाज होता था और गरीबों में मुफ्त भोजन-वितरण। उलेमाओं, शिक्षकों और अन्य स्टाफ का वेतन भी इन्हीं स्रोतों से आता था। भूमि-सुधार नियमों के तहत जमीन-जायदाद किरायेदारों की हो गई तो धार्मिक और धर्मार्थ संस्थाओं की आर्थिक सहायता पर बुरा प्रभाव पड़ा। विरोध में जन-आंदोलन शुरू हुए तो उन्हें निर्ममतापूर्वक कुचल दिया गया। फलस्वरूप प्रतिरोध और बढ़ा। अयातुल्ला खुमैनी एक शक्तिशाली विरोधी नेता के रूप में सामने आया। उसने 1960 में सरकार-विरोधी सबसे बड़ा प्रदर्शन आयोजित किया। उसने शाह के पश्चिमी राष्ट्रों से जुड़ाव और श्वेत क्रांति को अमेरिका का इस्लाम-विरोधी षड्यंत्र बताया। उसने भड़काऊ और उत्तेजक भाषाण दिए तो जन-समर्थन और बढ़ा। 1965 में उसे गिरफ्तार करके देशनिकाला दे दिया गया। लेकिन तब तक वह उलेमाओं, व्यापारियों, कट्टर शिया मुसलमानों और कारीगरों को एकता के सूत्र में बांध चुका था। उसने विदेशी आर्थिक आक्रमण की भर्त्सना की थी।

20 वीं शताब्दी के आरंभ में ईरान कृषि एवं श्रम-सेवा प्रधान देश था। पहलवी वंश ने आर्थिक क्षेत्र में संक्रमण किया। देश में वाणिज्य, उद्योग और श्रम-सेवा व्यवस्था का आधार बनी। यह चमत्कारी परिवर्तन था, जिसके फलस्वरूप विदेशियों ने स्थानीय धंधों में धन लगाया और बाजार चमक उठे। आकर्षक घरेलू व्यापार आरंभ हुआ, इसलिए उस पर शाह के परिवार-जनों और मित्रों ने कब्जा जमा लिया। महंगाई और भ्रष्टाचार बढ़ा। गांव और शहरों के लोग दुष्प्रभावित हुए।

बाद में जब उलेमाओं ने विरोध जताया तो लोग उनसे जुड़ गए। 1960-70 के दशक में गांवों से बड़ी संख्या में लोग शहरों में पलयन कर गए। गांववासी धार्मिक आस्थाओं से पूरी तरह जुड़े थे, अतः उन्हें उलेमाओं की हर बात पर अटूट विश्वास था।

व्यापारी, श्रमिक, कृषक, गरीब लोग और ऐसे उदार धर्मनिरपेक्ष लोग भी शाह की दमनकारी नीतियों के विरुद्ध उठ खड़े हुए, जो 1906 के संविधान की मांग कर रहे थे।

स्थिति बिगड़ रही थी। दमन और मानवाधिकार-उल्लंघन बढ़े तो अमेरिका ने शाह पर दबाव डाला। शाह ने प्रेस पर नियंत्रण ढीला किया। गुप्त मिलिट्री ट्रिब्यूनल के स्थान पर उदार न्यायिक प्रक्रिया शुरू हुई। जेलों में बंद कैदियों से रेडक्रॉस प्रतिनिधियों की मुलाकातें शुरू हुईं। सहसा शाह विरोधियों को लगा कि शाह अजेय नहीं है। इस बीच तेल के दाम गिर रहे थे।

जनवरी 1978 में समाचार-पत्रों ने खुमैनी पर गंभीर आरोप लगाते हुए कहा कि वह विदेशियों का एजेंट गैर-फारसी मूल का गद्दार है। इसके विरोध में बहुत तीव्र प्रतिक्रिया शुरू हुई। धार्मिक स्कूलों में पढ़ने वाले छात्रों ने तेहरान से शांतिपूर्ण जुलूस निकाला तो भी उन्हें रोकने पुलिस आ गई। प्रदर्शनकारी भड़क उठे। मुठभेड़ें हुईं। सैकड़ों मारे गए या घायल हुए। उपद्रव अन्य नगरों में फैल गए।

निर्वासित खुमैनी फ्रांस में बैठा बड़ी समझ-बूझ के साथ आंदोलन का संचालन करता रहा। जबकि शाह अनिश्चय और अनिर्णय के दौर से गुजर रहा था। उसके विरुद्ध प्रदर्शन, अभियोग और हड़तालें बढ़ रही थीं, जिसमें अधिकाधिक व्यवसायी, व्यापारी, सरकारी नौकर, श्रमिक, कृषक और तेल उद्योग के कर्मचारी भाग ले रहे थे। कारखानों के बंद होने से सरकारी सेवा बाधित हुई एवं गुप्तचर कर्मचारियों को गहरा धक्का लगा। खुमैनी ने शाह को हटाकर ईरान को गणराज्य बनाने की मांग की। 10 और 11 दिसंबर 1978 को खुमैनी के आह्वान पर ईरान के सभी प्रमुख नगरों में व्यापक स्तर पर शांतिपूर्ण प्रदर्शन हुए, जिन्होंने शाह की सरकार और शाह को हिला दिया। आखिरकार 16 जनवरी 1979 को शाह ईरान छोड़कर भाग गया और खुमैनी पहली फरवरी को निर्वासन से वापस ईरान लौट आया और उसने सत्ता गठित की। क्रांतिकारी इस्लामी संस्थाएं और गार्ड गठित किए तथा ऐसे सभी विरोधियों को कुचलकर रख दिया जो धर्मनिरपेक्ष थे या उसका समर्थन नहीं करते थे।

इस्लामी गणराज्य के प्रति जनता में क्या राज है, इस बात से अवगत होने के लिए अप्रैल 1979 में राष्ट्रीय जनमत-संग्रह करवाया गया। इसमें 98.2 प्रतिशत लोगों ने मतदान में भाग लेकर इस्लामी गणतंत्र की मांग की। इसी वर्ष मिलिटेंट मुसलमान छात्रों ने तेहरान-स्थित अमेरिकन एंबेसी की घेराबंदी कर 63 अमेरिकियों को 444 दिन तक बंधक बनाए रखा। अमेरिका द्वारा उन्हें छुड़ाने के लिए किए गए सभी प्रयास असफल हो गए। सितंबर 1980 में अमेरिका की शह पर इराक ने ईरान पर युद्ध थोप दिया जो 8 वर्ष तक चला।

इस दौरान ईरान के प्रमुख राजनीतिक कार्यकर्त्ता और शह के सहयोगी मौत के घाट उतार दिए गए या भूमिगत हो गए। शिक्षा-पद्धति में आमूल-चूल परिवर्तन किया गया और ईरान की सामाजिक और सांस्कृतिक पृष्ठभूमि में सरकार का पुनर्गठन किया गया। मुस्लिम कट्टरपंथियों को धार्मिक क्रान्ति के कुछ प्रमुख स्रोत इस प्रकार हैं—

1. ईरानवासियों का इस्लाम से गहरा लगाव और आस्था
2. पश्चिमी संस्कृति के प्रति उनका संदेह और भय।

क्रांतिकारियों ने मध्यमार्गियों, विकासवादियों और पश्चिमी देशों के रंग में रंगे सैनिक जनरलों, नौकरशाहों, पत्रकारों और बुद्धिजीवियों को जड़ से मिटाकर रख दिया।

लीबिया और उग्रवाद

लीबिया में आतंवाद का प्रारम्भ उस समय से माना जाता है जब तानाशाह कर्नल मुआमार अल गद्दाफी 1973 में सत्ता में आये। उसने साम्राजयवाद-विरोधी और अरब नेशनलिस्ट उग्रवादियों की सहायता की। 1986 में अमेरिका ने बदले की कार्यवाही में लीबिया, विशेषकर गद्दाफी पर हवाई हमले किए तो वह संभलकर चलने लगा। उसने दूसरों के कंधे पर बंदूक रखकर चलाना शुरू किया। उग्रवादियों के जरिये वह अपने शत्रु से बदला लेना चाहता था। उसका उद्देश्य अमेरिका और ब्रिटेन से बदला लेना रहा।

लीबिया ने सीरिया-समर्थित संगठन साईका और फिलिस्तीनी इस्लामिक जेहाद को आर्थिक सहायता दी। 199. में लीबिया ने पीएफएलपी-जीसी को दस लाख डालर की सहायता दी थी। उसने फिलिस्तीन की कम्युनिस्ट पार्टी को 70 लाख डालर 1987 और 1991 के बीच दिए। उसने कट्टरपंथी संगठनों की बैठकें कराईं और आतंकवादियों और छापामार दलों की भर्ती भी खोली। लीबिया स्थित इंपीरियल एंटी सेंटर ने कोलंबिया, चिली, कासेटारिका, पेरू, हाइली, फिलीस्पींस, यूरोप और मध्यपूर्व के देशों के उग्रवादियों को ट्रेनिंग, आर्थिक सहायता ओर शस्त्रास्त्र उपलब्ध कराए। अनेक उग्रवादी संगठनों के प्रशिक्षण-शिविर लीबिया में रहे हैं। लीबिया के राजनयिक फिलिस्तीनियों को तीसरे राष्ट्रों के बैंकों के जरिये आर्थिक सहायता उपलब्ध कराते रहे हैं। लीबिया अनेक चरमपंथी संगठनों से सीधे जुड़ा रहा। अनेक उग्रवादी संगठन लीबिया की अरब एयर लाइंस इस्तेमाल करते

रहे। उग्रवादियों के साथ ही गोला-बारूद और हथियारों की तस्करी से भी लीबिया जुड़ा रहा।

1980 के दशक में लीबिया अमेरिका, ब्रिटेन और फ्रांस के विरुद्ध आतंकवादियों को सहायता देता रहा। वामपंथी फिलिस्तीनी लीबिया की शह पर ऑपरेशन करते रहे। इसके अलावा लीबिया अपने विरोधियों और पलायन करके विदेशों में जा बसे राजनीतिक विरोधियों पर हमले कराता रहा है। 1987 में लीबिया ने फ्रांस द्वारा चाड सरकार को समर्थन देने की प्रतिक्रिया में फ्रांसीसी ठिकानों पर हमले कराए। उसने अमेरिकी ठिकानों पर अप्रत्यक्ष रूप से भी हमले कराए, लेकिन इंग्लैंड के विरुद्ध उसकी प्रतिक्रिया बड़ी विशद रही है। अप्रैल 1987 में लीबिया समर्थित उग्रवादियों ने एक ब्रिटिश सैनिक पर गोली चलाई। उसी वर्ष फ्रांसीसियों ने एक लीबियाई मालवाहक जहाज पकड़ा, जिसमें डेढ़ सौ टन हथियार और गोला-बारूद लादकर प्रोविजनल आयरिश रिपब्लिकन आर्मी के लिए भेजा जा रहा था। बाद में पता चला कि आयरलैंड के उग्रवादियों के लिए यह पांचवीं खेप थी। लीबिया सरकार के विरोधियों पर एथेंस (1987) तथा वियना (1987) में हमले किए गए। अमेरिकी ठिकाने पर हुए हमलों के लिए अमेरिका ने लीबिया को दोषी ठहराया। जापानी रेड आर्मी का नेपिल्स में हमला (1988), कोलंबिया के आतंकवादियों का अमेरिकी सूचना सर्विस पर हमला (1988), स्पेन स्थित अमेरिकी एयर फार्से पासेट पर हमला (1988), पेरू में अमेरिकी केंद्रों पर हमला (1988) आदि के लिए भी अमेरिका ने लीबिया को ही दोषी ठहराया।

1970 के दशक से ही लीबिया ने अबू निडाल संगठन को आर्थिक सहायता देना प्रारम्भ कर दिया था, 1987 में लीबिया एनएनओ का प्रमुख केंद्र बना। यहां उग्रवादियों का प्रशिक्षण-शिविर भी स्थापित किया गया। उन्हें हथियार भी दिए गए। इन उग्रवादियों ने एक यूनानी जहाज के अपचालन का प्रयास किया। उस पर गोलियों और ग्रेनेड से हमले किए, जिससे 9 यूरोपीय मारे गए और 100 घायल हुए। 1989 में अंतर्राष्ट्रीय स्तर पर हुई कटु आलोचना के कारण गद्दाफी ने लीबिया-समर्थित दलों पर लगाम लगाई। उसने फिलिस्तीनी उग्रवादियों को सिर्फ इस्राइली टारगेटों पर ही हमले करने को कहा, लेकिन एनएनओ लीबिया में ही बना रहा। 1990 में भी लीबिया-समर्थित उग्रवादियों ने विभिन्न स्थानों पर हमले किए।

लीबिया पर कासेटारिका की सरकार ने यह आरोप लगाया कि वह अमरीकी केन्द्रों पर हमले करा रहा है। इसलिए उसने अपने यहाँ से लीबिया के दो के

राजनयिकों को निष्कासित किया। लेकिन सबसे कुख्यात उग्रवादी हमला, जिसकी योजना लीबिया ने बनाई थी, 1988 में हुआ। 21 दिसंबर को पैनएम फ्लाइट-103 स्काटलैंड में नष्ट हो गई। सितंबर 1989 में 4 टीए फ्लाइट-772 नाइजर में अमेरिकी वायुयान में सवार 770 लोग और दूसरी फ्लाइट में सवार 171 लोग काल के गाल में समा गए। विश्व के कुछ प्रमुख देशों में इस घटना की व्यापक प्रतिक्रिया हुई। फ्रांस, अमेरिका और स्काटलैंड के अधिकारियों ने लीबियाई उग्रवादियों को दोषी करार दिया। फ्रांसीसी मजिस्ट्रेट ने अब्दुल्लाह स्वयं गद्दाफी का निकट संबंधी और लीबियाई गुप्तचर संस्था का अध्यक्ष था। अन्य तीन लोग भी लीबियाई इंटेलीजेंस संस्था से जुड़े थे। मजिस्ट्रेट ने लीबियाई उपमंत्री मूसा कूसा और एक अन्य के विरुद्ध लुकआउट नोटिस जारी किए। स्काटलैंड के अधिकारियों ने भी लीबियाई अधिकारियों और सरकार को आतंकवादी घटनाओं के लिए दोषी ठहराया। जिन लोगों के नाम आतंकवादी घटनाओं से जुड़े थे, वे प्रायः लीबिया की सरकार या गुप्तचर सेनाओं से संबद्ध थे।

लीबिया की सरकार इन आरोपों को मानने से इन्कार करती रही। लीबिया के विरुद्ध संयुक्त राष्ट्र की सुरक्षा परिषद् ने 21 जनवरी 1992 को प्रस्ताव-730 स्वीकार किया और लीबिया से कहा कि वह तुरंत विमान विस्फोट के लिए उत्तरदायी संदेहास्पद लोगों को फ्रांसीसी जांचकर्त्ताओं को सौंप दे। 31 मार्च को सुरक्षा परिषद् ने प्रस्ताव-748 के तहत लीबिया पर आवश्यक आर्थिक प्रतिबंध लगा दिए। सभी नागरिक विमानों का संपर्क काट दिया गया और हथियारों की सप्लाई प्रतिबंधित कर दी गई। इससे क्रोधित भीड़ ने लीबिया में पश्चिमी देशों के दूतावासों पर हमले किए। लीबिया ने संदेहास्पद लोगों को किसी अरब राष्ट्र को सौंपने का प्रस्ताव किया। ब्रिटेन और अमेरिका ने एक अक्टूबर 1993 तक उग्रवादियों को सौंपने की मांग की, पर गद्दाफी बहानेबाजी करता रहा। नवंबर 11 को एक प्रस्ताव-883 संयुक्त राष्ट्रसंघ में स्वीकार किया गया। लीबिया की विदेशों में तमाम संपत्ति और धनराशि फ्रीज कर दी गई। तेल और गैस तथा इक्युपमेंट-विक्रय पर भी प्रतिबंध लगा दिया गया और लीबियाई अरब एयर लाइंस के कार्यालय बंद कर दिए गए।

1984 में गद्दाफी ने अभियुक्तों को अंतर्राष्ट्रीय न्यायालय या ब्रिटेन या अमेरिका स्थिति मुस्लिम न्यायालय को सौंपने का प्रस्ताव रखा। लेकिन पश्चिमी देश अभियुक्तों को स्काटलैंड को सौंपने की मांग दुहराते रहे। लीबिया पर प्रतिबंध जारी रहे। लीबिया ने परमाणु अस्त्र संबंधी सामग्री और बम बनाने की क्षमता स्वीकार की है। लीबिया अब शांति के मार्ग पर चलने को उत्सुक है। फरवरी 2011 कर्नल गद्दाफी के विरूध जनता द्वारा आंदोलन जारी है।

अल्जीरिया में आतंक

अल्जीरिया के राष्ट्रवादियों ने स्वतंत्रता का भीषण युद्ध 1954 और 1962 के मध्य लड़ा। शासक और शासित दोनों ने ही भयंकर आतंक का सहारा लिया। फ्रांसीसी शासक अपने देशवासियों को अल्जीरिया में बसने को प्रोत्साहित करते थे। दूसरे विश्वयुद्ध के तुरंत बाद अल्जीरिया की जनसंख्या में 10 प्रतिशत यूरोपीय लोग थे जिनकी विशेष पहचान और शान थी। मुस्लिम उदारवादी और कट्टरपंथी स्वतंत्रता की मांग कर रहे थे।

दूसरे विश्वयुद्ध में विजय के उपलक्ष्य में मई 1945 में विजय परेड आयोजित की गई। सेटिफ नगर में अरब मूलु के लोगों ने परेड के दौरान 20 फ्रांसीसी पुलिस अधिकारियों को मार दिया और यूरोप मूल के 103 लोगों की हत्या कर दी। पुरुषों के गुप्तांग काटकर उनके मुंह में सिल दिए गए। गहिलाओं के वक्ष काट दिए गए और उनसे बलात्कार हुए। सुरक्षाबलों ने तुरंत कार्यवाही की—हजारों मुसलमानों को मौत के घाट उतार दिया गया, लेकिन इसके बाद भी अल्जीरियाई राष्ट्रवाद ठंडा नहीं हुआ।

1950 के दशक में पूरे विश्व में उपनिवेश-विरोधी आंदोलन छिड़ चुका था। हिंद-चीन में भी फ्रांस के विरुद्ध युद्ध चल रहा था। यहां मई '54 में फ्रांस की करारी हार हुई। उत्तरी अफ्रीका में अल्जीरिया के पड़ोसी देश फ्रांस शासित मोरक्को और ट्यूनीशया में भी राष्ट्रवादी आंदोलन शुरू हो गया था। 1955 में अल्जीरिया में पुनः दंगे भड़क उठे, जिसमें यूरोपियों के अंग-भंग किए गए और हत्याएं की गईं। बच्चों को भी नहीं बख्शा गया। फ्रांसीसी सेना ने प्रतिक्रियास्वरूप कत्लेआम मचाया। टकराव बढ़ता ही गया।

1961-62 में फ्रांस में सीक्रेट आर्मी ऑर्गनाइजेशन की स्थापना की गयी जिसमें भूतपूर्व सैनिकों, भगोड़ों और भाड़े के सैनिक तथा छात्रों को शामिल किया गया था। उन्होंने 1200 मुसलमानों, फ्रांसीसी सैनिकों ओर असैनिकों की हत्याएं कीं। अल्जीरिया के नरसंहार की चर्चा विश्व के समाचार-पत्रों में प्रमुखता से हो रही थी। फ्रांस भी राजनीतिक अस्थिरता से गुजर रहा था। इस बीच ओएएस शक्तिशाली बना जिसने अल्जीरिया और फ्रांस में बम विस्फोट किए। मुसलमानों की हत्याएं कीं और राष्ट्रपति डीगाल की हत्या की योजना बनाई। फ्रांसीसी कमांडर-इन-चीफ अल्जीरिया में इनसर्जेंसी को कुचलने से कतरा रहा था। इसी प्रकार मार्च 1962 में अल्जीरिया

को स्वतंत्रता देने की घोषणा की गई और युद्धविराम लागू हुआ। ज्यों-ज्यों आजादी का समय निकट आया, यूरोपवासी अल्जीरिया छोड़ने लगे। 1954 में वहां उनकी जनसंख्या नौ लाख थी, जो 1962 में कुल 30 हजार रह गई। आजादी के बाद भी इस्लामी उग्रवाद ठंडा नहीं हुआ।

अल्जीरिया को 1962 में जैसे ही स्वतंत्रता मिली उसके बाद से ही हजारों सशस्त्र इस्लामी कट्टरपंथी मिलिटेंटों के बीच युद्ध प्रारम्भ हो गया। स्वतंत्रता-संग्राम में अल्जीरिया में 10 लाख से अधिक लोग मारे गए थे और स्वतंत्रता के बाद 30 वर्षों में 40 हजार अल्जीरियाई आतंकवादी युद्ध में मारे गए। नेशनल लिब्रेशन फ्रेट-जिसने फ्रांस के विरुद्ध संघर्ष किया था—सत्ता में आया तो उसने सेना की सहायता से शासन किया। अल्जीरिया में कट्टरपंथी कभी चुनावों से, कभी हिंसा से, कभी सैनिक विद्रोह से और कभी छापामार युद्ध के माध्यम से सत्ता में आने का प्रयास करते रहे हैं। इन चरमपंथियों ने अनेक विदेशी टारगेटों पर हमले किए। फ्रांसीसी विमान का अपचालन किया और हिंसा की राजनीति को बढ़ावा दिया। वहां के 60 प्रतिशत उग्रवादी 25 वर्ष से कम आयु के हैं, जिन्हें मध्यपूर्व की अनेक सरकारों से वित्तीय सहायता मिलती रही है।

इराक और उग्रवाद

इराक में सद्दाम हुसैन ने एक खूनी क्रांति के पश्चात् सत्ता अपने हाथों में ले ली। सेना, गुप्तचरों और अन्य सुरक्षाबलों की सहायता से वह इराक का एकछत्र शासक बना रहा। देश और विदेशों में अपने प्रतिद्वंद्वियों और विरोधियों पर उसने आतंक फैलाया—लोगों को जेलों में ठूंसा, अपहरण कराए और हत्याएं कराईं। इराक एक दमनकारी और आतंकवादी देश के रूप में पश्चिमी समाचार-जगत में अनेक वर्षों तक छाया रहा।

20 मार्च 2003 को आरंभ हुआ अमेरिकी-ब्रिटिश आक्रमण के बाद युद्ध का आतंक इराक पर छा गया। अब सद्दाम का आतंक-तंत्र छिन्न-भिन्न हो चुका है। युद्ध की विभीषिका ने इराक की अर्थव्यवस्था कानून-व्यवस्था और सामाजिक स्थिरता छिन्न-भिन्न कर दी है।

घरेलू राजनेताओं, विरोधियों और सत्ता के प्रतिद्वंद्वी लोगों को पकड़ने, गायब करने या मौत के घाट उतारने के अनेक लोमहर्षक घटनाएं विश्व-भर के समाचार-पत्रों में प्रकाशित हुईं। 1980 के दशक के अंत में उत्तरी इराक में बसे कुर्द लोगों के विद्रोह

और 1991 में कुवैत युद्ध में पराजय के बाद सद्दाम ने जनसंहार के रासायनिक और जैविक शस्त्रास्त्र प्रयोग करके निरीह शियाओं को काल के गाल में धकेल दिया।

1980 के दशक के अंत में सद्दाम को अनेक विश्व संबंध सुधारने के असफल प्रयास किए। सुन्नी मूल के सद्दाम को अनेक विश्व शक्तियों ने अयातुल्ला खुमैनी के कट्टरपंथी इस्लाम पर लगाम लगाने में समर्थ भी माना, इसलिए सद्दाम ने इराक में आतंकवाद के पनपते साम्राज्य को अनदेखा किया। सच्चाई तो यह है कि ईरान के विरुद्ध इराक को अनेक देशों ने सामरिक सहायता दी थी।

1982 में अमेरिका ने इराक का नाम आतंकवादी देशों की लिस्ट से काट दिया। सद्दाम ने अबम निडाल संगठन (एएनओ) को इराक से निष्कासित (1983) कर दिया था। लेकिन 1987 में इराक ने चरमपंथी फिलिस्तीनियों को अपने यहां पनाह दी जिसमें अबू अब्बास गुट का पीएलएफ और अरब लिबरेशन फ्रंट उल्लेखनीय हैं। पश्चिमी देशों को कुख्यात बम-निर्माता अबू इब्राहीम और निष्क्रिय हो चुके 'मई-15' संगठन के पूर्व नेता की बगदाद में उपस्थिति के कारण चिंता हुई।

मई-15 संगठन एक गुमनाम-सा लगने वाला ऐसा संगठन था जो वस्तुतः पीएफएलपी स्पेशल ऑपरेशन ग्रुप से अलग हो चुका अंश था। इसका नामकरण प्रथम अरब-इस्राइल युद्ध (1948) की वार्षिकी के आधार पर किया गया था।

इराक और तुर्की के संबंध भी चिंता के कारण बने। तुर्की ने अपने एक सीमावर्ती गांव, जो दक्षिण-पूर्वी तुर्की में था, के नरसंहार के लिए कुर्द पार्टी के उग्रवादियों को दोषी पाया। ये उग्रवादी उत्तरी इराक में सक्रिय थे। इराक ने प्रत्युत्तर दिया कि वह तुर्की के साथ मिलकर सीमा-क्षेत्र की सुरक्षा सुधार रहा है।

1989 में इराक में विदेशियों पर अनेक घातक आंतकवादी हमले हुए। कहीं बम फेंके गए तो कहीं कारों में विस्फोट हुए। कुर्द उग्रवादियों ने न्यू ब्रिटिश क्लब पर हमला करके 20 लोगों को घायल कर दिया। कुर्द उग्रवादियों ने ऐलान किया कि 1988 के कुर्द नागरिकों के रासायनिक बमों से किए गए नरसंहार के बदले न्यू ब्रिटिश क्लब पर हमला किया गया है।

1990-91 के खाड़ी संकट के दौरान इराकी सेना ने सैकड़ों की संख्या में विदेशियों को बंधक बनाया। उन्हें टेलीविजन पर दिखाया भी गया। अनेक बंधकों को सामरिक महत्त्व के ठिकानों पर रखा गया, ताकि शत्रु इन स्थानों पर बमबारी न कर सकें। संयुक्त राष्ट्रसंघ ने 1990 के प्रस्ताव-664 में इसके लिए इराक की निंदा

की। इराक ने दिसंबर 1990 में पश्चिमी देशों के बंधकों को तो रिहा कर दिया, लेकिन 600 कुवैतियों को बंधक बनाए रखा, जिनका आज तक कोई पता नहीं है।

जो देश कुवैत की ओर से लड़ रहे थे। उस पर सद्दाम हुसैन ने आतंकवादी होने का आरोप लगाया। अनेक फिलिस्तीनी उग्रवादी गुटों ने भी इराक के शत्रुओं को हमले की धमकियां दीं। कहा जाता है कि निष्कासित अबू निडाल संगठन पुनः इराक लौटकर सक्रिय हुआ। उग्रवादी हमले धमकियों के अनुरूप कामयाब नहीं हुए, क्योंकि निशाने पर बैठे देशों ने सुरक्षा के कड़े प्रबंध कर लिए थे। अनेक देशों ने अपने यहां रह रहे इराकियों पर नजर रखी, उन्हें गिरफ्तार किया और संदेहास्पद, राजनयिकों को निष्कासित कर दिया।

सीरिया और लीबिया को चरमपंथियों को अमेरिकी धमकियां मिलने के परिणामस्वरूप नियंत्रण करना पड़ा। फिर भी खाड़ी-संकट के समय कुल मिलाकर 200 से अधिक उग्रवादी घटनाएं घटित हुईं। ये हमले प्रायः ऐसे देशों पर किए गए थे, जिन्होंने इराक के विरुद्ध युद्ध लड़ रहे राष्ट्रों से अपना व्यापार किया था। फिलीपींस के मनीला नगर में अमेरिकी संस्कृति केंद्र पर बम-विस्फोट के हमले में इराक का सीधा हाथ था, जो 19 जनवरी 1991 को हुआ था। एक इराकी नागरिक बम लगाते समय विस्फोट हो जाने के कारण स्वयं ही मारा गया था। फिलिस्तीन ने संदेह के घेरे में आए एक इराकी राजनयिक को अपने यहां से अवांछनीय घोषित कर निष्कासित कर दिया। इराकियों का हाथ इंडोनेशिया स्थिति अमेरिकी राजदूत पर किए गए बम के असफल हमले में भी था।

कुवैत युद्ध में इराक को बुरी तरह से पराजित होना पड़ा। इस युद्ध के बाद इराक ने अपनी सुरक्षा-व्यवस्था मजबूत बनाई और कुर्द इलाकों और कुर्दों की सुरक्षा के लिए तैनात संयुक्त राष्ट्रसंघ के कर्मियों पर भी दर्जनों आतंकवादी हमले कराए। संयुक्त राष्ट्रसंघ के कार्यालयों, वाहनों और राहत सामग्री ले जा रहे काफिलों पर बम विस्फोट हुए या बारूदी सुरंगें बिछाकर उन्हें उड़ा दिया गया।

1993 में एड्स उन्मूलन के कार्यकर्त्ताओं पर भी हमले किए गए। उसी वर्ष विकलांगों की सहायता के लिए स्थापित एक संगठन के कार्यालय पर भी बमों से हमले किए गए। इराकी गुप्तचरों ने विदेशों में भी हमले किए। कुवैती एयरवेज पर दो हमलों के प्रयास बेरूत (लेबनान) में हुए और वहीं स्थित कुवैती दूतावास पर भी हमले किए गए। अप्रैल 1993 में इराकियों ने अमेरिका के पूर्व राष्ट्रपति जार्ज बुश (सीनियर) की हत्या का असफल प्रयास किया। उन्होंने कार बम विस्फोट से उनकी हत्या का प्रयत्न किया था। उस कांड के 14 अभियुक्त पकड़े गए थे, जिनमें 11

इराकी और 3 कुवैती थे। अधिकांश अभियुक्त इराक के गुप्तचर अधिकारी थे। 1994 में इराक में एड्स के विरुद्ध सक्रिय कार्यकर्ताओं और पत्रकारों पर हमले होते ही रहे। वर्ष में इस तरह की कम से कम 16 घटनाएं घटित हुईं। इराक हर उन उग्रवादी को पुरस्कृत करने को तैयार था जो किसी विदेशी कार्यकर्त्ता या पत्रकार की हत्या करने को सक्रिय था।

इराकी मूल के विरोधियों पर भी इराक में और विदेशी में हमले होते रहे। 1988 में तीन सद्दाम-विरोधियों की हत्याएं इंग्लैंड, नार्वे और सूडान में की गईं। हतयाओं के लिए प्रायः जहर या थेलियम का इस्तेमाल किया जाता था। विदेशों में रह रहे इराकी मूल के अनेक लोग जहर के शिकार होकर विभिन्न देशों के अस्पतालों में भर्ती हुए। उनमें से कुछ बच गए और अनेक मौत के शिकार हुए। ओमान में एक अणु वैज्ञानिक की इराकी एजेंटों ने दिसंबर 1992 में हत्या कर दी, क्योंकि वह पलायन कर जोर्डन में बसने की तैयारी कर रहा था। अप्रैल 1994 में बेरूत में गोली मारकर इराकी एजेंटों ने एक प्रमुख विरोधी राजनेता की हत्या कर दी। प्रतिक्रियास्वरूप लेबनान ने दो इराकी राजनयिकों को निष्कासित कर दिया और बाद में बगदाद से कूटनीतिक संबंध विच्छेद कर लिए।

दीर्घ काल से इराक मुजाहिदीन-ए-खलक (एमकेओ) का समर्थक रहा है। ईरान का यह वामपंथी इस्लामी संगठन शाह के विरुद्ध कार्यरत रहा। ईरानी क्रांति के दौरान यह कट्टरपंथी संगठन सरकार का विरोधी रहा। अंततः इसे प्रतिबंधित कर दिया गया। बाद में एमकेओ विरोधी दलों के गठबंधन का आधार सूत्र बनकर ईरान के विरुद्ध पेरिस से सक्रिय हो गया। इस संगठन ने पारंपरिक सेना नेशनल लिबरेशन आर्मी (एनएलए) गठित की जिसे इराक से शस्त्रास्त्र, रेक्रूट और प्रशिक्षण-सुविधाएं उपलब्ध कराई गईं। 1980-88 के युद्ध में यह सेना इराकी सेना से कंधे से कंधा मिलाकर ईरान के विरुद्ध लड़ी।

एमकेओ के आतंकवादी गुट ईरान में दूर-दूर तक सक्रिय रहे हैं। इस संगठन के सैकड़ों कार्यकर्त्ता ईरान में गिरफ्तार हुए। अनेक मौत के घाट उतार दिए गए, कुछ को कठिन यातनाएं दी गईं और शेष को जेलों में ठूंस दिया गया। अक्टूबर 1994 में एनएलए और ईरानी सैनिकों के बीच भीषण मुठभेड़ हुई थी। प्रतिक्रियास्वरूप ईरान ने एनएलए के इराक के अशरफ बेस पर स्कड मिसाइलें दाग दीं। एमकेओ ने इसके जवाब में तेहरान में बम विस्फोट करके आतंक फैला दिया। इसके दो दिन बाद ईरान ने अशरफ बेस पर हवाई हमले किए। दोनों देशों के बीच तनाव बढ़ा।

इराक में युद्ध

दूसरा खाड़ी युद्ध 20 मार्च 2003 में उस समय प्रारम्भ हुआ जब अमेरिका ने इराक पर जनंसहारक हथियार रखने के आरोप में (जो कि सिद्ध नहीं हुआ था।) क्रूज मिसाइलों और तोपों से हमला कर दिया। मिसाइलें इराकी राष्ट्रपति के निवास को निशाना बनाकर दागी गईं थीं। ब्रिटिश सेनाओं तथा अमेरिकी नौसेना और थलसेना के टैंकों के विशाल दस्ते निरंतर बगदाद की ओर बढ़ते गए। इस बीच इराक पर हवाई बमबारी के साथ-साथ और मिसाइलों के हमले जारी थे। तुर्की की सेना ने भी कुर्द क्षेत्र में प्रवेश कर लिया। बसरा के तेल प्रतिष्ठान आग की ज्वाला में धधक उठे, भले ही वहां अमेरिका अधिकर जमा चुका था। बुश प्रशासन का सैनिक अभियान और प्रचार-तंत्र मनोवैज्ञानिक शस्त्रास्त्रों से भी इराकियों को पराजित करने के लिए कृतसंकल्प था।

जब अमेरिका पर 11 सितंबर 2001 को हमला हुआ तो उसे इस बात का संदेह हुआ कि यह हमला सद्दाम हुसैन ने करवाया है। अमेरिकी गुप्तचर संस्थाओं ने विश्व-भर के देश-विदेश के गुप्तचर संगठनों से प्राप्त सूचना के आधार पर आतंकवादी हमलों में शामिल 19 आतंकवादियों की सूची तैयार की। उनका सीधा संबंध इराक से नहीं था, इसमें कम से कम 5 सऊदी अरब मूल के ही थे। फिर भी राष्ट्रपति बुश की टेढ़ी नजर सद्दाम पर टिकी रही। चार वर्ष पहले संयुक्त राष्ट्रसंघ के शस्त्र-निरीक्षकों ने जो तहकीकात अधूरी छोड़ दी थी, वह पुनः आरंभ हुई।

संयुक्त राष्ट्र के प्रस्ताव के अंतर्गत इराक पर आर्थिक प्रतिबंध लगाए गए और भारी नरसंहार करने में सक्षम शस्त्रास्त्र को नष्ट करने के निर्देश दिए गए थे। अमेरिका का आरोप था कि इराक के पास हजारों टन मात्रा में ऐसे विषाक्त, जीवाणु और रासायनिक हथियार हैं जो निषिद्ध हैं। उनका प्रयोग करने पर प्लेग, चेचक, आंत्रशोध, टाइफस, एंथ्रेक्स आदि असंख्य ऐसी बीमारियां फैल सकती हैं, जिनका अस्तित्व मानव समाज से लगभग समाप्त हो चुका है, ये बीमारियां आज मात्र वैज्ञानिक प्रयोगशालाओं में ही कैद हैं। अमेरिका का कहना था कि इराक के पास उक्त बीमारियों के रासायनिक शस्त्र मौजूद है।

अमेरिका ने सद्दाम हुसैन को हमले को चेतावनी दी। अमेरिका और उसके सहयोगी देशों के तीन लाख थलसैनिक और नौसेनिक मध्यपूर्व में पहुंच गए। अमेरिका मार्च के अंत तक इराक पर विजय प्राप्त कर लेना चाहता था, क्योंकि अप्रैल के आरंभ में रेगिस्तानी इराक में भयकंर गर्मी पड़ती है और पारा 45 डिग्री सेंटीग्रेड का निशाना छूने लगता है।

विश्व के अनेक देशों में इस युद्ध के विरुद्ध प्रदर्शन हुए, जिनमें अमेरिका सहित अनेक मित्र देश और मुस्लिम-बहुल देश भी शामिल थे।

जन-संपर्क माध्यम प्रतिदिन युद्ध-संबंधी विषयों पर भरे रहते थे। मुख्य प्रश्न यह था कि इस युद्ध का उद्‌देश्य क्या है और इससे किसे क्या लाभ होगा। अनेक आर्थिक विशेषज्ञों का मानना है कि युद्ध के बाद मंदी का दौर समाप्त होगा, विकास-दर बढ़ेगी और विश्व में आर्थिक स्थिरता आएगी। यानी पहले इराकी प्रतिष्ठानों को युद्ध में ध्वस्त कर दिया जाएगा और तब पुनर्निर्माण की प्रक्रिया शुरू होगी, ताकि मंदी का दौर समाप्त हो। पुनर्निर्माण का खर्च इराकी पेट्रोल बेचकर वसूला जाएगा।

अंतर्राष्ट्रीय स्तर पर प्रायः दो मूल उद्‌देश्यों की प्राप्ति के लिए युद्ध लड़े जाते हैं—राजनीतिक और सामरिक। अगर इराक पर थोपे जाने वाले युद्ध का उद्‌देश्य विनाशकारी हथियारों को नष्ट करना था तो सर्वप्रथम उन हथियारों के भंडारों को तलाशना जरूरी था, जो निरीक्षकों को नहीं मिले। अमेरिका कुछ ऐसे टेपों को आधार बनाकर हमले का औचित्य सिद्ध करता था, जिनमें हथियार-निरीक्षकों की वापसी के बाद इराके के अधिकारियों की बातचीत दर्ज है कि निरीक्षकों को हथियार के भंडारों का पता ही नहीं चल सका। मुख्य हथियार-निरीक्षकों ने दो-टूक शब्दों में कहा कि इराक के पास नरसंहार के ऐसे हथियार नहीं हैं।

विश्व के अनेक राष्ट्र युद्ध के विकल्प के रूप में इराक में सत्ता-परिवर्तन का सुझाव दे रहे थे। अन्य विकल्प यह था कि सद्‌दाम हुसैन अन्यत्र किसी देश में शरण ले ले, किंतु 16 जुलाई 1979 से निरंतर इराक के राष्ट्रपति के पद पर आसीन सद्‌दाम किसी शर्त पर भी इराक के पलायन के लिए तैयार नहीं था। प्रारम्भ में सद्‌दाम ने हथियार संबंधी सहयोग देने में आनाकानी की, लेकिन बाद में उसने इस बात की इजाजत दे दी, प्रस्ताव 1441 (सयुक्त राष्ट्र सुरक्षा परिषद) का पालन नहीं हुआ। प्रस्ताव में इराक को विनाशकारी शस्त्रों को नष्ट करने की चेतावनी है, लेकिन इसमें समय-सीमा निर्धारित नहीं की गई थी। मिसाइलों को नष्ट करना भी इस निशस्त्रीकरण का अंग था।

अमेरिका के जन-संहारक हथियारों के जमाव को आतंक की कार्यवाही मानता है, इसलिए आवश्यक होने पर बलपूर्वक इराक की वर्तमान सत्ता को हटाने और विध्वंसकों को नष्ट करने के लिए योजना बनाई गई। लेकिन युद्ध का कोई सटीक

कारण नजर नहीं आता। अंततः कई सप्ताह की भीषण विनाशकारी हवाई बमबारी के बाद अमेरिकी सेनाएं इराकी की राजधानी में प्रविष्ट हुईं। सद्दाम की ओर से विरोध समाप्त हो गया।

अमेरिका ने इराक युद्ध में अपने सभी जन-संचार माध्यमों का उपयोग किया। युद्ध का आरंभ इराक के संवेदनशील ठिकानों पर मिसाइलों के हमलों और हवाई बमबारी से शुरू हुआ, ताकि उसके संचार-संसाधन नष्ट किए जा सकें, हवाई अड्डे क्षतिग्रस्त हो जाएं तथा बिजली, पानी और सामरिक महत्त्व के उद्योग-धंधे छिन्न-भिन्न हो जाएं। उत्तर और दक्षिण से अमेरिकी और उसके मित्र सेनाओं के टैंक बीएमपी और टैंक वाली युद्धक गाड़ियां तोपखानों के साथ बगदाद में प्रविष्ट हुई।

इराक की गणराज्य के रूप में स्थापना 1985 में हुई। इसके पूर्व यह आटोमन साम्राज्य के अधीन था। 4,37,072 वर्ग किलोमीटर क्षेत्र वाले इराक का मात्र 4910 वर्ग किलोमीटर इलाका जलमग्न है। 4,32,162 वर्ग किलोमीटर क्षेत्र जमीन है। इसकी 3650 किलोमीटर लंबी सीमाएं ईरान (1438), जोर्डन (171), कुवैत (240), सऊदी अरब (814), सीरिया (605), तुर्की (352) और समुद्रतट (58) से लगी हैं। अधिकांश इलाका रेगिस्तानी है। यहां सामान्य से लेकर कड़ाके की ठंडक तक पड़ती है और कड़ाके की गर्मी में आकाश में बादल नहीं होते। इराक की ज्यादातर हिस्से में रेगिस्तानी और दलदली मैदान है। तुर्की और ईरान से सटी सीमा-रेखा के क्षेत्र पहाड़ी हैं। भूगर्भीय संसाधनों में पेट्रोलियम, प्राकृतिक गैस और सल्फर प्रमुख हैं। कृषि-योग्य भूमि 11.89 प्रतिशत है, जिसमें स्थायी फसलें मात्र 0.78 प्रतिशत इलाके में होती हैं। 2 करोड़ 40 लाख की आबादी में 41.1 प्रतिशत जन-संख्या 14 वर्ष ओर उससे कम आयु की है और शेष 58.9 प्रतिशत 15 वर्ष और उससे अधिक आयु की। इराक की जन-संख्या मुस्लिम-बहुल है-97 प्रतिशत। इनमें शिया 65 प्रतिशत, सुन्नी 32 प्रतिशत, ईसाई ओर अन्य 3 प्रतिशत हैं। इस देश में बसे अरब (75 से 80 प्रतिशत), कुर्द 15-20 प्रतिशत, तुर्क और असीरियाई 5 प्रतिशत हैं। वे अपनी-अपनी अरबी, कुर्द, असीरियाई और आर्मीनियाई बोलियां बोलते हैं। 18 प्रांतों वाले इराक का शासन इस्लाम धर्म पर आधारित था, जहां राजनीतिक गतिविधियों के लिए सरकार की अनुमति लेना जरूरी था। उत्तर में बसे कुर्द और दक्षिण में बसे शिया सद्दाम-विरोधी रहे हैं।

इराक की अर्थव्यवस्था पेट्रोलियम पर आधारित रही है, जिससे 95 प्रतिशत विदेशी मुद्रा अर्जित होती है। 1980 से 1988 तक आठ वर्ष ईरान-इराक युद्ध चलता रहा जिसमें इराक को 100 अरब डालर की हानि हुई थी।

इसके बावजूद इराक ने अगस्त 1990 से कुवैत पर हमला कर दिया था। अमेरिका और उसके सहयोगियों ने इराकी आक्रमण को कुचला और संयुक्त राष्ट्र संघ ने इराक पर कठोर आर्थिक, राजनीतिक और सामरिक प्रतिबंध थोप दिए थे। सुरक्षा परिषद् ने प्रस्ताव पास करके इराक को आदेश दिया कि वह जन-विनाश के हथियारों को तथा दूर तक मार करने वाली मिसाइलों को नष्ट कर दे ओर संयुक्त राष्ट्र के निरीक्षकों को हथियारों का निरीक्षण करने दे। संयुक्त राष्ट्रसंघ ने दिसंबर 1996 में मानवीय आधार पर तेल के बदले अन्न सहायता कार्यक्रम शुरू किया, ताकि इराकवासियों को अनाज, दवाइयां और आवश्यक ढांचे के लिए कल-पुर्जे मिल सकें। दिसंबर 1999 में संयुक्त राष्ट्रसंघ ने उसे तेल-निर्यात की अनुमति दे दी, जिसका 28 प्रतिशत भाग संयुक्त राष्ट्रसंघ के मुआवजे और प्रबंध-व्यवस्था पर होने वाले खर्च के बदले चुकाया जाता है। इराक में भीषण महंगाई है। सकल घरेलू उत्पाद का 6 प्रतिशत कृषि से, 13 प्रतिशत उद्योगों से और 81 प्रतिशत सेवाओं से प्राप्त होता है। इराक में 44 लाख श्रमजीवी हैं। निर्यात (2001) 15.8 अरब डालर था, जिसमें अमेरिका का हिस्सा 46 प्रतिशत, इटली 12.2 प्रतिशत, फ्रांस 9.6 प्रतिशत और स्पेन 8.6 प्रतिशत के हिस्सेदार थे। आयात 11 अरब डालर है। कमजोर अर्थ-व्यवस्था वाला इराक लंबे समय तक युद्ध की विभीषिका नहीं सह पाया।

युद्ध से पनपने वाली विकट समस्या

किसी भी युद्ध में भारी संख्या वाले विस्थापितों की समस्या सामने आती है। इराक में कितने लोग घर छोड़कर या देश छोड़कर भागेंगे, इसका अनुमान लगाना कठिन था। समय रहते संयुक्त राष्ट्रसंघ के शरणार्थियों के उच्च आयुक्त ने प्रबंध-व्यवस्था नहीं की और गैर-सरकारी संगठन सहायता करने के लिए आगे नहीं आए। इस युद्ध का सबसे बड़ा लाभ इस्लामिक कट्टरपंथियों को मिला। उन्हें राजनीतिक और मनोवज्ञैानिक प्रोत्साहन मिला कि ईसाइयत ही हमारे दुश्मन हैं। सद्दाम, ओसामा बिन लादेन और विश्व के षड्यंत्ररत दो दर्जन से अधिक इस्लामिक उग्रपंथियों की प्रतिक्रिया स्वाभाविक थी। शिया और सुन्नी दोनों वर्गों के मुसलमान

अमेरिकी सैनिकों की उपस्थिति का विरोध कर रहे हैं। अमेरिकी सैनिकों पर अक्सर हमले हो रहे हैं।

1990 के खाड़ी युद्ध ने भारी पैमाने पर विस्थापित शरणार्थियों की समस्या उत्पन्न की। इस युद्ध के दौरान कुवैत और इराक से 20 लाख लोग पलायन करके जोर्डन और यमन चले गए थे। 1991 के खाड़ी युद्ध के बाद दक्षिण में शियाओं ने और उत्तर में कुर्दों ने इराक से विद्रोह किया तो सद्दाम ने उन्हें निर्ममतापूर्वक कुचल दिया था। इस दमन में कम से कम 30 हजार लोग मारे गए थे और 10 लाख बेघर-बार हो गए थे। सात लाख लोग सीमा-पार करके ईरान चले गए और साढ़े तीन लाख तुर्की से लगती सीमा पर जमा हो गए थे। तब तुर्की ने अपनी सीमाएं बंद कर दी थीं।

पश्चिमी देशों ने इराक पर इस बात के लिए आरोप लगाया है कि वह जानबूझकर अपने विरोधियों को इराक से भागने के लिए मजबूर कर रहा था, विशेषकर ऐसे इलाके से जहां तेल उपलब्ध है। उत्तर के कुर्दिश जिलों किरकुक, खानाकिन और सिनजार से कुर्दों, असीरियाइयों और तुर्कों को हटाकर अरबों को बसा दिया गया। दलदली इलाके में बसे अरब और शिया मूल के लोगों का दमन करके गांव के गांव नष्ट कर दिए गए और इलाके को लगभग जन-संख्याविहीन बना दिया गया था। 10 लाख लोग बेघर-बार हो गए थे। यहाँ स्थिति इतनी ज्यादा खराब हो चुकी थी कि 10 से 20 लाख लोगों को इराक छोड़ने पर मजबूर होना पड़ा। इनमें से ढाई लाख जोर्डन में, 2 लाख ईरान में और 40 हजार सीरिया, लेबनान और तुर्की में जा बसे हैं। इन शरणार्थियों के लिए अंतर्राष्ट्रीय सहायता अपर्याप्त है। बार-बार उनके मानव-अधिकारों का उल्लंघन हो रहा हैं अमेरिका, कनाडा, आस्ट्रेलिया या यूरोप में इन्हें बसाना संभव नहीं होगा, क्योंकि कट्टरपंथी मुसलमानों की चुनौतियां वहां की सरकारों को पहले ही भारी पड़ रही हैं। वे अपना सिरदर्द नहीं बढ़ाएंगे। लगभग तीन लाख इराकियों ने पश्चिमी देशों में शरण मांगी।

इराक युद्ध और भारत

भारत का शिया बहुत इराक से हमेशा मधुर संबंध रहा है। इसलिए इराक पर युद्ध के बाद भारत का उत्तरदायित्व और अधिक बढ़ गया। गुटनिरपेक्ष आंदोलन के जरिये इराक पर होने वाले युद्ध को टाला नहीं जा सका। भारत जैसे विकासशील देशों को अनायास ही पेट्रोलियम की महंगाई असहनीय हो गयी। 1973-74, 1979-80

और 1990-891 के मध्य एशिया के युद्धों ने विश्व की अर्थव्यवस्था को चरमरा दिया था। अक्तूबर 1973 में कच्चे तेल की कीमत रातोंरात 10 डालकर प्रति बैरल से बढ़कर तीन गुनी हो गई थी। 1979 में ईरानी क्रांति के दौरान 56 लाख बैरल प्रति दिन तेल निकासी छह माह के लिए बंद कर दी गई और दाम बढ़कर चार गुने 40 डालर प्रति बैरल कर दिए गए। तेल-निर्यातक देशों ने तो कुछ कीमतों का बोझ संभाला, फिर भी दीर्घकाल तक तेल की कीमत 30 डालकर प्रति बैरल बनी रही। 1990 में इराक-कुवैत युद्ध के दौरान कच्चे तेल की कीमत 40 डालर प्रति बैरल जा पहुंची, क्योंकि कुवैत के तेल के कुओं से 20 लाख बैरल प्रतिदिन तेल निकलना बंद हो गया था। चार महीने बाद सऊदी अरब की अतिरिक्त तेल निकासी और इंटरनेशनल एनर्जी एजेंसी की सहायता से स्थिति काबू में की जा सकी और पेट्रोल की कीमत 16 डालर प्रति बैरल पर लाई गई।

युद्ध के शुरू होते ही तेल के अंतर्राष्ट्रीय बाजार में दाम गिरे।

19 फरवरी 2001 में छपे एक पत्र '-न्यूज वीक' के अनुसार जेहादियों का संगठन पूरे विश्व में है। इसके एक संगठन ने वेस्ट बैंक, चेचन्या, कश्मीर, इंडोनेशिया, फिलिस्तीन तथा फिलिपींस में फैले इस्लामी उग्रवादियों से निकट संपर्क स्थापित किया। उन्हें एकता के सूत्र में पिरोने का सतत प्रयास हो रहा है। वे अंतर्राष्ट्रीय टेलीफोन और इंटरनेट के जरिये एक-दूसरे से जुड़े हैं। इन उग्रवादियों का एकमात्र उद्देश्य विश्व में 'इस्लाम का साम्राज्य' स्थापित करना है। कुरान हाथ में लेकर पाकिस्तानी सेना के मेजर एहसानुलहक ने (जिसने अमेरिकी ग्रीनबेरी के साथ ट्रेनिंग ली थी, जो एक वर्ष पहले तक कश्मीर मुस्लिम जेहाद का कमांडर था) कहा, "पूरी दुनिया अल्लाह की है, इसलिए उसी का कानून पूरी धरती पर स्थापित किया जाएगा।"

वर्तमान समय में अलकायदा विश्व का सबसे बड़ा आतंकवादी संगठन माना जाता है। इसका प्रमुख सरगना ओसामा बिन लादेन है। वर्ल्ड ट्रेड सेंटर पर हमले के बार जब अमेरिका ने अलकायदा सहित ओसामा बिन लादेन का नाम जुड़ा पाया तो उसके विरुद्ध अभियान में कोई कसर नहीं रखी।

ओसामा बिन लादेन का जन्म 1957 में दक्षिणी यमन के मोहम्मद बिन अबदाह बिन लादेन के यहां हुआ था। यमन में जब साम्यवादियों ने पैर पसारने शुरू किए तो लादेन परिवार सऊदी अरब पलायन कर गया, जहां भवन-निर्माण के क्षेत्र में उसके पिता ने अथाह धन-दौलत और इज्जत कमाई। वही उस देश का सबसे अधिक धनी गेरशाही परिवार बना।

जेद्दाह विश्वविद्यालय के छात्र के रूप में वहां जोर्डन मूल के डाक्टर अब्दुल्ला अजजाम ने उसे बहुत अधिक प्रभावित किया। वह मुस्लिम भाई-चारे के समर्थक था। स्नातक हो जाने के बाद ओसामा ने कुछ समय तक अपने पिता की मदद की और इस्लाम धर्म के रसरंग में डूब गया।

संभवतः 80 के दशक में वह अफगानिस्तान गया। फिलिस्तीनी हमास के ऐतिहासिक नेता रह चुके अज्जाम ओर प्रिंस तुर्की इब्न फैजल–जो सऊदी अरब का सुरक्षा प्रमुख था जिसे कुछ वर्ष पूर्व बर्खास्त कर दिया गया–ओसामा के गुरु माने जाते हैं। बाद में मिस्र के राष्ट्रपति अनवर सादात की हत्या के संबंध में दोषी पाया गया डाक्टर जवाहरी उसका धार्मिक प्रणेता बना।

सन् 1982-84 के बीच अज्जाम ने मकतब-अल-खिदमत-अल-मुजाहिदीन-अल-अरब (मक्क) की स्थापना की, जिसे अफगान ब्यूरो, आफिस ब्यूरो और सर्विस ब्यूरो के नाम से भी जाना जाता है। मक्क के प्रमुख कोष संचयी ओसामा को अज्जाम का प्रमुख सहायक माना गया।

अफगानिस्तान एवं पाकिस्तान में सन् 1984-86 के मध्य भारी संख्या में अरब की ओर मुस्लिम युवकों का पलायन हुआ। उस समय धन एकत्र करने के लिए ओसामा ने अधिकांश समय अरब यात्रा में बिताया। उसने अरब और मुस्लिम युवकों को इस्लाम के नाम पर लड़ने के लिए भर्ती किया तथा उन्हें धार्मिक, सैनिक और शारीरिक शिक्षा दी। ये युवक अमेरिका से लेकर फिलीपींस तक फैले। अनेक देशों से भर्ती किए गए। मक्क ने पश्चिमी देशों का अरबों रुपया अफगानिस्तान में जेहाद के लिए प्रशिक्षण, प्रबंध-व्यवस्था तथा सामरिक साज-सामान जुटाने आदि पर खर्च किया।

ओसामा बिन लादेन ने मक्का के माध्यम से पाकिस्तान की आईएसआई से निकट संबंध स्थापित किए। सऊदी अरब में उसने वहां के समाज सेवकों, मिस्र की सरकार तथा अरब जगत के नेताओं के साथ-साथ बहुत बड़ी मुस्लिम बिरादरी से घनिष्ठ संबंध बनाए।

अमेरिकी सीआईए अफगान और विदेशी मुजाहिदीन की ट्रेनिंग और हथियारों आदि की व्यवस्था पाकिस्तान की आईएसआई के माध्यम से करती थी। उन्होंने विशिष्ट हथियार, युद्ध-कौशल के गुह्यतम भेद, स्टिंगर मिसाइलें और भू-उपग्रहों के जरिये प्रभावित क्षेत्रों में चित्र मुजाहिदीन को भेजे। अफगानिस्तान के युद्ध में दो बैंकों में आतंकवादियों की आर्थिक सहायता की थी, जिनके नाम दर अल मल अल इस्लामी (संस्थापक तुर्की के प्रिंस मोहम्मद फैजल सन् 1981) और दल्ला अल बराका

(स्थापना सन् 1982) हैं। दोनों बैंकों ने 20 गैर-सरकारी संगठनों की धनराशि भी संभाली और खर्च की। इनमें प्रमुख इंटरनेशनल इस्लामिक रिलीफ ऑर्गनाइजेशन, इस्लामी राहत एजेंसी और वर्ल्ड इस्लामिक लीग (प्रमुख मुफ्ती अब्दुल अजीज बिन बाज) की छत्रछाया में पनप रही थी। इस तरह मकक एक स्वच्छंद संगठन के रूप में उभरा, जिसकी पहुंच पूरे विश्व में थी। असंख्य मस्जिदों और अनुदान संस्थाओं में मक्क ने अपनी पैठ बना ली।

रूस-अफगानिस्तान के युद्ध में ओसामा बिन लादेन ने अमेरिका के प्रति किसी भी प्रकार के भेदभाव का परिचय नहीं दिया। लेकिन अफगानिस्तान से रूसी सेनाओं की वापसी के बाद उसने पूरे मुस्लिम जगत को एक सूत्र में पिरोने का निर्णय लिया। इस बीच अफगानी नेतृत्व पर डा. अज्जाम से उसके मतभेद उभरे, फिर भी दोनों साथ-साथ काम करते रहे। मक्का के पैन इस्लामिक आदर्शों का अलकायदा ने पूरा लाभ उठाया और धन तथा तकनीकी स्रोतों का भरपूर दोहन किया।

ओसामा बिन-लादेन युद्ध के समाप्त होने के पश्चात सऊदी अरब चला गया। जहां उसने दक्षिणी यमन में जेहादी संगठन बनाने में सऊदी अरब की सहायता की। जब इराक ने कुवैत पर हमला किया तो अमेरिका खाड़ी युद्ध में कूद पड़ा। सऊदी अरब के अनुरोध पर अमेरिकी सैनिक वहां तैनात किए गए तो ओसामा भड़क उठा। उसे दो पवित्र मस्जिदों की भूमि पर गैरमुस्लिम सैनिकों की उपस्थिति स्वीकार न थी। उसने नाराजगी प्रिंस टर्की को बताई। वायदे के अनुसार जब इराकी खतरा समाप्त हो गया, फिर भी वहां से अमेरिकी सेनाएं नहीं हटाई गईं तो उसने सऊदी शासकों को 'काफिर' घोषित कर दिया। उन्हें झूठा मुसलमान माना और एक सच्चा इस्लामी राज्य स्थापित करने की घोषणा की। सऊदी सरकार ने प्रतिक्रियास्वरूप 1992 में उसे देशनिकाला दे दिया और 1994 में उसकी सऊदी नागरिकता भी रद्द कर दी।

ओसामा लादेन ने अच्छी तरह प्रशिक्षण प्राप्त कर लिया तो सन् 1989 में उसे पाकिस्तान से स्वीड़न भेजा गया। वहां उसने 30 ऐसी कंपनियां स्थापित कीं जो तकनीकी क्षेत्र में अग्रणी थीं और आनुवांशिक स्रोत-संबंधी शोधकार्य से लेकर भवन-निर्माण कार्य भी करती थीं। लेकिन अंतर्राष्ट्रीय दबाव के कारण उसे स्वीडन छोड़कर 1996 में अफगानिस्तान लौटना पड़ा। अलकायदा जैसा मजबूत और कोई सक्रिय उग्रवादी संगठन उस समय विश्व में नहीं था।

ओसामा ने अफगानिस्तान में रूसियों से टक्कर लेने के बाद अलकायदा की स्थापना की और मुस्लिम जगत की उन सरकारों को उखाड़ फेंकने का बीड़ा उठाया

जो पाश्चात्य जगत से प्रभावित थीं। उसने खाड़ी युद्ध के बाद अमेरिकी और यहूदियों के विरूद्ध जेहाद छेड़ा।

अलकायदा में जान-माल की क्षति वहन करने की अद्‌भुत क्षमता है। न तो यह विश्वव्यापी अकेला संगठन है और न ही दर्जनों आतंकवादियों का गठजोड़। यह विश्व-भर के इस्लामी उग्रवादी संगठनों का ऐसा संगठन है, जिसमें मिस्र, अलजीरिया, उजबेकिस्तान, कश्मीर, फिलीपींस, चेचन्या, पाकिस्तान और इंडोनेशिया के उग्रवादी शामिल हैं। इन सभी के अलग-अलग संगठन तथा नियंत्रण एवं संचार-प्रणाली हैं, लेकिन आवश्यकता पड़ने पर वे मिल-जुलकर काम करते हैं।

अंतर्राष्ट्रीय स्तर पर मुख्यतः अलकायदा ही योजनाएं बनाने षड्यंत्र रचने और नेतृत्व प्रदान करने का काम करता है।

ओसामा बिन लादेन ने अलकायदा की स्थापना इसलिए की थी ताकि अफगानिस्तान में रूसियों के विरूद्ध लड़ने वाले अरब और अन्य देशों के मुसलमानों को एक साथ जोड़ा जा सके। अलकायदा ने अफगानिस्तान में पाकिस्तान की आईएसआई—जिसमें अधिकतर सैनिक अधिकारी कार्यरत थे—और पाकिस्तानी कट्टरपंथी राजनेताओं की सहायता से अफगान विद्रोह के दौरान सुन्नी इस्लामी चरमपंथियों की भर्ती, ट्रेनिंग तथा एक स्थान से दूसरे स्थान पर ले जाने और धन उपलब्ध कराने में सहायता की। अलकायदा पूरे विश्व में मध्ययुगीन कट्टरपंथी इस्लामी शैली का साम्राज्य स्थापित करना चाहता है। फरवरी 1998 में वर्ल्ड इस्लामिक फंड फॉर जेहाद अगेंस्ट ज्यूज एंड क्रूसेडर्स के बैनर तले एक वक्तव्य जारी किया गया, जिसमें ओसामा बिन लादेन ने कहा—विश्व के सभी मुसलमानों का यह कर्त्तव्य है कि वे अमेरिकियों को कत्ल करें।'

ओसामा बिन लादेन ने 1989 में कश्मीर में जेहाद की घोषणा की। उसने हरकत-उल-मुजाहिदीन, हरकत-उल-जेहाद इस्लामी, हरकत-उल-अंसार, लश्कर-ए-तोइबा और जैश-ए-मोहम्मद नामक तंजीमों की सहायता देने की घोषणा की। उसने पूरे विश्व में—जिसमें भारत भी शामिल हैं—निजाम-ए-मुस्तफा स्थापित करने का फैसला भी किया। फरवरी 1998 में उसने वर्ल्ड इस्लामिक फंड का जेहाद के लिए संगठन किया। इस संगठन का उद्देश्य मध्यपूर्व को इस्राइल से मुक्त कराना, सऊदी अरब की पवित्र भूमि से अमेरिकी सैनिकों को हटाना, वर्तमान सऊदी शासकों को—जो उसके अनुसार बेईमान और पथभ्रष्ट मुसलमान हैं—उखाड़ फेंकना है, ताकि मुसलमानों को खलीफा सरकार में एक छत्रछाया के नीचे संगठित किया जा सके। 11 सितंबर 2001 के हमले के बाद उसने अमेरिका को धमकाया कि यदि भारत की सहायता जारी रखी गई तो

और अधिक अमेरिकी मौत के घाट उतरेंगे। अलकायदा ने अमेरिका को शत्रुता बतलाया ही है साथ में रूस और भारत को भी वह अपना शत्रु मान लिया है।

अलकायदा में गठन में ओसामा और अब्दुल्ला अज्जाम का प्रमुख योगदान था। दोनों ने पाकिस्तान की आईएसआई, तालिबान और सीआईए के कंधे से कंधा मिलाकर सोवियत रूस के विरूद्ध अफगानिस्तान में युद्ध लड़ा। उन्होंने 80 के दशक में मकतूब-अल-खिदमत-इल मुजाहिदीन-अल-अरब (मक्क) की स्थापना की, जिसका खर्चा ओसामा बिन लादेन पूरा करता था। वह मक्का के अमीर (मुखिया) अज्जाम का प्रमुख सहायक भी था। ओसामा बिन लादेन धनी परिवरों में से एक था जिसके पास करोड़ों मिलें थीं, जिसे उसने खुले हाथ खर्च करके अरबों मुसलमानों को अमेरिका से लेकर सुदूर पूर्व स्थित फिलिपीन तक जेहाद के लिए भर्ती किया और रूसियों से लड़ने के लिए ट्रेनिंग के अलावा उनमें धार्मिक कट्टरता भी कूट-कूटकर भर दी। मक्का ने पाकिस्तान की गुप्तचर संस्था आईएसआई से निकट संबंध बनाए जो पश्चिमी देशों विशेषकर अमेरिका और सीआईए से मिलने वाले अरबों रुपयों की आर्थिक और सामरिक सहायता जेहादियों के लिए प्राप्त करती थी। ओसामा बिन लादेन को अफगान युद्ध में अरब और इस्लामी देशों से भारी मात्रा में धनराशि प्राप्त हुई थी। सीआईए ने उनके लिए आधुनिकतम हथियार, उपग्रहों से खींचे गए रूसी सेनाओं के फैलाव के चित्र, संचार-साधन और स्ट्रिंगर मिसाइलें उपलब्ध कराईं। अमेरिका को पहली बार खतरा तब महसूस हुआ जब अफगानिस्तान से रूसी सेनाओं के लौटने के बाद मुजाहिदीन तालिबान ने स्ट्रिंगर मिसाइलों को वापस लौटाने या बेचने से भी साफ इनकार कर दिया।

ओसामा और उसका संगठन इस्लामिक चरमपंथियों में अग्रणी है। उसने आईएसआई से अपने संबंधों का पूरा लाभ उठाया। पाकिस्तान की आईएसआई ने भी अलकायदा की सहायता से भारत को 'हजार जख्म' देकर रक्त-रंजित करने का सपना साकार करना चाहा। रूसी सेनाओं की वापसी के बाद अलकायदा ने विश्व-भर में इस्लाम के अनुयायियों के लिए आतंक का हथियार उठाने का निर्णय लिया। उधर आईएसआई ने अलकायदा के गठन, भर्ती, ट्रेनिंग और कार्य-योजनाओं को साकार करने के लिए सैनिक शैली की सहायता दी। अलकायदा दो दर्जन से अधिक उग्रवादी संगठनों का ऐसा लचीला गठजोड़ है, जहां अलग-अलग उग्रवादी संगठन अपना शिकार चुनकर योजना बनाते हैं और आतंक का तांडव रचते हैं। अलकायदा उन्हें राष्ट्रीय और अंतर्राष्ट्रीय स्तर पर मार्ग-दर्शन और नेतृत्व प्रदान करता है। मिस्र का

इस्लामिक जेहाद (ईआईजे) और अल-गमइया, अल-इस्लामिक (आईजी), अल्जीरिया का आम इस्लामिक ग्रुप (जीआईए) और इस्लामिक पार्टी आफ तुर्किस्तान (आईपीटी), इस्लामिक मूवमेंट इन उज्बेकिस्तान, जैश-ए-मोहम्मद (जेईएम) और फिलीपींस का अबू सय्याफ ग्रुप (एएसजी) शामिल है।

पाकिस्तान और बांग्लादेश के अलावा चीन, चेचन्या, नेपाल ओर इंडोनेशिया में भी अलकायदा की जड़ें फैली हैं। आवश्यकता पड़ने पर यह संगठन यूरोप और उत्तरी अमेरिका में भी अपने उग्रवादियों के लिए प्रबंध और सहायता उपलब्ध कराता है। अफगानिस्तान में उसने अपने 30 प्रशिक्षण केंद्र खोले थे, जिनमें विश्व के कोने-कोने से जेहाद के लिए भर्ती किए गए मुस्लिम युवक कट्टरपंथी धार्मिक प्रेरणा, सैनिक और संचार-संबंधी ट्रेनिंग लेते थे। ट्रेनिंग का दौर छः हफ्ते से शुरू होता था, जिसमें हथियारों का शिक्षण, शारीरिक प्रशिक्षण, गोला-बारूद का इस्तेमाल और आतंक फैलाने की ट्रेनिंग दी जाती थी। कुशाग्रबुद्धि प्रशिक्षणार्थियों को प्रशिक्षण देने के एिल पाकिस्तानी सेना के पूर्व कर्मचारियों को लगाया गया था, जो उन्हें एडवांस ट्रेनिंग के दौरान गुप्त संदेश भेजने, भू-उपग्रह के माध्यम से संचार-व्यवस्था स्थापित करने, सर्वेलेंस, इमारतों और महत्त्वपूर्ण संस्थाओं को गोला-बारूद से उड़ाने, अपहरण और हत्या करने की ट्रेनिंग देते थे। यह काम आईएसआई की देख-रेख में ही होता है।

अलकायदा का अरबी भाषा में एक ऐसा ग्रंथ काबुल के पास स्थित रिशखोर भग्नावशेषों में स्थित स्कूल में मिला है, जिसमें एक हजार छियासी (1086) पृष्ठ है। उसमें हर बात बहुत बारीकी से समझाई गई है। इसकी सूचना-शैली से स्पष्ट है कि यह ग्रंथ पाकिस्तानी सैन्याधिकारियों और आईएसआई के अधिकारियों की सहायता से रचा गया है। इसमें भारतीय समाज, धर्म, व्यवस्था, राजनीति, हिंदू संगठनों—विशेषकर राष्ट्रीय स्वयंसेवक संघ, विश्व हिंदू परिषद, भारतीय जनता पार्टी, अखिल भारतीय विद्यार्थी परिषद, स्वदेशी जागरण मंच, बजरंग दल, शिवसेना आदि का विस्तृत विवरण दिया गया है।

कारों में शत्रु का पीछा करना, उन्हें नष्ट करना, बूबी ट्रेप लगाना, हवाई जहाजों पर हमले और पानी के जहाजों को नष्ट करने के नुस्खे पुस्तक में सचित्र लिखे हैं। आतंकवादियों के लिए रचे गए इस ग्रंथ में रासायनिक और जैविक शस्त्रों के विवरण भी हैं। रिशखोर में अलकायदा ने कम से कम ग्यारह हजार कट्टरपंथियों को आतंक फैलाने की शिक्षा दी थी। अलकायदा ने विश्व-भर के लोग 70,000 चरमपंथी अनुयायियों को जेहाद के लिए ट्रेनिंग दी। रिशखोर पर—जो काबुल से सिर्फ 15 किलोमीटर दूर है—अमेरिका ने कमरतोड़ अचूक हवाई हमले किए थे।

ओसामा बिन लादेन ने अफगानिस्तान के प्रवास के दौरान नफरत जाहिर नहीं की थी। लेकिन जैसे ही रूसी सेनाएं पीछे हटीं, उसने पैर पसारने और अमेरिका को तेवर दिखाने शुरू कर दिए। अलकायदा ने केन्या और तंजानिया में अमरीकी दूतावासों पर बम विस्फोट किए, जिनमें कम से कम तीन सौ लोग मारे गए ओर पांच हजार घायल हुए। इस संगठन पर इस बात का भी आरोप है कि 1993 में इस संगठन ने अमेरिकी हेलीकॉप्टरों को मार गिराया और यमन में दिसंबर 1992 में अमेरिकी सैनिकों पर बम भी फेंके थे। मनीला में 1994 में पोप की हत्या और प्रशांत सागर के ऊपर एक दर्जन अमेरिकी जहाजों पर विस्फोट करने तथा फिर्ल.पींस यात्रा के दौरान बिल क्लिंटन की हत्या की योजनाएं भी अलकायदा ने बनाई थीं। 1998 में पूर्वी अफ्रीका में, 2000 में अमेरिकी विध्वंसक पर यमन में और सितंबर 2001 में तीन अलग-अलग स्थानों पर अलकायदा के उग्रवादियों ने छह हजार से अधिक लोगों को मौत के घाट उतार दिया।

अब तक अमेरिका को ओसामा बिन लादेन के बारे में पता नहीं था। लेकिन एक बात स्पष्ट है कि वह विश्व में खलीफा की इस्लामिक सरकार बनाना चाहता है, जिसके लिए उसने आतंक के 100 वर्षीय युद्ध की योजना रची है। वह अलकायदा के लिए किसी भी कीमत पर दो परमाणु अस्त्र भी प्राप्त करना चहता है, जिसके लिए पाकिस्तानी मूल के अवकाशप्राप्त न्यूक्लियर इंजीनियर बशीरूदीन महमूद जो डॉक्टर ए.क्यू. खान के सीनियर रह चुके हैं और कट्टरपंथी हैं—एक एनजीओ की स्थापना उम्मा तामीर-ए-नाऊ (यूटीएन) नाम से एक न्यूक्लियर इंजीनियर चौधरी अब्दुल मजीद और उद्योगपति एसएम तुफैल के साथ की। इनके गहरे संबंध अलकायदा और आईएसआई के कट्टर इस्लामपंथी पूर्व डायरेक्टर जनरल लेफ्टीनेंट जनरल हमीद गुल से हैं।

ओसामा परमाणु बम खरीदना चाहता था, जिसके लिए उसके कर्नल गद्दाफी से सहायता भी मांगी थी। तालिबान, अलकायदा और पाकिस्तानी गठजोड़ के कारण भारत और अन्य शांतिप्रिय राष्ट्रों की चिंता स्वाभाविक है। अमेरिकी सेना ने अफगानिस्तान में अलकायदा उग्रवादियों की गुफाओं से रिएक्टर ग्रेड का यूरेनियम बरामद किया था। इसके बाद बशीरूदीन अहमद और उसके साथी अब्दुल मर्जीद को हिरासत में लेकर पाकिस्तानी और अमेरिकी अधिकारियों ने पूछताछ की। दोनों के बैंक खातों में अपार धनराशि जमा थीं, जो संभवतः उग्रवादी संगठनों ने परमाणु शस्त्रों की सप्लाई के संबंध में उन्हें दी थीं। पिछले दिनों पाकिस्तान के एकाउटेंट जनरल की रिपोर्ट में यह अभियोग लगाया गया कि सरकारी खजाने का दुरुपयोग उग्रवादियों के हित में किया गया। आईएसआई दो सौ करोड़ रुपये से अधिक धनराशि भारतीय

जम्मू-कश्मीर में उग्रवादियों पर खर्च करती है। इससे कहीं बड़ी धनराशि विश्व के विभिन्न इस्लामी संगठनों से भी आती है।

अक्तूबर 2002 में अमेरिकी समाचार-पत्रों ने इस आशय के समाचार प्रकाशित किए थे कि पाकिस्तान और उत्तरी कोरिया परमाणु अस्त्रों और मिसाइल टेक्नोलॉजी के परस्पर आदान-प्रदान में लगे हैं।

4

पाकिस्तान में आतंकवाद और भारत

भारत में आतंकवाद का प्रारंभ उस समय से माना जाता है जिस समय भारत का (1947) में विभाजन हुआ था। भारत से पाकिस्तान का एक पृथक राज्य बनने के बाद वहाँ ऐसे कई संगठनों का निर्माण हुआ जो भारतीय भू-भाग पर दोबारा कब्जा करना चाहते थे, जिसके लिए वे आज भी हिंसक घटनाओं को अंजाम देते हैं। 1947 में मुस्लिम-बहुल क्षेत्रों को पूर्वी पाकिस्तान और पश्चिमी पाकिस्तान के रूप में गठित किया गया। लेकिन आरंभ से ही पाकिस्तान की राजनीति और सरकार में पश्चिमी पाकिस्तान के पंजाबी और पठान मूल के लोग हावी रहे। पठान, बलूच, सिंधी, पंजाबी, मुहाजिरों और बंगालियों को इस्लाम की प्रकरण एकता के सूत्र में नहीं पिरो पायी। उग्र राजनीतिक आंदोलन, पश्चिमी पाकिस्तान के शासकों की दमनकारी प्रतिक्रिया और विकास तथा प्रशासन के मामले में भेदभावपूर्ण नीति ने पूर्वी पाकिस्तान में विद्रोह की स्थिति ला दी। इसकी परिणति पाकिस्तान-भारत युद्ध-दिसंबर 1971 में हुई जिसके परिणामस्वरूप 16 दिसंबर 1971 को भारत की सहायता से सार्वभौमिक धर्मनिरपेक्ष बांग्लादेश का उदय हुआ और पूर्वी पाकिस्तान इतिहास के पन्नों में खो गया। नौ महीने चले बंगालियों के स्वतंत्रता-संघर्ष में पश्चिमी पाकिस्तानी मूल के सुरक्षाबलों ने अपने इस्लामधर्मियों के साथ ही अमानुषिक व्यवहार किया। हजारों लोगों को कत्ल किया, जेलों में ठूंसा और अबला महिलाओं का बलात्कार किया। पश्चिमी पाकिस्तानी शासक-वर्ग खुले आम कहता था–'हम इन बंगालियों की नस्ल को बदल देंगे।'

पाकिस्तान के विरोध में पूर्वी पाकिस्तान में बंगाली मुक्ति मोर्चा का गठन किया गया। बांग्लादेश का जन-मानस भारत और भारतीय सुरक्षाबलों का कृतज्ञ था। भारतीय सेना मुक्ति-सेना के रूप में वहां गई थी और 93 हजार पाकिस्तानी युद्धबंदियों और युद्ध में स्वर्णिम विजय की स्मृतियां साथ लेकर वापस लौटी।

उस समय बंगाली मूल के अनेक बुद्धिजीवियों ने कहा था—'यदि भारत चौकन्ना नहीं रहा होता तो बांग्लादेश में इस्लामी कट्टरपंथी भारत के विरुद्ध नफरत का बीज बोएंगे। वह दिन दूर नहीं होगा जब बांग्लादेश भारत को पाकिस्तान से भी बड़ा शत्रु मानेगा।'

इन उद्गारों में अतिशयोक्ति भले ही हो लेकिन कुछ सच्चाई भी है। बांग्लादेश में मध्यवर्ग देशों से, पाकिस्तान से और भारत-विरोधी अन्य स्रोतों से सहायता एवं मार्गदर्शन बड़े पैमाने पर आया। भारत के विषय में विशेषकर भारतीय सेना पर लूटपाट, भारतीय व्यापारियों पर लूट-खसोट और अवसरवादिता के आरोप लगाकर बहुत दुष्प्रचार किया गया।

नवोदित राष्ट्र बांग्लादेश में वामपंथियों-दक्षिणपंथियों, पाकिस्तान से लौटे (वहां नजरबंद रहे) सैनिक अधिकारियों, मुक्त-योद्धाओं और विभिन्न वर्गों के राजनेताओं में सत्ता संघर्ष शुरू हुआ।

अभावग्रस्त जिंदगी, युद्ध के कारण नष्ट-भ्रष्ट हुई आधारभूत सुविधाओं, अन्न, सुरक्षा, रोजगार आदि के अभाव के कारण बांग्लादेश में घोर असंतोष बढ़ा तो इस स्थिति का लाभ उठाकर, भारत-विरोधियों द्वारा षड्यंत्र रचकर भारत के विरुद्ध दुष्अचार भी आरंभ हुआ राजनेताओं और कट्टरपंथी धार्मिक नेताओं ने जल के अभाव, अनावृष्टि, अन्न के अभाव और बाढ़ जैसे प्राकृतिक आपदाओं के लिए भी भारत को ही दोषी ठहराया। वहां के शासक-वर्ग में, विशेषकर राजनेताओं में, अनुभव एवं दूरदृष्टि का अभाव था। भ्रष्टाचार और भाई-भतीजावाद चरम सीमा पर था और सत्ता के लिए संघर्ष तो बांग्लादेश को पाकिस्तान को विरासत में ही मिला था।

दूसरी ओर, भारतीय दूतावास और प्रचार-तंत्र ने समय रहते पहल नहीं की। वैसे भी बंगबंधु शेख मुजीब को यह विश्वास था कि बांग्लावासी उनसे बहुत प्रेम करते हैं। 1973 में मुक्ति-योद्धा सैनिक अधिकारियों ने उनकी हत्या कर दी और उसके बाद सत्ता के लिए विकट-संघर्ष एवं उत्पात होने लगा। पाकिस्तानी दूतावास भी सक्रिय हो गया। भारत के विरुद्ध दुष्प्रचार और बढ़ा। हत्या और विद्रोह के साथ भारत-विरोधियों ने भारतीय गुप्तचर संस्था रॉ का नाम प्रचारित किया। अन्य देशों

की भांति बांग्लादेश में भी गरीबी और भुखमरी से जूझते जन-मानस को भारत-विरोध, इस्लाम की शरण और कट्टरपंथी मध्यपूर्व के देशों से मिलने वाली सहायता में सुख-चैन मिला।

भारतीय दूरदर्शन, अन्य टीवी चैनल, बांग्ला और अंग्रेजी समाचार-पत्रों ने बांग्लादेश संबंधी समाचारों को शायद ही कोई स्थान दिया। फरक्का जल-विवाद, भारत और बांग्लादेश की एन्कलेवों का विनिमय और अंतर्राष्ट्रीय सीमा-रेखांकन की संसद द्वारा स्वीकृति और 'ऐडवर्स पजेशन' जैसे सैकड़ों मामले दोनों देशों के विदेश विभागों की लाल फीताशाही में ऐसे उलझे कि आज तक सुलझ नहीं पाए। बांग्लादेश में मदरसों, मस्जिदों और राजनीतिक पार्टियों द्वारा इस्लामिक कट्टरपंथी भावना का तेज प्रचार किया गया। कट्टरपंथी भावनाएं बांग्लादेश के अनेक सीमावर्ती जिलों में भड़क उठीं। पाकिस्तान की आईएसआई ने इसका भरपूर लाभ उठाया। पाकिस्तानी युग के अनेक बांग्लादेशी सरकारी और सैन्य कर्मचारी घोर भारत-विरोधी रहे हैं। पूर्वोत्तर भारत के उग्रवादियों को भी शरण और सहायता देने लगे, जो आज तक जारी है।

रूसी सेनाओं ने 1980 के दशक में अफगानिस्तान में भयंकर युद्ध प्रारम्भ किया। उन्हें सबक सिखाने के लिए अमेरिका की सीआईए ने पाकिस्तानी आईएसआई की सहायता से वहां रूसी सेनाओं को पराजित कराने के उद्देश्य से चक्रव्यूह-सा रचा। अमेरिका ने आईएसआई के जरिये अफगानिस्तान के मुजाहिदीन को सामरिक एवं आर्थिक सहायता दी। रूसी सेनाओं द्वारा अफगानिस्तान में छेड़े गये युद्ध को विश्व के मुस्लिम राष्ट्रों ने धर्मयुद्ध कहा। प्रशिक्षण के बिाद हथियार देकर उन्हें युद्ध में भेजा गया। आईएसआई के लिए यह बहुत बड़ी उपलब्धि और अनुभव था। पश्चिमी गुट के समर्थक इस्लामी देश अफगानिस्तान युद्ध के लिए भरपूर सहायता दे रहे थे।

अफगानिस्तान से रूसी सेनाओं की वापसी के बाद 1989 में आईएसआई ने अनेक ट्रेनिंग कैंपों को इस्लामी जेहाद के नाम पर तालिबान प्रशिक्षित करने के लिए प्रयोग किया। इसी समय वहां ओसामा बिन लादेन ने अलकायदा का गठन किया। सिक्ख द्वारा भारत खालिस्तान बनाये जाने का आईएसआई समर्थन करती है और उसके आतंकवादी गतिविधियों में साथ भी देते हैं। लेकिन उद्देश्यहीन और पथभ्रष्ट हो चुके आतंकवादियों को सुरक्षाबलों और जन-असयोग का सामना करना पड़ा और सिख उग्रवाद ठंडा पड़ गया। आईएसआई ने 1971 की शर्मनाम पराजय का बदला लेने के लिए और भारत को हजार जख्म देने के

लिए कश्मीर में परोक्ष युद्ध शुरू कर दिया। आईएसआई के पास अनेक देशों के प्रशिक्षित उग्रवादी थे जो कश्मीर में जेहाद के नाम पर घुसपैठ करने लगे। 1990 के बाद पाकिस्तान की सहायता से कश्मीर में जेहाद के लिए 150 से अधिक आतंकवादीं संगठन बनाए गए, जिनके प्रशिक्षण-शिविर सीमापार पाक-अधिकृत कश्मीर, लाहौर, कराची, इस्लामाबाद, झंग, क्वेटा, मनशेरा, रहीमयार खान, झेलम आदि 30 से अधिक स्थानों पर स्थापित किए गए। आईएसआई ने धार्मिक कट्टरपंथी इस्लाम का सहारा लेकर निम्नलिखित उग्रवादी संगठन जम्मू-कश्मीर में गठित, प्रशिक्षित, प्रेरित और निर्दिष्ट किए—

1. एमजेएफ
2. जमात-ए-इस्लामी
3. केएलएफ
4. अल-मुस्तफा टाइगर
5. अल-फतह
6. अल-उमर
7. हिज्ब-अल्लाह
8. जम्मू एंड कश्मीर लिबरेशन फ्रंट (जेकेएलएफ)
9. हिज्बुल मुजाहिदीन (एचएम)
10. हरकत-उन जेहाद-ए-इस्लामी (हूजी)
11. हरकत-उल-मुजाहिदीन (हुम)
12. हरकत-उल-अंसार (हुआ)
13. जमात-उल-मुजाहिदीन (जुम)
14. तहरीक-उल-मुजाहिदीन (तुम)
15. इस्लामिक फ्रंट
16. अल-वर्क
17. अल-जेहाद
18. इकवान
19. लश्कर-ए-तोइबा (एलईटो)
20. तहरीक-ए-जेहाद इस्लामो (टीजेआई)
21. अल-बदर
22. जैश-ए-मोहम्मद
23. अल-जेहाद आदि

जम्मू एंड कश्मीर लिबरेशन फ्रंट-जिसका पूर्व नाम 'जे एंड के नेशनल लिबरेशन फ्रंट था– की स्थापना एक आतंकवादी संगठन के रूप में 1964 में पेशावर में मोहम्मद मकबूल बट ने की। बाद में उसे फांसी दे दी गई। 1971 में इस तंजीम को जेकेएलएफ नाम दिया गया और इसका मुख्यालय पाकिस्तान से हटाकर यूनाइटेड किंगडम (ब्रिटेन) में 1976 में ले जाया गया। 1983 तक इसकी शाखाएं ब्रिटेन, फ्रांस, हालैंड, जर्मनी, अमेरिका और केंद्रीय एशिया के चार देशों में खुल गईं। पाकिस्तान इसकी गतिविधियों का प्रमुख केंद्र बना ही रहा।

इस उग्रवादी संगठन ने 1971 और 1976 में इंडियन एयर लाइंस के विमानों का अपचालन किया और इसके अलावा 1984 में इस उग्रवादी संगठन ने इंग्लैण्ड के भारतीय राजनीतिक का अपहरण कर उसको जान से मार डाला। इस संगठन के चेयरमैन अमानुल्लाह खां को, जो पाक-अधिकृत कश्मीर निवासी है, ब्रिटिश पुलिस ने 1983 में राजीव गांधी के दौरे के पहले गिरफ्तार कर निष्कासित कर दिया। वह अपने संगठन के लिए बम विस्फोटों का षड्यंत्र रच रहा था। निष्कासन के बाद 1986 के अंत में उसने जेकेएलएफ के लिए पाकिस्तान से आतंकवादी गतिविधियों का संचालन शुरू किया। इस बीच पाकिस्तान भारत के खिलाफ परोक्ष रूप से युद्ध की तैयारियों में लगा हुआ था। जे ई आई, जम्मू-कश्मीर और पीपुल्स लोग लीडरों से उत्साहवर्द्धक प्रत्युत्तर के अभाव में पाकिस्तान ने जेकेएलएफ से सहयोग मांगा।

जे के एल एफ ने सहयोग का आश्वासन दिया और रऊफ कश्मीरी तथा गुलाम मोहम्मद वानी जैसे नेताओं को जम्मू-कश्मीर भेजकर यहां के निवासियों को सशस्त्र संघर्ष के लिए उकसाया। इसी समय पृथकतावादी कश्मीरी युवकों ने—जिन्हें पुलिस ने प्रताड़ित किया था (जो जे एंड के पीपुल्स लीग और इस्लामिक स्टूडेंट लीग से जुड़े थे) मुस्लिम यूनाइटेड फ्रंट (एमयूएफ) से संपर्क और सहायोग स्थापित किया। 1987 में मई माह में श्रीनगर में इन्होंने एक नई तंजीम का गठन कर पाकिस्तान के सहयोग से भूमिगत आंदोलन चलाने का फैसला किया।

सन् 1988 में जेकेएलएफ ने एचएजेवाई का गठन किया, जिसके प्रमुख सदस्यों में हमीद शेख, अशफाक मजीद वानी, जावेद अहमद मीर उर्फ नलका तथा मासीन मलिक प्रमुख थे।

इन्होंने अपने सदस्यों को पहला बैच ट्रेनिंग सीमापार भेजा। इस प्रकार पाकिस्तान की आईएसआई और जेकेएलएफ के बीच भारतीय कश्मीर में उग्रवाद

और सशस्त्र आंदोलन फैलाने के उद्देश्य से युवकों को प्रशिक्षण देने और उन्हें हथियार उपलब्ध कराने का दुष्चक्र शुरू हुआ। यह ऐसा समय था जब आईएसआई और अमेरिकी सीआईए तथा मुस्लिम उग्रवादियों का अफगानिस्तान से गहरा गठजोड़ था। रूसी सेनाएं पराजय के कगार पर थीं और राहत की सांस लेकर अत्यधिक शक्तिशाली हो चुकी आईएसआई भारत-विरोध महत्त्वाकांक्षी गतिविधियों की योजनाएं बना रही थी।

कश्मीर घाटी की जेकेएलएफ शाखा ने पहला एक्शन सेंट्रल टेलीग्राफ आफिस, श्रीनगर में (31 जुलाई 1 अगस्त 1988) बम विस्फोट करके किया। अगले ही माह उन्होंने कश्मीर के डीआईजी रेंज के घर पर हमला किया।

उग्रवादी उत्पात में रत यह संगठन घाटी में 1988-89 में सक्रिय रहा। अशफाक वानी मार्च 1920 में एक मुठभेड़ में मारा गया। 1990 के दशक के आरंभ में घाटी में यह संगठन एक बड़ी शक्ति के रूप में उभरा, जिसने अनेक जन-विरोधी आंदोलनों और उग्रवादी गतिविधियों का संचालन किया। आईएसआई कश्मीर में एक ही घोड़े पर दांव पर सब कुछ नहीं लगाना चाहती थी, इसलिए कुछ ही वर्षों बाद कश्मीर में हिजबुल मुजाहिदीन उग्रवादी संगठन सक्रिय और शक्तिशाली बना।

एक दशाब्दी की अवधि में कश्मीर में दर्जनों उग्रवादी संगठन बनें, जिनके अलग-अलग गुट बने। इसके कारणों को समझने के लिए कश्मीरी राजनीतिक, सामाजिक और धार्मिक परिवेश के हाल ही के इतिहास पर नजर डालना आवश्यक है।

1980 के दशक के आरंभ में शेख अब्दुल्ला का स्वास्थ्य बिगड़ा तो नेशनल कॉन्फ्रेंस में दरार पड़नी शुरू हुई। शेख के निकट रहे विश्वासपात्र मिर्जा अफजल बेग अलग हुए तो सत्ता-संघर्ष शेख के पुत्र डा. फारुख अब्दुल्ला और शेख के दामाद जी.एम. शाह के बीच शुरू हुआ। एक बेटा था और दूसरा शेख अब्दुल्ला का दामाद। शेख अब्दुल्ला का झुकाव अपने बेटे की ओर था, इसलिए विरोधी पक्षों का संघर्ष खुलकर सामने आया। 8 सितंबर 1982 को शेख अब्दुल्ला का निधन हो गया। पूरी कश्मीर घाटी शोक में डूब गई। लाखों लोग अंतिम संस्कार में शामिल हुए। नेशनल कॉन्फ्रेंस ने डा. फारूख को अपना नेता चुना और वह मुख्यमंत्री बने। लेकिन किन्हीं कारणों से डा. अब्दुल्ला और भारतीय प्रधानमंत्री के संबंध बिगड़ गए। जून 1983 के चुनाव में नेशनल कॉन्फ्रेंस ने असेंबली की 76 में से 47 सीटों पर विजय प्राप्त की। कांग्रेस को केवल 25 सीटें मिलीं। चुनाव क्षेत्रीय और सांप्रदायिक आधार पर लड़े गए थे। घाटी की लगभग सभी सीटें नेशनल कॉन्फ्रेंस ने जीतीं। जम्मू डिवीजन में कांग्रेस

का प्रदर्शन शानदार रहा। कारगिल की एकमात्र बौद्ध-बहुल जनसंख्या की सीट पर भी कांग्रसे की विजय हुई।

उसी वर्ष जीएम शाह और डा. अब्दुल्ला के संघर्ष के फलस्वरूप नेशनल कॉन्फ्रेंस का विभाजन हो गया। अप्रैल 1985 में जगमोहन जम्मू-कश्मीर के राज्यपाल बने। 2 जुलाई 1984 को उन्होंने डा. फारूख से असेंबली में बहुमत टूटने के कारण त्यागपत्र मांगा। डा. फारूख ने समय मांगा और असेंबली में बहुमत सिद्ध करने की बात कही तो राज्यपाल ने उनकी सरकार को बर्खास्त कर जी.एम. शाह को मुख्यमंत्री बनाया। नेशनल कॉन्फ्रेंस के कार्यकर्त्ताओं ने विरोध का स्वर उग्र किया। जी.एम. शाह की सरकार किसी प्रकार रेंगती-घिसटती मार्च 1986 तक चली।

जब डा. फारूख अब्दुल्ला को 1984 में मुख्यमंत्री पद से बर्खास्त किया गया तो 1986 तक अनेक हिसंक वारदातें होती रहीं। जून 1984 में अमृतसर के स्वर्णमंदिर में सेना प्रविष्ट हुई। अक्टूबर 1984 में श्रीमती इंदिरा गांधी की हत्या के बाद राजीव गांधी प्रधानमंत्री बने। इसी वर्ष दिसंबर के लोकसभा चुनावों में कांग्रेस को भारी बहुमत प्राप्त हुआ। इसके साथ ही राजीव गांधी और डा. फारूख के संबंधों में मधुरता आई। कांग्रसे और नेशनल कॉन्फ्रेंस ने मिलकर 1987 में असेंबली चुनाव लड़ा और 76 में से 66 सीटें जीतीं। बाकी चार सीटें मुस्लिम यूनाइटेड फ्रंट (एमयूएफ) के हम में गयीं।

नेशनल कॉन्फ्रेंस ने अपनी सरकार बनायी परंतु अपने पार्टी वर्करों से सहायता नहीं मिली। उस पर चुनावों में हेराफेरी का आरोप लगाया गया जिसके कारण कांग्रेस और नेशलन कान्फ्रेंस की लोकप्रियता कम हुई और नेशनल कॉन्फ्रेंस की साख घटी और मुस्लिम यूनाइटेड फ्रंट की ओर लोगों का झुकाव बढ़ा। 1987 के कश्मीर की विधानसभा चुनावों में धांधलेबाजी की शिकायतों के कारण लोगों की राष्ट्रीय और धर्मनिरपेक्ष संगठनों के प्रति अरुचि बढ़ी। अलगाववादी तत्वों को लोगों को बहकाने और भड़काने का अवसर मिला। नेशनल कॉन्फ्रेंस जो अब तक विरोधी दलों और भारत-विरोधी दलों और भारत-विरोधी तत्वों के मध्य संतुलन बनाने का काम करती आई थी, अपनी साख खोने लगी। राजनीतिक दल और भारत-विरोधी तत्व अब आतंकवादियों की ओर झुकने लगे। आजादी की मांग उग्र होने लगी। मुस्लिम यूनाइटेड फ्रंट का प्रभाव-क्षेत्र बढ़ने लगा।

1970 के दशक के प्रारंभ से ही जमाते इस्लामी ने कट्टरपंथियों को सहयोग देना प्रारंभ कर दिया था। अनुमान है कि जमाते-इस्लामी को समकालीन कांग्रेसी नेताओं ने नेशनल कॉन्फ्रेंस के विरुद्ध प्रोत्साहन दिया था। 1968 में शेख अब्दुल्ला

हिरासत से रिहा हुए तो उन्होंने अपना राजनीतिक प्रभुत्व बढ़ाने का प्रयास किया, जिसे रोकने के लिए कांग्रसे पर जमाते-इस्लामी को बढ़ावा देने के आरोप लगे। जमाते-इस्लामी को संवैधानिक पहचान और राजनीतिक वैधता कश्मीर में मिली। वरिष्ठ जमात नेता अली शाह गिलानी ने अन्य पांच के साथ 1972 में असेंबली चुनाव जीता। जब नेशनल कॉन्फ्रेंस 1977 में चुनावों में विजय हुआ तो भी गिलानी को सोनपुर सीट पर जीत जाने से रोका नहीं जा सका। 1983 में जमाते-इस्लामी को एक भी सीट नहीं मिली, लेकिन 1987 में गिलानी पुनः सोनपुर सीट पर विजयी हुआ। इस बीच जमाते-इस्लामी घाटी और डोडा क्षेत्र में इस्लाम के कट्टरपंथी अनुयायियों और अलगाववादियों को निरंतर भड़का रही थी। उसने सबसे घातक प्रहार मदरसों के जरिये किए, जो उसके प्रभाव-क्षेत्र में थे। मदरसों में पढ़ने वाले कच्ची उम्र के असंख्य बच्चों में भारत-विरोधी और विघटनकारी भावनाएं घर करने लगीं। नौकरशाही, पुलिस, शिक्षा विभाग और ग्रामीण विकास से जुड़े अनेक लोगों में भी जमाते-इस्लामी ने अपनी पकड़ मजबूत बनाई।

कट्टरपंथियों और घाटी की अलगाववादी शक्तियों का अभ्युदय लगभग साथ-साथ ही हुआ था। 1971 के युद्ध में पाकिस्तान की शर्मनाक पराजय के बाद उसकी प्रतिष्ठा को गहरा धक्का लगा था। अधिकांश भारतीय मुसलमानों के मन में भारतीय राष्ट्र की अजेय शक्ति की धाक घर कर गई और पाकिस्तान से उनका अलगाव बढ़ा, क्योंकि पाकिस्तान के बंगालियों पर अत्याचार, पूर्वी बंगालवासियों के विद्रोह और मुक्ति-सेना और भारतीय सेना से आतंकित पश्चिमी पाकिस्तान की सेनाओं के शर्मनाक व्यवहार, युद्ध में पराजय और समर्पण के समाचार, समाचार-माध्यमों से विश्व के कोने-कोने तक पहुँचे थे। भारत, विशेषकर कश्मीर में बसे मुसलमानों की सोच को बदलने का यह सुनहरा मौका था। भारत के पास 93,000 से अधिक पाकिस्तानी सैनिक युद्धबंदी थे, जिनका भरपूर लाभ भारत अपने पक्ष में उठा सकता था और कश्मीर-समस्या को अपने हित में सुलझा सकता था। पाकिस्तान के पास ऐसा कुछ न था जिसे लेकर वह अपनी शर्तें भारत से मनवाता।

भुट्टो ने 1972 में शिमला समझौता किया और हारी हुई बाजी अपने पक्ष में कर ली। यही वह समय था जब मध्य एशिया में पेट्रो डालर ऊंची उड़ान भर रहा था। पाकिस्तान ने बड़ी संख्या में अपने श्रमिक मध्य एशियाई देशों में भेजे। लाहौर में गद्दाफी स्टेडियम बनाया गया, सऊदी अरबिया के बादशाह फैजल के नाम पर पाकिस्तान ने अपने एक जिले का नामकरण किया। पाकिस्तान ने इस्लामिक परमाणु

बम बनाने की पेशकश की और मुस्लिम जगत में अग्रणी स्थान प्राप्त करने का प्रयास किया। प्रजातंत्र को पाकिस्तान में बहाल करने के प्रयास असफल हुए। जुलाई 1977 में जनरल जियाउलहक ने जबरन सत्ता हथिया ली और अगले ग्यारह वर्षों तक पाकिस्तान पर एकछत्र राज्य किया।

पाकिस्तान की आर्थिक, सामाजिक और राजनीतिक स्थिति अच्छी न थी। जिया ने इस अवसर पर पाकिस्तान का रुख कट्टरपंथ और इस्लामीकरण की ओर मोड़ा। इस बीच 1978 में अफगानिस्तान में रूसी हस्तक्षेप और उसके ठीक बाद ईरान में धार्मिक क्रांति हुई। पाकिस्तान आगे आया। अमेरिका ने अफगानिस्तान में रूसी सेनाओं को वियतनाम जैसी पराजय देने के लिए व्यूह-रचना की और पाकिस्तान सरकार और आईएसआई के माध्यम से अफगानिस्तान में सामरिक शस्त्रास्त्र, उपकरण आदि, शैक्षिक और गुप्तचर सेवाओं की सहायता उपलब्ध करायी जिसके फलस्वरूप पाकिस्तान की आर्थिक और सामरिक स्थिति सुदृढ़ हो गयी। आईएसआई एक स्वच्छंद, स्वतंत्र, निरंकुश और स्वयं पाकिस्तानी प्रधानमंत्री की अपेक्षा कहीं महत्त्वपूर्ण एवं स्वतंत्र निर्णय लेने वाले संगठन के रूप में उभरा। भारी मात्रा में मादक पदार्थों की तस्करी से सैन्य अधिकारी जुड़े। सैन्य और अन्य उपकरणों का दुरुपयोग करना तो सामान्य-सी बात थी।

1947-48 और 1965 के युद्धों में पाकिस्तान को भारत द्वारा बुरी तरह पराजित होना पड़ा, लेकिन पाकिस्तान के लिए इन युद्धों का एक लाभ यह रहा कि पंजाब की मिलिटेंसी और अफगानिस्तान में छापामार युद्ध के अनुभव के आधार पर पाकिस्तानी सैनिक शासकों और गुप्तचर संस्थाओं ने ऑपरेशन टोपाक का ब्लू प्रिंट बनाया। यह ऑपरेशन 1988 में आरंभ किया गया। इस ऑपरेशन का उद्देश्य कश्मीर में उत्पात मचाने के लिए युवकों को भड़काना, भ्रमित करना, मुसलमानों की भावनाओं को उद्वेलित करना और उनकी सहानुभूति जीतकर ऐसा वातावरण बनाना था जो इनसर्जेंसी के समय उपयोगी सिद्ध हो। समाज के युवकों को मिलिटेंसी, आतंकवाद और चरमपंथ के लिए भर्ती करना, प्रेरित करना, प्रशिक्षित करना, हथियार चलाने और विध्वंस मचाने के लिए तैयार करना भी इस षड्यंत्र के अंग थे। कश्मीर को हथियाने का यह तीसरा प्रयास था।

पाकिस्तान और कट्टरपंथियों को जम्मू-कश्मीर में हिंसक घटनाओं के अंजाम देने का शीघ्र अवसर मिला। नेशनल कॉन्फ्रेंस सरकार प्रबंध-व्यवस्था, विकास और कानून-व्यवस्था के क्षेत्र में निकम्मी साबित हो रही थी। भाई-भतीजावाद, भ्रष्टाचार और निष्क्रियता का बोलबाला था। विरोध का स्वर उग्र होने लगा था। नेशनल

कॉन्फ्रेंस के नेता चुनौतियों का सक्षमतापूर्वक मुकाबला नहीं कर पा रहे थे। आतंकवादियों का पहला हमला 31 जुलाई 1988 को सेंट्रल टेलीग्राफ आफिस और टेलीविजन स्टेशन पर हुए दो बम विस्फोटों के रूप में हुआ। 14 अगस्त 1988 को पाक-समर्थकों ने घाटी में अनेक स्थानों पर पाकिस्तानी झंडे फहराए और 15 अगस्त को भारतीय स्वतंत्रता दिवस के अवसर पर काले झंडे।

16 अगस्त को श्रीनगर में पुलिस द्वारा आतंकवादियों पर कार्यवाही किये जाने के कारण एक व्यक्ति मारा गया तथा 50 घायल हुए। 17 अगस्त को हवाई दुर्घटना में पाकिस्तान के राष्ट्रपति जिया-उल-हक मारे गए तो उनके निधन पर शोक-प्रदर्शन के दौरान श्रीनगर, बारामूला, पुलवामा और भदरवाहा में दंगे हुए। हिंसा में आठ लोग मारे गए और 20 लोग घायल हुए। इसी बीच वास्तविक नियंत्रण-रेखा पार करके सशस्त्र आतंकवादी पाकिस्तान और पाक-अधिकृत कश्मीर से भारतीय जम्मू-कश्मीर में घुसपैठ करने लगे।

1989 में हिंसा और आतंकवादी घटनाएं बढ़ीं। गणतंत्र दिवस का विरोध और बायकाट हुआ। मकबूल बट की वार्षिकी पर 5 फरवरी को उग्र प्रदर्शन हुए। 13 फरवरी को सलमान रुश्दी की पुस्तक 'द सैटेनिक वर्सेज' के विरुद्ध प्रदर्शन हुए।

अप्रैल 1989 तक उग्रवादियों ने श्रीनगर में पुलिस स्टेशनों पर हमले शुरू कर दिए। उग्रवादी घनी आबादी वाले इलाकों में हमलों के बाद साफ बच निकले।

कश्मीरी पंडितों पर कातिलाना हमले होने लगे। भातरीय जनता पार्टी (बीजेपी) के प्रांतीय उपप्रमुख की 14 सितंबर को ओर जेकेएलएफ के संस्थापक मकबूल बट को मृत्युदंड की सजा सुनाने वाले सेशन जज नीलकंठ गंजू की 4 नवंबर को हत्या कर दी गई। अनंतनाग में एक कश्मीरी पंडित वकील की हत्या भी हुई।

इस्लाम के कट्टरपंथियों ने घाटी में इस्लामीकरण की प्रक्रिया आगजनी और हिंसा से शुरू की। सिनेमाघरों और शराबघरों पर हमले हुए। सिनेमाघरों, बारों (खराबखानों) और वीडियो पार्लरों को बंद करने के आतंकवादियों के हुक्मनामे जारी हुए तो भयभीत लोगों ने आज्ञापालन किया। 2 जुलाई को दो लड़कियों के चेहरों पर तेजाब फेंका गया क्योंकि आतंकवादियों के हुक्मनामे का उल्लंघन करके वे बिना बुर्का ओढ़े गलियों में घूम रही थीं।

21 अगस्त 1989 को नेशनल कॉन्फ्रेंस के एक कार्यकर्त्ता की श्रीनगर डाउन टाउन में हत्या कर दी गई। 1930 से निरंतर स्वयं को कश्मीरियों की एकमात्र प्रतिनिधि पार्टी घोषित करने वाली नेशनल कॉन्फ्रेंस के लिए यह एक बहुत बड़ी चुनौती थी। उग्रवादी चुन-चुनकर लोगों पर निशाना साध रहे थे। पुलिस उग्रवादियों

को पकड़ने में असफल रही। पुलिस हतोत्साहित थी। महानिदेशक और अन्य पुलिस अधिकारी स्थिति को भली-भांति संभाल नहीं पा रहे थे।

आतंकवादियों ने इसके उपरांत इंटेलिजेंस ब्यूरो के कर्मियों को निशाना बनाना और हतोत्साहित करना आरंभ किया।

दिसंबर 1989 में मिलिटेंटों ने केंद्रीय गृहमंत्री की पुत्री डा. रूबैया सईद का अपहरण कर लिया। कश्मीर के विभिन्न वर्गों के लोगों और विदेशों में इस्लाम के अनुयायियों ने इस घटना को सहज ही नहीं लिया। इसे हेय दृष्टि से देखा गया। आतंकवादियों पर जनमत का दबाव था। वे डा. रूबैया को छोड़ने ही वाले थे कि केंद्र सरकार ने उग्रवादियों की धमकियों के दबाव में आकर कुछ आतंकवादियों को जेल से रिहा कर दिया। इसका विपरीत परिणाम हुआ। उग्रवादियों के हास्ले ऊंचे हुए और भारत और कश्मीर सरकार की कमजोरी सामने आई। वे आतंकवादी जो जनमत के आगे झुककर उनकी भर्त्सना का शिकार बनने वाले थे, रातोंरात उन्माद से भरे विजेता बन गए। उनके हौसले बुलंद हुए और उनकी गतिविधियां और तेज हो गईं।

आतंकवादी घटनाएं 1990 के समय में बहुत ज्यादा बढ़ गयी थीं। इसी बीच जगमोहन को कश्मीर का राज्यपाल नियुक्त किया गया। डा. फारूख अब्दुल्ला और उनकी कैबिनेट ने उसी दिन त्यागपत्र दे दिया। कश्मीर में राजनीतिक शून्य व्याप्त हो गया था। हालात दिनोंदिन बिगड़ते ही गए। आतंकवादी चुन-चुनकर अल्पसंख्यकों की हत्या कर रहे थे। सरकारी कार्मिकों को निशाना बनाया गया। आतंक से पीड़ित 50,000 से अधिक परिवार अपना सब कुछ छोड़कर श्रीनगर घाटी से पलायन कर गए। हिंदुओं का वहां से लगभग सफाया हो गया।

कश्मीर में आईएसआई ने आजादी का जंग कहते हुए हिंसक गतिविधियां प्रारम्भ कर दीं। अनेक युवक सीमापार करके पाकिस्तानी प्रशिक्षण-शिविरों में आतंकवाद का प्रशिक्षण प्राप्त करने के लिए चोरी-छिपे भेजे जाने लगे। पाकिस्तान और पाक-अधिकृत कश्मीर में आतंकवादियों के प्रशिक्षण-केन्द्र बनाये गये।

पाकिस्तान की आईएसआई तथा वहां सक्रिय कट्टरपंथी इस्लाम के संगठनों ने निम्न स्थानों पर आतंकवादियों के लिए प्रशिक्षण-केंद्र स्थापित किए थे वे हैं–
बरहाली, गुजरखान, झंग, झलक, कोहाट, मीराशाह, मनशेरा (उगी), मरी, ओझेरी कैंप, पेशावर, रहीमयार खान, शकर गढ़, सिंक्यारी, क्वेटा

पाक-अधिकृत कश्मीर– अलियाबाद के अंतर्गत आने वाले आईएसआई के प्रमुख प्रशिक्षण केन्द्र हैं, भिंबर, बाघ, चकोटी, दूधनियाल, गोर्जा फोर्ट, गारी दुपट्टा,

कहूटा, कोटली, केल, मुजफ्फराबाद, निकयाल, पलंदरी, रावलकोट, सेंसा, तेजियान, बरसाला, गदी हबीबुल्लाह।

लांचिंग पैड

प्रशिक्षित और सशस्त्र उग्रवादियों को नियंत्रण रेखा को पार करने के लिए जिन लांचिंग पैड का इस्तेमाल कर रहे हैं, वे हैं—निकियाल, खुरिअट्टा, डाबसी, चीलटेकरी, ठंडी कस्सी, पजनी, नयी तरुटी, डाडोर, बडियालगया, मादरपुर, गोई, सेहरा, जेंडराट, मेघड़, कोपड़ा, केके ढेरी, कोट कोटेरा, द्रूचियां, किरनी, कोची मोहरी, कहूटा फारवर्ड, टेटरिनोट, मंथर, सोकार, पोलास, वालनवाली ढोक, काफर मोहरी।

बांग्लादेश में इस्लामी कट्टरपंथ और आईएसआई के षड्यंत्र

ढाका में मुस्लिम लीग की स्थापना सन् 1906 में हुई थी। इसी मुस्लिम लीग ने भारत के बंटवारे की बात कही, जिसकी परिणति 1947 में भारत के विभाजन में हुई। पाकिस्तान का गठन मुस्लिम-बहुल क्षेत्रों में हुआ। आपस में एक-दूसरे से सैकड़ों मील दूर पूर्वी बंगाल पूर्वी पाकिस्तान और पश्चिम पंजाब, सिंध, बलूचिस्तान और सीमांत प्रांत पश्चिमी पाकिस्तान बने। इस्लाम के आधार पर गठित पाकिस्तान के जन्म के समय रक्तपात, हिंसा, अपहरण और बलात्कार की विभीषिका का ऐसा दौर शुरू हुआ कि मानवता की रूह कांप उठी। सांप्रदायिक उन्माद सीमा पार जा पहुंचा।

आज भी नौआखली में हुए सांप्रदायिक दंगों को भुलाया नहीं जा सकता है। इस्लाम को आधार बनाकर पाकिस्तान का सपना देखने वाले चौधरी बंधुओं, मोहम्मद इकबाल, जिन्ना और अन्य कट्टर मुस्लिम लीगियों ने सपने में भी नहीं सोचा था कि पूर्वी बंगाल में बसे उनके सहधर्मी विरोध पर उतरेंगे। एक इस्लामी राष्ट्र में सभी नागरिकों को समानता की अपेक्षा थी लेकिन आरंभ से ही पश्चिमी पाकिस्तान के समृद्ध और शक्तिशाली पंजाबियों ने प्रशासन, सरकार, सेना और व्यापार के क्षेत्र में एकछत्र नियंत्रण स्थापित कर लिया।

पूर्वी पाकिस्तान का आर्थिक शोषण किया जाता रहा और विकास की प्राथमिकताओं में उसे पीछे ढकेल दिया गया। पूर्वी पाकिस्तान की जनसंख्या पश्चिमी पाकिस्तान से अधिक थी। जमीन पर जनसंख्या का दबाव, अन्न का अभाव तथा 1948 का अकाल—जिनमें लाखों लोग भुखमरी के कारण काल के गाल में समा गए थे—शीघ्र ही धर्म का मोह भंग करने लगे।

विरोध का स्वर उभरने लगा। '50 के दशक में जब उर्दू को अनिवार्य रूप से पूर्वी पाकिस्तान की राष्ट्रभाषा बना दिया गया तो बंगाली जन-मानस बौखला उठा। देखते ही देखते राजनीतिक नियंत्रण मुस्लिम लोग के हाथ से निकल गया। अवामी लीग जनता का स्वर बनकर एक शक्तिशाली राजनीतिक दल के रूप में उभरने लगी। पढ़े-लिखे सुसंस्कृत और समृद्ध लोगों की भांति गांवों में बसे किसानों, श्रमिकों, और अन्य लोगों का भी मोह भंग हुआ और वे कट्टरपंथी विचारधारा से दूर होते गए।

1960 के दशक में अगरतला षड्यंत्र का आरोप लगाकर, शेख मुजीब और उनके साथियों को बंदी बनाकर उन पर राष्ट्रद्रोह का मुकदमा दायर किया गया, जिससे भीषण जनाक्रोश विरोध के रूप में उभरा। अवामी लोग के नेताओं की गिरफ्तारी को बंगाली राष्ट्रवाद और संस्कृति का अपमान माना गया। प्रचंड जन-आंदोलन के सामने पाकिस्तान सरकार को झुकना पड़ा। लगभग इसी समय अक्टूबर 1970 में भीषण चक्रवात ने पूर्वी पाकिस्तान में विनाशलीला रची। लाखों लोग दुष्प्रभावित हुए, लेकिन पश्चिमी पाकिस्तान के सैनिक शासक और राजनेता गए। इस्लाम की दुहाई देने वाले पश्चिमी पाकिस्तान के कट्टरपंथियों ने बंगाली मुसलमानों के लिए दो आंसू भी न बहाये। दो माह बाद दिसंबर 1970 में आम चुनावों में अवामी लीग ने इतनी अधिक सीटें जीतीं कि पश्चिमी-पूर्वी पाकिस्तान को मिलाकर भी संसद में वह बहुमत वाली पार्टी थी। लेकिन भुट्टो और पश्चिमी पाकिस्तान के राजनेता किसी स्थिति में एक बंगाली को पाकिस्तान का प्रधानमंत्री स्वीकारने के लिए तैयार न थे। इस्लाम के नाम पर एकता और भाईचारे का दम भरने वाले कट्टरपंथी प्रजातंत्र की हत्या करने पर तुल गए। 25 मार्च 1971 को पूर्वी बंगाल में बंगाली राष्ट्रवाद के स्वर को कुचलने के लिए सैनिक कार्यवाही शुरू हुई। असंख्य राजनेता, बुद्धिजीवी, पत्रकार, अध्यापक, छात्र, वर्दीधारी और सामान्य नागरिकों की हत्याएं हुईं और अबलाओं से बलात्कार। पाकिस्तानी सेना के आतंक से पीड़ित लाखों बंगाली मूल के लोग घर-बार छोड़कर भाग खड़े हुए। एक करोड़ लोगों ने भारत के शरणार्थी शिविरों में शरण ली। उधर सैनिकों, अर्द्धसैनिक कर्मियों और छात्रों ने मिलकर मुक्ति-सेना का संगठन किया। 'सोनार बांग्ला' और बंगाली राष्ट्रवाद', 'जय बंगला' के नारे बुलंद करते हुए लोगों ने पाकिस्तान के विरुद्ध युद्ध छेड़ दिया।

पाकिस्तान के सैनिक शासकों ने आखिरकार बंगवासियों के आंदोलन से तंग आकर 3 दिसंबर 1971 को युद्ध छेड़ दिया। भारतीय सेना और मुक्ति-वाहिनी के संयुक्त अभियान-दलों ने मात्र 12 दिन में पूर्वी पाकिस्तान को मुक्त करा लिया। आगे बढ़ती भारतीय सेना का लाखों की भीड़ ने गांव-गांव, नगर-नगर में मुक्ति-दाताओं

के रूप में भाव-भीना स्वागत किया। साड़ी और धोती के लिबास में लिपटी बहन-बेटियां भारतीय अभियान-दल पर फूल बरसा रही थीं। उन्होंने अपने हाथों से भोजन बनाया और सैनिक शिविरों में भारतीयों को खिलाने गईं। सैनिक अभियान दल 11 दिसंबर 1971 को मैमनसिंह नगर में पहुँचा। सड़कों पर खड़े फूलों से सजे वाहनों, मुख्य मार्गों और उनके दोनों ओर स्थित भवनों पर भारत-बांग्लादेश के लहराते ध्वजों ने हमारा स्वागत किया। स्वागत पत्रिकाएं फड़-फड़ा रही थीं। महिलाएं बुरकों में न थीं जैसे कि पश्चिमी पाकिस्तान में देखने को मिलती हैं। सर्किट हाउस में पहुंचकर यह जुलुस बिखर गया। तब स्थानीय महिलाओं-बच्चों का तांता लग गया। बंगाली महिलाओं ने एक-एक कर भारतीय सैनिकों से हाथ मिलाया और रुंधे गले से आजादी का सपना साकार करने के लिए धन्यवाद दिया तो मुझे आश्चर्य हुआ। मैं पूछे बिना न रह सका, ''आप लोग पर्दा नहीं करतीं'' उत्तर मिला, ''भाइयों से कैसा पर्दा।''

इस क्षेत्र में अगले 15 दिन तक दूर-दूर तक इस्लामी कट्टरपंथ का नामो-निशान तक नहीं मिला। धार्मिक सहिष्णुता, धर्मनिरपेक्षता और बंगाली राष्ट्रीय स्वाभिमान शिखर पर था। शायद ही किसी गांव में दरवाजों के सामने टाट के पर्दे या बांस की चिक दिखाई दी हो। रिक्शों, नौकाओं, साइकिलों और अन्य वाहनों में यात्रा करती महिलाएं बुरके नहीं पहनती थीं। सिर ढंकने और मुंह छिपाने की प्रथा नहीं थी। वातावरण एकदम पश्चिमी बंगाल जैसा था। एक-दो मस्जिदों को छोड़ भी दिया जाये तो कहीं भी इस्लामिक कट्टरपंथ का कोई लोग अभिवादन के नाम पर 'जय हिंद', 'जय बंगला', 'इंदिरा गांधी जिंदाबाद', शेख मुजीब अमर रहें' जैसे नारे लगाते थे। उर्दूभाषी बिहारी मुसलमानों के प्रति बंगालियों में गहरा आक्रोश था। उन पर हमले हुए। मैमनसिंह, जमालपुर आदि स्थानों पर रेल विभाग में कार्यरत बिहारी मूल के मुसलमानों पर प्राणघाती हमले हुए, लेकिन बिहारी मूल के हिंदू सफाई कर्मचारियों पर जो बहुत बड़ी संख्या में थे, किसी ने हमला नहीं किया। मुसलमानों पर हमले पाकिस्तानी सेना के साथ साठ-गांठ कर आतंक फैलाने के लिए हुए।

बांग्लादेश मुक्ति-संग्राम में सैनिकों और सैनिक अधिकारियों ने बढ़-चढ़कर भाग लिया था। उनके अग्रणी नेता कर्नल उस्मानी थे, लेकिन युद्ध-संचालन की प्रमुख भूमिका मेजर जियाउल रहमान (जो बाद में सेनाप्रमुख और वहां के राष्ट्रपति बने) और मेजर अबू ताहिर ने निभाई जो एकमात्र बंगाल ब्रिगेड कमांडर और बटालियन कमांडर थे। ये दोनों अधिकारी पाक सेना के माहौल में पले थे। इनके स्वरों में डिमांड अधिक थी और आभार कम। अनेक ऐसे सैनिक अधिकारी जो बाद में पश्चिमी पाकिस्तान के बंदीगृहों से छूटकर आए, भारत के प्रति आभारी न थे। सत्ता-संघर्ष के

दौर शुरू हुए। बांग्लादेश के अनुभवहीन राजनेता वहां प्रशासन-व्यवस्था और विकास को गति नहीं दे पाए।

16 दिसंबर 1971 के चंद सप्ताह बाद ही भारतीय सेना भी बांग्लादेशियों को सब कुछ सौंपकर वापस लौट आई। बांग्लादेश में अस्थिरता, अभाव और अराजकता का दौर शुरू हुआ। पीछे हटती पाकिस्तानी सेना महत्त्वपूर्ण ठिकानों, संचार-केंद्रों, सप्लाई-व्यवस्था आदि को नष्ट-भ्रष्ट कर गई थी। अधिकांश मुक्ति-योद्धाओं के पास हथियार और बेहिसाब गोला-बारूद थे। अनाज का अभाव हमेशा की तरह तब भी था। बेराजगारी, विदेशी मुद्रा का अभाव, मुक्ति-योद्धाओं की प्रशासन में दखलंदाजी, राजनेताओं में भाई-भतीजावाद और भ्रष्टाचार स्थिति को दुरूह बना रहे थे। द्वितीय विश्वयुद्ध के बाद यूरोप के पुनःनिर्माण के लिए मार्शल प्लान जैसा भारत ने कुछ नहीं किया। भारतीय विदेश विभाग तथा गुप्तचर संस्थाएं बांग्लादेश में प्रभावहीन थीं।

वहां भारत के मित्रों की कमी न थी। लेकिन भारत के विरुद्ध षड्यंत्र रचने वाले राजनेता और सैनिक अधिकारियों, प्रचार-माध्यमों, धार्मिक कट्टरपंथियों की कोई कमी भी न थी। मध्यपूर्व के देशों, विशेषकर कुवैत, सऊदी अरब और अन्य कट्टरपंथी देशों से विशाल पैमाने पर राहत-सामग्री आई। नष्ट-भ्रष्ट हो चुकी शिक्षा-संस्थाओं, मस्जिदों और मदरसों के नए निर्माण शुरू हुए। नमाज के बाद धार्मिक उद्घोषणाओं में भारतीय सेना, गुप्तचर संस्था 'रॉ', भारत सरकार आदि सब कुछ लूटकर ले गए। भारतीय व्यापारियों के विरुद्ध गहरा दुष्प्रचार किया जाने लगा। भारतीय समाचार-पत्र और रेडियो तथा टेलीविजन राष्ट्रीय स्तर पर बांग्लादेश को शायद भूल चुके थे। अवामी लीग के नेता, विशेषकर शेख मुजीब रहमान इस भ्रम में डूबे रहे कि 'मेरे देशवासी मुझे बहुत प्यार करते हैं।'

भ्रष्टाचार को मिटाने और भाई-भतीजावाद समाप्त करने और मुक्ति-योद्धाओं पर लगाम कसने का उन्होंने कभी कठोर प्रयास नहीं किया।

1947 के भारत विभाजन के पश्चात् से ही पूर्वी बंगाल और भारत में सीमा-विवाद प्रारम्भ हो गया था। सीमा-रेखांकन जमीन पर करने की आवश्यकता थी। बांग्लादेश-भारत सीमा अनेक स्थानों पर नदियों की सबसे गहरी नौकायन-योग्य धारा के बीच से गुजरती है। हर वर्ष भयंकर बारिश के बाद मुख्य धाराएं बदलती रहती हैं, जिसके साथ ही जमीन के कुछ भू-भाग कभी बांग्लादेश में चले जाते हैं और कभी भारत में। इनको सुलझाने की आवश्यकता थी। इंदिरा गांधी और शेख मुजीब के बीच सीमा-समझौता हुआ, जिसका अनुमोदन संसद में जरूरी समझा गया।

लेकिन अनुमोदन से पूर्व सीमा-रेखांकन आवश्यक था। अनेक प्रश्नों को लेकर दोनों देशों के विदेश विभागों के बीच गतिरोध बना रहा। 1974 का समझौता अभी तक लागू नहीं हो पाया है, जिसके फलस्वरूप सीमा-संघर्ष होते रहे हैं। गंगा नदी जल बंटवारे को फरक्का विवाद के नाम से जाना जाता था। गरमी के मौसम में जल के अभाव के कारण बांग्लादेश 55 हजार क्यूबिक जल मांग रहा था, जिसके लिए भारत तैयार न था। 1975 में शेख मुजीब की हत्या के बाद इस विवाद ने जोर पकड़ा। मई 1976 में बांग्लादेश के वामपंथी नेता मौलाना भसानी ने 'ग्रेट मार्च टू फरक्का' की धमकी दी ओर समस्या का अंतर्राष्ट्रीयकरण करने का प्रयास किया।

बांग्लादेश में हर साल बाढ़ छः से आठ महीने तक रहती है, लेकिन इसके उत्तरी और पश्चिमी क्षेत्रों में जलाभाव की अत्यधिक समस्या है। बांग्लादेश में सदा से ही अन्न का अभाव रहा है। वहां इमारतों और पुलों के निर्माण के लिए पत्थरों और बोल्डरों का भी नितांत अभाव है, जिसकी चोरी करने के लिए भारत के सीमांत क्षेत्रों के निवासियों की मिलीभगत से बांग्लादेश से लोग आते रहे। भारत की पश्चिमी सीमाओं पर घुसपैठ रोकने के लिए कंटीले तारों के अवरोध लगाए गए। बांग्लादेश के अवैध जन-प्रवाह को रोकने और सीमा का समुचित नियंत्रण करने के उद्देश्य से जब भारत-बांग्लादेश की सीमा पर कंटीले तारों के अवरोध लगाने की प्रक्रिया शुरू हुई तो बांग्लादेश सरकार ने कड़ा विरोध शुरू किया। इसके पूर्व भी पाक समर्थक बुद्धिमानी सिक्किम के भारत में विलय और पोखरण परीक्षण को लेकर कड़ा विरोध कर चुके थे।

मुजीब के बाद गरीबी, भुखमरी और अव्यवस्था से निपटने के लिए बांग्लादेश के नेता–जिनमें खोंडकर मुश्ताक, जियाउर रहमान तथा पाकिस्तान से वापस लौटे सैनिक अधिकारी अग्रणी थे–मध्यपूर्व के कट्टरपंथी देशों से मिलने वाली सहायता से जुड़ी शर्तों के कारण बांग्लादेश के अघोषित इस्लामीकरण का प्रयास करने लगे। मस्जिदों में भारत-विरोधी अभियान और प्रचार उग्र हुआ। प्रत्येक अव्यवस्था और अभाव के लिए भारत को दोषी ठहराया गया। ढाका तथा चटगांव में तैनात भारतीय दूतावास के कर्मचारी वहां के जन-मानस की नब्ज पहचानने में असफल रहे। भारत-विरोधी भावनाएं तेज होती गईं। 15 हजार से अधिक मदरसों और इतनी ही मस्जिदों में भारत-विरोधी जहर उगला जाता रहा। कट्टरपंथ की नींव डाली जाने लगी।

आईएसआई ने सीमावर्ती इलाकों में भारत-विरोधी प्रचार को तेज किया और पूर्वोत्तर भारत में सक्रिय आतंकवादियों के लिए सहायता और शरण की व्यवस्था की।

डाइरेक्टर जनरल फार्सेज इंटेलीजेंस और नेशनल सिक्योरिटी इंटेलीजेंस ने आईएसआई के साथ मिलकर पूर्वोत्तर भारत के–विशेषकर असम, मेघालय, नागालैंड और त्रिपुरा के–चरमपंथियों को निवास के लिए स्थान, प्रशिक्षण-केंद्र और हथियारों की सुदूर पूर्व-दक्षिण से खरीद कर, कोक्स बाजार एवं बंदर बन के रास्ते लाकर भारत भेजने तक सुरक्षित रखने की व्यवस्था की। पश्चिमी पाकिस्तान, बिहार, उत्तरप्रदेश के असंख्य मौलवी और धर्म-प्रचारक बांग्लादेश की मस्जिदों और मदरसों में सक्रिय हुए। कृष्णानगर, मुर्शिदाबाद, मालदा, पश्चिमी दीनाजपुर, कूचबिहार, धुबरी, मन-कछार, सिल्चर, उत्तरी और पश्चिमी त्रिपुरा के सीमांत क्षेत्रों में भव्य मस्जिदों का निर्माण सीमा के दोनों ओर किया गया, जिनका प्रयोग अवैध रूप से सीमा पार करने वाले चरमपंथी और कट्टरपंथी करते रहे हैं।

अफगानिस्तान संघर्ष के दौरान और उसके बाद बांग्लादेश के कट्टरपंथियों ने धार्मिक जेहाद के लिए तालिबान को भर्ती कर प्रशिक्षण के लिए पाकिस्तान भेजा। आईएसआई ने पूर्वोत्तर के चरमपंथियों को प्रशिक्षण के लिए वायुमार्ग से कराची होते हुए इस्लामाबाद, लाहौर और अफगानिस्तान के प्रशिक्षण-शिविरों में भेजा।

बांग्लादेश के इस्लामी कट्टरपंथी पाकिस्तान और उसकी आईएसआई के षड्यंत्र में शामिल होकर पूर्वोत्तर भारत के बंगलाभाषी-बहुल क्षेत्र और पश्चिमी बंगाल को मिलाकर एक विशाल बंगाली राज्य की स्थापना करने का षड्यंत्र रचते रहे हैं। इस तरह की योजना अंग्रेजों के शासनकाल में भी बनाई गई थी, जिसे 'कूप लैंड प्लान' के नाम से जाना जाता है।

पूर्वी बंगाल के क्षेत्रों से असम, त्रिपुरा, पश्चिम बंगाल और नागालैंड तथा मणिपुर में भी बांग्लादेश से अवैध घुसपैठ होती रहती है।

अप्रैल 2000 में असम के मुख्यमंत्री ने विधानसभा में घोषणा की थी कि आईएसआई और बांग्लादेश की सहायता से असम में इस्लामी चरमपंथी सक्रिय हो रहे हैं। बड़ी संख्या में असम के युवक बांग्लादेश के रास्ते हरकतुल-मुजाहिदीन और लश्कर-ए-तोइबा में भर्ती होने के लिए बांग्लादेश के रास्ते पाकिस्तान गए।

दिसंबर 1998 में बांग्लादेशियों के बढ़ते आजादी की ओर इशारा करते हुए असम के राज्यपाल ने भारत सरकार को भेजी गई एक रिपोर्ट में लिखा–'1970 में पूर्वी पाकिस्तान की जनसंख्या साढ़े सात करोड़ थी, लेकिन 1974 में यह मात्र सात करोड़ 70 लाख होनी चाहिए थी, यानी 10 लाख लोग बांग्लादेश से घुसपैठ करके भारत में आ गए। फलस्वरूप 1991 की जनसंख्या के अनुसार धुबरी और उससे जुड़े ग्वालपाड़ा, बरपेटा तथा कछार के निकट हैलाकंड जिले मुस्लिम-बहुल हो गए हैं।

नौगांव तथा करीमगंज 1978 में मुस्लिम-बहुल हुए और उसके बाद नौगांव। इन क्षेत्रों में बड़ी संख्या में मदरसे खुल रहे हैं, जिनमें अलगाववादी और आईएसआई तत्व सक्रिय हैं। ये उग्रवादी मस्जिदों को कट्टरपंथी शिक्षा देने के लिए आर्थिक साधन उपलब्ध कराते हैं तथा इनका आतंकवाद के शरणस्थली के रूप में प्रयोग किया जाता है। अगस्त 1999 में असम पुलिस ने कुछ हार्डकोर आईएसआई एजेंटों को पकड़ा जिन्होंने बताया कि आईएसआई असम और पूर्वोत्तर के अन्य राज्यों में जेहाद के लिए 10 हजार वालंटियर तैयार कर रही है, जो स्थानीय जनता में मिलकर उद्देश्य-पूर्ति करे। हरकत-उल-जेहाद के अनेक सदस्यों की आईएसआई ने कोक्स बाजार और रंगपुर में प्रशिक्षण दिया है।

पाकिस्तान के जनरल परवेज मुशर्रफ ने जुलाई 2002 में बांग्लादेश का दौरा किया, जिसके दौरान शेख मुजीब के हत्यारों की पार्टी को पुनर्जीवित करने का प्रयास किया गया। बांग्लादेश की सेना तीन गुटों में बंटी है—एक दल पाक-समर्थक अधिकारियेां का है, दूसरा बांग्लादेश नेशलिस्ट पार्टी-समर्थक है और तीसरा उन अधिकारियों का गुट है जो 1971 के बाद अफसर बने। बांग्लादेश सेना में यह प्रयास हो रहा है कि पाकिस्तान की आईएसआई जैसी गुप्तचर संस्था बनाई जाए।

बांग्लादेश में 2001 के चुनावों के बाद इस्लामिक कट्टरपंथियों को पनपने का पर्याप्त अवसर मिला। वहां बांग्लादेश नेशनलिस्ट पार्टी और जमायते-इस्लामी की संयुक्त सरकार बनी। इस्लामी कट्टरपंथी भारत-विरोधी हैं और बांग्लादेश सेना का एक खास शक्तिशाली वर्ग इनका समर्थक है। जनरल मुशर्रफ के दौरे के बाद बांग्लादेश में अवामी लीग और भारत-समर्थक समुदायों को कुचलने का अभियान चलाया गया, जिसमें किसी भी इस्लामिक कट्टरपंथी के खिलाफ कार्रवाई नहीं की गई। निशाने पर थे अवामी लीग और भारत-समर्थक लोग। जनरल मुशर्रफ ने गिने-चुने वरिष्ठ सेवारत और अवकाश-प्राप्त सैनिक अधिकारियों से गुप्त वार्ताएं भी कीं।

इन वार्ताओं का उद्देश्य भारत-विरोधी गतिविधियों को बढ़ाना और पूर्वोत्तर के उग्रवादियों की सहायता देने के अलावा और कुछ नहीं था।

भारत में अवैध रूप से आए बांग्लादेशियों की संख्या लगभग एक करोड़ 39 लाख है। असम (50 लाख), नागालैंड (4 लाख), पश्चिम बंगाल (60 लाख), दिल्ली (14 लाख) चरमपंथियों के लिए महत्त्वपूर्ण संपर्क सिद्ध हो सकते हैं (यदि उन पर नजर नहीं रखी गई।)

भारत के प्रतिबंधित संगठन स्टूडेंट इस्लामिक मूवमेंट ऑफ इंडिया (सिमी) ने मुगलिस्तान का सपना संजोया है, जिसका मानचित्र मुगलिस्तान रिसर्च सेंटर ऑफ बांग्लादेश ने तैयार किया हैं। बंगाल की खाड़ी, बांग्लादेश, उत्तरी बंगाल और बिहार गंगा की घाटी समस्त दिल्ली, हरियाणा, पंजाब, कश्मीर, उत्तर-पश्चिमी राजस्थान और समस्त पाकिस्तान का क्षेत्र इसमें शामिल हैं। यह रिपोर्ट आगरा से प्रकाशित हिंदी दैनिक 'अमर उजाला' में 9 अक्टूबर 2002 में छपी थी।

एक अन्य रिपोर्ट 'पंजाब केसरी' में 12 फरवरी 2002 को छपी थी। उसमें लिखा है कि 'हमारी चेतना के बंधक इन नेतागणों का वर्तमान कार्य मुसलमानों की धार्मिक शिक्षा की पीठों—मदरसों—के आस-पास घूम रहा है। वे मदरसे धीरे-धीरे लेकिन निश्चिततया राष्ट्रीय सुरक्षा के लिए टाइम बम बनते जा रहे हैं। हाल के वर्षों में संपूर्ण देश-विशेष रूप से सीमांत राज्यों में—मदरसे आतंकवादियों के प्रशिक्षण-केंद्र बन गए हैं, जहां से प्रशिक्षण-प्राप्त आतंकवादी राष्ट्र-विरोधी गतिविधियों में संलिप्त होते हैं। एक आधिकारिक सूत्र के अनुसार, देश में मदरसों की संख्या लगभग 50,000 है। इनमें से कुछ मदरसे अब इस्लाम की बुनियादी शिक्षाओं का प्रचार नहीं कर रहे हैं, अपितु वे आतंकवाद के कारखाने बन गए हैं। यह मदरसे का नया स्वरूप है।

'गृह मंत्रालय के पास उपलब्ध आंकड़ों के अनुसार, भारत के सीमांत राज्यों—विशेष रूप से उत्तरप्रदेश में—भारत-नेपाल सीमा और पश्चिम बंगाल में भारत-बांग्लादेश सीमा पर मदरसों की संख्या में एकाएक भारी वृद्धि हुई है। उत्तरप्रदेश के एक पुलिस अधिकारी के शब्दों में—'आईएसआई ने राज्य के नौ जिलों में 800 कि.मी. लंबी भारत-नेपाल सीमा पर भारी संख्या में मदरसों की घुसपैठ कराई तथा वे इनका उपयोग घृणा फैलाने के अड्डों के रूप में कर रहे हैं। राज्य के उन सीमांत जिलों में मुसलमानों की जनसंख्या-वृद्धि दर 32.76 प्रतिशत की राष्ट्रीय औसत से कहीं अधिक है। कुछ जिलों में मुसलमानों की जनसंख्या-वृद्धि दर 50 प्रतिशत से भी अधिक है। भारत-नेपाल सीमा पर भारतीय क्षेत्र में 343 मस्जिदें, 33 मदरसे और 17 मस्जिद-मदरसे तथा नेपाल के क्षेत्र में 282 मस्जिदें, 181 मदरसे और 8 मस्जिद-मदरसे हैं।

बांग्लादेशियों ने पश्चिम बंगाल को अपना गढ़ बना लिया है। यहाँ पर ऐसी 1100 मस्जिदें हैं जो धार्मिक कट्टरपंथी की शिक्षा देते हैं। अपंजीकृत मदरसों की संख्या भी काफी अधिक है। इंटेलीजेंस ब्यूरो की रिपोर्ट के अनुसार, राज्य के दस जिलों में भारत-नेपाल और भारत-बांग्लादेश सीमा पर 208 मदरसे तथा 458 मस्जिदें

हैं। सबसे अधिक 175 मस्जिदें और 55 मदरसे मालदा जिले में हैं। उसके बाद उत्तर दीनाजपुर में 33 मस्जिदें और 34 मदरसे, जलपाईगुड़ी में 35 मस्जिदें और 23 मदरसे, मुर्शिदाबाद में 40 मस्जिदें और 20 मदरसे, दक्षिण दीनाजपुर में 45 मस्जिदें और 19 मदरसे, उत्तरी 24 परगना में 24 मस्जिदें और 18 मदरसे, नदिया में 29 मस्जिदें और 12 मदरसे, कूच बिहार में 55 मस्जिदें और 12 मदरसे, दार्जिलिंग में 15 मस्जिदें और 11 मदरसे तथा 24 परगना में 10 मस्जिदें और 4 मदरसे हैं।

इस सम्बन्ध में ध्यान देने योग्य बात यह है कि बांग्लादेशियों ने कोलकाता की अपेक्षा सीमावर्ती क्षेत्रों में मस्जिदों एवं मदरसों की ज्यादा स्थापना की है। कोलकाता महानगर में केवल 131 मदरसे और 67 मस्जिदें हैं, किंतु सीमांत शहर कृष्णानगर में 404 मदरसे और 368 मस्जिदें हैं। इसके अलावा नेपाल सीमा पर बंगाल और बिहार में मुसलमानों की नई बस्तियां भी बसी हैं।

भारत-नेपाल सीमा पर बिहार में 152 और नेपाल में 72 मदरसे हैं। पश्चिम बंगाल सरकार ने इस क्षेत्र की संभावित खतराक्षेत्र के रूप में पहचान की है। कट्टरवादी अपने साथ सांप्रदायिक सोच भी लाते हैं जो राज्य के धर्मनिरपेक्ष चरित्र के लिए अहितकर है। चिंता का विषय यह है कि आतंकवादियों की इतनी भारी संख्या में घुसपैठ हो गई है कि सीमांत क्षेत्रों में जनसंख्या की संरचना बदल गई है। इन मदरसों को बांग्लादेश से ही सहायता नहीं मिलती अपितु कुछ अन्य देशों से भी उन्हें सहायता मिलती है। हाल के वर्षों में इस सहायता में काफी वृद्धि हुई है। गृह मंत्रालय की अद्यतन रिपोर्ट के अनुसार, इन मदरसों को मुख्यतया हवाला के माध्यम से 2000 से 3000 करोड़ तक रुपये दिए जा रहे हैं, जबकि आधिकारिक तौर पर विदेशी अंशदान विनियमन अधिनियम के अंतर्गत खाड़ी क्षेत्रों से इन मदरसों को केवल 40 करोड़ रुपये की सहायता मिली है। इन मदरसों का संयुक्त अरब अमीरात से 27.98 करोड़, सऊदी अरब से 17.27 करोड़ रुपये, कुवैत से 13.14 करोड़ रुपये, कतर से 282 करोड़ रुपये और ओमान से 2.57 करोड़ रुपये प्राप्त हुए हैं। इंटेलीजेंस ब्यूरो के सूत्रों के अनुसार, यह राशि मुख्यतया इस्लामिक डेवलपमेंट बैंक, जेद्दा और हबीब बैंक पाकिस्तान के माध्यम से आई।

'कारगिल युद्ध के बाद इस समस्या पर विचार करते समय तत्कालीन गृहमंत्री लालकृष्ण आडवाणी की अध्यक्षता में राष्ट्रपति सुरक्षा-संबंधी मंत्री समूह ने पाया कि अवैध तरीके से प्राप्त इस धन को परोक्ष रूप से विदेशी अंशदान विनियमन अधिनियम के अंतर्गत कार्यों हेतु वैध तरीके से भेजा जा रहा है। मंत्री समूह ने सुझाव दिया है कि विदेशी अंशदान प्राप्त करने वालों का जिला-स्तर पर

पंजीकरण और निगरानी के लिए प्रावधान करने हेतु इस अधिनियम में संशोधन किया जाए। यह भी सुझाव दिया गया कि आंकड़े संग्रह के लिए बैंकों को भी इस कार्य में लगाया जाए, तथापि गृह मंत्रालय विदेशी अंशदान की प्राप्ति और नियंत्रण के लिए नीति बनाएगा तथा जिला अधिकारियों द्वारा प्रयुक्त शक्तियों के प्रयोग के तरीके पर भी नियंत्रण रखेगा।

'उल्लेखनीय है, भारत में आतंकवाद को बढ़ावा देने में जिस व्यक्ति की प्रमुख भूमिका समझी जाती है वह अब पाकिस्तान में मदरसों में सुधार ला रहा है। पिछले दिनों अपने चर्चित भाषण में पाकिस्तान के तत्कालीन राष्ट्रपति परवेज मुशर्रफ ने कहा–'क्या हम चाहते हैं कि पाकिस्तान धार्मिक राज्य बने ? क्या हम मानते हैं कि शासन के लिए धार्मिक शिक्षा ही काफी है या क्या हम चाहते हैं कि पाकिस्तान एक प्रगतिशील इस्लामी कल्याणपूर्ण राज्य बने ? पाकिस्तान ने मदरसों के हित के लिए बहुत कुछ किया है, किंतु मदरसों के कुछ नकारात्मक पहलू भी हैं। ये केवल धार्मिक शिक्षा देते हैं, जो अर्द्धशिक्षित विद्वान पैदा करती है।"

मुशर्रफ ने कहा, 'हम मदरसों की अच्छाइयों को आगे लाने और कमियों को दूर करने के लिए एक नई मदरसा-नीति बनाएंगे और उसे लागू करेंगे, जिसमें मदरसों के लिए नया पाठ्यक्रम भी शामिल होगा। जिसमें धार्मिक विषयों के साथ-साथ पाकिस्तान के बारे में अध्ययन, गणित, विज्ञान और अंग्रेजी शामिल होंगे। यदि हम चाहते हैं कि ये मदरसे धार्मिक विद्वान पैदा करें तो उन्हें भी ऐसी शिक्षा लेनी होगी। ऐसे लोगों को समाज में अधिक सम्मान दिया जाता है, क्योंकि वे सुयोग्य होते हैं। मदरसों के छात्रों को मुख्यधारा में लाया जाना चाहिए। यदि कोई छात्र मौलवी बनना नहीं चाहता है और वह अन्य जगह काम करना चाहता है तो उसे वह सुविधा दी जानी चाहिए।

मुशर्रफ ने आगे कहा था, "मेरी सरकार की मदरसा-नीति को धार्मिक नेताओं और विशेषज्ञों के साथ परामर्श करके बनाया गया है। यदि किसी मदरसे को अतिवादी, विघटनकारी और आतंकवादी गतिविधियों में संलिप्त पाया गया या उनमें हथियार पाए गए तो उन्हें बंद कर दिया जाएगा। सभी मदरसों को नया पाठ्यक्रम लागू करना होगा। मदरसों में विदेशी छात्रों और अध्यापकों के बारे में कठोर नियम बनाए जा रहे हैं। उन्हें प्रवेश या नियुक्ति अनापत्ति प्रमाण-पत्र लेना होगा।'

भारत परवेज मुशर्रफ के विचारों से अनभिज्ञ नहीं था। 1999 में भारत सरकार के केन्द्रीय मानव संसाधन मंत्री ने मदरसों में सुधार लाने के लिए जोर दिया। उन्होंने मदरसा शिक्षा के आधुनिकीकरण की एक योजना बनाई है, जिसमें मदरसों में विज्ञान, गणित, अंग्रेजी, हिंदी और कंप्यूटर को पाठ्यक्रम में शामिल किया गया है, ताकि छात्रों

को रोजगार के अवसर मिल सकें। पिछले कुछ वर्षों से इस योजना से 1187 मदरसे लाभान्वित हुए हैं, तथापि इन प्रयासों को शिक्षा के भगवाकरण के शोर में डुबो दिया गया और राज्य मदरसा बोर्डों में मदरसों के अनिवार्य पंजीकरण को सांप्रदायिक बताया गया। वोट बैंक की राजनीति की बेदी पर इन प्रयासों की बलि चढ़ा दी गई।

पश्चिम बंगाल के मुख्यमंत्री बुद्धदेव भट्टाचार्य द्वारा यह कहे जाने पर कि 'राज्य में कुछ मदरसे राष्ट्र विरोधी तत्त्वों के अड्डे बन गये हैं, माकपा ने मुख्य मंत्री की अत्यधिक आलोचना की। पार्टी द्वारा आलोचना किए जाने पर मुख्यमंत्री ने स्पष्टीकरण दिया–'मेरे कहने का तात्पर्य यह था कि इन मदरसों को राज्य-मदरसा बोर्ड से संबद्ध किया जाना चाहिए और उन्हें मुख्यधारा में आना चाहिए। तृणमूल की ममता बनर्जी ने भट्टाचार्य से सार्वजनिक माफी मांगने की मांग की। उनकी समझ में यह बात भी नहीं आई कि मुख्यमंत्री मदरसा-विरोधी नहीं, अपितु उन्हें पंजीकृत करवाना चाहते हैं। स्पष्ट है कि 24 प्रतिशत मुसलमानों के मतों को राष्ट्रीय सुरक्षा से अधिक महत्त्व दिया जा रहा है।

उत्तरप्रदेश की भी हालत ठीक नहीं है। यहाँ हर साल चुनाव होने पर कांग्रेस और भाजपा एक-दूसरे पर आरोप-प्रत्यारोप करते हैं। कांग्रेस ने धार्मिक स्थल अधिनियम-2000 को निरस्त करने का वादा किया है। इस अधिनियम के अनुसार, प्रत्येक धार्मिक स्थल को अनिवार्यतया सरकार के पास पंजीकरण करवाना होगा। कांग्रेस ने मदरसों और मस्जिदों की जांच के सरकार के कदम का विरोध किया है, तथा मुलसमानों को पूर्ण स्वतंत्रता के साथ-साथ पिछड़े वर्गों के लिए 27 प्रतिशत आरक्षण देने का वायदा किया। चुनावी लाभ के लिए हमारे नेतागणों द्वारा मुस्लिम मतदाताओं को रिझाने के प्रयासों में एक-दूसरे से आगे बढ़ने की चाह में आईएसआई और उसके द्वारा पोषित मदरसे अब भूखे शेर की तरह खतरनाक बन गए हैं। यदि सरकार इस तथ्य की गंभीरता से नहीं लेती है कि ज्ञान की परंपरागत पीठ मदरसे आतंकवाद के कारखानों में बदल रहे हैं तो यह भयंकर भूल होगी। गंभीरता से विचार करने और निर्णायक कार्यवाही करने का समय आ चुका है।' (पंजाब केसरी 12. 2.2002)

नेपाल में आतंकवाद

नेपाल भी आईएसआई और इस्लामी कट्टरपंथियों का गढ़ बन गया है। पंजाब की सीमा की तारबंदी के बाद आईएसआई ने नेपाल को अपना गढ़ बनाया। नेपाल

में कट्टरपंथियों की साजिश का खुलासा 'आईएसआई और भारत में आतंकवाद' पुस्तक (प्रकाशक शिल्पायन सन् 2002) में 'नेपाल में आईएसआई' शीर्षक अध्याय में लिखा थी :

1 सितंबर 1990 को महाराजगंज-सोनाली मार्ग पर कुख्यात आतंकवादी सुखविंदर सिंह उर्फ राजू खन्ना पकड़ा गया। उसने बताया कि अनेक आतंकवादी बड़े आराम से सीमा के आर-पार आने-जाने लगे हैं। जाली नोटों के कारण भारतीय अर्थव्यवस्था पर बुरा प्रभाव पड़ा है। आईएसआई बिहार के मुस्लिम-बहुल पूर्वी सीमांचल, पश्चिम बंगाल के मालदा, मुर्शिदाबाद, जलपाईगुडी सहित असम, मेघालय, त्रिपुरा और अरुणाचल प्रदेश के कई हिस्सों को मिलाकर 'इस्लामिस्तान' बनाने की साजिश कर रही है। अगस्त 1996 में इस्लामिक कमांडो के चीफ आरिफ रजा खान और उसके सहयोगी इरशाद शाहिद की कोलकाता में गिरफ्तारी हुई थी। तभी मालूम हुआ कि इस्लामिस्तान बनाने के लिए आईएसआई के षड्यंत्र के एजेंटों का संबंध हिज्बुल-मुजाहिदीन, खालिस्तान लिबरेशन फोर्स और पूर्वोत्तर भारत के एक दर्जन से अधिक आतंकवादी संगठनों से हैं। पाकिस्तानी खुफिया संगठन ने पूर्वोत्तर भारत के क्षेत्रों में दो तरह के ऑपरेशन चलाने पर बल दिया है—एक है ऑपरेशन 'ताज' और दूसरा ऑपरेशन 'तहलका'। ऑपरेशन ताज के द्वारा आईएसआई आतंकवादी संगठनों से संपर्क स्थापित करती है, ताकि हिंसा और आतंकवाद का माहौल तैयार किया जा सके। सीमावर्ती राज्यों में मदरसों और वक्फ बोर्डों को आईएसआई ने अपना माध्यम बनाया है। उत्तरप्रदेश से लगी 807 किलोमीटर लंबी नेपाल सीमा के दोनों ओर के इलाकों में पांच हजार से अधिक मदरसे बन गए हैं। इनमें से कुछ में आईएसआई एजेंटों के शरणस्थल एवं प्रशिक्षण-शिविर भी स्थापित हैं। बिहार की खुफिया एजेंसी ने नेपाल-स्थित कट्टरपंथी इस्लामी युवासंघ के पुराने कीशी प्रमंडल (बिहार) के इस्लामिक छात्र शिविर से गहरे संबंध के बारे में रिपोर्ट दी थी, जिनकी सहायता से राष्ट्र-विरोधी लोग भारत-नेपाल सीमा पर अपने पांव पसार रहे हैं। एक सरकारी रिपोर्ट में बताया गया है कि पिछले सोलह वर्षों में भारत-नेपाल सीमा पर लगभग छह हजार मस्जिदें और मदरसे स्थापित हो गए हैं।

नेपाल में अनेकों प्रकार के मुस्लिम कट्टरपंथी संगठन हैं, जिसके कारण यहाँ इस्लामी युवा संघ, मिल्लत-ए-इस्लामिया, नेपाल-मुस्लिम संघ, इस्लामिक स्कूल एजूकेशन सोसायटी, मिषतउल उलूम कमेटी, मुस्लिम डेवलपमेंट सोसायटी, अलहरा सोसायटी आदि संस्थाओं की गतिविधियां काफी बढ़ रही हैं। काठमांडू (नेपाल) में एक बैंक का मुख्य संचालक पाकिस्तानी नागरिक है। आईएसआई के लिए धन

उपलब्ध कराने का यह बैंक मुख्य स्रोत है। इसी तरह यहां का एक होटल भी पाकिस्तानी नागरिक द्वारा संचालित है, जिस पर तीन वर्ष पूर्व नेपाली पुलिस ने छापा मारा था। यह होटल आईएसआई के क्षेत्रीय कार्यालय के रूप में इस्तेमाल किया जाता है आईएसआई संगठन में निर्धन वर्ग से लेकर सभी धनिक वर्ग तक के लोगों को भी शामिल किया जाता है। काली नदी के लोहान घाट से लगभग पच्चीस किलोमीटर दूर आईएसआई प्रशिक्षण-शिविर भी कुछ दिनों पहले तक चल रहा था। इसी प्रकार अन्य जंगलों में भी प्रशिक्षण-शिविर चलाने की बात सामने आई। इनमें हथियार चलाने से लेकर कट्टर धार्मिक शिक्षा भी दी जाती थी और प्रशिक्षणार्थियों को मनोवैज्ञानिक रूप से पक्का बनाने का हरसंभव प्रयास किया जाता था।

आईएसआई द्वारा नेपाल में जाली बीजा एवं पासपोर्ट का अत्यधिक दुरुपयोग किया जाता है। इस मामले की गंभीरता के मद्देनजर तत्कालीन प्रधानमंत्री गिरजा प्रसाद कोइराला ने कुछ वर्ष पूर्व अपने उपमंत्री रामचंद्र अधिकारी से इस्तीफा ले लिया था और अपराध-अनुसंधान शाखा को मामले की जांच का निर्देश भी दे दिया था। इसके फलस्वरूप अमीर गुरूंग नामक व्यक्ति गिरफ्तार किया गया, जिसने स्वीकार किया कि इस मामले में कई विशेष व्यक्ति संलिप्त हैं।

नेपाल की राजधानी काठमांडू भारत विरोध आतंकवादी गतिविधियों का प्रमुख केन्द्र है। इस संबंध में शुरुआती सुराग अप्रैल 1992 आईएसआई के कार्मियों के एक दल की गिरफ्तारी से हाथ लगे। उन्होंने स्वीकार किया था कि बेशक नेपाल का प्रयोग भारत में प्रवेश करने के लिए किया जा रहा है। पूछताछ मोहम्मद शरीफ नामक एक भर्ती-एजेंट का नाम सामने आया। बाद में उसे 18 जून 1993 को दिल्ली में गिरफ्तार किया गया था। उसने भी नेपाल रास्ते के उपयोग की बात की पुष्टि की। इस तथ्य की पुष्टि 1990 के दशक में हो चुकी थी। अल-इन्कलाब के मुख्य कमांडर समीर खान ने पकड़े जाने पर स्वीकार किया कि काठमांडू में पाकिस्तानी दूतावास भारत-विरोधी गतिविधियों के लिए वित्तीय सहायता और यात्रा-संबंधी दस्तावेजों की व्यवस्था भी कर रहा है। समीर खान ने इन गतिविधियों के समन्वयकर्त्ता के रूप में पाकिस्तानी दूतावास के एक द्वितीय सचिव कलीमुल्लाह का नाम लिया। बाद में दूतावास के पूर्व काउंसलर, अदनान जावेद, प्रथम सचिव अब्दुल कादिर और सहायक मोहम्मद खलील धन एकत्र करने वालों में पाए गए।

इसी दौरान नेपाल के मुस्लिम संगठनों को एक बैनर के तले इकट्ठा करने के प्रयास देखे गए। नेपाल मुस्लिम इत्तेहाद संघ, नेपाल इस्लामिक युवासंघ और ऑल नेपाल तराई संघ और ऑल इंडिया नेपाल इस्लामिक फ्रंट जैसे दलों को मिलने

वाली वित्तीय सहायता में वृद्धि हुई। मार्च 1997 में एक पाकिस्तानी उच्च अधिकारी ने कश्मीर सॉलिडैरिटी फंड को उदारतापूर्वक दान देने की लिखित अपील की थी।

आतंकवादी समूहों को सहायता पहुंचाने में नेपाली सांसद मिर्जा दिलशाद बेग की—जिसका भारत में आपराधिक रिकार्ड था—भूमिका भी उजागर हुई, लेकिन इससे पहले कि उसके विरुद्ध कोई ठोस सबूत जुटाया जा सकता, जून 1998 में एक विरोधी गुट के संदिग्ध सदस्यों ने उसकी गोली मारकर हत्या कर दी।

कश्मीर के जम्मू-कश्मीर लिबरेशन फ्रंट ने नेपाल को एक अभयारण्य के तौर पर इस्तेमाल किया है। इसके मुखिया बिलाल अहमद बेग के जाने-माने सहयोगी फैयाल अहमद शाह की 15 दिसंबर 1996 की गिरफ्तारी से इसी बात का संकेत मिला। काठमांडू स्थित शाह के गेस्ट हाउस में उसे गिरफ्तार किया गया था। उसने दिल्ली में बम विस्फोट करने के लिए बीस किलो विस्फोटक पदार्थ तथा डिटोनेटर प्राप्त करने का ब्यौरा भी उगला। यह वही फैयाज शाह था, जिसने इस्लामाबाद स्थित पाकिस्तान ट्रेडिंग हाउस में भेजे गए तथा नेपाल प्राधिकारियों के लिए जारी किए गए उस रहस्यमय फैक्स-संदेश के बारे में बताया था, जिसमें विस्फोटक उपकरण किस तरह बनाए जाएं, इसके निर्देश दिए गए थे। इन सुरागों के आधार पर दिसंबर 1996 के विस्फोटक पदार्थों और डिटोनेटरों की एक खेप के साथ कश्मीर में आतंकवादियों को गिरफ्तार किया गया।

नई दिल्ली में इंटरनेशनल स्टूडेंट्स यूथ फेडरेशन के बिट्टा गुट के पूर्व अध्यक्ष अमरजीत सिंह की गिरफ्तारी हुई। अमरजीत सिंह अपनी काठमांडू यात्रा के बाद 6 दिसंबर 1996 को पकड़ा गया था। कराची हवाई अड्डे पर काठमांडू जाते समय उसकी यात्रा-संबंधी विभिन्न औपचारिकताएं (क्लीरयेंस) आईएसआई कर्मियों ने पूरी कराई थीं। इसी प्रकार 16 दिसंबर 1996 में जेकेएलएफ कार्यकर्त्ता मंजूर अहमद की बीस किलो आरडीएक्स के साथ गिरफ्तारी से उस वर्ष गणतंत्र दिवस के अवसर पर नई दिल्ली में विस्फोट करने के षड्यंत्र का पर्दाफाश हुआ।

इख्वानुल मुसलमीन की कार्यकारी मुखिया तहसीन बट्ट ने स्वीकार किया था कि पाकिस्तान में प्रशिक्षण लेने के बाद कुछ रंगरूट नेपाल के रास्ते भारत में भेजे गए थे। इनका कार्य काठमांडू में चल रहे आईएसआई के गतिविधियों में मदद कराना था। झेलम वैली मेडिकल कॉलेज और कश्मीर के पूर्व अपर महाधिवक्ता मुफ्ती मिरातुद्दीन फारूकी की 13 फरवरी 1992 को गिरफ्तारी हुई। पूछताछ के दौरान उसने नई दिल्ली और काठमांडू स्थित पाकिस्तानी उच्चायोग के अधिकारियों के बीच

हुई अपनी बैठकों के बारे में बताया। उसके अनुसार, 1991 में नेपाल यात्रा के दौरान पाकिस्तानी उच्चायोग के द्वितीय सचिव कलीमुल्लाह और कुछ आईएसआई कर्मियों ने उससे मुलाकात की। कश्मीरी आतंकवादियों को सहायता देने के लिए काठमांडू में किराये पर कमरा लेने एवं राजनीतिक चैनलों से सांठगांठ करने के लिए 6 लाख रुपये प्रदान किये। 1 अक्टूबर 1993 को मुस्लिम कॉन्फ्रेंस के गुलाम नबी को गिरफ्तार किया गया। उसने बताया कि मेडिकल कॉलेज के अध्यक्ष प्रोफेसर अब्दुल गनी बट्ट को देने के लिए उसे नई दिल्ली स्थित पाकिस्तानी उच्चायोग के अधिकारियों ने नौ लाख अस्सी हजार रुपये दिए थे। ऐसी ही स्वीकारोक्ति 25 अक्टूबर 1995 को गिरफ्तार किए गए हिजबुल्लाह मोहम्मद शफी धोबी की है, जिसने काठमांडू में पाकिस्तानी राजनयिकों की सहायता से चलाए जा रहे एक आतंकवादी नेटवर्क का रहस्योद्घाटन किया। उसने जेकेएलएफ के किंगपिन और 21 मई 1996 के दिल्ली के लाजपतनगर में विस्फोट कराने वाले जावेद क्रावा का सुराग दिया था। क्रावा को पकड़ लिया गया। आईएसआई के बारे में खुलासा करते हुए उसने बताया कि उन्हें बम विस्फोट करने के लिए 20 लाख रुपये मिले हैं।

काठमांडू में रहने वाले एक कश्मीरी लतीफ अहमद बजा ने स्वीकारा कि आईएसआई के एक कर्मी ने उसे अठारह किलो आरडीएक्स, चार वायरलेस सेट और पेंसिल डिटोनेटर का एक कंसाइनमेंट दिया था, जिसकी सहायता से दिल्ली में विस्फोट करने की जिम्मेदारी जावेद अहमद खान को सौंपी गई थी। लतीफ ने नेपाल में बसे कश्मीरी आतंकवादियों के लिए प्रशिक्षण-स्थली बने स्थान के बारे में भी सूचना दी। काठमांडू में 15 जून 1996 को दल्लू आवास परियोजना में विस्फोटक पदार्थों की बरामदगी हुई। इस सिलसिले में नेपाल पुलिस ने एक भारतीय कालीन व्यापारी मोहम्मद अजीमुद्दीन को हिरासत में लिया। उसने स्वीकार किया कि लतीफ ने उसे विस्फोटक पदार्थ दिए थे। 21 जून 1996 की अर्द्धरात्रि को मारे गए छापे में मयालू नामक एक कश्मीरी आतंकवादी होटल सरफराज से गिरफ्तार किया गया। उसक पास से रसायनों से भरे दो ड्रम और कुछ आरडीएक्स बरामद किया गया।

9 जून 1997 को काठमांडू के बाणेश्वर इलाके में नेपाल पुलिस ने स्कूटर पर सवार एक संदिग्ध आतंकवादी का पीछा किया। संदिग्ध आतंकवादी खुद तो बचकर निकल भागा, लेकिन साढ़े तेरह किलोग्राम आरडीएक्स, रिमोट कंट्रोल उपकरण और इलेक्ट्रॉनिक डिटोनेटर पीछे छोड़ गया। जांच-पड़ताल से पता चला कि छोड़े गए विस्फोटक पदार्थ मोहम्मद शकील सिद्दीकी नामक एक पाकिस्तानी के थे।

विद्रोही दलों के एकीकरण, अवैध और विस्फोटक पदार्थों की तस्करी के लिए नेपाल की धरती का इस्तेमाल करने वाले साक्ष्यों पर चर्चा करने के लिए राजनयिक पक्ष सक्रिय हुए हैं। 5 जून 1997 को दोनों देशों के प्रधानमंत्रियों के बीच चर्चा हुई, लेकिन यह सब नाकाफी रहा। आईसी-814 विमान का अपहरण काठमांडू से ही किया गया था।

1990 का दशक आरंभ होते-होते पंजाब और राजस्थान की समतली सीमा पर कांटेदार तारों के अलावा फ्लड लाइट भी लगाई गई तो सीमा को पार करना मुश्किल हो गया। पाकिस्तान ने तब विकल्प की तलाश की। उसकी नजर नेपाल पर गई। नेपाल में उसे आवश्यकता थी एक ऐसे शक्तिशाली संपर्क-सूत्र की जो उसके उद्देश्यों की पूर्ति में भरपूर सहायता दे सके। दिलशाद बेग भारतीय मूल का था। उत्तरप्रदेश के देवरिया जिलेका निवासी बेग जन्मजात विध्वंसकारी फितरत का मालिक था। उसके संपर्क-सूत्र दाऊदनुमा गॉडफादर से जुड़े थे। भारतीय पुलिस की दबिश से बचने के लिए यह आतंकवादी नेपाल में जा छिपा। वहां पहुंचकर उसने अपना भारतीय नाम, वंश और मूल पूरी तरह छिपा लिया। अपने रसूख के बूते पर उसने नेपाली राजनीति को भी काफी हद तक प्रभावित किया। वहां लोकतंत्र की बहाली का लाभ उठाते हुए उसने भारतीय लोकसभा के समतुल्य नेपाल प्रतिनिधि सभा का चुनाव लड़ा और विजयी हुआ। आईएसआई ने दिलशाद बेग के राजनीतिक रसूख और इस्लामपरस्ती के मनोविज्ञान को समझते हुए, उसे अपना लिया। और देखते ही देखते नेपाल आईएसआई के लिए स्वर्ग बन गया।

दिलशाद की प्रतिभा और उसके तेज-तर्रार व्यक्तित्व से प्रभावित होकर उसके आकाओं ने उसे नेपाल-भारत सीमा पर बसे दो राज्यों उत्तरप्रदेश तथा बिहार का प्रमुख बना दिया। उसने अपनी जिम्मेदारी को बखूबी निभाया। उसने दुबई से आने वाले विस्फोटकों को भारत में पहुंचाने का काम बड़ी सफाई से किया। नेपाल के सीमावर्ती राज्यों बिहार एवं उत्तरप्रदेश में जाली नोटों का कारोबार बहुत ज्यादा फल-फूल रहा है। लेकिन विध्वंसकारी जीवन की आखिरी सच्चाई यह है कि उस पर मौत का साया हमेशा मंडराता रहता है। वह गुटबंदी में मारा गया। मिर्जा दिलशाद बेग की हत्या की कड़ी गुलशन कुमार से जुड़ी है, जिसकी हत्या दाऊद के इशारे पर की गई थी। गुलशन कुमार की हत्या का आरोप राजन गिरोह के विक्रम वाही पर था। नेपाल में दाऊद गिरोह द्वारा अपना जाल तैयार किए जाने के कारण राजन गिरोह ने बबलू श्रीवास्तव के जरिये नेपाल में अपना नेटवर्क बढ़ाना शुरू किया। 29 अक्टूबर 1997 में दाऊद ने मिर्जा दिलशाद की सहायता

से कृष्णानगर में विक्रम शाही की हत्या कर दी और उसकी लाश को टुकड़ों में करके नेपाल पुलिस को भेज दिया।

कृष्णानगर दिलशाद बेग का मुख्यालय था। राजनीतिक प्रभाव के कारण पुलिस ने दिलशाद पर हाथ नहीं डाला। आठ महीने बाद राजन गिरोह ने काठमांडू की मुख्य सड़क पर दिलशाद बेग की हत्या कर दी। इस हत्याकांड में राजन गिरोह के मुख्य शूटर मंजीत सिंह उर्फ मंगे का हाथ बताया जाता है। 1998 के अंत में मंगे को उत्तर प्रदेश स्पेशल टास्क फोर्स और बंगाल पुलिस ने कोलकाता में गिरफ्तार किया। मंगे ने स्वीकार किया कि मिर्जा ने कई हत्याओं में मुख्य भूमिका निभाई थी।

भारत-नेपाल की सीमा असुरक्षित होने के कारण यहाँ आतंकवादी के आने का हमेशा खतरा बना रहता है, क्योंकि इस सीमा पर सिद्धार्थनगर की सीमा 68 किलोमीटर और महाराजगंज की 84 किलोमीटर है। दोनों जनपदों की 152 किलोमीटर सीमा पर यूं तो सुरक्षा बल तैनात है, फिर भी आईएसआई की गतिविधियां फल-फूल रही हैं।

इंडियन एयरलाइंस के विमान के काठमांडू से अपहरण के बाद भारत ने इंडियन एयरलाइंस की सभी उड़ानें नेपाल के लिए रद्द कर दी थीं। फलस्वरूप वहां के पर्यटन-व्यवसाय में 33 प्रतिशत का घाटा हुआ। पर्यटन से होने वाली आय नेपाल की राष्ट्रीय आय का प्रमुख स्रोत है। विदेश मंत्रालय ओर प्रधानमंत्री स्तर पर दोनों देशों की ओर चर्चाएं हुईं। अंत में 1 जून 2000 में भारत ने आठ मास बाद काठमांडू को इंडियन एयरलाइंस से दोबारा हवाई मार्ग से जोड़ दिया। 6 जून को राष्ट्रीय सुरक्षा सलाहकार बृजेश मिश्र अपनी सरकारी यात्रा पर नेपाल रवाना हुए। इन्होंने अपने साथ एक गुप्त रिपोर्ट भी रख ली जो नेपाल में पाकिस्तान की भारत विरोधी कार्यवाहियों से सम्बन्धित थी।

आज नेपाल में अनेक राजनेता आईएसआई के गिरफ्त में हैं। नेपाल में कार्यरत आईएसआई का मुख्य उद्देश्य मुस्लिम युवाओं को भड़काना, आतंकवादियों को प्रशिक्षण देना तथा भारत-नेपाल सीमा से हथियार और गोला-बारूद भारत में भेजना है। वहां से कम से कम दस ऐसे आतंकवादी संगठन और एक सौ पचास मदरसे हैं, जिन्होंने आईएसआई के कार्यकलाप को पूरी तरह अपनी छत्रछाया प्रदान की है। इन संगठनों ने माओवादी आतंकवादियों से संपर्क स्थापित किया है, ताकि नेपाल में एक अलग गणतंत्र की स्थापना कर सकें। इन संगठनों को धनराशि हिमालयन बैंक (हबीब बैंक पाकिस्तान की शाखा) और नेपाल-अरब बैंक से उपलब्ध

कराई जाती है। धनराशि मुख्यतः नेपाल इस्लामिक युवासंघ के माध्यम से उपलब्ध कराई जाती है। आईएसआई ने नेपाल के कुछ मुस्लिम युवकों को अपने चंगुल में लेने में सफलता हासिल की है, ताकि वे कश्मीर में जेहाद में भाग ले सकें। आईएसआई नेपाल में जनसंख्या के संतुलन में परिवर्तन कराने में भी सफल रही है।

नेपाल सरकार ने बृजेश मिश्र को आश्वासन दिया था कि नेपाल की धरती को भारत के विरुद्ध इस्तेमाल करने की इजाजत नहीं दी जाएगी, लेकिन जिस देश के चौबीस महत्त्वपूर्ण नेपाली राजनेताओं के संबंध आईएसआई से हों और जिन्हें सोने के तस्करों का सिंडीकेट प्रतिमास पंद्रह करोड़ रुपये देता हो, क्या उन पर वहां की सरकार दबाव डाल सकेंगी?

'इंडिया टुडे' के 12 जून 2000 के अंक में इस संबंध में एक रिपोर्ट प्रकाशित हुई थी, जिसमें उस गुप्त रिपोर्ट के हवाले से कहा गया था कि आईएसआई का उद्देश्य भारत में आतंकवादियों को प्रशिक्षित करना, हथियार मुहैया कराना, भारतीय अर्थव्यवस्था को झकझोरना, राजनेताओं को अपने वश में करना, धीरे-धीरे जनसंख्या का संतुलन मुसलमानों के पक्ष में करना, नेपाली संचार-माध्यम को अपने काबू में रखना, भारत-विरोधी संगठनों का लाभ उठाना और इस्लामी कट्टरपंथियों का प्रसार करना है। इन उद्देश्यों की प्राप्ति के लिए आईएसआई ने जाली नोटों का प्रचलन, हथियार एवं गोला-बारूद की बांट, राजनीतिक दलों का चुनाव के लिल धन मुहैया कराना (विशेषकर वामपंथी और दक्षिणपंथी दलों को) और मदरसों को छिपने के लिए और अपने काम के लायक धर्मस्थलों को चुनने का कार्यक्रम बनाना शुरू किया। इस सबके सुचारु रूप से कार्यान्वियन के लिए पाकिस्तानी दूतावास के अधिकारी सक्रिय सहयोग देते हैं। रिपोर्ट के मुताबिक, इस बात के काफी प्रमाण हैं कि फ्लाइट आईसी-814 के अपहरण की योजना आईएसआई ने ही बनाई थी और उसे पूरा कराया हरकत-उल-मुजाहिदीन ने।

इस काम में काठमांडू स्थित पाकिस्तान एंबेसी के गुप्तचर अधिकारियों ने सहायता की। इनमें विशेषकर मोहम्मद अरशद चीमा, फर्स्ट सेकेट्री, का उल्लेख हुआ है। हरकत-उल-मुजाहिदीन (हरकत-उल-अंसार) नेपाल में अपना कार्यक्षेत्र बढ़ाते रहे हैं। जब 1999 में भातरीय वायुयान अपहरण की घटना हुई तब जाकर भारतीय शासकों की कान खुले, लेकिन इस घटना के पूर्व से ही हरकत-उल-मुजाहिदीन ने कई जिलों में विशेषकर दमक, नेपालगंज और विराटनगर में अपने कार्यालय स्थापित किए। दमक में सितंबर 1999 में गुप्त बैठक हुई, जिसमें भविष्य की योजनाओं को कार्यरूप देने, नए रंगरूटों की भर्ती और ट्रेनिंग के बारे में फैसले लिए गए। ट्रेनिंग

के लिए भर्ती किए गए युवकों को कश्मीर में भारतीय सुरक्षादलों के विरुद्ध लड़ने के लिए भेजने का निर्णय भी हुआ। इस संबंन्ध में यह भी निर्णय लिया गया कि नेपाल में इस्लाम के प्रचार और भारत-विरोधी गुप्त कार्यकलापों को जारी रखा जाए और अधिकाधिक मदरसे और मस्जिदें स्थापित की जाएं। हरकत-उल-मुजाहिदीन का अमीर जफर नामक कार्यकर्त्ता, जो पाकिस्तानी नागरिक है, नेपाल 1991 में आईएसआई की पकड़ को मजबूत करने के लिए नेपाल गया। इस काम के लिए उसे 75 लाख रुपये की राशि उपलब्ध कराई गई। इस रिपोर्ट में उन 24 नेपाली राजनेताओं के भी नाम हैं, जिन्हें आईएसआई से प्रतिमास पंद्रह करोड़ रुपये की धनराशि प्राप्त होती है।

वर्तमान समय में नेपाल में जाली नोटों का कारोबार इतना ज्यादा बढ़ गया है कि यहाँ की सरकार तो परेशान है ही साथ में भारतीय शासकों को लिए भी समस्या खड़ी हो गयी है। नेपाल से आने वाली जाली भारतीय मुद्रा आईएसआई द्वारा भेजी जा रही है, ताकि भारतीय अर्थव्यवस्था चरमरा जाए। अगस्त 1998 में एक नेपाली नागरिक नईम शाह को काठमांडू में गिरफ्तार किया गया था, जिसके साथ भारतीय हरपाल सिंह और अमित पाल सिंह भी थे। इन लोगों से साढ़े तीन लाख रुपये की जाली भारतीय मुद्रा बरामद की गई थी।

जून 1999 में जाली नोटों के पकड़े जाने की घटना उस समय उजागर हुई जब लोकेश कुमार नामक एक व्यक्ति को 62 लाख रुपये की जाली भारतीय मुद्रा के साथ गिरफ्तार किया गया। जांच के दौरान पुलिस को पता चला कि लोकेश कुमार पाकिस्तानी नागरिक शहनवाज उर्फ कलीद असलम और उसके सहयोगी कमसूद लाला और समीर अली शाह के लिए काम कर रहा था।

अभी कुछ ही वर्ष पहले पकड़े गए पाकिस्तानी दूतावास के अधिकारी असम सबूर से इस बात की पुष्टि होती है कि जाली मुद्रा के प्रसार में आईएसआई का हाथ है। असम सबूर को–जो आईएसआई का अधिकारी है–नेपाल पुलिस ने उस समय रंगे हाथों गिरफ्तार किया था, जब वह पचास हजार रुपये की जाली भारतीय मुद्रा चलाने की कोशिश कर रहा था। उसके पास दो करोड़ रुपये की धनराशि थी, लेकिन गिरफ्तार होने से पहले उसे भनक लग गई और उसने अधिकांश जाली नोट जलाकर रख कर दिए। भारतीय अर्थव्यवस्था को तबाह करने में इन जाली नोटों का अत्यधिक योगदान है। खाड़ी देशों से नेपाल के रास्ते भारत में नकली करती आ रही है। दुबई और शारजाह से 50, 100 और 500 रुपये मूल्य की जाली भारतीय मुद्रा भारत में भेजी जा रही है। आम आदमी असली नोटों से उनका अंतर नहीं कर सकता। शारजाह में शेख बिलाल और

दुबई में राशिद शेख नकली करेंसी के सरगना हैं। इनके द्वारा ही आईएसआई करोड़ों रुपयों की नकली भारतीय करेंसी नेपाल के रास्ते भिजवा रही है।

जाली नोटों के मामले में पुलिस ने इलाहाबाद हाईकोर्ट के राकेश वर्मा नाम के कर्मचारी को चौदह सौ रुपये के जाली नोटों के साथ गिरफ्तार किया। पूछताछ में उसने बताया कि उक्त नोट उसे हाईकोर्ट स्थित स्टेट बैंक से मिले थे। छानबीन के दौरान पता चला कि राकेश वर्मा के कई अन्य जिलों के अल्पसंख्यक समदाय के संदिग्ध किस्म के लोगों से संबंध हैं। 5 अगस्त 1999 को कांवड़िया के भेष में आए एक तस्कर को हरिद्वार में हर की पौड़ी के पास पुलिस ने जाली नोटों के साथ गिरफ्तार किया। हरियाणा के इस अपराधी की शिनाख्त पर हरिद्वार के समीपवर्ती देहरादून जिले के एक प्रतिष्ठित आश्रम से एक अन्य जाली नोट तस्कर को हजारों रुपये मूल्य के नकली नोटों के साथ गिरफ्तार किया गया।

बिहार में आईएसआई का फैलता जाल

बिहार में बांग्लादेश से सटे सीमावर्ती जिलों रक्सौल, मोतिहारी, बेतिया, दरभंगा, मुजफ्फरपुर, किशनगंज, अररिया, पूर्णिया आदि में आईएसआई पिछले एक दशक से अपना जाल फैला रही है। हाल ही में उसने राजधानी पटना को भी विध्वंसकारी गतिविधियों का केंद्र बनाना शुरू कर दिया है। पिछले वर्ष पुलिस ने मोहम्मद असलम अंसारी एवं मोहम्मद तसलमी गिरोह के सदस्यों को बड़ी मात्रा में स्वर्णाभूषण, जाली भारतीय करेंसी, फर्जी बैंक ड्राफ्ट वगैरह के साथ हिरासत में लिया था।

अगस्त 1999 में पुलिस को यह सूचना मिली कि कोरे ड्राफ्टों की बदौलत बड़े व्यवसायियों को ठगने वाला एक गिरोह बिहार की राजधानी पटना में सक्रिय है, अतः पुलिस ने व्यापारियों को हिदायत दी कि ड्राफ्टों के सत्यापन के बिना वे माल की डिलीवरी न दें। फर्जी और लूटे गए ड्राफ्टों के जरिये दूसरे प्रांतों में मारुति कार, जीप, मोटरसाइकिल व अन्य बेशकीमती सामग्रियों की खरीददारी हुई थी।

4 सितंबर 1999 को हिंदुस्तान कंप्यूटर्स लिमिटेड में दो लाख साठ हजार के नकली ड्राफ्ट के मामले में एक युवक को गिरफ्तार किया गया, जिसने अपना नाम विनोद कुमार सिंह बताया। लेकिन पुलिस ने सख्ती से पूछताछ की तो उसने अपना असली नाम अमित स्वरूप बताया। उसने अपने एक सहयोगी का नाम बताया जिसका नाम शंभुनाथ था। पुलिस ने उसे पकड़ लिया। उसने गैंग के सर्वेसर्वा एस

कुमार उर्फ राय साहब का नाम बताया। राय साहब तो पुलिस के हत्थे नहीं चढ़ा, लेकिन उसके कमरे से मुजफ्फरपुर से लूटे गए कोरे बैंक ड्राफ्ट, दस लाख डालर की अमेरिकी मुद्रा, भूटानी रुपये, नेपाली करेंसी, बैंक पासबुक और कई ऐसी तस्वीरें प्राप्त हुईं, जिसमें एस. कुमार उर्फ राय साहब, एक मंत्री के पुत्र के बगल में बैठा हुआ था।

पुलिस द्वारा कड़ी पूछताछ के बाद पता चला कि उसका वास्तविक नाम मोहम्मद तसलीम है। उसके पिता नूर मोहम्मद पूर्णिया के खजांची हाट पुलिस थाना के अंतर्गत मधुबनी मुहल्ले के रहने वाले थे। 1994 में मोहम्मद तसलीम ने पूर्णिया की ही एक हिंदू लड़की कलाकुमारी को भगाकर उससे शादी कर ली थी। वह सऊदी अरब में कंप्यूटर इंजीनियर था। माफिया सरगना दाऊद इब्राहिम से उसकी अच्छी मुलाकात थी। वह नकली बैंक ड्राफ्टों और करेंसियों के माध्यम से भारतीय अर्थव्यवस्था को तबाह करना चाहता था। उसे एक पूर्व केंद्रीय मंत्री का खुला संरक्षण प्राप्त था। उस पूर्व केंद्र राज्य मंत्री पर आईएसआई एजेंट होने के आरोप थे। तसलीम के अनुसार, पकड़े गए नकली नोटों का मूल्य चार करोड़ सत्तर लाख रुपये से अधिक बनता है। पुलिस ने तसलीम गिरोह के सदस्यों की गिरफ्तारी के छह दिन बाद 29 अगस्त 1999 को असलम अंसारी सहित उसके बीस शार्गिदों को भी पकड़ा।

पुलिस को मोहम्मद अंसारी के घर से अनेकों प्रकार की खुफिया जानकारी प्राप्त हुईं। पुलिस ने इराक, पाकिस्तान, सऊदी अरब एवं नेपाल की ढेर सारी मुद्राओं के अलावा भारी संख्या में भारतीय मुद्रा जब्त की। जवाहरात-बड़ा सोने का एक मुकुट, नेकलस के तीन सेट, कंगन सेट, अंगूठी, विदेशी रंगीन टीवी, कारें आदि पुलिस ने जब्त कीं और भारत की जाली करेंसी भी। मोहम्मद असलम अंसारी गिरोह के दो हजार गुर्गे समूचे भारत में फैले हुए हैं। इस गिरोह का जाल खाड़ी देशों तक फैला है।

असलम ने अपने गिरोह के कार्यकर्त्ताओं को मोबाइल फोन और अन्य सभी सुविधाएं उपलब्ध करा रखी हैं। 29 अगस्त को गीतांजलि एक्सप्रेस के कोच नं. एस-6 से पुलिस ने टाटानगर जंक्शन पर पख्तूनी युवक यूसुफ खान को सात लाख रुपयों के साथ गिरफ्तार किया। उस पर आईएसआई का एजेंट होने का संदेह था। उससे एक डायरी बरामद हुई, जिसमें इस्लामाबाद, दुबई और सऊदी अरब के कई लोगों के टेलीफोन नंबर दर्ज थे।

प्रमुख भारतीय गुप्तचर संस्था की सूचना के अनुसार, पटना हवाई अड्डे पर एक नौजवान को काठमांडू से पटना पहुंचे वायुयान में ही दबोच लिया गया। उसके

पास से दो पासपोर्ट बरामद हुए। उसमें एक नाम मोहम्मद असलम था तो दूसरे में मोहम्मद ईसा। उसके पास दो फर्जी ड्राइविंग लाइसेंस भी थे, जिसमें हजारीबाग एवं गूमला के गलत पते दर्ज थे। पूछताछ में उसने बताया कि वह अगस्त के दूसरे सप्ताह में कराची से काठमांडू गया था और वहां से पटना आया। वह स्वतंत्रता दिवस के अवसर पर विस्फोट करने की कार्यवाही करने के उद्देश्य से पटना आया था।

कुछ वर्ष पूर्व पुलिस ने कुवैती मुद्रा 'दीनार' के साथ पटना रोड पर दो युवकों को पकड़ा। दोनों आईएसआई के हार्ड कोर एजेंट थे। बिहटा हवाई अड्डे के प्रतिबंधित क्षेत्र में एक नौजवान महताब आलम संदिग्धावस्था में घूम रहा था। पुलिस ने पूछताछ की तो पता चला कि उसके संबंध पाकिस्तानी खुफिया एजेंसी आईएसआई से हैं। आईएसआई ने जनवरी 1999 में दरभंगा के पुलिस अधीक्षक की हत्या के लिए पेशेवर हत्यारों को सुपारी दी थी। उन पेशेवर हत्यारों को दरभंगा के निवर्तमान राजद सांसद मोहम्मद अली अशरफ फातमी का आशीर्वाद एवं संरक्षण प्राप्त था।

कुछ साल पहले बिहार पलिस की विशेष शाखा ने एक लंबी रिपोर्ट गृह विभाग को भेजी थी। रिपोर्ट में लिखा था कि 'बिहार-नेपाल सीमा पर आईएसआई के दो डिप्टी डाइरेक्टर तोड़-फोड़ एवं आतंकवादी गतिविधियों को अंजाम दे रहे हैं... सरहद पर छोटे हथियारों से लेकर आरडीएक्स तक की तस्करी जारी है.... मुस्लिम युवकों को सीमापार ले जाकर पाकिस्तान में आतंकवादी गतिविधियों में प्रशिक्षित किया जाता है.... सीमापार स्थित मस्जिद और मदरसों में कश्मीरी आतंकवादियों को खुले रूप से पनाह दी जा रही है।''

भारत-विरोधी कार्यकलापों में लिप्त अन्य पाकिस्तानी नागरिक हैं—परवेज अफजल, भूतपूर्व काउंसलर (1999)। यह अधिकारी निरंतर सिख आतंकवादियों के संपर्क में रहा और बार-बार भारत और इंग्लैंड से नेपाल जाता रहा। उसने अकरम नाम से कश्मीर में आतंकवादियों से भी मुलाकात की और विश्व हिंदू परिषद के एक वरिष्ठ नेता को अपना निशाना बनाने का निर्देश दिया, ताकि भारत में सांप्रदायिक दंगे भड़क उठें।

कर्नल फारूख भी एक आईएसआई अधिकारी है। वह पाक-अधिकृत कश्मीर के जेकेएलएफ आतंकवादी बसरत नूरी के साथ कराची से 3 जून 1993 को काठमांडू गया और काठमांडू स्थित कर्नल गौहर रहमान के घर पर ठहरा। वह निरंतर कश्मीरी आतंकवादियों से संपर्क बनाता रहा। लाजपतनगर बाजार में मई 1996 में हुए बम विस्फोटों के लिए यह आईएसआई अधिकारी ही जिम्मेदार था। पाकिस्तानी राजदूत

कामरान ने नेपाली मुसलमानों को कश्मीर एकता फंड के लिए—जो कश्मीरी मुजाहिदीन के लिए इस्तेमाल किया जाना था—खुले दिल से दान देने की अपील की। यह अपील इस्लामिक युवासंघ, नेपाल के द्वारा फरवरी-मार्च 1997 में प्रकाशित की गई।

भारत विरोधी कार्यवाहियों में उन सभी व्यक्तियों के नाम आते हैं, जो दूतावासों के कर्मचारियों, राजनेताओं, व्यापारियों, धार्मिक नेता एवं शिक्षक तथा आईएसआई के बड़े-बड़े अधिकारी शामिल हैं। नेपाल में चुनाव आयोग ने हाल ही में संपन्न हुए चुनावों के सिलसिले में जब आंकड़ों का आकलन किया तो पता चला कि मुस्लिम संप्रदाय की संख्या 1981 में मात्र दो प्रतिशत और 1991 में तीन प्रतिशत से पांच प्रतिशत तक थी, अब पांच से दस प्रतिशत के करीब हो चुकी है। सबसे खतरनाक बात यह है कि नेपाल में मदरसों की संख्या कुकुरमुत्तों की तरह बढ़ी है, और उन्हें दी जाने वाली इस्लामी शिक्षा गैर-सरकारी संगठनों द्वारा उपलब्ध कराई जाती है। यह भारत की सुरक्षा के लिए खतरा है। विशेषकर बिहार और उत्तरप्रदेश में आतंकवादियों का गढ़ जमाने का अत्यधिक खतरा है, क्योंकि ये राज्य सांप्रदायिक दंगों के लिए संवेदनशील माने जाते हैं।

भारत सरकार के गृहमंत्रालय की जनवरी 2000 की एक रिपोर्ट—जो यूएनआई के माध्यम से समाचार-पत्रों में प्रकाशित हुई—के अनुसार पाकिस्तान की गुप्तचर संस्था इंटर सर्विसेज इंटेलीजेंस ने तीन ओर से वार कर भारत में घोर अस्थिरता पैदा करने की योजना बनाई है। उसकी योजना में विभिन्न आतंकवादी संगठनों की मदद करना, इस्लामी आतंकवादी और भाड़े के आतंकवादियां को हथियार, गोला-बारूद सप्लाई करना, ताकि वे कश्मीर और अन्य प्रांतों में बारूदी सुरंगे बिछा सकें और तोड़-फोड़ की कार्यवाही कर सकें, शामिल हैं। आईएसआई उन इलाकों में तबाही मचाना चाहती है, जो संवेदनशील संस्थान माने जाते हैं, जैसे— रेलवे स्टेशनों, पुल, बाजार और धार्मिक समारोह आदि। आईएसआई ने भारत के मुस्लिम-बहुल क्षेत्रों में घुसपैठ कर वहां के युवाओं में भारत के विरूद्ध जंग लड़ने और महत्त्वपूर्ण सूचनाएं पाकिस्तान पहुंचाने की योजनाएं बनाई हैं। आईएसआई को इसमें अधिक सफलता नहीं मिली। सिर्फ कुछ बेरोजगार और नए-नए भर्ती होने वाले युवक ही इसके बहकावे में आ सके। आईएसआई ने यह योजना बनाई है कि आतंकवादियों/एजेंटों के जरिये भारत में बड़े पैमाने पर जाली नोट भेजे जाएं, ताकि यहां की अर्थव्यवस्था चरमरा जाए। रिपोर्ट के मुताबिक, ये जाली नोट बैंकाक में छापे गए और इन्हें भारत में भेजने के लए काठमांडू स्थित पाक दूतावास का सक्रिय सहयोग रहा है।

आईएसआई भारत में मादक द्रव्यों की तस्करी बढ़ाने में भी जुटी है, ताकि यहां के युवकों को नशे का आदी बनाकर युवा पीढ़ी को बरबाद किया जा सके।

आईएसआई ने जाली नोटों के प्रचलन के लिए पूर्वोत्तर भारत को विशेष रूप से चुना है, क्योंकि यहां के लोग भोले-भाले हैं और सहज ही जाली नोट का पता नहीं लगा सकते। असम की कामरूप पुलिस ने इस वर्ष के आरंभ में हाजोई में एक युवक को पकड़ा और उससे पांच सौ रुपये के कई जाली नोट बरामद किए। इससे पूर्व पुलिस ने रंगिया रेलवे स्टेशन पर तीन युवकों को पकड़ा, जिनसे बड़ी मात्रा में अमेरिकी डालर और भारतीय नकली नोट बरामद हुए थे। ऐसे ही जाली नोट शिवसागर और अन्य जिलों से निरंतर बरामद होते रहे हैं। समाचार-पत्रों में छपी सूचनाओं के अनुसार, नेपाल के अलावा बांग्लादेश और म्यांमार से भी पूर्वोत्तर भारत में जाली नोट भेजे जा रहे हैं। इस इलाके में भी आईएसआई युवकों को हेरोइन और अन्य नशीले पदार्थों का आदी बनाकर उनका भविष्य नष्ट करने की योजना बना रही है।

कुछ समय पहले जीआरपी, गुवाहाटी ने बड़ी मात्रा में जाली नोट पकड़े थे, जो नागालैंड के दीमापुर ले जाए जा रहे थे। एक मुस्लिम आतंकवादी पुतुल अली ने पकड़े जाने पर बताया कि ताराबाड़ी और बाघबोर (जिला बारपेटा) में मुस्लिम आतंकवादी संगठन मूल के कार्यकर्त्ता जाली नोटों का प्रचलन कर रहे हैं। यह संगठन ग्वालपाड़ा जिले में भी सक्रिय है। मुल्टा के कार्यकर्त्ता चर-क्षेत्र (ब्रह्मपुत्र नदी के बीच बने टापू जहां खेतिहर लोग निवास करते हैं) में भी सक्रिय हैं।

मुल्टा के कार्यकर्त्ता अलपसंख्यक कल्याण-संगठन की ओर से वहां जाते हैं और सौ रुपये प्रति व्यक्ति चंदा वसूलते हैं। छह-साल मुस्लिम आतंकवादी संगठन धुबरी, नौगांव, मोरीगांव, बोगाईगांव और कोकराझार जिलों में बहुत सक्रिय हैं।

भारत के सीमांत प्रांतों में दोहरी मुद्रा का प्रचलन है, जिसके कारण भारत की सार्वभौमिकता को निरंतर चुनौती मिलती रही है। सिक्किम, उत्तरी बंगाल, असम, भूटान से मिलते प्रदेश, अरुणाचल प्रदेश, त्रिपुरा, नागालैंड, मेघालय, मणिपुर और मिजोरम में दोहरी मुद्राएं चल रहीं हैं। स्थानीय लोग सीमांत बाजारों में बांग्लादेश का टका, नेपाल का रुपया, भूटान का नू, म्यांमार का क्यात और चीन का यूआन भी भारतीय रुपयों के साथ लेते-देते हैं।

भारतीय सुरक्षा की दृष्टि से ये राज्य बहुत महत्वपूर्ण हैं, इसलिए आईएसआई ने दोहरी मुद्रा के प्रचलन को देखते हुए, यहां जाली मुद्रा के प्रचलन को विशेष

बढ़ावा दिया है। इन इलाकों में चाय, चावल, दाल, मुर्गी, अंडा और खाने-पीने की चीजों के लिए भारत और सीमांत क्षेत्रों के पड़ोसी देशों में बॉर्डर हाट लगते हैं। चूंकि अनेक इलाकों में आने-जाने के साधन सुगम नहीं और सीमा पर कोई खास रुकावटें या कड़ी रोक-टोक नहीं है, इसलिए अपनी दैनिक आवश्यकताओं की चीजों को लोग सीमांत क्षेत्रों में लगने वाले इन हाटों से खरीद लेते हैं। भारत और नेपाल की मुद्रा के मूल्य में ज्यादा अन्तर नहीं है। नेपाल व भारत के रुपये का तुलनात्मक अनुपात 60 और 40 का है अर्थात् नेपाल के 60 रुपये में भारत के 40 रुपये मिलते हैं। भारत के 60 रुपये में भूटान के 100 रुपये मिलते हैं और भारत के 78 से 80 रुपये में बांग्लादेश के 100 टका मिलते हैं। बांग्लादेश, भूटान, म्यांमार से सटी हमारी सीमाएं हजारों किलोमीटर लंबी हैं, और सीमांत क्षेत्रों में ऐसे हजारों लोग खुलेआम एक-दूसरे देश की मुद्रा को स्वीकार करते हैं। इसलिए सीमांत क्षेत्रों में बड़े पैमाने पर मुद्रा विनिमय करने वाले अनेक अवैध व्यापारी, दलाल और हवाला डीलर पैदा हो गए हैं। मिसाल के तौर पर त्रिपुरा, मणिपुर, मिजोरम, असम और मेघालय, अंतर्राष्ट्रीय व्यापार से संबंधित नगरों में बड़े पैमाने पर गैरकानूनी व्यापार किया जाता है।

5

बांग्लादेश के उग्रवादी संगठन और भारत

आज बांग्लादेश में अनेकों ऐसे संगठन हैं जो भारत विरोधी कार्यवाहियों में संलिप्त हैं। अनेक संगठन कट्टरपंथी इस्लाम के पोषक हैं और आईएसआई की शह पर भारत के पूर्वोत्तर में विघटन और आतंकवादी कार्यवाहियों में जुटे हैं। कुछ संगठन भारत-विरोधी भावनाएं भड़काने और सीमांत क्षेत्र में भारत-विरोधी माहौल बनाने में लिप्त हैं। भारत विरोधियों कार्यवाहियों में लिप्त कुछ प्रमुख संगठनों के नाम इस प्रकार हैं— जमायते-इस्लामी, हरकत-उल-जिहाद-अल-इस्लामी, इस्लामी ओकिया जोत, बांग्लादेश खिलाफल मजलिस, जैश-ए-मुस्तफा, अहले-हदीस, हिज्बुल ताहरी, बांग्लादेश इस्लामी जेहाद आंदोलन, जमायतुल-मुजाहिदीन, जातीय इस्लामिक मंच, विश्व इस्लामी ओकिया, हिज्बुल-तौहीद, इस्लामिक यूनिवर्सिटी कुश्तिया, इस्लामिक छात्र-शिविर, इस्लामी छात्र संगठन, वर्ल्ड मुस्लिम सिक्योरिटी काउंसिल एंड ऑर्गेनाइजेशन, इस्लामी परिषद् बांग्लादेश, तब्लीक जमात, मुस्लिम लीग, इस्लामी शासन-तंत्र आंदोलन, निजाम-ए-इस्लाम पार्टी, मुस्लिम उम्माह संगति परिषद्, बांग्लादेश इस्लामिक मोर्चा, इस्लामी सॉलिडेरिटी, इस्लाम प्रचार समिति, अल-मरकज-उल-इस्लाम, तौहीद ट्रस्ट।

बांग्लादेश में भारतीय इनसर्जेंटों (विद्रोही आतंकवादियों) के कैंप :

नेशनल लिबरेशन फ्रंट ऑफ त्रिपुरा के कैंप

क्र. सं.	कैंप का नाम	संगठन	पुलिस स्टेशन	जिला
1.	शमा रंजन उचाई पारा (करबारी पाड़ा)	नेशनल लिबरेशन फ्रंट ऑफ त्रिपुरा (एनएलएफटी)	नाइखोग चारी	बंदरबन
2.	मदन कुमार चकमा पाड़ा	-वही-	काउखाली	रंगामाटी
3.	जगत कुमार चकमा पाड़ा	-वही-	भानिरचार	-वही-
4.	थंगनाग	-वही-	बघाईचारी	-वही-
5.	उजानसुरा	-वही-	-वही-	-वही-
6.	पांडेकोलासुरा	-वही-	-वही-	-वही-
7.	मयानी रिजर्व फॉरेस्ट	-वही-	दीघीनाला	-वही-
8.	निम्बूचारी	-वही-	-वही-	-वही-
9.	तापस तांगचा	-वही-	अलीकदम	-वही-
10.	रेउती त्रिपुरा पाड़ा	-वही-	रुमा	(रुमा)
11.	लालू कालू	-वही-	बागसाईचारी	रंगामाटी
12.	कालेंजी पुंजी	एनएलएफटी	कमालगंज	मौलवी
13.	जामटोली	-वही-	-वही-	-वही-
14.	समाईतोसी	-वही-	-वही-	-वही-
15.	कालेंजी पुंजी (नयनबासी गुट)	-वही-	कमालगंज	मौलवी बाजार
16.	नलाऊ चाय बागान	-वही-	चुनारूघाट	हबीबगंज
17.	जरूलियो	-वही-	चुनारूवाद	-वही-
18.	ठाकुरगांव	एनएलएफटी	-वही-	-वही-
19.	डवाल चेरा	-वही-	-वही-	-वही-
20.	नूतन बाजार (विश्व मोहन गुट)	-वही-	-वही-	-वही-
21.	केवाली घाट	-वही-	कमालगंज	-वही-

क्र. सं.	कैंप का नाम	संगठन	पुलिस स्टेशन	जिला
22.	ब्रह्माचेरा	-वही-	श्रीमंगल	-वही-
23.	किरात काटाचेरा	-वही-	दीर्घानाला	खगराचारी
24.	रेमा चाय बागान	-वही-	-वही-	-वही-
25.	डालूबारी	-वही-	श्रीमंगल	मौलवी बाजार

आल त्रिपुरा टाइगर फोर्स के कैंप

क्रमांक	कैंप का नाम	पुलिस स्टेशन	जिला
1.	कापाई	-वही-	-वही-
2.	रघुनंदनपुर	-वही-	-वही-
3.	लाल भाई	खगराचारी	खगराचारी
4.	तेलियापारा	माधवपुरा	हबीबगंज
5.	ताराबन	पांचारी	खगराचारी
6.	खगरापुर	पांचारी	-वही-
7.	चीचक चेरा	-वही-	-वही-
8.	लोनगंग	-वही-	-वही-
9.	खगराचारी	खगराचारी	-वही-
10.	मोची चेरा	पांचारी	-वही-
11.	बेबन चेरा	-वही-	-वही-
12.	तोखिराईपारा	पांचारी	खगराचारी
13.	बागमा चेरा	-वही-	-वही-
14.	वलीबासा	-वही-	-वही-
15.	कालापहाड़	-वही-	-वही-
16.	लूटीबनवारी	-वही-	-वही-
17.	गोकुलपारा	माटीरंगा	-वही-
18.	कासालोंग रिजर्व फॉरेस्ट	दीघीनाला	-वही-
19.	सतचारी	चुनारूवाट	हबीबगंज
20.	छनबारी	-वही-	-वही-

पीपुल्स लिबरेशन अर्मी के कैंप

क्रमांक	कैंप का नाम	पुलिस स्टेशन	जिला
1.	शिवनगर	चुनारूवाट	हबीबगंज
2.	अंबरखाना	सिलहट	सिलहट
3.	इकराश कैंप	शेरपुर	शेरपुर
4.	चहोटा धमाई कैंप	शेरपुर	शेरपुर
5.	मौलवी बाजार कैंप	मौलवी बाजार	मौलवी बाजार
6.	दीघीनाला	दीघीनाला	खगराचारी
7.	भानुगाछ	कमालगंज	मौलवी बाजार
8.	आदमपुर	-वही-	-वही-
9.	रंगीचेरा	कुलौरा	-वही-
10.	सोलोपी	थांची	बंदरबन

नेशनल सोशलिस्ट काउंसिल आफ नागालैंड (इजाकसू-मुहिवा) के कैंप

क्रमांक	कैंप का नाम	पुलिस स्टेशन	जिला
1.	जोपुई	साजेक	खगराचारी
2.	सकराऊ	थांची	बंदरबन
3.	रोंग रंग तोडंग	-वही-	-वही-
4.	दोना चाय बागान	जकीगंज	सिलहट
5.	रुमा	रुमा	बंदरबन
6.	सलोपी	-वही-	-वही-
7.	जोरटन	अलीकदम	-वही-
8.	थांची	थांची	-वही-
9.	अलीकदम	अलीकदम	-वही-
10.	गलीली	-वही-	-वही-
11.	बैथल	दीघीनाला	खगराचारी
12.	मसालोंगमुख	बगाईचारी	रंगामाटी
13.	थिंगदाविटे	-वही-	-वही-

क्रमांक	कैंप का नाम	पुलिस स्टेशन	जिला
14.	टिंडू	-वही-	-वही-
15.	माउडोक	-वही-	-वही-
16.	लांग्डू बाजार	लांग्डू	रंगामाटी
17.	लालू कालू चेरामुख	वगाई चेरा	-वही-
18.	नून चेरा	कुलौरा	मौलवी बाजार

नेशनल डेमोक्रेटिक फ्रंट ऑफ बोडोलैंड के कैंप

क्रमांक	कैंप का नाम	पुलिस स्टेशन	जिला
1.	लालुक कैंप	खगराचारी	खगराचारी
2.	माघीपुर रिजर्व फरिस्ट	टंगाइल	टंगाइल

मुस्लिम यूनाइटेड लिबरेशन टाइगन ऑफ असम के कैंप

क्रमांक	कैंप का नाम	पुलिस स्टेशन	जिला
1.	माधोपुर रिजर्व फारेस्ट	टंगाइल	टंगाइल
2.	आर्मी कैंट	मैमनसिंह	मैमनसिंह
3.	रबड़ बागान रेस्ट हाउस	शेरपुर	शेरपुर
	डिमा हलाम डाओगा का कैंप		
1.	चट्टगांव हिल्सट्रैक्ट कैंप	चट्टगांव पहाड़ियां	चट्टगांव पहाड़ियां
2.	कोक्स बाजार कैंप	कोक्स बाजार	कोक्स बाजार
	अचिक नेशनल वालंटियर काउंसिल के कैंप		
1.	नर्सरी पुंजी	कुलौरा	सिलहट

पूर्वोत्तर भारत के उग्रवादियों की स्वीकारोक्तियां

नेशनल सोशलिस्ट काउंसिल ऑफ नगालैंड (इजाक्सू-मुहिवा) एनएससीएन (आईएम)

इस संगठन के नौ नगा उग्रवादी 17 सितंबर 2000 को अपने सार्जेंट मेजर जेम्स संगतम के नेतृत्व में बांग्लादेश के जिला बंदरबन, थाना अलीकदम में स्थित

गलील कैंप से हथियार, हथगोले आदि लेकर भाग खड़े हुए। कैंप के एनएनसीएन अधिकारियों को ज्यों ही पता चला, उन्होंने घात लगाकर मुठभेड़ में चार पलायनकर्त्ताओं को मार गिराया। शेष पांच बचकर, सीमा पार करके मिजोरम-बांग्लादेश सीमा पर भारतीय चौकी पारवाह पर पहुंचे और उन्होंने 24 सितंबर 2001 को आत्मसमर्पण कर दिया। इनके नाम थे—जेम्स संगतम (आयु-27 वर्ष, निवासी-अरुणाचल), हेकेसेमा, आयु-25, निवासी नगालैंड), सलोंग ताखुंल (आयु-28 वर्ष, निवासी-मणिपुर), ब्राउन समारिंग (आयु-28, निवासी मणिपुर) और यांते (आयु-18 वर्ष, निवासी नगालैंड)।

इन पांचों ने बताया कि भारत से बांग्लादेश जाते समय उन्होंने नगा उग्रवादियों का पारंपरिक रास्ता अपनाया और वे ढाका स्थित एनएससीएन के मुख्यालय पहुंचे। बांग्लादेश में नगा उग्रवादी अपने सहयोगियों और हथियार आदि को ढोने के लिए अपने ही टाटा हैवी ट्रक मारुति वैन और एक टाटा कार का प्रयोग करते हैं। नगा उग्रवादी ढाका से कोक्स बाजार, चटगांव होकर जाते हैं, जहां अलीकदम थाने के अंतर्गत मातामोहरी इलाके में उनका एक कैंप है। अन्य कैंप खगराचारी, बगाईहाट में है। कोक्स बाजार समुद्रतट पर दक्षिण-पूर्व एशिया से चोरी-छिपे समुद्री मार्ग से आने वाले हथियार और विस्फोटक तथा उग्रवादी भी नदी मार्ग से इंजन वाली नौका में भरकर मातामोहरी इलाके में पहुंचाए जाते हैं। एक कैंप जाटन में है। यहां गोला बारूद छिपाने के लिए पहाड़ी के भीतर बंकर बनाए गए हैं। एक अन्य उग्रवादी-कैंप गलीली में है। यह अलीकदम के कालाजूरी से 15-16 किमी. की दूरी पर है जिसका पारंपरिक नक्शे पर नाम रूप रंग तौंग है। यहां से गोला-बारूद म्यांमार के रास्ते सहज ही नगालैंड ले जाया जाता है। एक कैंप बीथेल है जो खगराचारी के थाना दीवीनाला के निकट सेजक रेंज में है। इसके निकट ही त्रिपुरा के नेशनल लिबरेशन फ्रंट का बांग्लादेश स्थित मुख्यालय है। समर्पण करने वालों ने बताया कि ढाका में एनएससीएन का कार्यालय सड़क नंबर सात पर डीओएचएसकालोनी में है, जिसका फोन नंबर-801709 था और चटगांव में एनएससीएन का फोन-702028 था।

सामान्य आदमी उग्रवादी नगा लड़कों एवं लड़कियों का चेहरा देखकर ही पहचान कर सकते हैं, लेकिन बांग्लादेश के पुलिस इन्हें नहीं पकड़ती है। नगा भूमिगत संगठन के अधिकारियों के बांग्लादेश सेना, राइफल्स और गुप्तचर संस्थाओं के अधिकारियों से अच्छे संबंध हैं, इसलिए वहां ठहरने, यात्रा करने और हथियारों की खेप विदेशों से मंगाने में कोई दिक्कत नहीं होती।

असम में उल्फा उग्रवाद का रहस्योद्घाटन

वर्तमान समय में असम उल्फा उग्रवादियों से अत्यधिक त्रस्त है। गौतमदास उर्फ बाबुल दास उर्फ विजय बरो उल्फा का पश्चिमी क्षेत्र का कमांडर और चेयरमैन था, जिसने 10 जुलाई 1999 को आत्मसमर्पण किया। उसने रहस्योद्घाटन किया कि पश्चिमी क्षेत्र कमेटी में वह चेयरमैन था। हिटलर राभओर शशधर चौधरी उपचेयरमैन थे। इसके अलावा मुख्य सचिव, सहायक मुख्य सचिव, वित्त सचिव आदि सदस्य समिति में शामिल किए गए। चेयरमैन होने के नाते उसे सिविल और सेना की गतिविधियों पर नजर रखनी पड़ती थी। इसके केन्द्रीय परिषद ने पाकिस्तान और अफगानिस्तान में प्रशिक्षण के लिए 27 वरिष्ठ उल्फाइयों को भेजा। अप्रैल 1992 में धुबरी में जनरल काउंसिल की मीटिंग हुई, जिसमें परेश बरुआ ने अरविंद राजखोवा की बहुत आलोचना की, क्योंकि उसने सरकार से मिलकर आत्मसमर्पण की नीति अपना ली थी। बांग्लादेश में रफीक-उर-रहमान उर्फ रिंकू और मुनीर नवीश ने एक बेस कैंप स्थापित किया। दास राहिनो ऑपरेशन से. पहले एक बार अपने दो अन्य साथियों के साथ बांग्लादेश गया। धुबरी से बोक्सीरहाट, कूचबिहार होते हुए उन्होंने बॉर्डर पार किया। उनका गाइड धुबरी गांव का रुस्तम नामक एक लड़का था। रात के समय वे बांग्लादेश सीमा पर एक मुसलमान के घर में ठहरे और अगले रोज लालमोनीरहाट से ट्रेन से ढाका गए। रुस्तम उन्हें ढाका रेलवे स्टेशन के निकट मांग बाजार स्थित किराये के मकान में ले गया। उस मकान में गौतम दास, सिद्धार्थ फूकन, राजेश्वर बोरा, अभिजीत और अन्य लड़कों से मिला। डेढ़ महीने में कई बार परेश बरुआ से मुलाकात हुई।

डेढ़ माह के बाद वह कल्याण फूकन के साथ ट्रेनिंग के लिए पाकिस्तान रवाना हुए। वहां के लिए पासपोर्ट और अन्य दस्तावेजों का प्रबंध एक सैनिक अधिकारी ने किया था, जो उनके संपर्क में था। मुनीर नवीश ने उन्हें दो हवाई टिकट दिए और बताया कि करावी हवाई अड्डे पर एक अफसर उन्हें मिलेगा। गौतमदास का पासपोर्ट कासिम अली के नाम से था। शाम चार बजे वे कराची पहुंचे। एक इंटेलीजेंस अफसर उन्हें होटल में ले गया। अगले रोज वे जहाज से इस्लामाबाद गए जहां उन्हें एक मकान में रखा गया। उस मकान में सर्वजीत, फूकन, अभिजीत, कलिता, मंगल बोरा, दिलीप लोहित देउरी (सभी असम के निवासी) पहले से ही थे। उन्हें गोपनीयता बनाए

रखने की हिदायत देकर पाकिस्तानी अफसर चला गया। यह ऐसा दोमंजिला मकान था, जिसमें आठ कमरे थे।

गौतम दास ने बताया–हम बीस-पच्चीस दिन इस मकान में रहे, क्योंकि हमारे बाकी साथी ट्रेनिंग के लिए नहीं पहुंच पाए थे। हमने रहने, खाने-पीने और बाजार से कुछ खरीदने के लिए जेब से कोई पेसा खर्च नहीं किया। पाकिस्तानी अफसर ही अपना पैसा खर्च कर रहे थे कुछ समय बाद प्रदीप मोहन, राजेश बोरा प्रभात सेकिया, विप्लव गोहान और एक अन्य उल्फाई भी आ मिला। हम सभी कुल बारह उल्फाइयों को सितंबर 1992 में एक गाड़ी में जंगल में ले जाया गया। उन सबके साथ हम सारी रात यात्रा करते रहे।

दास ने बताया–यह ट्रेंनिग कैंप पाकिस्तान-अफगानिस्तान के बीच था। इसमें तीन इंस्ट्रक्टर थे, जो स्वयं को अफगानिस्तान के मुजाहिदीन ग्रुप का बताते थे, लेकिन अच्छी उर्दू बोलते थे। वहां सैंतीस रंगीन टेंट लगे थे। दो गाड़ियां भी थीं, पच्चीस दिन तक ट्रेनिंग हुई, जिसमें हथियारों को चलाना, विस्फोटकों का इस्तेमाल, रासायनिक हथियार और रेडियो ट्रांसमिशन की सिखलाई शामिल थी। सुबह जल्दी उठकर घंटे-पौन घंटे की जॉगिंग और एक घंटे की पीटी होती थी। इसके बाद हथियारों की सिखलाई, आर्म्स की ट्रेनिंग और खेल होते थे। खेलों के बाद ट्रेनिंग वाले लकड़ी बीनने जाते। वहां न बिजली, न जनरेटर और न मच्छरदानियां थीं। दोपहर में खाने में चपातियां होतीं, और रात को वे चावल खुद पकाते, क्योंकि रसोइया चावल बनाना नहीं जानता था। ट्रेनिंग और प्रबंध-व्यवस्था आईएसआई के अधिकारी करते थे।

पच्चीस दिन की ट्रेनिंग के बाद दल को तीन भागों में बांटा गया। एक को इंटेलीजेंस ट्रेनिंग के लिए, दूसरे को वायरलेस सेट की ट्रेनिंग के लिए और तीसरे को हथियारों की मरम्मत की ट्रेनिंग के लिए भेजा गया। ट्रेनिंग के बाद बस फिर इस्लामाबाद में मिले। यहां ट्रेनिंग लगभग एक महीने की थी।

कुछ समय बिताने के पश्चात दास ढाका वापस चला गया। यहाँ पर वह 15 दिन तक जमा रहा। इसके बाद वह परेश बरुआ के साथ दिसंबर 1992 में या जनवरी 1992 में थाइलैंड गया। दोनों एक होटल में ठहरे। दस-बारह दिन थाइलैंड में रहने के बाद वे ढाका लौट आए और उल्फा उग्रवादियों के सम्बन्ध में गौतम दास का कहना है कि–उल्फा ने बांग्लादेश में एक चारमंजिला मकान का ग्राउंड फ्लोर किराये पर ले रखा है। एक मकान उत्तरी ढाका में है। परेश बरुआ ढाका शहर में रहता था। एक अन्य मकान में नौगांव का अहमद उल्फाई रहता

था। उल्फा के पास एक बजाज सुपर स्कूटर था। एक कार खरीदने की बात चल रही थी। उल्फाई आटो रिक्शा व बेबी टैक्सी इस्तेमाल करते थे। एक-दूसरे से संपर्क करने के लिए वे टेलीफोन या वायरलेस इस्तेमाल करते थे।

पाकिस्तान आने पर परेश बरुआ को आईएसआई द्वारा वायरलेस सेट प्रदान किया गया। बांग्लादेश से आने-जाने के लिए रास्ते तय करने का काम करीमगंज का डुडू चौधरी नामक उल्फाई करता था। बांग्लादेश जाने के लिए रास्ते कूचबिहार, लालमोनीरहाट, सिंगीमरी (मेघालय) कुरी ग्राम, करीमगंज, हैलाकंडी (बांग्लादेश) शिलांग, सिलहट, धुबरी, गोलकगंज, हेलागुरा, खेरबाड़ी और ढाका आदि थे।

सुनीर नबीश उल्फा का समस्त लेन-देन का ब्यौरा रखता था। उसके समर्पण कर देने के बाद ब्यौरा रखने का कार्यभार जय गोगोई उर्फ फरूख को सौंप दिया गया। दोनों बांग्लादेश में रहते थे। फरवरी 1992 में धुबरी होते हुए गौतम दास भारत लौटा। परेश बरुआ ने समर्पण करने का मन बना लिया था। मार्च-अप्रैल 1992 में ढाका में उल्फा जन कमेटी की मीटिंग होने वाली थी, इसलिए गौतम ने असम के विभिन्न इलाकों से लगभग पचास से अधिक लोगों को भेजने का प्रबंध किया। गौतम को सभी ने मीटिंग में जाने को कहा, लेकिन वह नहीं गया, क्योंकि उल्फाई नेताओं से उसका विश्वास उठ गया था। वह शादी करके विवाहित जीवन बिताना चाहता था।

लोहित देवरी उर्फ सहदेव दास

लोहित देवरी ने 14 अगस्त 2000 को गुवाहाटी में आत्मसमर्पण किया। 11 नवंबर 1967 को किसान परिवार में जन्मा देवरी 1983-84 में उल्फा का संगठन सचिव बना। उसने स्वेच्छा से रहस्योद्‌घाटन किया।

1992 में ढाका के भोग बाजार में उल्फा अपना कैंप स्थापित कर चुका था, जिसमें 15 लोग रहते थे। उल्फा के सचिव अनूप चेतिया और प्रदीप गोगोई पाकिस्तान में ट्रेनिंग लेकर लौट आए थे। 10 अक्तूबर 1991 को लोहित देवरी भी एक अन्य उल्फाई के साथ ढाका से हवाई जहाज से कराची गया। वहां करांची में दो सरकारी अफसरों ने उनका स्वागत किया। इमीग्रेशन और कस्टम काउंटर पर उनकी कोई चेकिंग नहीं हुई। दो रात होटल में ठहरने के बाद वे इस्लामाबाद और वहां से रावलपिंडी गए, जहां वे 15 दिन ठहरे। उल्फा के 12 अन्य आतंकवादी भी उनसे वहां आ मिले। अठारह घंटे लंबी यात्रा कार द्वारा पूरी करने पर वे एक ऐसे स्थान पर पहुंचे जो शायद अफगानिस्तान में था। यह रेगिस्तानी इलाका था। कैंप

का इंचार्ज पाकिस्तानी सेना का अफसर था और अन्य इंस्ट्रक्टर अफगान आतंकवादी जैसे लगते थे। उल्फा आतंकवादियों को यहां हथियारों के प्रशिक्षण के अलावा गोला-बारूद का इस्तेमाल और विभिन्न युद्ध-कौशल सिखाए गए। इंटेलीजेंस के अलावा उन्हें वायरलेस सेट का प्रयोग करना भी सिखाया गया। टारगेटों पर 'ब्राह्मण' लिखा होता था। अगर निशाना साधते समय ट्रेनिंग लेने वाला चूक जाता तो उसे बीस दंड लगाने पड़ते थे।

राना बरुआ एवं विप्लव को एक सीमांत नगर में हथियार बनाने के उद्योग का अनुभव प्राप्त करने को भेजा गया। वह स्वयं पाकिस्तान के रावलपिंडी नगर में एक महीने तक आईएसआई से ट्रेनिंग लेता रहा। उसे भारतीय सेना की कमजोरियों के बारे में बताया गया।

1992 में कराची होता हुआ लोहित देवरी बांग्लादेश और वहां से भारत आया। अक्टूबर 1994 में वह पुनः बांग्लादेश गया और दस दिन बाद लौट आया। 12 अक्टूबर 1994 में उसने रीता तालुकदार से सकुनी कैंप में विवाह किया और पत्नी के रहने का प्रबंध करके 20 अक्टूबर को फिर बांग्लादेश चला गया। देवरी ने बताया कि चीफ-आफ-स्टाफ चाहता था कि बांग्लादेश में विदेशों से मंगाए गए हथियार उसी की देख-रेख में प्राप्त किए जाएं। लेकिन शशधर चौधरी ने जानबूझकर चीफ-आफ-स्टाफ को गलत सूचना दी कि उसकी दुर्घटना हो गई है। चौधरी चाहता था कि राजू बरुआ उसकी जगह बांग्लादेश में जाए। उल्फा के शेष नेता जन-जातियों का प्रभाव उल्फा में बढ़ने नहीं देना चाहते थे।

इस बार लोहित कोलकाता होकर बांग्लादेश गया था। बॉडर पार करके वह नाइट बस से सफर करके ढाका पहुंचा। वह उन कैंपों में भी रुका जहां एटीटीएफ के सत्तर (70) आतंकवादी ठहरे थे। श्रीमंगल बाजार के पास स्थित इन कैंपों में बांग्लादेश राइफल के सीनियर अफसर खुलेआम धन इकट्ठा करने के लिए आते थे। वह फरवरी 1996 उस जगह पर भी गया, जहाँ अराकान रिवोलूशनरी फ्रंट का कार्यालय भी था। इस संगठन की सहायता से उल्फा ने कोक्स बाजार में पहुंचने का रास्ता खोला। 5 मार्च 1995 को चीफ-आफ-स्टाफ और चार अन्य उल्फा आतंकवादियों के एक दल के साथ वह दो छोटे जहाजों में बंगाल की खाड़ी के गहरे पानी में गया। वहां उन्हें एक बड़ा चीनी जहाज मिला। देवरी को कई विदेशी भाषाओं की जानकारी थी। वह चीनी भाषा अच्छी तरह बोल लेता था। जहाज से बड़े बाक्स उतारकर छोटी नौकाओं में लादे गए। उल्फा का चीफ-ऑफ-स्टाफ परेश बरुआ जहाज के ऊपर गया और वर्दीधारी

चीनियों को उसने अमेरिकन सिगरेट, शराब और डालर भेंट किए। बाद में चार ट्रकों में सामान लादा गया, जिसमें यूनीवर्सल मशीनगनें और ए-के सीरीज की राइफलें थीं। लेकिन 10 मार्च 1995 को बांग्लादेश पुलिस ने उन्हें पकड़ लिया। उल्फा के साथ गई अराकान रिवोलूशनरी फ्रंट की टुकड़ी ने पुलिस से बात की। उन्होंने फोन पर कहीं बातें कीं। डाइरेक्टर जनरल फोर्सेज इंटेलीजेंस का टेलीफोन आने पर हथियारों के ट्रक पुलिस ने छोड़ दिए। हथियारों की खेप बांटी गई। हथियारों का कुछ हिस्सा एआरएफ, एटीटीएफ और पीएलए को भी मिला। इन उग्रवादी संगठनों ने इन हथियारों को दूरगामी लक्ष्यों की प्राप्ति में सहायक समझा।

बेगम खालिदा जिया का एक नजदीकी रिश्तेदार, ढाका निवासी मसूद, भी उल्फा-समर्थक है। वह भूटान और बैंकाक में बांग्लादेश का राजदूत भी रह चुका है। 13 अगस्त 1991 को वह परेश बरुआ के साथ बांग्लादेश गया। परेश बरुआ ने पाकिस्तान में ट्रेनिंग के लिए भेजे जाने वाले बारह उल्फाइओं के लिए पासपोर्ट का प्रबंध किया था। 1992 में ही परेश बरुआ ने पाकिस्तान की आईएसआई के साथ मधुर संबंध स्थापित कर लिए।

परेश बरूआ के समस्याओं के वर्तमान समय में भी बांग्लादेश के डीएफआई से अच्छे संबंध हैं। हथियारों से भरा जहाज जिसे बांग्लादेश नौसेना ने 1993 में पकड़ा था, वह आईएसआई की मदद से लाया गया था। हथियार पकड़े जाने के बाद रातोंरात पुलिस ने बांग्लादेश में रह रहे उल्फाइयों को पकड़ लिया। सिर्फ परेश बरुआ बचा था। दो दिन बाद उसने डीजीआईएफ के सामने आत्मसमर्पण कर दिया और नौसेना द्वारा पकड़े गए आठ सौ से अधिक हथियारों के बारे में स्वीकार कर लिया कि वे उल्फा के हथियार हैं। उल्फाइयों का यह बांग्लादेश की सरकार से पहला संपर्क था। परेश बरुआ बांग्लादेश के तत्कालीन प्रधानमंत्री श्रीमती खालिदा जिया से भी मिला। एवं उनसे हथियार की वापसी की मांग भी की। सरकार को पिघलते न देखकर उसने कहा अगर हथियार वापस नहीं किए गए तो उल्फाई अवैध रूप से रह रहे बांग्लादेशियों को मार डालेंगे। सरकार ढीली पड़ गयी। उसने हथियार लौटाने का वायदा किया। लेकिन उसे पूरा नहीं किया, उसके बाद परेश बरुआ और अनूप चेतिया ने डीजीआईएफ और सरकार के साथ अच्छे संबंध बनाए।

बैंकाक, मलेशिया और चीन में हथियार-विक्रेता लाइसेंसधारक हैं, जो सिर्फ सरकारों को हथियार बेचते हैं। उल्फा के लिए परेश बरुआ ने तत्कालीन बांग्लादेश सरकार से मदद ली। श्रीमती खालिदा जिया के विदेश मंत्री ने बांग्लादेश सरकार के

लिए हथियार खरीदने का अधिकार-पत्र जारी किया। परेश बरुआ ने आईएसआई के अधिकारियों से संपर्क करके चीन से हथियार मंगाए।

फरवरी 1995 में चीन से हथियारों की खेप बांग्लादेश पहुंची जिसमें सात-आठ सौ भिन्न-भिन्न तरह के हथियार थे, जिन्हें दरिया कैंप में रखा गया। उल्फा ने मणिपुर की पीएलए से चालीस लाख रुपये लिए और उन्हें पैंतालीस एके-56 राइफलें, 25 यूनीवर्सल मशीनगनें, 5 आरपीजी और दो हल्के मोर्टार दिए। चटगांव की पहाड़ियों से होते हुए 18 मार्च 1996 को पीएलए, उल्फा और एटीटीएफ का संयुक्त दल बर्मा (म्यांमार) होते हुए रवाना हुआ, लेकिन सुरक्षाबलों के साथ मुठभेड़ों में उन्हें भारी नुकसान उठाना पड़ा। एक छोटा दल ही भूटान तक पहुंच सका।

प्रदीप गोगोई उर्फ यासीन

उल्फा उप-अध्यक्ष को 16 जून 1994 को रात में सीआरपी और असम पुलिस ने संयुक्त छापा मारकर गिरफ्तार किया। उसने बताया—सन् 1990 के मध्य में उल्फा की केंद्रीय समिति ने बांग्लादेश और पाकिस्तान से संबंध सुधारने का फैसला लिया, ताकि हथियार एवं शरण-स्थलियां मिल सकें और उल्फा के कार्यकर्त्ताओं को भारत सरकार से लड़कर असम को स्वतंत्र करवाने के लिए ट्रेनिंग मिल सके। उल्फा असम में वैज्ञानिक समाजवाद चाहता था। मुनी नबीश को पार्थपरतिम बरो के साथ ढाका भेजा गया।

सन् 1990 के अंत में मुनीर नबीश ने सूचना भेजी कि उसने ढाका में उल्फा की सहायता के लिए आईएसआई से संपर्क स्थापित किया है। मुनीर ने यह भी सूचना दी कि वह आईएसआई के कुछ लोगों से इस्लामाबाद में मिल आया है। आगे विचार-विमर्श करने के लिए केंद्रीय समिति के अधिकारियों को इस्लामाबाद और ढाका में आईएसआई के अधिकारियों से मिलना था। इसी बीच 27 दिसंबर 1990 को असम में राष्ट्रपति शासन लागू हो गया। सेना ने ऑपरेशन बजरंग शुरू किया।

जनवरी 1991 में प्रदीप गोगोई ढाका और इस्लामाबाद के लिए रवाना हुआ। धुबरी, सिलहट होते हुए वह ढाका पहुंचा। उसे एक दो मंजिला इमारत में ले जाया गया। यह स्थान ढाका रेलवे स्टेशन से तीन किलोमीटर दूर है। उसने अपना छद्मनाम यासीन रखा। आईएसआई से संपर्क करने के सात दिन के पश्चात् आईएसआई से हक नाम का एक व्यक्ति आया। उसने प्रदीप से उल्फा के हालात पूछे। उल्फा की संख्या पूछी। वित्तीय स्थिति, एनएससीएन और बीडीएसएफ से संबंधों के बारे में भी पूछताछ की। हक ने जनता को साथ लेकर चलने की बात कही।

उसने यह भी पूछा कि जो बांग्लादेशी असम में बसे हैं, उनका उल्फाई क्या करेंगे। बातचीत में प्रदीप ने कहा कि मानवीय आधार पर उल्फा बांग्लादेशियों को बाहर नहीं निकाल सकती है, लेकिन वह बांग्लादेशियों को असम आने से रोक सकती है। हक ने कहा कि उल्फा को हथियार सप्लाई करना संभव नहीं है, क्योंकि हथियार ले जाने के लिए कोई सुरक्षित रास्ता नहीं है। उसे आईएसआई के हक ने यह भी समझाया कि हथियार उठाने का तब तक कोई खास लाभ नहीं होगा, जब तक कि उल्फा पब्लिक में बेस न बना लें। कुछ दिन बीतने पर आईएसआई का एक जलाल नाम का एक अधिकारी उससे मिलने के लिए आया। उसने भी हक जैसी ही बातें कीं परंतु वे उल्फा कैडर को ट्रेनिंग देने पर सहमत हो गया। मुनीर अबीश के साथ बिमल सैकिया, नलवाड़ी के तपन बरुआ, शिवसागर के प्रदीप मोहन और पुरानंद गोहाई, नौगांव के प्रभात सैकिया, असम से ट्रेनिंग के लिए ढाका पहुंचे। (छह में से अंतिम चार का देहावसान हो चुका है।)

मुनीर अप्रैल 1991 में ढाका से नबीश-प्रदीप और अन्य छः उल्फाइयों के साथ कराची के लिए रवाना हुआ जिसके लिए सारे प्रबंध आईएसआई ने किए थे। एक रात कराची में ठहरने के बाद वे इस्लामाबाद गए, जहां आईएसआई के अधिकारी उन्हें इस्लामाबाद के रिहाइशी इलाके में ले गए। एक सप्ताह बाद छह उग्रवादियों को इस्लामाबाद के निकट पहाड़ी इलाके में ट्रेनिंग के लिए ले जाया गया। एक महीने तक उन्हें हथियारों और विस्फोटों की ट्रेनिंग दी गई।

प्रदीप जब जून 1991 में ढाका वापस आ गया तब उसने बतलाया कि उसे आईएसआई से कोई प्रशिक्षण प्राप्त नहीं हुआ। ऐसी ही ट्रेनिंग एनएससीएन ने दी थी। उसके बाद गुवाहाटी का मनोज हजारिका (समर्पण कर चुका है), भास्कर बरुआ (डिबरूगढ़) सलीम (लखीमपुर) आदि का एक दल और फिर एक अन्य दल पाकिस्तान भेजा गया। ट्रेनिंग के लिए कोई फीस आईएसआई को नहीं दी गई। यात्रा का खर्चा उल्फा ने दिया। इस बीच आईएसआई के जलाल और हक उल्फाइयों से मिलते रहे और हथियार तथा गोला-बारूद देने में असमर्थता जताते रहे। दस-बारह उल्फाइयों के दो अतिरिक्त बैच असम से ट्रेनिंग के लिए भेजे गए, जिनमें लोहित देवरी और राजू बरुआ (नलबाड़ी–डिप्टी कमांडर-इन-बीफ), मंगल बरुआ (तेजपुर), मोगपा रॉमपी (दरांग) और प्रभात सैकिया (नौगांव) प्रमुख थे।

दीपक हजारिका

23 अगस्त 1991 को मेघालय पुलिस ने रानीकौर-शिलांग मार्ग पर 25 वर्षीय

दीपक हजारिका उर्फ कुसुम याइती उर्फ रूपम हजारिका को गिरफ्तार किया जो उल्फा का स्वयंभू लेफ्टीनेंट था। वह बैंक डकैतियों, अपहरणों, हत्याओं और टैक्स वसूली के क्षेत्र में कुख्यात था। उसने रहस्योद्‌घाटन किया कि 21 अप्रैल 1991 को वह अपने सहयोगियों के साथ टैक्सी से भारत-बांग्लादेश बॉर्डर के लिए रवाना हुआ। उसने पैदल चलकर सीमा पार की और एनरूगिरी सोलोमन के घर बांग्लादेश में रात बिताई। वहां से वे लोग सुनामगंज होते हुए सिलहट पहुंचे। वहां से भागगासी होते हुए मणिपुर बस्ती में पहुंचे। वहां मुनीर, और अरविंद राजखोवा उन्हें मिले। उल्फा द्वारा इकट्‌ठा किए गए धन की कुछ राशि इन लोगों ने डालर में तब्दील कर ली थी।

उल्फा ने सन् 1988 में बांग्लादेश के साथ संबंध स्थापित किए थे। उल्फाइयों ने यहां पीएलए उग्रवादियों से संपर्क कर लिया था। 19 अगस्त 1991 को दीपक बांग्लादेश के आदमपुर गांव से किरन बरुआ उर्फ भास्कर बरुआ के साथ भारत लौटा। सीमा पार करके उन्होंने एक टैक्सी ली ओर शिलांग के लिए रवाना हुए। मेघालय पुलिस ने दीपक की गाड़ी रोकी और उसे गिरफ्तार कर लिया। उसने स्वीकारा कि पूर्वोत्तर भारत के पीएलए, यूएनएलएफ, एनएससीएन (खपलांग) के दक्षिण भारत में एलटीटीई से गहरे संबंध हैं। पकड़े जाने के बाद दीपक हजारिका ने स्वीकारा कि उसने पांच साल तक कठिन जिंदगी जी है। अब वह समाज की मुख्य धारा में शामिल होकर शंतिपूर्ण जिंदगी जीना चाहता है।

त्रिपुरा के आतंकवादी की स्वीकारोक्तियाँ

हिरन देव वर्मा

नेशनल लिबरेशन फ्रंट ऑफ त्रिपुरा के हरिनदेव बर्मा उर्फ हीरो (30) निवासी-गांव तिगारिया, खोवाई ने जून 2000 को लागतराई घाटी के थाना मन्नू में समर्पण किया। उसने दो चीनी ग्रेनेड और टैक्स वसूली की रसीद बुक तथा एक नोटिस बुक भी सौंपी। एनएलएफटी के 28 सहयोगियों के नाम भी उसने बताए।

अप्रैल 1996 में उसके साथ मंगल देव वर्मा, रतन देव वर्मा, उत्तम देव वर्मा, बंटी देव वर्मा, स्वप्न देव वर्मा आदि ने शाम चार बजे चुनारू घाट कैंप छोड़ दिया और भारत-बांग्लादेश बॉर्डर पार कर वे चंपाहावर पहुंचे। संगठन के नेताओं के पास पर्याप्त मात्रा में हथियार थे। रात के समय में उन्होंने वहीं विश्राम किया और अगली सुबह यात्रा के लिए निकल पड़े। तीन-चार दिन

लगातार चलने के बाद वे एनएलएफटी के बेस कैंप साजिक में पहुंचे, जो बांग्लादेश में है। इस जगह का नाम तीनदरा है, यहां से वे लालू रेंजर कैंप में अगले रोज दोपहर को पहुंचे। यहां पहुंचते-पहुंचते उन्हें आठ दिन लग गए थे। रेंजर हेडक्वार्टर में तीस-चालीस एनएलएफटी के मिलिटेंट पहले से मौजूद थे। इस कैंप का इंचार्ज सेकंड लेफ्टीनेंट अरुण देव वर्माउर्फ अच्चाई था। यहाँ पर उन्होंने कहीं महीनों तक काम किया। जिसमें उन्होंने कैंप की बैरकों का निर्माण किया और भूमि की खेती की। नवंबर 1996 में उनकी ट्रेनिंग शुरू हुई, जिसमें पच्चीस रंगरूट थे और सिखलाने के लिए करुण देव वर्मा, सुनील जमातिया, विक्रम देव वर्मा, ए. के. कुलाई इंस्ट्रक्टर थे। एक महीने तक हथियारों का प्रशिक्षण चलता रहा। 1997 के आरंभ में ट्रेनिंग पूरी हो गई तो हिरन कुंजा देव वर्मा के साथ अलीकदम कैंप में गया जो बर्मा (म्यांमार) बॉर्डर के निकट और चटगांव से दो सौ किलोमीटर दूर है।

पद्म देव वर्मा

यह त्रिपुरा का रहने वाला है, जिसने 25 मई 2000 को आत्मसमर्पण किया। उसने सन् 1995 में माध्यमिक परीक्षा दी थी, लेकिन फेल हो गया। सन् 1996 के अंत में वह एलटीटीएफ में भर्ती हुआ। सन् 1997 में एलटीटीएफ के ताराबन कैंप (बांग्लादेश) में ट्रेनिंग ली, जहां एक सौ पचास प्रशिक्षणार्थी ट्रेनिंग ले रहे थे। उसने बांग्लादेश में एलटीटीएफ के जिन कैंपों का उल्लेख किया वह इस प्रकार हैं--जनरल मुख्यालय तखिराइबाड़ी, ताराबन, लोबगांग, खगरापुर, मटिरगांग।

उपरोक्त सभी कैंप बांग्लादेश के खगराचारी जिले में त्रिपुरा के दक्षिण-पूर्व में हैं। अन्य कैंप सतबारी, हाबीबगंज, कालेगा, डालुबाड़ी और विस्वामनिपाड़ा (सभी मौलवी बाजार, बांग्लादेश) में है। उनके सेफ हाउस ढाका में, बंदरबन में और चटगांव में हैं। फरवरी 2001 से पहले एनएलएफटी के साथ उनके शत्रुतापूर्ण संबंध थे, परंतु 5 फरवरी 2001 के विभाजन के बाद से इस संगठन की सहानुभूति नयनबासी दल के साथ है। इन दोनों की मीटिंग चटगांव में हुई थी।

बांग्लादेश के सुरक्षाबलों के अधिकारी विभिन्न संगठनों के भातरीय उग्रवादियों को आपस में मिलने नहीं देते। एलटीटीएफ के ढाका में और चटगांव में मोटर गाड़ियां हैं। बांग्लादेश स्थित एटीटीएफ कैंप का रास्ता रशियाबाड़ी (त्रिपुरा) से जाता है।

6

भारतीय सुरक्षा को आतंकवाद की चुनौती

वर्तमान समय में भारतीय सुरक्षा को आंतरिक और बाह्य दोनों प्रकार के उग्रवाद का खतरा है। एक तरफ मुस्लिम कट्टरपंथियों द्वारा तो दूसरी ओर पूर्वोत्तर क्षेत्र में उल्फा, नगा विद्रोह एवं नक्सलवादी हमलों से भारत के लोग बुरी तरह से त्रस्त हैं। भारत को आतंकवाद से खतरा उस समय से है जब 15 अगस्त 1947 को भारत से पाकिस्तान अलग हुआ था। देश के बंटवारे के समय कट्टरपंथियों की खून की होली ने लाखों परिवारों को त्रस्त किया। चंद सप्ताह बाद कबाइलियों के वेश में पथकस्तानी सैनिक आए। कश्मीर के निहत्थे लोगों की हत्या कर डाली और बलात्कार, आगजनी और लूटपाट से वहां की शांति भंग कर दी। अनेक प्रकार की यातनाएं देने वाले छद्मवेशी पाकिस्तानी सैनिकों और उनके साथ आए जघन्य अपराध करने वाले कबाइलियों ने वहां घोर आतंक फैला दिया। उसके बाद छोटा-सा दौर आया, सांप्रदायिक हिंसा और वामपंथियों के उग्रवाद का। 1962, 1963 और 1971 के युद्धों में संबंधित क्षेत्रों की जनता को अनेक प्रकार की यातनाओं और आतंक के दौर से गुजरना पड़ा।

जिस प्रकार भारत का सामाजिक, आर्थिक परिवेश बदला है ठीक उसी प्रकार से राजनीतिक आंदोलनों में चरमपंथ देखने को मिला है। बंगाल में आरंभ हुए नक्सलवादी और मार्क्सवादी-लेनिनवादी चरमपंथियों ने अभूतपूर्व आतंक का सहारा

लिया। 1960 और 1970 के दशक में राजनीतिक और सांप्रदायिक आतंक के दौर की पुनरावृत्ति हुई। बड़ौदा बम कांड, रेल हड़ताल, आंदोलन और राजनीतिक कारणों से देश पर थोपी गई इमरजेंसी ने आतंक का नया मुखौटा दिखाया। 1970 के दशक में पूरे भारत भर में सांप्रदायिक दंगे हुए। इन दंगों ने उत्तरप्रदेश, मध्यप्रदेश, बिहार, असम और गुजरात क्षेत्र को दुष्प्रभावित किया। किसान आंदोलन, अकाल आंदोलन, पंजाबी सूबा आंदोलन और कुर्सी के लिए भी उत्पात और हिंसा तो हुई, लेकिन उसमें आतंक का प्रायः अभाव था।

इस बीच पूर्वोत्तर भारत में नगालैंड और मिजोरम में अलगाववादी बहुत सक्रिय हुए। विदेशी उकसावे और निर्देशन में पनपती नगा अशांति ने जंगल की आग का रूप धारण किया जो असम, मणिपुर, त्रिपुरा, मेघालय, अरुणाचल तक फैली। पाकिस्तान की आईएसआई, कट्टरपंथी इस्लामी संगठनों, पाकिस्तान के प्रति झुकाव और भारत के प्रति वैमनस्य रखने वाले बांग्लादेशी राजनेताओं, सरकारी कर्मचारियों, सैनिक अधिकारियों और गुप्तचर संस्थाओं ने कभी अपनी सरकार की सहमति से और कभी स्वेच्छा से पूर्वोत्तर भारत के विघटन से जुड़े उग्रवादियों को हर प्रकार की सहायता दी। आज भी विदेशों से आयुध खरीदने, जलमार्ग से कोक्स बाजार, चटगांव, बंदरबन आदि समुद्रतटीय क्षेत्रों में पहुंचकर दुर्गम स्थानों में छिपने और शरणस्थली बनाने में बांग्लादेशी भारत-विरोधी तत्त्व आतंकवादियों को सहायता दे रहे हैं। पाकिस्तान की आईएसआई और मध्यपूर्व के कट्टरपंथी देशों ने भारत-पाकिस्तान, नेपाल और बांग्लादेश—जहां विश्व के सर्वाधिक इस्लाम के अनुयायी रहते हैं—में कट्टरपंथियों को बढ़ावा दिया, इस्लाम के कट्टरपंथी शिक्षा-संस्थानों और धार्मिक संस्थाओं को उदारता के साथ धनराशि दी और चरमपंथी धार्मिक संगठनों को शस्त्र आदि की सहायता दी है।

बांग्लादेश और उसके पहले पूर्वी पाकिस्तान से डेढ़ करोड़ से भी अधिक लोग पलायन करके भारत में आ बसे। पूर्वोत्तर और पूर्वी भारत के अधिकांश राज्य मुस्लिम-बहुल हो गए, इसलिए योजनाबद्ध तरीके से बांग्लादेश और पाकिस्तान की गुप्तचर संस्थाओं ने इन क्षेत्रों में बसे गरीब, अनपढ़, सहधर्मियों को प्रेरित किया कि वे अधिक से अधिक बच्चे पैदा करें। जितने बच्चे अधिक होंगे, उतने ज्यादा वोट होंगे। पाकिस्तानी षड्यंत्र का यही मूल लक्ष्य है—अगर भारत पर मुसलमानों को राज्य करना है तो उन्हें अपनी जनसंख्या बढ़ानी होगी। यही कारण है कि पश्चिमी बंगाल के 24 परगना, नदिया, मुर्शिदाबाद, मालदा, पश्चिमी दिनाजपुर, जलपाईगुडी, असम के धुबरी, कछार, सिल्चर, करीमगंज, ग्वालपाड़ा, बोगांईगांव, बारपेटा, तेजपुर, नौगांव और पश्चिमी-दक्षिणी त्रिपुरा के सीमावर्ती इलाके में इस्लाम धर्म के अनुयायियों की

जनसंख्या में बड़ी तेजी से वृद्धि हुई है, जिसके कारण वे मुस्लिम-बहुल क्षेत्र हो चुके हैं या निकट भविष्य में होने जा रहे हैं।

गरीबी, तथा अशिक्षा से ग्रस्त इन सहधर्मियों को कट्टरपंथी सहज ही में फुसला लेते हैं। इन क्षेत्रों में मस्जिदों और मदरसों की संख्या में असाधारण वृद्धि हुई है, जहां इमाम और मदरसों के मौलवी बड़ी संख्या में उत्तरप्रदेश की कट्टरपंथी शिक्षा-संस्थाओं में विज्ञान, तकनीक, राष्ट्र-निर्माण, सामाजिक उत्तरदायित्व आदि विषय शायद ही कहीं शामिल हुए हैं। इन मदरसों और मस्जिदों पर इस बात के आरोप लगे हैं कि ये बाहर से आतंकवादी गतिविधियों के लिए धनराशि प्राप्त करते हैं। बिहार, बंगाल और असम तथा सीमा पार स्थित बांग्लादेश की अनेक मस्जिदों का प्रयोग अवांछनीय तत्त्वों और आतंकवादियों को सीमा पार करने से पहले शरण देने के लिए किया गया है। अनेक बार समाचार-पत्रों में पकड़े गए आतंकवादियों की स्वीकारोक्तियां प्रकाशित हुई हैं। अनेक भारतीय प्रदेशों, बांग्लादेश, अफगानिस्तान और कश्मीर में जेहाद के लिए स्थानीय युवकों की भर्ती हुई। कुछ धार्मिक संस्थाओं ने उन्हें उकसाया और सीमा पार करने में सहायता दी। बांग्लादेश स्थित गुप्तचर संस्थाओं, चरमपंथियों और सरकारी तंत्र ने भी जाली पासपोर्ट उपलब्ध कराकर उनहें वायुमार्ग से कराची होते हुए पाकिस्तान और अफगानिस्तान स्थित प्रशिक्षण-संस्थानों में भेजा।

सलमिकारी नाम का एक अंधा आतंकवादी जुलाई 1999 में गुवाहाटी में अपने अन्य साथियों के साथ गिरफ्तार किया गया। उसने स्वीकार किया कि उसने अनेक बार पाकिस्तान जाने के लिए बांग्लादेश का रास्ता चुना, जहां उसे जाली पासपोर्ट, हवाई टिकट और संपर्क-सूत्र भी उपलब्ध कराए गए। कारी ने बताया--मालदा शहर में उसे एक मदरसे में ठहराया गया, जिसका मौलवी अब्दुल सैयद जेहाद के नाम पर सीमा पार करने में बहुत मदद करता था। सीमा पार बांग्लादेश की मस्जिद में जेहाद के लिए जाने वाले लोगों को ठहराया जाता था।

कराची और मंसूरपुरजून के रहने वाले तुफैल और मुसाफिया असम के गुवाहाटी मस्जिद में आश्रय लिया था। फसीउल्लाह उर्फ अशीद महमूद उर्फ खलदी महमूद निवासी ए/200, ब्लाक-2 गुलशन-ए-मोहयार, कराची ने भी पकड़े जाने पर यह स्वीकार किया कि 16 जुलाई 1999 में वह इस्लामाबाद से ढाका के लिए रवाना हुआ, जहां उसके स्वागत, रहने, खाने, पीने और सीमा पार करने का सारा प्रबंध आईएसआई ने किया।

आज पूरे पूर्वोत्तर भारत के सीमा क्षेत्रों में लोग आतंकवाद से त्रस्त हैं। पश्चिमी बंगाल की मीलों चौड़ी सीमांत-क्षेत्र की पट्टी में जनसंख्या में भारी बदलाव आया है।

वहां नए बने मकानों, झुग्गी-झोपड़ियों और सड़कों पर जबरदस्ती कब्जा कर अपने रहने का स्थान बनाने वालों को देखकर सहज यह अनुमान लगाया जा सकता है कि वे हाल ही में आकर वहां बसे हैं। इन बस्तियों में नए मदरसे भी खुले हैं।

बांग्लादेश में 15 हजार मदरसे हैं, जिसमें से आधे ही शिक्षा बोर्ड द्वारा स्वीकृत हैं। शेष किसी सरकारी संस्था द्वारा मान्यता-प्राप्त नहीं। इन मदरसों के लिए प्राप्त होने वाली सहायता डेढ़ सौ करोड़ टका का कोई लेखा-जोखा जब न मिला तो 2001 में बांग्लादेश की तत्कालीन प्रधानमंत्री शेख हसीना ने कड़ी चेतावनी दी। मदरसा-प्रबंधकों ने इस धन के व्यय का विवरण यह कहकर दिया कि डेढ़ सौ करोड़ रुपये गरीब बच्चों को खाना खिलाने पर व्यय हुए।

पूर्वोत्तर भारत के उग्रवादियों की स्वीकारोक्तियों का विवरण इसी पुस्तक में प्रस्तुत है जिनसे बांग्लादेश ओर पाकिस्तान की भारत-विरोधी सांठ-गांठ की ठोस तस्वीर सामने उभरती है।

1980 के दशक में अनेक कारणवश सिख उग्रवाद भारत और देश-विदेश में सक्रिय हुआ। यही समय था जब अफगानिस्तान युद्ध के लिए पाकिस्तान के माध्यम से सीआईए ने अन्य कट्टरपंथी राष्ट्रों के सहयोग से विशाल मात्रा में सामरिक ओर प्रशिक्षण-सामग्री भेजी। सिख उग्रवादियों का आतंक का घिनौना मुखौटा भी लंबे समय तक याद रखा जाएगा। सांप्रदायिक हिंसा, हत्या, बम-विस्फोट, अपहरण, सार्वजनिक स्थानों, रेलों और बसों में भीषण हिंसा और संप्रदाय-विशेष के लोगों का कत्लेआम बहुत दुर्भाग्यपूर्ण था। उग्रवाद से जुड़े अपराधी प्रवृत्ति के अनेक लोग नियमों, कानूनों और सिद्धान्तों की सभी सीमाएं पार कर गए। सीमापार से पाकिस्तान उन्हें हर प्रकार की सहायता और लांचिंग पैड की मदद भी दे रहा था। 1988 में पंजाब की सीमा पर तारबंदी शुरू हुई और अनेक संवेदनशील उपकरण सीमा-प्रहरियों को उपलब्ध कराए गए। अगले दो वर्षों में फ्लडलाइटें भी लगा दी गईं, इस कारण सीमा पार करना अत्यंत कठिन हो गया। इसी समय पंजाब पुलिस को भी अनेक सुविधाएं उपलब्ध कराई गईं। सेना की पंजाब में तैनाती हुई। जब उग्रवादी सीमांत-क्षेत्र से पीछे हटकर नगरों में वारदातें करने लगे तो स्थानीय जनता ने भी उकने विरुद्ध मोर्चा खोल दिया और देखते ही देखते अजेय लगने वाले सिख उग्रवादी संगठन ध्वस्त हो गए। इसके बावजूद देश-विदेश में बैठे सिख उग्रवादियों को पाकिस्तान से सहायता मिलती रही है।

अफगानिस्तान ने रूसी सेनाओं की वापसी के बाद तालिबान द्वारा वहां सत्ता हथिया ली गई। अलकायदा का गठन हुआ। अफगानिस्तान युद्ध में छापाकार युद्ध

में महत्त्वपूर्ण अनुभव प्रापत करने के बाद पाकिस्तान की आईएसआई ने अपना रुख भारतीय कश्मीर की ओर किया। उसने बड़ी संख्या में विदेशी जेहादियों को भारतीय कश्मीर से धर्मयुद्ध लड़ने और आतंक फैलाने के लिए भेजा। निहत्थे, कश्मीरी हिन्दू और सिखों पर कश्मीर घाटी में हमले शुरू किए गए। यह घाटी हिंदू-इस्लाम मित्रता के लिए जानी जाती है। वार्षिक अमरनाथ यात्रा, खीरभवानी मंदिर के उत्सवों का मिला-जुला आयोजन, जिला अनंतनाग के मंदिरों में असीम आस्था रखने वाले दोनों संप्रदायों के लोग—जो जियारत और मंदिरों में भेद नहीं मानते थे—सहसा आतंक के भीषण बवंडर में फंस गए। अपना व्यवसाय, नौकरी, धन, खेत-बाड़ी, धर्मस्थल—सब कुछ छोड़कर कश्मीरी हिन्दू घाटी से पलायन करने लगे। घाटी में बसे सहिष्णु और धर्मनिरपेक्ष मुसलमानों पर कट्टरपंथी हावी हो गए। इन्होंने यहीं के लोगों पर भीषण बमबारी करके इनके बीच आपसी सद्भाव को खत्म कर दिया।

भारतीय सुरक्षाबलों को आतंकवादी आंदोलन को कुचलने के लिए प्रारम्भ में कठोर कदम उठाने पड़ते हैं। तलाशी अभियान में बच्चों, महिलाओं, वृद्धों और बीमार लोगों की परेशानी और उनकी नाराजगी स्वाभाविक है। पुलिस और सुरक्षाबलों की हिरासत में अक्सर प्रताड़ना के दौरान लोग बुरी तरह घायल होते या प्राण गंवा देते हैं। ऐसे माहौल में अगर मस्जिदों-मदरसों में धार्मिक नेता, मौलवी और आतंकवादी नेता भड़काऊ कार्रवाई करें तो लोगों का भड़क उठना स्वाभाविक है। समय के अंतराल में यदि प्रशिक्षण के लिए सीमापार गए युवक और बाहरी आतंकवादियों की शिकार हुई महिलाएं, युवक और धर्मनिरपेक्ष लोग असली इरादे पहचान लेते तो कश्मीर का परिदृश्य और ही होता।

हिन्दू-मुस्लिमों में भेदभाव को जन्म देने में 1992 में अयोध्या की घटना ने महत्त्वपूर्ण योगदान दिया। आज अल्पसंख्यकों में भीषण सांप्रदायिक दंगों के कारण असुरक्षा की भावना घर कर गयी है। उनके चरमपंथी संगठन बनने लगे। प्रतिक्रिया शुरू हुई। हिंदुओं में भी कट्टरपंथी भावना बढ़ी। कश्मीर के विस्थापितों की करुण दशा से भी सांप्रदायिक भावनाएं भड़कीं। दोनों संप्रदायों में कट्टरपंथी सक्रिय हो गए। सीमापार से कट्टरपंथी इस्लामी संगठन के आतंकवादी चोरी-छिपे आए और उन्होंने अनेक धार्मिक स्थलों पर हमले किए।

1857 के पहले हिन्दू और मुसलमानों में किसी प्रकार का भेद-भाव नहीं था। गांव स्वनिर्भर थे, जहां हिंदू और मुसलमान साथ रहकर शांतिपूर्वक जीवन-यापन करते थे। लेकिन 1857 के बाद अंग्रेजों ने 'फूट डालो ओर राज्य करो' की कुटिल नीति

शुरू की। उन्होंने कभी हिंदुओं को, कभी सिखों को तो कभी मुसलमानों को भड़काया। ढाका में मुस्लिम लीग जन्मी। अंग्रेजों की शह से बनी मुस्लिम लीग की जिद पर ही भारत का विभाजन हुआ।

ईरान की धार्मिक क्रांति के बाद विश्व-भर में इस्लामी चरमपंथियों का तेजी से उदय हुआ है। इस्लाम के चरमपंथियों के निशाने पर आज तीन मुख्य संप्रदाय है—ईसाई, यहूदी और हिंदू। दुर्भाग्य की बात यह है कि कट्टरपंथी कोई तर्क सुनने के लिए तैयार नहीं। वे कानून और तर्क से परे हैं। कट्टरपंथी इस्लाम के अनुयायी तानाशाही में विश्वास रखते हैं, जहां किसी को प्रश्न पूछने का अधिकार नहीं है।

इस्लाम के कट्टरपंथी आधुनिकता, पाश्चात्य सभ्यता एवं आधुनिक रहन-सहन, खानपान और शिक्षा-पद्धति के विरोधी हैं। वे ऐसा कोई परिवर्तन स्वीकार नहीं करते, जिसकी इस्लाम में चर्चा नहीं है। महिलाओं को समान दर्जा देने या उनके घर से बाहर निकलकर अपने व्यक्तित्व और आर्थिक स्थिति के विकास करने के भी वे घोर विरोधी हैं। वे पर्दा पसंद करते हैं। महिलाओं का शिक्षा-संस्थानों, सड़कों, बाजारों और कार्यालयों में जाना उन्हें स्वीकार नहीं। वे महिलाओं के समान अधिकारों के कट्टर विरोधी हैं। शरियता कानूनों का उल्लंघन उस समाज में दंडनीय है।

तालिबान के शासन के दौरान अफगानिस्तान में मुसलमान महिलाओं की घोर दुर्दशा हुई। युद्ध के दौरान अनेक पुरुष मारे गए थे। जिस परिवार के कमाऊ पुरुष मौत की नींद सो गए वहां परिवारों का पेट पालने के लिए महिलाओं ने व्यापार और नौकरी की ओर कदम बढ़ाया तो कट्टरपंथियों ने प्रचंड विरोध किया। महिलाओं को कड़ी यातनाएं दीं। अंग-भंग किए। यहां तक कि वेश्यावृत्ति का आरोप लगाकर सार्वजनिक स्थानों पर पत्थर मार-मारकर महिलाओं को मृत्युदंड दिया। पीड़ित, अभावग्रस्त महिलाओं की गुहार सुनने को कोई तैयार न था। तालिबान ने तमाम मनोरंजन-केंद्र बंद कर दिए, सिनेमाघरों पर ताले लगा दिए और विदेशी टेलीविजन चैनलों को निषिद्ध कर दिया। बुर्का महिलाओं के लिए अनिवार्य हो गया।

कश्मीर में भी कट्टरपंथियों ने बुर्का अनिवार्य बना दिया और महिलाओं का खुलेआम घूमना निषिद्ध घोषित कर दिया। आदेशों का उल्लंघन करने वाली महिलाओं पर गोलियां चलीं, छुरी से वार हुए और उनके चेहरों पर तेजाब फेंका गया। जियारतों पर इबादत की मनाही हुई। मंदिरों पर हमले हुए और सूर्यमंदिर, विष्णुमंदिर तथा खीरभवानी मंदिरों में मुसलमानों का जाना वर्जित कर दिया गया। सूफी धर्मों का मानव-प्रेम, सहअस्तित्व और सहिष्णुता आतंकवादियों की गोलियों और विस्फोटों की आवाजों में डूब गई।

कट्टरपंथी इस्लाम के अनुयायी जब दूसरे धर्मों का अस्तित्व मानने से मना करते हैं, निरादर करते हैं या उन्हें नष्ट करने का प्रयास करते हैं तो समाज में तनाव पैदा होना स्वाभाविक है। कट्टरपंथी जब मूर्तिपूजकों और 'काफिरों' को तलवार की नोंक से मिटाने का प्रयास करते हैं तो सांप्रदायिक संघर्ष जन्म लेता है।

इस्लामिक कट्टरपंथी अपने उद्देश्यों को पूरा करने के लिए धार्मिक युद्ध जेहाद को अपना शस्त्र मानती है और इसी आधार पर वह संगठन का निर्माण करती है। उनका उद्देश्य विश्व में इस्लाम का शासन स्थापित करना है, इसलिए किसी राष्ट्र के प्रति उनकी वफादारी होने पर प्रश्नचिह्न लगना स्वाभाविक है। अफगानिस्तान में जेहाद के लिए जब अन्यत्र जेहादियों की भर्ती होती है तो शालीनता और कानून की सीमाएं लांघकर कट्टरपंथी नेता मदरसों, मस्जिदों, धर्म-स्थलों और गिने-चुने सार्वजनिक स्थलों पर भड़काऊ भाषण देते हैं और उन्माद का माहौल बनाते हैं। धार्मिक उन्माद शांति-व्यवस्था, सहअस्तित्व और सहिष्णुता का कट्टर शत्रु है।

अगर मुसलमान मदरसों में ज्ञान-विज्ञान पर आधारित शिक्षा को महत्त्व दें तो इससे समाज का बहुत भला हो सकता है। इन शिक्षा-संस्थाओं का उद्देश्य विद्यार्थियों को अच्छा नागरिक और अपने पैरों पर खड़ा होने योग्य बनाना होना चाहिए। नफरत, उन्माद और क्रोध का दमन-शमन करके वे समाज-निर्माण में महत्त्वपूर्ण भूमिका अदा कर सकते हैं। सऊदी अरब ने पश्चिमी विज्ञान और तकनीकी का अपने राष्ट्र के विकास के लिए प्रयोग किया, जिसके फलस्वरूप वहां से गरीबी दूर हुई और संपन्नता आई। स्वस्थ जीवन-शैली पनपी। मनुष्य के जीवन को सरल, सुखद एवं बलशाली बनाने में आधुनिकता और पाश्चात्य जीवन-शैली का महत्त्वपूर्ण योगदान होता है। विज्ञान और तकनीक आर्थिक, सामाजिक और औद्योगिक विकास में सहायक होते हैं। यातायात के साधन, संचार-सामग्री, शस्त्रास्त्र, चिकित्सा के साधन, बिजली और जन-संपर्क के साधन किसी धर्म के विरुद्ध नहीं हैं, बल्कि सहज ही जीवन को सुखी और संपन्न बनाते हैं। आधुनिक विकास की प्रक्रिया की ओर पेंग बढ़ाने के स्थान पर चमरपंथी कट्टरपंथी अपने सारे संसाधन धर्मस्थल मस्जिदें-मदरसे बनाने, चरमपंथियों के लिए हथियार जुटाने और प्रशिक्षण के आयोजन में लगाते हैं। ऐसी स्थिति में उनका अन्य धर्मों या संप्रदायों से अलग-थलग होना स्वाभाविक है।

भारतीय समाज में इस्लामी चरमपंथी के प्रादुर्भाव ने सामाजिक विघटन को जन्म दिया है। इन चरमपंथियों का उद्देश्य राजनीतिक सत्ता हथियाना और वोट बैंक के जरिये राजनीतिक अंतरिक्ष पर छाये रहना है। ज्यों-ज्यों मुस्लिम कट्टरपंथी किसी भी प्रांत में बहुसंख्यक होंगे, वे स्वायत्तता अथवा 'आजादी' की मांग करेंगे जैसा कि

कश्मीर से स्पष्ट है। कट्टरपंथी पिछड़े और गरीब सामाजिक वर्ग में सहज ही इस्लाम का नाम लेकर आतंकियों को प्रविष्ट करते हैं। गुजरात का गोधरा कांड कुछ ऐसे ही हुआ, जिसमें आतंकवादी स्थानीय धर्मानुयायियों से जा मिले। भारतीय संसद पर हुए हमले में भाग लेने वाले इस्लाम के चरमपंथी विदेशी मूल के थे, लेकिन दिल्ली के कट्टरपंथियों ने अपनी कालोनियों में उन्हें आश्रय और सहायता दी। कट्टरपंथी भारत में धार्मिक वैमनस्य का जहर फैला रहे हैं। प्रतिक्रियास्वरूप बहुसंख्यकों के भी चरमपंथी संगठन बने हैं और उनके तेवर भी उग्र हुए हैं। इसके फलस्वरूप सांप्रदायिक वैमनस्य और हिंसा अनेक क्षेत्रों में फैली है।

भारत ऐसा धर्मनिरपेक्ष गणराज्य है, जहां पर सभी को मौलिक अधिकार प्राप्त हैं। कोई भी नागरिक विकास की चरम सीमाओं को छू सकता है; कोई भी व्यवसाय अपना सकता है और किसी भी पद पर आसीन हो सकता है। ऐसी धर्मनिरपेक्षता विश्व के शायद ही किसी देश में है। भारत में चार अल्पसंख्यक राष्ट्रपति बने—तीन मुसलमान और एक सिक्ख। अनेक अल्पसंख्यक वायुसेना, नौसेना और थलसेना के अध्यक्ष बने। न्यायपालिका के सर्वोच्च पद पर भी अनेक अल्पसंख्यक आसीन हुए हैं। सभी को समान अवसर प्राप्त हैं, लेकिन समुचित शिक्षा आवश्यक है। लकीर की फकीर परंपराएं और कट्टर धार्मिक विश्वास वाली पिछड़ी हुई मदरसा-पद्धति की शिक्षा मुसलमानों के विकास में अक्सर आड़े आती हैं। उनके धार्मिक और राजनीतिक नेताओं ने व्यक्ति, व्यक्तित्व और शिक्षा के विकास में दूरदर्शी विकासशील कदम नहीं उठाए। मदरसों की शिक्षा के बाद वहां से निकलने वाले युवक या तो कट्टरपंथी बनते हैं या पैतृक व्यवसाय से जुड़ जाते हैं। अन्याथा मदरसों में ही शिक्षक बन पाते हैं।

हर नागरिक को अपने धर्म के विकास का अधिकार हे, लेकिन किसी वर्ग का लाभ तभी हो सकता है जब व्यक्तिगत, सामाजिक और राष्ट्रीय उद्देश्यों को ध्यान में रखा गया।

भारत में परंपरागत हिंदू और मुस्लिम एकता रही है, जिसमें दरार 1857 के बाद अंग्रेजों ने और 20वीं शताब्दी के आरंभ में मुस्लिम लीग ने डाली। विभाजन के समय सांप्रदायिक दंगे हुए थे। इसके बाद के वर्षों में धीरे-धीरे समाज में ठहराव आया लेकिन 1992 में बाबरी मस्जिद कांड ने मुसलमानों के मन में तनाव, भय और आशंका का बीजारोपण किया, जिसकी पुनरावृत्ति राजनेता प्रायः करते रहते हैं। इसी आशंका के माहौल में अनेक कट्टरपंथी अंतर्राष्ट्रीय संगठन भारत के मुस्लिम-बहुल क्षेत्रों में सक्रिय हुए हैं और भविष्य में उनके निशाने पर भारत के अलावा अमेरिका और इस्राइल होंगे।

अगर हिंदू और मुसलमान नेता अपने बीच आपसी कड़वाहट को भुला सकें तो यह भारत के राष्ट्रीय अखण्डता एवं गौरव के लिए शुभ संकेत होगा। सुख-दुख बांटें, एकता एवं विकास की बात करें। खेल के मैदान, संगीत, अभिनय, लोककलाओं और सामाजिक उत्सवों के आयोजन तथा बौद्धिक प्रतियोगिताओं के जरिये कट्टरपंथी चुनौतियों को सरलता से पछाड़ सकते हैं। हिंदुओं को भी कुछ देना होगा। उन्हें मुसलमानों को गले लगाने के लिए बांहें पसारनी होंगी। धार्मिक विवादों को दफनाना होगा। पाकिस्तान से आर्थिक और शांति-समझौता तो सही दिशा में कदम होगा ही, साथ ही भारतीय गुप्तचर-व्यवस्थाओं को इतना शक्तिशाली बनाना भी आवश्यक है कि वह आईएसआई के षड्यंत्रों को अनावृत कर सके और वार होने से पहले ही वार करे।

हमें भारत के मुसलमानों की सच्चाई, देशभक्ति पर कभी भी संदेह नहीं करना चाहिए। क्योंकि इससे उनमें देश के प्रति घृणा और नफरत पैदा होती है। इस्लाम ने भारत को जाकिर हुसैन जैसे शिक्षाविद्, रफी अहमद किदवई और मौलाना आजाद जैसे अनेक राष्ट्रभक्त और दूरदर्शी राजनेता दिए हैं। असंख्य वीर योद्धा और रणनायकों ने पाकिस्तान के विरुद्ध युद्ध में बार-बार अदम्य साहस, अद्भुत शौर्य और पराक्रम का प्रदर्शन किया है। परमवीर चक्र तथा महावीर चक्र से सम्मानित क्रमशः स्वर्गीय अब्दुल हमीद, स्वर्गीय ब्रिगेडियर उस्मान और असंख्य अन्य इस्लाम-धर्मियों ने युद्ध क्षेत्र में हमें गौरवान्वित किया है। कृषि, शिक्षा, विज्ञान, तकनीकी और परमाणु कार्यक्रमों के क्षेत्र में जिन असंख्य मुसलमानों ने योगदान दिया है, उन्हें हिंदुओं द्वारा कभी भी नहीं भुलाया जाना चाहिए। सभी शिक्षा-संस्थाओं के पाठ्यक्रमों पर कड़ी निगाह रखना आवश्यक है, ताकि प्रतिक्रियास्वरूप शिक्षा का स्वरूप न बिगड़े। मुसलमानों की शिकायतें को सुनना-समझना ही काफी नहीं, उन्हें दूर करना आवश्यक है। भारत में केंद्रीय और प्रांतीय स्तर पर ईमानदार, योग्य और कर्त्तव्यनिष्ठ सरकार और प्रशासन हो तो भ्रष्टाचार से ऊपर उठकर राष्ट्र के विकास और हित के लिए कृतसंकल्प हों। परन्तु दुर्भाग्य ही कहा जायेगा कि हमारे प्रशासन में भ्रष्टाचारियों की संख्या बढ़ने के कारण आतंकवादियों की संख्या में भी बेतहाशा वृद्धि हुई है।

आतंकवादियों के हमले और अलकायदा

17 दिसंबर 2002 को दिल्ली की विशेष अदालत ने पोटा एक्ट के तहत भारतीय संसद भवन पर 13 दिसंबर 2001 को हमला करने और देशद्रोह का षंड्यंत्र रचने के आरोप में तीन अभियुक्तों को मृत्युदंड और उनकी एक महिला सहयोगी को पांच वर्ष कारावास की सजा सुनाई।

13 दिसंबर 2001, बृहस्पतिवार। दिल्ली में गुनगुनी धूप हल्के-से बादलों को चीरती संसद भवन पर फैल गई थी। प्रांगण में खासी चहल-पहल थी। प्रश्नकाल में तत्कालीन प्रधानमंत्री अटलबिहारी वाजपेयी स्वयं उपस्थित होकर उत्तर देने वाले थे, किंतु किसी कारण से लोकसभा की बैठक स्थगित हो गई थी। सुबह के अभी 11.30 ही बजे थे। केंद्रीय मंत्री श्री गोयल प्रधानमंत्री को स्थगन की सूचना दे चुके थे। संसद भवन के द्वार संख्या-5 पर, जिससे होकर प्रधानमंत्री गुजरते थे, सुरक्षाकर्मी चौकन्ने थे, क्योंकि उन्हें अभी तक प्रधानमंत्री के कार्यक्रम में बदलाव की सूचना नहीं मिली थी।

संसद भवन की मुख्य इमारत के चारों ओर ऊंची दीवार का अवरोध है और मुख्य इमारत के 12 प्रवेशद्वारों पर केंद्रीय रिजर्व पुलिस, संसद-सुरक्षा दस्ते और दिल्ली के कार्मिक तैनात थे। मुख्य प्रवेशद्वारों पर तीनों ही सुरक्षा-संगठनों के कर्मी आने वालों की जांच-परख में लगे थे।

लगभग 11 बजकर 40 मिनट पर एक एंबेसडर कार, जिसके ऊपर लालबत्ती लगी थी और विंडस्क्रीन पर गृहमंत्रालय और हैबिटेट सेंटर के पास चिपके थे, संसद भवन के बाहरी प्रांगण में सुरक्षाकर्मियों के पास से गुजरी। संतरी और ड्यूटी पर तैनात कर्मियों ने पास से गुजरती गाड़ी की विंडशील्ड पर गृहमंत्रालय के पास आदि देखे। सहसा एक सुरक्षाकर्मी को एहसास हुआ कि कार पर समुचित पास नहीं लगा है तो उसने गाड़ी को रुकने का इशारा किया। रुकने के स्थान पर ड्राइवर तेजी से कार को संसद के मुख्य द्वार की ओर भगा ले चला। सुरक्षा अधिकारी यादव ने अपने वाकी-टाकी पर सभी सुरक्षाकर्मियों को इस कार के बारे में सूचित कर दिया। कार में सवार पांच लोग कमांडो जैसे लगते थे। अनेक मंत्रियों और सांसदों के पास ऐसे सुरक्षा प्रबंध होते ही हैं।

कार में सवार लोगों ने समझ लिया कि उनका खेल खत्म हो गया है अतः उन्होंने कार से कूदकर भागना आरंभ कर दिया। कार ड्राइवर गेट 12 की ओर बढ़ा।

संसद भवन के चार मुख्य भाग हैं—केंद्रीय हाल, लोकसभा, राज्यसभा और लाइब्रेरी। प्रवेश के लिए 12 द्वार हैं। मुख्य द्वार नंबर एक है। दस, ग्यारह, बारह नंबर के द्वार राज्यसभा के लिए और दो, तीन, चार नंबर के द्वार लोकसभा के लिए प्रयोग किए जाते हैं।

वाकी-टाकी पर सुरक्षा अधिकारी का संदेश सुनकर सभी सुरक्षाकर्मी चौकन्ने हो गए थे। इसी बीच कार से कूदकर भागे लोगों ने अंधाधुंध गोलियां चलानी शुरू कर दीं। उधर कार उप-राष्ट्रपति के मोटर गाड़ियों के काफिले से जा टकराई, क्योंकि आगे जाने का रास्ता न देखकर हड़बड़ाए ड्राइवर ने यू टर्न लेकर वापस भागने का

प्रयास किया था। अब तक कार में आए उग्रवादी बदहवासी में गोलियां चला रहे थे और ग्रेनेड विस्फोट कर रहे थे। वे असाल्ट राइफलों, ग्रेनेडों और बारूद से लैस थे। गोलीबारी की आवाज सुनकर सुरक्षाकर्मियों ने संसद भवन के सभी द्वार बंद कर दिए। साथ ही बाहर तैनात सुरक्षाकर्मियों ने जवाबी कार्रवाई भी आरंभ कर दी।

कुछ सुरक्षा कर्मी गेट नंबर पांच पर खड़े थे जो प्रधानमंत्री के आने का इंतजार कर रहे थे। वे भी सुरक्षा अधिकारी का संदेश सुनकर चौकन्ने हो गए। वहां खड़े केंद्रीय रिजर्व पुलिस बल के कर्मियों ने भी उग्रवादियों पर गोलियां चलाईं। एक उग्रवादी मुख्य द्वार की ओर बढ़ा। वह ग्रेनेड विस्फोट कर रहा था। उसके शरीर पर भी विस्फोटक सामग्री बंधी थी। सुरक्षाकर्मियों ने उसकी गोलीबारी का जवाब दिया। ग्रेनेड फेंकते हुए वह चीखा, "पाकिस्तान पाइंदाबाद!" ज़ब सुरक्षाकर्मियों ने उस आतंकवादी पर बमबारी की तो उसके शरीर पर बंधी विस्फोट सामग्री फट गयी जिसके कारण उसके चिथड़े-चिथड़े उड़ गये।

मुख्य परिसर के बाहर उपस्थित समाचार-पत्र एवं टेलीविजन के संवाददाता और कैमरामैन इस आतंकवादी हमले का आँखों देखा हाल प्रसारित कर रहे थे, जिसे पूरा विश्व देख रहा था।

हर तरफ में अफरा-तफरी मची हुई थी। इस घटना का चारों तरफ अफवाहों और आशंकाओं का माहौल बना हुआ था। कुछ संवाददाताओं ने यह भी कहा कि उग्रवादी संसद भवन के भीतर भी प्रवेश करके गोलीबारी कर रहे हैं, इस कारण उप-राष्ट्रपति तथा मंत्रियों और सांसदों की सुरक्षा को लेकर चिंतित होना स्वाभाविक था। आधे घंटे बाद गोलीबारी बंद हुई। चारों ओर रक्त-रंजित शव और घायल लोग पड़े थे।

जिस एंबेसडर कार का आतंकवादियों ने इस्तेमाल किया था, उसमें से भारी पैमाने पर अनेक प्रकार के दस्तावेज एवं सामग्रियां पायी गयीं। कार में तीन किलोग्राम विस्फोटक सामग्री लदी थी। उग्रवादी कार को संसद भवन से टकराकर ध्वस्त करने की योजना बनाकर आए थे। घटनास्थल पर बरामद सूत्रों और अन्य विश्वस्त सूचनाओं से पता चला कि मारे गए उग्रवादी अपने साथ गोला-बारूद के अलावा मेवे भी लाए थे। वे शायद मंत्रियों और सांसदों को बंधक बनाकर संसद भवन के भीतर ही रखना चाहते थे, ताकि बदले में कुछ बड़ी कीमत वसूल सकें। विभिन्न इंटेलीजेंस एजेंसियों के सूत्रों से पता चला कि संसद भवन के हमले की योजना पाकिस्तान में बनाई गई थी। चौबीस घंटे के अल्प समय में दिल्ली पुलिस ने मुठभेड़ में मारे गए उग्रवादियों से बरामद हुई सूचनाओं के आधार पर दो पाकिस्तानी नागरिकों को

पकड़ा। गिरफ्तार किए गए ये दोनों पाकिस्तानी नागरिक निरंतर सेल फोन पर हमलावरों से संपर्क साधते रहे थे। लश्कर-ए-तोइबा और पाकिस्तान की गुप्तचर संस्था आईएसआई ने योजना को कार्यरूप दिया था। भारतीय गुप्तचरों ने संसद पर हमले के तुरंत बाद भारत में सक्रिय पाकिस्तानी उग्रवादियों और उनके पाकिस्तान स्थित संपर्क-सूत्रों के बीच वायरलेस पर संसद पर हमले से संबंधित वार्तालाप सुना। वैसे भी इस फिदायीन (आत्मघाती) हमले की शैली से यह स्पष्ट था कि जेश-ए-मोहम्मद या लश्कर-ए-तोइबा जैसे संगठनों ने ही यह हमला कराया है।

नवंबर 2001 में अफरोज मोहम्मद नामक युवक ने मुंबई पुलिस को सूचित किया था कि आतंकवादी भारतीय संसद पर हमला करने वाले हैं। अफरोज गरीब परिवार में जन्मा ऐसा युवक है जो बड़े-बड़े सपने देखता था। वह कामर्शियल पायलट बनना चाहता था। लेकिन उसका पिता मामूली-सा दर्जी था। वैसे भी अफरोज कॉलेज की पढ़ाई छोड़ चुका था। पायलट बनने के लिए वह आस्ट्रेलिया, अमेरिका और इंग्लैंड भी जा चुका था। आस्ट्रेलिया में उसने रॉयल विक्टोरियन एरो क्लब में 1997 और '98 में ट्रेनिंग भी की, परंतु बीच में अधूरी ही छोड़ दी थी। 1998-99 में पुनः पायलट बनने का ख्वाब लेकर वह टेक्सास के एक अंतर्राष्ट्रीय स्कूल में भर्ती हुआ, परंतु दोबारा प्रशिक्षण अधूरा छोड़कर घर लौट आया। तीसरी बार उसने ट्रेनिंग इंग्लैंड में की। अनुमान किया जाता है कि तीनों देशों में उसकी ट्रेनिंग पर कम से कम 60-70 लाख रुपये खर्च हुए। उसने मुंबई पुलिस को बताया कि लंदन निवासी उसके एक चाचा ने उसका खर्चा वहन किया था, जिस पर विश्वास करना कठिन है।

उसे दो अक्टूबर 2000 को मुंबई के एक तीनतारा होटल से गिरफ्तार किया गया, क्योंकि पुलिस को सूचना मिली थी कि एक युवक अंतर्राष्ट्रीय कैश कार्डों का इस्तेमाल कर रहा है और पानी की तरह रुपया बहा रहा है। मुंबई पुलिस ने तहकीकात के दौरान पाया कि दिल्ली के एएन जेड गिंडलेज बैंक से उसके मुंबई खाते में सात लाख रुपये भेजे गए थे। किसने भेजे थे—इसका विवरण नहीं मिल सका। ऐसा अनुमान है कि भारत में सक्रिय कुछ उग्रवादी संगठनों ने उसे यह धनराशि भेजी थी। अफरोज सिमी का सदस्य है। यह आशंका जताई गई है कि अफरोज को यह धनराशि आत्मघाती दस्ते में भर्ती होने के लिए दी गई थी।

पूछताछ के दौरान अफरोज ने अलकायदा से अपने संबंधों को स्वीकार किया। उसने काठमांडू से भारतीय विमान का अपहरण कर कंधार ले जाने वाले आतंकवादियों की भी पहचान की। उसने जितने लोगों के नाम बताये उनके सबसे कुछ न कुछ उपनाम भी थे। अफरोज ने वर्ल्ड ट्रेड सेंटर (अमेरिका) पर 11 सितंबर 2001 को हुए आत्मघाती

हमले के 19 संदेहास्पद लोगों में से कम से कम आधा दर्जन लोगों की पहचान भी की, जिनकी लिस्ट अमेरिकन फेडरल ब्यूरो आफ इनवेस्टीगेशन ने तैयार की थी। उनमें से एक ने उसके साथ टेक्सास में टेलर इंटरनेशनल स्कूल एबीएन में विमान उड़ाने की ट्रेनिंग ली थी। विभिन्न उग्रवादी योजनाओं का रहस्योद्‌घाटन करते हुए यह भी बतलाया कि वे ब्रिटेन का हाउस आफ कामर्स, आस्ट्रेलिया की रियलटो टावर और भारतीय संसद पर हमले में भी शामिल थे। 9 सितंबर को अंतिम आदेश दिए गए। जिन विमानों का अपहरण किया जाना था उनके यात्रा टिकट भी 10 सितंबर को दोपहर बाद खरीदे गए। लगता है कि उग्रवादी आखिरी समय में घबरा गए। अफरोज 22 सितंबर को मुंबई वापस लौट आया और घर न जाकर एक होटल में ठहरा। उसने अलकायदा के आस्ट्रेलिया, अमेरिका और इंग्लैंड में फैले जाल का पूरा विवरण दिया। संदेह के घेरे में लिए गए कुछ लोगों के साथ विमान चलाना सीखते समय उसने वेरीबी इस्लामिक सेंटर (विक्टोरिया) में कई मुलाकातें कीं। मौलाना मंसूर इलियास उर्फ मोहम्मद उस्मानी इस सेंटर का संचालन करता था। यह अलकायदा के आत्मघाती दस्तों में से एक था। भारतीय संसद पर हुए हमले की भर्त्सना पूरे विश्व ने की। आतंकवादी हमले में 6 सुरक्षाकर्मी तथा एक माली मारा गया और 18 व्यक्ति घायल हुए, जिनमें 12 सुरक्षाकर्मी थे। पांचों उग्रवादी भी मुठभेड़ में मारे गए।

आतंकवादियों का अक्षरधाम पर हमला

भारत के आतंकवाद के इतिहास में यह प्रमुख घटना थी। 24 सितंबर 2002 की दोपहर बाद बीस-पच्चीस वर्षीय दो युवक एक एंबेसडर कार से अक्षरधाम स्वामी नारायण मंदिर परिसर के बाहर गेट नंबर तीन के निकट उतरे। उनके कंधे पर बैग लटके थे। सात फुट ऊंची दीवार लांघकर वे मंदिर परिसर में घुसे और गोलियां बरसाते उन तीन बड़े हालों की ओर दौड़े जहां सैकड़ों श्रद्धालु/दर्शनार्थी मौजूद थे। अक्षरधाम गांधी नगर (गुजरात की राजधानी) में 25 एकड़ प्रांगण में फैला एक अत्यंत भव्य मंदिर है, जहां सैकड़ों दर्शनार्थी प्रतिदिन पूजा-अर्चना के लिए आते हैं। गुजरात और देश-विदेश के लाखों अनुयायी इस मंदिर से जुड़े हैं, विशेषकर अमेरिका, इंग्लैंड, दक्षिण अफ्रीका और केन्या में इसके बहुसंख्य अनुयायी हैं। इस मंदिर पर वैष्णव धर्म के अनुयायी आया करते थे जो बहुधा धनिक वर्ग के होते हैं।

मंदिर में प्रवेश करने के बाद आतंकवादियों ने अनेक दर्शनार्थियों को बंदी बना लिया। मंदिर के स्टाफ ने आनन-फानन में मुख्यस्थल के द्वार बंद कर दिए, जहां

उस समय 35 दर्शनार्थी पूजा कर रहे थे। रक्त-रंजित शव और घायल लोग परिसर में पड़े थे। दावानल की तरह यह सूचना हर ओर फैल गई। मुख्यमंत्री को भी सूचित किया गया और शाम 5 बजकर 15 मिनट पर मुख्यमंत्री ने भारत के उप प्रधानमंत्री से संपर्क कर नेशनल सिक्योरिटी गार्ड (एनएसजी) की सहायता मांगी।

इस बीच स्थानीय पुलिस ने मंदिर परिसर को चारों ओर से घेर लिया था। समय बीत रहा था। आशंका और आतंक के कारण पूरा राष्ट्र रेडियो और टेलीविजन से कान और आंखें लगाए बैठा था।

दिन ढला। धरती पर अंधेरा उतर आया। उग्रवादी रुक-रुककर गोलियां बरसा रहे थे और हथगोलों के विस्फोट कर रहे थे। रात 10 बजकर 10 मिनट पर दो बसों पर सवार एनएसजी के दस्ते अक्षरधाम पहुंचे तो वहां मौजूद हजारों की भीड़ ने 'भारत की जय' के नारों से उनका स्वागत किया। मंदिर के चारों ओर ऐसी ऊंची इमारतें नहीं हैं जिनकी छत पर पहुंचकर एनएसजी के अचूक निशानेबाज ऑपरेशन ब्लैक थंडर' की भांति आतंकवादियों पर निशाना बांध सकते। रात के अंधेरे में अशोक वृक्ष के झुरमुटों में से होकर एनएसजी कमांडो का एक दस्ता आगे बढ़ रहा था कि गोलियों की भयंकर बौछार से सूबेदार सुरेश यादव घायल होकर गिर गए। मंदिर के दक्षिण-पूर्व में छिपे आतंकवादी नाइट विजन डिवाइस की सहायता से अचूक फायर कर रहे थे। अतः यह तय किया गया कि सूर्योदय तक मंदिर को इसी तरह घेरकर रखा जाए और दिन के प्रकाश में ऑपरेशन किया जाए।

भोर की पहली किरणों के साथ ही एनएसजी कमांडो दस्ते ने उग्रवादियों को मार गिराया।

2 बजकर 45 मिनट पर एके-56 राइफलों, 26 ग्रेनेडों और 300 से अधिक गोलियों से लैस तीन उग्रवादी मंदिर में प्रविष्ट हुए थे। इनकी निर्मम गोलाबारी में 31 लोगों का निधन हुआ, जिनमें अबोध बच्चे भी शामिल थे। 70 निरीह लोग घायल भी हुए थे। कश्मीर के रास्ते पाकिस्तान से आए दोनों उग्रवादी लश्कर-ए-तोइबा से थे। उनकी राइफलें चीन में और ग्रेनेड आस्ट्रिया के बने थे।

पाकिस्तानी गुप्तचर संस्था आईएसआई और वहां से आतंक की गतिविधियों का संचालन करने वाला कट्टरपंथी आतंकवादी संगठन पहली अक्तूबर 2001 को जम्मू-कश्मीर विधानसभा पर, तेरह दिसंबर 2001 को भारतीय संसद पर और 27 फरवरी 2002 को गोधरा में रामसेवकों पर भीषण हमले कर चुके थे।

कश्मीर के सिंहपुरा गांव में मार्च 2000 को 34 सिक्खों को इस्लामिक कट्टरपंथियों ने जिंदा गोलियों से भून डाला। उसी वर्ष दिसंबर माह में पाकिस्तानी

आतंकवादी दिल्ली के लाल किले में प्रविष्ट हुए, जहां उन्होंने तीन व्यक्तियों को गोलियों से उड़ा दिया था। 24 नवंबर 2002 को जम्मू के दो मंदिरों पर आत्मघाती हमले किए गए थे। तीन घंटों की गोलीबारी के बाद रघुनाथ मंदिर में सुरक्षाबलों ने एक उग्रवादी को मार गिराया। रघुनाथ मंदिर पर यह दूसरा हमला था। पहला हमला मार्च में हुआ था, जिसमें 10 श्रद्धालु मारे गए और 19 घायल हुए थे।

कश्मीर विधान सभा पर अक्तूबर 2001 हुए आत्मघाती हमले की जिम्मेदारी जैशे-मोहम्मद ने ली थी, हालांकि बाद में उसने इस घटना को मानने से इंकार कर दिया। पाक-अधिकृत कश्मीर में यूनाइटेड जेहाद काउंसिल का गठन किया गया, जिसमें जम्मू-कश्मीर में आतंक फैलाने वाले कई संगठन भी शामिल हैं। इस संगठन के प्रवक्ता ने विधान सभा पर हुए हमले में ओसामा बिन लादेन के आतंकवादी संगठन अलकायदा के हाथ होने की संभावना से इनकार नहीं किया।

इस संदर्भ में अक्टूबर 2002 के चुनावों में पाकिस्तान में मुत्तहिदा मजलिस-ए-अमल (एमएमए) सत्ता में आई जो एक कट्टरपंथी इस्लामिक संगठन है। पाकिस्तान की जमायते-इस्लामी ने अपने मुख्यपत्र में यह घोषणा ही कर डाली कि परमाणुबम उनकी पहुंच में है। पाकिस्तान में आतंक में लिप्त पांच उग्रवादी संगठनों—हरकत-उल-मुजाहिदीन, हरकत-उल-अंसार, हिजबुल-मुजाहिदीन, हरकत-उल-जेहाद, जमायते-इस्लामी के जम्मू कश्मीर की जमायते-इस्लामी शाखा से निकट संबंध हैं। उग्रवाद को संरक्षण देने वाली पाकिस्तानी आईएसआई जमायते-इस्लामी और अलकायदा भारतीय कश्मीर में किस सीमा तक विनाश-लीला रच सकते हैं, इसका अनुमान लगाना कठिन नहीं है।

सन् 1971 के युद्ध में भारतीय सेनाओं से पराजय का अपमान पाकिस्तानी शासन-तंत्र और सैनिक-तंत्र आज तक भूल नहीं पाए हैं। वे बदले की भावना से बुरी तरह पीड़ित हैं। आईएसआई ने '80 के दशक में परोक्ष युद्ध की संरचना की। अब तक उसने कश्मीर में डेढ़ सौ से अधिक उग्रवादी संगठनों को उभारने का काम किया। कुछ संगठन छोटे थे और कुछ बड़े। अनेकानेक संगठनों को संगठित करने के एक से अधिक कारण हैं। आईएसआई पूरी तरह इक्का-दुक्का चरमपंथी संगठनों पर निर्भर नहीं रहना चाहती। यदि किसी संगठन में भारी घुसपैठ हो जाए तो भी दूसरा संगठन काम करता रहेगा। अनेक संगइन विरोधी गुप्तचर संस्थाओं में अच्छा-खासा भ्रम फैला देते हैं। यदि कोई संगठन ढीला पड़ जाए या ठीक काम न करे तो उसे भंग करना भी सरल होता है। अनेक संगठन स्पर्द्धा की भावना से अधिक और ठोस काम करते हैं।

मुस्लिम कट्टरपंथियों का यह गिरोह (आईएसआई) जम्मू-कश्मीर को स्वतन्त्र कराना चाहता है। वह मानता है कि जम्मू कश्मीर अभी भी परतंत्र है। उसका उद्देश्य अघोषित युद्ध से भारतीय अर्थव्यवस्था को चरमराना, हजारों जख्म देना और सुरक्षाबलों को निरंतर उग्रवाद से जूझते हुए अफगानिस्तान युद्ध में रूसी फौजों की भांति थका देना है। पाकिस्तान की गुप्तचर संस्था का अनुमान था कि भारतीय कश्मीरी पाकिस्तान में मिलना चाहते हैं, लेकिन उसका मोहभंग तब हुआ जब उसने उग्रवादी संगठनों से आजादी की मांग सुनी। जेकेएलएफ आईएसआई के मांगों से सहमत नहीं हुआ, उसने उसकी मांग को ठुकरा दिया। 1989 में ओसामा बिन लादेन के कश्मीर में जेहाद के एलान के बाद आईएसआई ने जमाते-इस्लामी, हिजबुल-मुजाहिदीन और ओसामा बिन लादेन ने मिलकर कश्मीर में पैन इस्लामिक कट्टरपंथियों को मजबूत बनाया। आज भी उनके गहरे संबंध कश्मीर की मिलिटेंट तंजीमों से है।

उग्रवादी संगठनों ने 1995 में कश्मीर में हिंसक घटनाएं तेज कर दीं। कश्मीरी महिलाओं से बलात्कार और भोले-भाले नागरिकों की संदेह के आधार पर की जाने वाली हत्याएं बौखला देने वाली थीं। बहला-फुसलाकर कश्मीरी युवकों को नियंत्रण-रेखा के पार प्रशिक्षण-केंद्रों में ले जाया गया था। लौटने पर उनमें से अनेक युवकों ने समर्पण कर दिया और कुछ पकड़े भी गए। उन्हेंाने स्वीकारा कि पाकिस्तान स्थित प्रशिक्षण केंद्रों में उनके साथ दुर्व्यवहार किया गया। कुछ लोगों को यह भी बतलाया कि उनके ऊपर समलैंगिक अत्याचार भी हुए। उनकी ओर से कश्मीरियों का मोहभंग हुआ तो आईएसआई ने अलकायदा की सहायता से भाड़े के उग्रवादियों को कश्मीर में भेजना शुरू किया। उन्होंने भारत में कश्मीर के अलावा अन्यत्र भी हिंसा फैलाई। मुंबई में हुए भीषण विस्फोटों में अपराधियों और आईएसआई की गहरी साठ-गांठ थी। लाहौर से 1997 में प्रकाशित पुस्तक 'विल पाकिस्तान ब्रेक डाउन' में लिखा है कि पाकिस्तान के तत्कालीन राष्ट्रपति इरशाद खान ने मुंबई विस्फोट में भाग लेने के संदर्भ में प्रधानमंत्री नवाज शरीफ को फटकारा था और मेमन बंधुओं को—जो दाउद इब्राहिम संगठन के सदस्य थे—पाकिस्तानी सरकार का मेहमान घोषित किए जाने पर अपनी नाराजगी जाहिर की थी।

आईएसआई इस्लाम के सिद्धान्तों को ताक पर रखकर हिंसक घटनाएं करता है। यह भारतीय कश्मीर में धर्म, ईमान, अहिंसा, शांति और इस्लाम के सिद्धांतों का भी कत्लेआम किया है। उसके इशारे पर सहनशील सूफी धर्म के अनुयायियों की आवाज कुचल दी गई। धार्मिक भाईचारे के प्रतीक चरारे-शरीफ जैसी 300 वर्ष पुरानी

जियारत को मस्गुल नामक कुख्यात आतंकवादी ने जलाकर राख कर दिया। यह घटना मई 1995 में घटी।

उसके बाद हिंसा का नया दौर शुरू करने के एिल आईएसआई ने बड़ी संख्या में हथियार और बड़ी धनराशि हरकत-उल-अंसार को भेजी, जिसने पहलगांव में नार्वे, इंग्लैंड और अमेरिकी नागरिकों का अपहरण कराया। नार्वे के नागरिक का सिर उड़ा दिया गया। शेष का आज तक कुछ पता नहीं। अमेरिका ने इस संगठन को अक्टूबर में आतंकवादी घोषित कर दिया तो उसने अपना नाम बदलकर हरकत-उल-मुजाहिदीन रख लिया। वास्तव में यह संस्था अलकायदा संगठन का ही एक अंग है।

ओसामा बिन लादेन के बारे में कहा जाता है कि वह 1997 के आरंभ में चोरी-छिपे कश्मीर घाटी में भी आया था और शोपुर और शोफिया में उसने वरिष्ठ नेताओं से बातचीत की थी। उसी समय कश्मीरी मूल का एक डाक्टर सऊदी अरब से विशाल धनराशि लेकर ओसामा से मिला था। ओसामा बिन लादेन कश्मीरी आतंकवादियों से 12 जून 1998 में खोस्त में मिला और कश्मीरियों को भारी धनराशि देने का वादा किया। कारगिल में घुसपैठ और युद्ध के कुचक्र की रचना से सभी परिचित हैं। अफगानिस्तान में युद्धरत 055 बिग्रेड के 200 सैनिक ओसामा बिन लादेन की अनुमति से कारगिल युद्ध में भाग लेने को भेजे गए। इसमें अरब मूल के अरब, यमन, जोर्डन, अल्जीरिया, तुर्की, स्वीडन, लीबिया, केंद्रीय एशिया के ताजिकिस्तान, कजाकिस्तान, उज्बेकिस्तान और चीन के अलावा पाकिस्तान, बांग्लादेश, इंडोनेशिया, मलेशिया और फिलीपीन के आतंकवादी भी थे। आईएसआई ने विदेशी मूल के भाड़े के अनेक उग्रवादी जम्मू-कश्मीर में दो वर्ष के ठेके पर भी भेजे। इनमें से हर एक को दो से पांच लाख रुपये की धनराशि दी गई। मुठभेड़ में मारे जाने पर उनके परिवारों को इससे दोगुनी राशि अदा की गई।

जम्मू-कश्मीर में आईएसआई, पाक-अधिकृत कश्मीर सरकार, पाकिस्तान सरकार, पाकिस्तान में सक्रिय उग्रवादी संगठनों और अलकायदा से संबंधित निम्नलिखित बड़े और चरमपंथी संगठन सक्रिय है–

संगठन का नाम	**स्थापना** वर्ष	**संख्या**	**मुख्यालय**	**स्पांसर**
अल-वर्क	1990	350	श्रीनगर	आईएसआई
अल-जेहाद	1991	125	श्रीनगर	आईएसआई, पाकिस्तान, पाक-अधिकृत कश्मीर सरकार

अल-मोजाहिद फोर्स	1992	125	मुजफ्फराबाद	आईएसआई, पाक-
अधिकृत कश्मीर सरकार				
अल-उमर	1989	700	श्रीनगर	आईएसआई, अमामी
ऐक्शन कमेटी				
हरकत-उल-अंसार	1993	800	रावलपिंडी	पाकिस्तान, आईएसआई
हिजबुल-मुजाहिदीन	1989	1400	श्रीनगर	पाकिस्तान, सिख मिलिटेंट
इकवान-उल-मुस्लमीन	1989	200	श्रीनगर	पाकिस्तान, सिख मिलिटेंट
जम्मू-कश्मीर	1988	150	श्रीनगर	पाकिस्तान, सिख मिलिटेंट
लिबरेशन फ्रंट	1964	(पाकिस्तान)		
जैश ए मोहम्मद/	2000	600-700	कराची,	पाकिस्तान, आईएसआई,
संगठन	**स्थापना**	**संख्या**	**मुख्यालय**	**स्पांसर**
तहरीक उर्फ	भागलपुर	अलकायदा		
फुरकान/अबदाबा				
लश्करे-ए-तोइबा	1980	500	मुरीदके	आईएसआई, पाकिस्तान,
पाकिस्तान	मिस्र, अल्जीरिया और अरब			
गुरिल्ला				
मुस्लिम जांबाज फोर्स	1989	100	श्रीनगर	आईएसआई, पाकिस्तान,
मिस्र, अल्जीरियों और अरब				
गुरिल्ला				
शोरा-ए-जेहाद	1996	5000	श्रीनगर	आईएसआई, पाकिस्तान
तहरीके-जेहाद	1997	600	मुजफ्फराबाद	आईएसआई, पाकिस्तान

जब रूस और अफगानिस्तान के बीच 1980 में युद्ध हुआ तो अमेरिका ने अफगानिस्तान को मद्द देने लगा। यह पाकिस्तान के लिए सुनहरा अवसर था, क्योंकि सीमा-विवाद को लेकर अफगानिस्तान और पाकिस्तान के संबंधों में तनाव था। अमेरिकी गुप्तचर संस्था सीआईए, जिसने वियतनाम युद्ध की रणनीति निर्धारित करने में महत्त्वपूर्ण भूमिका निभाई थी, जब अफगानिस्तान में रूसी हस्तक्षेप को निर्मूल बनाने की योजना बना रही थी।

अमेरिका ने सीआईए के माध्यम से अफगानिस्तान की सहायता की वह स्वयं युद्ध में नहीं उतरा। पाकिस्तान सरेआम अपनी सेनाएं अफगानिस्तान में भेजकर रूस से टकराने का दुस्साहस तो नहीं जुटा सका लेकिन उसने चोरी-छिपे मुजाहिदी और बाद में तालिबान को प्रशिक्षण, हथियार, दिशा-निर्देश और संसाधन उपलब्ध कराए। इस काम के लिए उसे अमेरकिी गुप्तचर संस्था के साथ सऊदी अरब की ओर से दस वर्ष तक भरपूर सहायता मिली। सीआईए ने हथियार, प्रक्षिशण-सामग्री और दस

स्ट्रिंगर मिसाइलों सहित अनेकानेक आधुनिकतम आयुध तथा युद्ध-सामग्री और संचार-उपकरण उपलब्ध कराए। सऊदी अरब ने भारी मात्रा में धनाराशि दी। यह ऐसा अनोखा अवसर था, जिसमें पाकिस्तानी सैन्य अधिकारियों और गुप्तचर संगठन को अंतर्राष्ट्रीय स्तर की रणनीति चलाने और समझने का अवसर मिला। अपार धनराशि एवं सहायता-उपकरणों के अलावा पाकिस्तानी गुप्तचर–जिसमें अधिकांश इंटर सर्विसेज इंटेलीजेंस डायरेक्टरेट में तैनात वरिष्ठ सैनिक अधिकारी थे–अफगान मुजाहिदनों के बहुत निकट गए। इसी समय विश्व में सर्वाधिक मादक द्रव्य पैदा करने वाले अफगानिस्तान के मफियाओं से भी आईएसआई का गठजोड़ हुआ तो मादक द्रव्यों की तस्करी से उनका जुड़ जाना स्वाभाविक ही था।

अमेरिकी गुट ने भरपूर कोशिश की कि अमेरिकी सेनाओं को विएतनाम में मिली कमरतोड़ पराजय जैसा अनुभव रूसी सेनाओं को अफगानिस्तान से मिले। हुआ भी ऐसा ही। छापामार युद्ध में मुजाहिदीन ने रूसी सेना को पराजित करने में कोई कसर नहीं छोड़ी।

1998 में रूसी सेनाएं अफगानिस्तान से वापस लौट गई तो आईएसआई ने अनेक ट्रेनिंग कैंपों को इस्लामी आतंक बढ़ाने के लिए जेहाद के नाम पर इस्तेमाल किया। यह इस्लामी आतंक विश्वव्यापी बनकर उभरा, जिसमें विश्व के अनेक देशों में भर्ती करके लाए गए तालिबान को इस्लामी जेहाद के लिए प्रशिक्षित ही नहीं फिदायीन (आत्मघाती) हमलों के लिए भी तैयार किया गया। इस प्रयास में ओसामा बिन लादेन का अलकायदा सबसे अग्रगणी था। इन आतंकवादियों ने निशाने पर पश्चिमी जगत भी था, जिसमें खुद अमेरिकी अग्रणी था। सीआईए मुख्यालय के सामने ही इस गुप्तचर संस्था के अधिकारियों की इस्लामी चरमपंथियों ने हत्या कर दी। अफगानिस्तान में रूस के विरुद्ध संघर्ष के प्रयत्नों में जुटा लादेन चुप रहा, लेकिन रूसी सेनाओं की वापसी और अलकायदा के गठन के बाद उसने अमेरिका इस्त्राइल और सऊदी अरब-विरोधी स्वर बुलंद किया। अमेरिका का नाराज होकर आईएसआई पर अंकुश लगाने (जिस प्रयास में पाकिस्तान की प्रधानमंत्री बेनजीर भुट्टो असफल रहीं थीं) हेतु पाकिस्तान पर दबाव इतना स्वभाविक था। आईएसआई के शीर्ष अधिकारियों में परिवर्तन तो किए गए, लेकिन पाकिस्तानी गुप्तचर संस्था का इस्लामी चरमपंथियों से गठजोड़ बरकरार रहा।

अफगानिस्तान में कबीलों की आपसी फूट और सत्ता-नियंत्रण को लेकर संघर्ष हो रहा था। वहां भयंकर गृहयुद्ध छिड़ा था। 1993-94 तक रक्तपात और हिंसा का दौर जारी रहा। रूस के खिलाफ अफगानिस्तान के तरफ से गोलाबारी करने के सभी

आधुनिकतम तकनीकी उपलब्ध थे। अफगान कबीले इन्हीं का प्रयोग कर रहे थे। पाकिस्तान ने शांति-समझौते के अनेक असफल प्रयास किए। पाकिस्तान वहां हिकमतयार को शक्तिशली नेता के रूप में उभारने में असफल रहा तो आईएसआई ने दक्षिणी क्षेत्र के अफगान पख्तूनों और तालिबान के बीच घृणा का बीज बो दिया। पख्तून नवयुवकों और कमउम्र के छात्रों को मदरसों में इस्लामी कट्टरपंथी शिक्षा दी जाने लगी।

उद्देश्य या धर्मिक उन्माद से प्रेरित तालिबान का एक दल संगठित करना। इस संगठन का राजनीतिक अस्थिरता, आर्थिक दिवालियापन, सैन्य और प्रशासनिक निष्क्रियता, आपसी फूट और मुजाहिदी के विभिन्न दलों में व्याप्त भ्रष्टाचार के कारण तालिबान शक्तिशाली गुट के रूप में उभरे। यही तालिबान अफगानिस्तान, पाकिस्तान और अलकायदा के कट्टर चरमपंथी भी बने।

1971 के में पूर्वी पाकिस्तान के बुरी तरह से पराजित होने के पश्चात् उनमें प्रतिरोधी भावना यह व्याप्त हो गयी। उसने यह निश्चत किया कि वह इस अपमान का जरूर बदला लेगा। इस युद्ध में पूर्वी बंगाल, पश्चिम बंगाल से आजाद हो गया था।

आईएसआई ने जम्मू-कश्मीर, पंजाब और पूर्वोत्तर भारत में आतंक का उन्माद फैलाने के लिए क्रमशः के-1, के-2 और के-3 नामक ऑपरेशन शुरू किए। बाल्कन राज्यों की भांति भारत को विखंडित करने, 'हजार जख्म देने' और समस्त भारत को रक्तरंजित करने के लिए अत्यंत महत्त्वकांक्षी और दीर्घकालीन षड्यंत्र रचा गया और उसका नाम पाकिस्तान के सर्वोच्च पर्वत शिखर के-2 पर रखा गया।

भारत के संवेदनशील इलाकों में सांप्रदायिक उन्माद, आपसी वैर, मतभेद और फूट फैलाने के लिए तथा आतंकवाद के लिए समुचित भूमिका तैयार करना ही पाकिस्तान का उद्देश्य था। पाकिस्तान की गुप्तचर संस्थाओं ने भारत के अपराधियों और मिलिटेंट संगठनों की सूची तैयार की और संपर्क करके उन्हें सहायता और धनराशि देने की योजना बनाई। आईएसआई के अधिकारियों ने उन्हें प्रेरणा और प्रशिक्षण देकर छोटे-छोटे दलों में बांटकर भारत के विभिन्न भागों में फैलाने का फैसला किया। इन सब छोटे-छोटे दल को प्रचुर मात्रा में धन और सभी प्रकार की सुविधाएं दी गई, साथ ही उनके परिवारों को आर्थिक सहायता का आशवासन भी दिया गया। शुरू में छोटे-छोटे दल में काम करने वाले लोग पाकिस्तान से भेजे गए थे, बाद में झटके लिए सिख युवक भी आईएसआई की कार्यवाहियों में शामिल हो गए। के-2 प्लान में पंजाब में खालिस्तान बनवाने का उद्देश्य भी शामिल कर लिया गया। इसके

साथ ही कशमीर में अलगवादी आंदोलन शुरू कराने की योजना भी के-2 का ही अंग थी। तब से इस ऑपरेशन की सफलता के लिए पाकिस्तानी इंटेलीजेंस एजेंसियों ने भरपूर प्रयास किया है। इस प्लान को सफल बनाने के लिए आईएसआई के अत्यंत वरिष्ठ अधिकारियों ने के-2 सेल खोला।

पूर्वोत्तर भारत के लिए प्लान के-3 रचा गया। इस योजना को कार्यरूप देने के लिए ढाका में आईएसआई के एक कर्नल को नियुक्त किया गया। उसने नगा आतंकवादियों, मीणापुर की पीपुल्स लिबरेशन आर्मी के षड्यंत्रकारियों और कुकी लोगों को—जिनके गांव बांग्लादेश के चटगांव की पहाड़ियों में थे—शामिल किया। आईएसआई के अनेक वरिष्ठ अधिकारी और प्रशिक्षक भारतीय मिलिटेंटों बांग्लादेश में ट्रेनिंग देने लगे। उन्होंने ढाका में मकान किराये पर लिया, जहां तांखुल, सेमा, उल्फा और कुकी मिलिटेंट नेताओं की बैठक की और आतंकवाद बढ़ाने के लिए योजनाएं बनाई। इन आतंकवादी नेताओं को कुछ समय पहले आतंकवादी कार्यवाहियों के अलावा चुने लोगों की हत्याएं करने और जातीय दंगे फैलाने का प्रशिक्षण दिया जा रहा था। जमात-ए-इस्लामी का मिलिटेंट विंग, इस्लामी सोतोबीर लोगों को भी बांग्लादेश में आईएसआई ही प्रशिक्षण दे रही थी।

पूर्वोत्तर भारत में आतंकवादी गतिविधियों को बढ़ाने का उद्देश्य यही है कि यहां की बिगड़ती कानून-व्यवस्था को देखकर भारत सरकार विवश हो जाए और कश्मीर में आतंकवादियों के विरुद्ध आपॅरेशन कर रही भारतीय सेना को वहां से हटाकर पूर्वोत्तर में भेजा जाए ताकि कश्मीर के आतंकवादियों पर से दबाव कम हो जाए। ऑपरेशन के-2 रचा तो 1985 में गया था, लेकिन उसको कार्यरूप में 1988 में परिणत किया गया।

जम्मू-कश्मीर

आईएसआई का प्रमुख उद्देश्य कश्मीर में स्थानीय लोगों को भड़काना, युवकों में कूट-कूटकर कट्टरपंथी भावनाएं भरना और मदरसों में कट्टरपंथियों द्वारा इस्लाम की शिक्षा बच्चों को देना, विरोधी प्रेस, पाकिस्तान रेडियो और टीवी के जरिये कश्मीर बुद्धिजीवियों को खरीदना, सरकारी कार्यालयों में अपने एजेंटों का घुसपैठ कराना, महत्त्वपूर्ण पुलों को नष्ट करना ताकि सुरक्षाबलों के आने-जाने में गतिरोध आए, अफगानिस्तान और अन्य देशों से भाड़े के आतंकवादियों को कश्मीर घाटी में आतंक फैलाने के लिए भेजना और कशमीर में आतंकवादियों की भड़काने वाली कार्यवाहियों

और तोड़-फोड़ के लिए हर प्रकार की सहायता देना शामिल है। इसका मुख्य उद्देश्य कश्मीर को भारत से अलग करना और नाजुक ठिकानों पर हमले करना है।

असम और पश्चिमी बंगाल में आईएसआई के कई एजेंट पकड़े गये। उनके पास से भारी मात्रा में आरडीएक्स और अन्य अत्यंत संवेदनशील विस्फोटक सामग्री बरामद हुई। उनसे पूछताछ करने पर पता चला कि आईएसआई पूर्वोत्तर भारत को इस तरह निशाना बनाकर वहां उपद्रव फैलाना चाहती है कि सुरक्षा-व्यवस्था चरमरा जाए और शांति-व्यवस्था भंग हो जाए।

भारत-बंग्लादेश के सीमावर्ती क्षेत्रों में आईएसआई ने घुसपैठ को प्रवेश करने की योजना बनायी थी। 4,000 किलोमीटर से भी अधिक लंबी भारत-बांग्लादेश सीमा पर सीमा सुरक्षाबल की मौजूदगी न्यूनाधिक है। सीमा चौकियों के बीच लंबे गैप हैं। सीमांत क्षेत्र में बहुत कम स्थानों पर तारबंदी हुई है। यहां अंतर्राष्ट्रीय पर रात के समय फ्लडलाइट नहीं जगमगाती। वैसे भी पश्चिमी बंगाल, असम, मेघालय, कछार, त्रिपुरा और मिजोरम की बांग्लादेश से लगती सीमा पर अनेक स्थानों पर जीरो लाइन पर ही गांव और बस्तियां बसी हैं। अनेक स्थानों पर तो ऐसे भी मकान हैं, जिनका एक दरवाजा भारत में खुलता है और दूसरा बांग्लादेश में। भारत के अनेक सीमावर्ती क्षेत्रों में स्थित ऐसे गांव जरूर मिल जायेंगे जहाँ कट्टरपंथियों द्वारा उन्हें इस्लाम की गलत शिक्षा दी जाती है। विशेषकर सीमा-क्षेत्र में मदरसों और मस्जिदों में इस्लाम के प्रति कट्टरपंथी नजरिये का सीमावासियों में तेजी से प्रसार किया है। जमायते-इस्लामी और आईएसआई ने दुष्प्रचार किया है कि अगर इस्लाम का प्रचार करना है, खुदा का राज स्थापित करना है तो तुम्हें भारत पर शासन करना होगा और शासन करने का एक ही तरीका है—वोट देकर चुनाव जीतो और सरकार बनाओ। वोट जितने अधिक होंगे, उतनी ही तुम्हारी शक्ति दृढ़ होगी, इसीलिए जितने अधिक बच्चे पैदा कर सकते हो, पैदा करो।

आज पूर्वोत्तर राज्यों में बांग्लादेशियों की संख्या दिन पर दिन बढ़ती ही जा रही है। पश्चिम बंगाल के मुस्लिम-बहुल क्षेत्रों, असम के धुबरी, कछार के नदीय क्षेत्रों में तथा त्रिपुरा के पश्चिम में बांग्लादेश से लगते पश्चिमी सीमांत क्षेत्र में अनेक मुस्लिम-बहुल गांवों में बच्चों की संख्या अविश्वसनीय रूप से बहुत ज्यादा है। लाल-गोला गांव में मुझें तीन ऐसे व्यक्तियों से मिलने का अवसर मिला जिनके बच्चों की संख्या क्रमशः 32, 28 और 25 थी। 10 से अधिक बच्चे वाले सीमावासी परिवारों की संख्या सैकड़ों में है। इन कच्ची उम्र के बच्चों

को उनके अधिकांश मां-बाप मदरसों में पढ़ने भेजते हैं। उन मदरसों में उन्हें देश के अन्य प्रांतों, विशेषकर पश्चिमी उत्तरप्रदेश और बिहार में आए मौलवी अरबी भाषा में कुरान शरीफ पढ़ाते हैं।

इन क्षेत्रों में समान धर्म और भाषा-भाषी लोगों के लिए सीमापार से घुसपैठ करना, बहुत सरल है। आईएसआई ने इस समान भाषा-भाषी और संस्कृति का भरपूर लाभ उठाया है। पूर्वोत्तर में आतंकवादियों के बीच संपर्क 1990 में आरंभ में हुआ था। उल्फा नेता अरविंद राजखोवा को आईएसआई ने पाकिस्तान भेजा और 'सात बहिनों के प्रदेश' पूर्वोत्तर में भारत में आईएसआई ने संयुक्त स्वतंत्र अभियान छेड़ा।

1991 में बीस उल्फा आतंकवादियों की टीम अफगानिस्तान के निकट गुलाबुद्दीन हिकमतयार के मुजाहिदीन कैंप में ले जाई गई थी। उन्होंने वहां ट्रेनिंग ली और आरडीएक्स की बड़ी खेप लेकर भारत-बांग्लादेश सीमा से वापस असम गए। आईएसआई की गतिविधियों को पूर्वोत्तर भारत के मिलिटेंटों का समर्थन मिल रहा है और बदले में आईएसआई बांग्लादेश में स्थित अनेक प्रशिक्षण-शिविरों में उनकी सहायता कर रही है। गुवाहटी में 1999 में पकड़े गए चार आईएसआई ने उल्फा के दो सौ विद्रोहियों को प्रशिक्षण दिया और असम से हरकत-उल-मुजाहिदीन, तश्कर-ए-तोइबा और हरकत-उल-जेहाद के लिए एक सौ पचास युवकों को भर्ती किया।

असम के भूतपूर्व राज्यपाल अवकाश-प्राप्त लेफ्टिनेंट जनरल एस.के.सिन्हा ने स्थानीय समाचार-पत्र 'सेटिनल' में प्रकाशित अपने लेख में स्पष्ट रूप से कहा कि सीमापार से अवैध घुसपैठ करने वाले प्रवासियों और आईएसआई के बीच अच्छी सांठ-गांठ है। एक ओर अल्पसंख्यक समुदाय भारत-विरोधी कार्यवाहियों में जुटा है और दूसरी ओर, आईएसआई की मदद से सहज ही धन कमाने के लालच में बहुसंख्यक समुदाय राष्ट्रविरोधी गतिविधियों से जुड़ा है। जमात-ए-इस्लामी और इस्लामिक छात्र-शिविर (बांग्लादेश) ने पूर्वोत्तर भारत के अनेक क्षेत्रों में प्रशिक्षण-शिविर स्थापित करने के प्रयास किए हैं और बांग्लादेश-भारत सीमा के इलाके से पूर्वोत्तर में बड़ी मात्रा में विस्फोटक सामग्री और हथियार चोरी-छिपे भारत में लाए गए। आईएसआई का मुख्य उद्देश्य पूर्वोत्तर भारत के उल्फा और अन्य मिलिटेंट संगठनों को हथियार और ट्रेनिंग उपलब्ध कराना है, ताकि यहां निरंतर आंतकवाद पनपती रहे और पूर्वोत्तर भारत अलगाववाद, हिंसा, आतंकवाद, हत्याओं, अपहरण, विस्फोटों और राष्ट्र-विरोधी कार्यवाहियों की आग में झुलसता रहे।

पंजाब और आईएसआई

आईएसआई पंजाब में दोबारा सिक्ख आतंकवाद को जन्म देना चाहती है। क्योंकि आज यहाँ बड़े पैमाने पर खालिस्तानी पैदा हो रहे हैं। 1998 में सीमा सुरक्षा बल ने पंजाब के अंतर्राष्ट्रीय सीमा के आर-पार दो सौ मीटर लंबी एक सुरंग तलाश की थी। यह सुरंग सरकंडा-भरे सुनसान इलाके से होकर गुजरती थी और पाकिस्तान की ओर से खोदनी शुरू की गई थी। इसका उद्देश्य सुरंग के जरिये आतंकवादियों तथा गोला-बारूद और हथियारों को पाकिस्तान से भारत में भेजना था। ऐसी अनेक घटनाएं सामने आई हैं जिसमें पाकिस्तान सीमा पार कर पंजाब में घुस आये हैं। आईएसआई बेचैन है कि पंजाब में शांति क्यों है, इसलिए उन्होंने पुनः अपना ध्यान पंजाब पर केंद्रित करना शुरू कर दिया है। खालिस्तान समर्थक आतंकवादियों की, जो अब तक पाकिस्तान में पनाह लिए थे, भारत भेजने का प्रयास जारी है। उधर भारत में इसी श्रेणी के आतंकवादियों की जेलों में लंबा समय बिताने के बाद जमानत पर छोड़ा गया है या मुकदमे समाप्त कर दिए गए हैं। जेल से छूटे आतंकवादियों को फिर अपने चुंगल में लेने के आईएसआई के प्रयास जारी हैं।

भारत के सीमांत प्रांतों में आईएसआई के कुचक्र से आज भारतीय सीमाप्रांतों के जो राज्य आतंकवाद से ग्रस्त है, वे इसके प्रकार हैं— आंध्रप्रदेश, पश्चिमी उत्तरप्रदेश, उत्तरी केरल, हिमाचल, तमिलनाडु, महाराष्ट्र, राजस्थान और गुजरात। इन राज्यों में आईएसआई का अत्यधिक प्रभाव देखा जाता है। हफीज काजी वाली मोहम्मद नामक उग्रवादी को गिरफ्तार किया गया तो पता चला कि वह पहली बार 1994 में हैदराबाद गया था। एक स्थानीय लड़की से उसने शादी की और पकड़े जाने से पहले स्थानीय वातावरण में घुल-मिल गया और समाज में सबके बीच इस तरह बस गया कि पुलिस की उस पर नजर न जाए। गुजरात में आईएसआई मादक द्रव्यों की तस्करी का प्रयास कर रही है। मुंबई में अंडरवर्ल्ड के साथ संपर्क बनाकर नगरों में आतंकवाद फैलाने के प्रयास हो रहे हैं। महाराष्ट्र की तटीय सीमा से भारत में चोरी-छिपे हथियार लाने के अथक प्रयास भी हुए हैं। कोयंबटूर में आईएसआई ने युवाओं से भर्ती करके उन्हें आतंकवाद की ट्रेनिंग दी है, ताकि नाजुक निशानों पर वार किया जा सके। उत्तरप्रदेश में मदरसों के प्रसार और भितरघात की अनेक घटनाएं घटित होती रही हैं।

सम्पूर्ण भारत में आईएसआई सक्रिय होने का प्रयास कर रही है। उसने बंगाल, बिहार, असम, त्रिपुरा आदि में अल्पसंख्यकों को मदरसों के माध्यम से एक सूत्र में जोड़ने के प्रयास किए हैं। नेपाल से अपहरण कर कंधार ले जाए गए भारतीय

वायुयान की घटना के बाद इंटेलीजेंस एजेंसियों ने गहराई से परिस्थितियों का जायजा लिया। तब उन्हें अनुमान हुआ कि जम्मू-कश्मीर में स्थानीय युवकों को मिलिटेंट ग्रुपों में संगठित करने के प्रयास दोबारा शुरू हो गए हैं। पिछले कुछ वर्षों में सुरक्षाबलों की कार्यवाही के फलस्वरूप स्थानीय युवक आतंकवाद से अलग-थलग हो गए थे। सेना, पुलिस और अर्द्धसैनिक बलों के ठिकानों पर हमले दोबारा बढ़ रहे हैं। अपहरण की घटनाएं भी बढ़ेंगी और नजरबंद आतंकवादियों को छुड़ाने के प्रयास होंगे। देश के विभिन्न भागों में आंतकवाद तेजी से फैलेगा।

कश्मीरी आतंकवाद और आईएसआई

हरकत-उल-जिहाद इस्लामी के भूतपूर्व नसरुल्लाह मंसूर ने—जिसने एक तुर्की और एक सऊदी आतंकवादी के साथ 1992 में कश्मीर में प्रवेश किया था—कहा कि कश्मीरी मूल के आतंकवादी न तो आतंकवाद के प्रति कृतसंकल्प हैं, न ही उनका नजरिया पूरी तरह से इस्लामी है। 'इंडिया टुडे' के 19 मई 1994 के अंक में प्रकाशित एक लेख में मसूद अजहर को उद्धृत किया गया है—'आईएसआई' हमारी प्रतिष्ठा का इस्तेमाल अपने फायदे के लिए कर ही है, लेकिन उनके सारे काम राजनीतिक हैं—आईएसआई कट्टरपंथियों और बंदूकधारियों का इस्तेमाल पूरे विश्व में चंदा उगाहने के लिए कर रही है। उनके लिए हथियार, गोला-बारूद, आर्थिक सहायता जुटाने के नाम पर मुस्लिम देशों से विशाल धनराशि आईएसआई ने एकत्रित की।'

आईएसआई के भूतपूर्व प्रमुख लेफ्टीनेंट जनरल हमीद गुल ने 1993 में एक बयान में कहा था कि कश्मीर में जेहाद के लिए प्रतिवर्ष 250 करोड़ रुपये आईएसआई कर खर्च कर रही है।

भारतीय खुफिया एजेंसियों ने अनुमान लगाया था कि दिसंबर 1993 और जनवरी 1994 के दो महीनों में लगभग अस्सी करोड़ रुपया विदेशों से पाकिस्तान के माध्यम से कशमीर में आतंकवादी गतिविधयों के लिए आया। 1990 के दशक के आरंभ में पाक-अधिकृत कश्मीर में जेहाद के लिए धन एकत्रित करने के लिए कश्मीर लिबरेशन सेल के नाम से एक संस्था गठित की गई थी, जिसका अध्यक्ष रिटायर्ड एयर मार्शल एजाज अहमद खान को बनाया गया था। जुलाई 1993 में रियाद स्थित वर्ल्ड एसोसिएशन आफ मुस्लिम यूथ—डब्ल्यूएएमवाई (वामी) ने कश्मीर के जेहाद के लिए चंदे की मांग की। 'वामी' ने पर्चे बांटे और अपील की कि चंदे की राशि अलीफुद्दीन तुर्राबी के नाम पर एकाउंट नं. 1155-701547 अमीरात बैंक

इंटरनेशनल इस्लामी में जमा की जाए। तुर्राबी पाक-अधिकृत कश्मीर की जमात-ए-इस्लामी का नायब अमीर था। पहले कश्मीर में आने वाली धनराशि सिर्फ चंदे से नहीं उगाही गई। सीआईए ने अपील 21 पृष्ठ की एक रिपोर्ट में—जो पाकिस्तान में हेरोइन के धंधे के अध्ययन के बाद जारी की गई थी—कहा कि कश्मीर में इनसर्जेंसी पर खर्च होने वाली धनराशि हेरोइन के व्यापार से भी प्राप्त हो रही है।

हिजबुल-मुजाहिदीन को आईएसआई, जमात-ए-इस्लामी और हिजबुल-ए-इस्लामी (हिकमतयार) का पूरा संरक्षण और सहयोग प्राप्त था। हिकमतयार का समर्थन उन अफगानियों में भली-भांति पहचाना जाता है जो हेरोइन के धंधे में लिप्त हैं, यानी आईएसआई, जमात-ए-इस्लामी, हिजबुल मुजाहिदीन, हिजबुल-ए-इस्लामी मिलकर ऐसा षड्यंत्र रच रहे थे कि मादक पदार्थों, विशेषकर हेरोइन के व्यापार का प्रसार हो और उस व्यापार से प्राप्त धनराशि से हथियार खरीदे जाएं और कश्मीरी आतंकवादियों को हर तरह की सहायता इसी धनराशि से दी जाए।

1994 में आईएसआई अपनी कमान और नियंत्रण को इसलिए पुनर्गठित कर रही थी कि कश्मीर में आतंकवादी गतिविधियों को पूरी तरह से कामयाब बनाया जा सके। सन् 1993 में एक घटना के दौरान सात उग्रवादी नेताओं को मिलाकर संयुक्त कमान गठित किया गया जिसके प्रमुख नेता जावेद मीर और अलाउद्दीन थे। आईएसआई कुछ विदेशी आतंकवादियों को कश्मीर में आतंकवाद की कमान सौंपना चाहती थी ताकि कश्मीर में कानून-व्यवस्था पूरी तरह से चरमरा जाए और भारत के अन्य क्षेत्रों में भी विद्रोह का स्वर गूंजने लगे। जावेद मीर ने इसका विरोध किया। उसे लगा कि जम्मू-कश्मीर लिबरेशन फ्रंट को गैर-इस्लामी करार कर दिया। सय्यद खलील हुसैन बुखारी ने, जो हिज्बुल मुजाहिदी के पाक-अधिकृत कश्मीर का सक्रिय कार्यकर्त्ता था, कहा कि जम्मू-कश्मीर लिबरेशन फ्रंट सच्चा इस्लामी संगठन नहीं है। बुखारी को सन् 1994 में गिरफ्तार किया गया था और पूछताछ के दौरान उसने बताया था कि जम्मू-कश्मीर लिबरेशन फ्रंट का घोषणापत्र धर्मनिरपेक्ष कश्मीर की बात करता है और उर्दू में ये लोग एक इस्लामी राष्ट्र की बात करते हैं (इंडिया टुडे, 19 मई 1994)

आईएसआई ने कश्मीर में लगभग दस वर्षों से अघोषित युद्ध छेड़ रखा है। वे अपने हमले में आधुनिक हथियारों का प्रयोग कर रहे हैं। 1991 में आतंकवाद तेज हुआ, जब नवाज शरीफ ने प्रतिवर्ष दस करोड़ रुपया जमात-ए-इस्लामी के प्रमुख काजी हुसैन अहमद को कश्मीर में आतंकवादी गतिविधियों के लिए देना शुरू किया। नवाज शरीफ को यह समझाया गया था कि यह धनराशि जमात की, जो सरकार में भागीदार

राजनीतिक पार्टी थी, व्यस्त रखने के लिए खर्च की जा रही है। इन दस करोड़ के अलावा भी आईएसआई ने इससे कहीं अधिक धनराशि जमात को दी। हिजबुल-मुजाहिदी, मरकज-अल-दबा-अल-इरशाद और अल्लाह-टाइगर के ऊपर यह धनराशि खर्च होती रही। इससे दो लाभ हुए—एक तो पैन इस्लामी संगठनों को साथ लेने के कारण आईएसआई का भारत में उत्पात मचाने के लिए सहयोग पाने के लिए संपर्क का दायरा बढ़ा; और दूसरा, इन संस्थाओं के जरिये आतंकवाद फैलाने की बदनामी या विदेशों द्वारा पाकिस्तान को आतंकवादी राष्ट्र घोषित करने का खतरा नहीं था।

सोवियत संघ के पतन के पश्चात 1991 से कश्मीर का मामला पूरे अंतर्राष्ट्रीय स्तर पर छाया हुआ है। आईएसआई ने लीबिया से 35 आतंकवादी प्रशिक्षकों को पाकिस्तान बुलाया ताकि वह उन युवकों को ट्रेनिंग दे सके जो भारत में रह रहे 'पीड़ित मुसलमान भाइयों को प्रशिक्षण दे सकें।' पाकिस्तान ने अनेक इस्लामी देशों से सहायता ली और कश्मीर में आतंकवाद फैलाने के लिए अपने यहां और पाक-अधिकृत कशमीर में 105 ट्रेनिंग कैंपों में 1994 तक ही बीस हजार से अधिक आतंकवादियों को प्रशिक्षण दिया। ये ट्रेनिंग कैंप प्राइवेट धार्मिक संस्थानों में थे और पूर्णतया आईएसआई द्वारा संचालित थे।

पाकिस्तान में अमेरिका के राजदूत रह चुके रॉबर्ट ओकले ने इंडिया टुडे(मई 1994) में प्रकाशित एक इंटरव्यू में कहा—''मैं जिया-उल-हक को आखिरी सशक्त नेता मानता हूं। उसके बाद पाकिस्तान की ओर से कारगर नियंत्रण करने वाला कोई नेता नहीं हुआ। आईएसआई इसके लिए जवाबदेह है। यह एक ऐसा संगठन है, जिसके ऊपर कोई नियंत्रण नहीं होता और उस पर नियंत्रण कर भी कौन सकता है? यह ऐसा संगठन है, जिसमें काम करने वाले अपने ढंग से कुछ भी कर सकते हैं। आईएसआई पर किसी का नियंत्रण नहीं है। मादक द्रव्यों के व्यापार के जरिये बहुत बड़ी धनराशि एक साथ आईएसआई में आई तो सब कुछ गड़बड़ा गया।'

सबसे पहले पाकिस्तान के जनरल बेग ने सोचा था कि अफगानिस्तान पर लागू रणनीति कश्मीर में भी अपनाई जा सकती है। उन्हें लगा कि दोनों में बहुत कुछ समानता है।

अमेरिका में सन् 1979 में कश्मीरी मूल के शेख सय्यद मुबारक शाह अल जिलानी ने एक संगठन जमात-अल-फुकरा की स्थापना की। बाद में जिलानी लाहौर चले गए और वहां रहकर कश्मीर के हिजबुल मुजाहिदीन की मदद करने लगे। 1993 में अमेरिका की कोलेरेडो पुलिस ने फुकरा के सात सदस्यों को गिरफ्तार किया, क्योंकि उन्होंने जालसाजी करके तीन लाख पचपन हजार डॉलर आतंकवादियों को

भेजने की कोशिश की थी। 1990 के आरंभ में हरकत-उल-अंसार–जिसका बाद में हरकत-उल-मुजाहिद्दीन और हरकत-उल-जेहाद-ए-इस्लामी में विलय हो गया–कश्मीर में बहुत सक्रिय था। इस संगठन के 300 वालंटियर सऊदी अरब, अफगानिस्तान और तुर्की से एकत्र कर कश्मीर में भेजे गए। इसके महासचिव अजहर मसूद को-जो पाकिस्तानी मूल का (बहावलपुर का रहने वाला) है–कश्मीर में 1994 में गिरफ्तार किया गया था।

पाकिस्तान आईएसआई द्वारा प्रेरित और नियंत्रित संगठनों ने जब न्यूयार्क के वर्ल्ड ट्रेड सेंटर में भयंकर विस्फोट किया तो एक बार तो अमेरिका ने पाकिस्तान को आतंकवादी राष्ट्र घोषित करने का निर्णय लगभग ले लिया। तब पाकिस्तान दबाव में आया। ऐसा आरोप भी है कि वर्ल्ड ट्रेड सेंटर में हुए विस्फोट के पीछे आईएसआई के एक ब्रिगेडियर का हाथ था। वर्ल्ड ट्रेड सेंटर में विस्फोट के बाद विश्व के विकसित देश भी पाकिस्तान और विश्व के प्रमुख आतंकवादी संगठनों के बीच सांठ-गांठ को स्पष्ट रूप से देखने लगे।

7

पाकिस्तानी गुप्तचर संस्थाएं एवं आतंकवाद का भारत पर प्रभाव

आज अनेक गुप्तचर संस्थाएं भारत में अस्थिरता उत्पन्न करने के प्रयास में लगी हुई हैं। आईएसआई पाकिस्तान के गुप्तचर संस्थाओं में से एक है। देश के विभिन्न समाचार-पत्रों और पत्रिकाओं में आईएसआई का नाम प्रमुखता से उभरता है। बम-विस्फोट हो या अपहरण, हत्या हो या संवेदनशील दस्तावेजों की चोरी, इन सबका संबंध किसी-न-किसी रूप में पाकिस्तान की आईएसआई से जुड़ता है। पत्रकार तो शायद 'सर्वशक्तिमान' के बाद इसी संस्था को सबसे अधिक ताकतवर मानते हैं। यह भारत में कभी भी, कहीं भी, कुछ भी करा सकती है।

पंजाब के आतंकवाद व पूर्वोत्तर के राज्यों में आंतकवाद से भारत ही नहीं बल्कि पूरा विश्व वाकिफ है। संयुक्त राज्य अमेरिका की प्रतिनिधि सभा में इस्लामिक इंटरनेशनल शीर्षक से आतंकवाद और गैर-पारंपरिक युद्ध पर एक रिपोर्ट प्रस्तुत की गई, जिसमें आईएसआई का बड़ा विस्तृत चित्रण है। यह रिपोर्ट 1 फरवरी 1993 को तैयार की गई थी। इसमें कुछ खामियां थीं, फिर भी इसमें तथ्यों का प्रस्तुतीकरण और निष्कर्ष बहुत महत्त्वपूर्ण था।

ऐसा भी माना जाता है कि अफगानिस्तान में रूसी सेनाओं के प्रवेश ने आईएसआई को जन्म दिया। लेकिन जब पाकिस्तान में आईएसआई की सहायता

से बड़े पैमाने पर तालिबान के जरिये अफगानिस्तान में भाग लेने का निर्णय किया तो दिन-प्रतिदिन आईएसआई का नया रूप और अजगर जैसा विशाल आकार उभरा। अमेरिकी गुप्तचर संस्था सीआईए किसी भी कीमत पर अफगानिस्तान में सोवियत अधिकार को स्वीकार करने को तैयार न थी, इसलिए इसने शस्त्रास्त्र, धन, मार्ग-दर्शन और अन्य सामरिक सुविधाओं से रूसी सेनाओं के विरुद्ध लड़े रहे सैनिकों-असैनिकों की पूरी सहायता की।

भारत की गुप्तचर एजेंसियां बहुत कमजोर हैं। किसी भी देश की गुप्तचर संस्थाएं बाहरी खतरों से अपने देश को बचाने के लिए जासूसी करती हैं और ऐसे देशों को अपना निशाना बनाती हैं जिनके साथ उनके मैत्रीपूर्ण संबंध न हों। 1953 में दूसरे विश्वयुद्ध के बाद, शीतयुद्ध के दौरान कम्युनिस्ट जगत की घेराबंदी करने के लिए अमेरिका ने सहयोगी राष्ट्रों के साथ व्यापक रणनीति बनाई थी और उसने तुरंत पाकिस्तान, ईरान, तुर्की और पूर्वी एशिया में अपना सैन्य संगठन शक्तिशाली बनाने के लिए कुछ संधियां कीं। 1954 में पाकिस्तान ने अमेरिका के साथ पारस्परिक रक्षा-समझौता किया था और दक्षिण-पूर्वी एशिया संधि संगठन का सदस्य बन गया था। उसके बाद पाकिस्तान ईरान, इराक और तुर्की सहित बगदाद-समझौते का भी सदस्य बना, जिसे बाद में सेंट्रल ट्रीटी ऑर्गेनाइजेशन के नाम से जाना गया।

लगभग 50 वर्ष पहले पाकिस्तान की इंटर सर्विसेज इंटेलीजेंस डाइरेक्टरेट ने गुप्तचरी के क्षेत्र में महत्त्वपूर्ण भूमिका निभानी शुरू की थी। फील्ड मार्शल अयूब खान ने नागरिक गुप्तचर-व्यवस्था की अपेक्षा सैनिक इंटेलीजेंस पर भरोसा करना उचित समझा। जुल्फिकार अली भुट्टो ने सन् 1971 में युद्ध में पाकिस्तान की पराजय के बाद आईएसआई आधुनिक विज्ञान और तकनीकी आधार पर इंटेलिजेंस व्यवस्था को गठित करना चाहती थी। भुट्टो का सपना इस्लामिक जगत के नेता के रूप में उभरने का था। उन्होंने इस्लामिक एटम बम की योजना भी बनाई थी।

आईएसआई को अधिकाधिक धनराशि दी गई और उसका प्रभाव अन्य क्षेत्रों में तेजी से बढ़ा। कहा जाता है कि भुट्टो ने अनेक सक्षम और सैनिक अधिकारियों को अनदेखा करके जिया-उल-हक को सेना-प्रमुख बनाया क्योंकि तात्कालिक आईएसआई के डाइरेक्टर जनरल मिर्जा असलम बेग और लेफ्टीनेंट जनरल हमीद गुल ने उनकी सिफारिश की थी। बाद ने इन्हीं जियाउलहक ने ही भुट्टो को फांसी पर लटकाया। शायद यही कारण है कि भुट्टो के पतन के बाद भी जिया के युग में जनरल गुल आईएसआई में बने रहे। जिया उन पर बहुत विश्वास करते थे। भुट्टो काल के बाद जिया के युग में आईएसआई भारत-पाकिस्तान और अन्य देशों

में कुख्यात हुई। जिया ने भरपूर जोर लगाकर भुट्टो-सर्मथक पाकिस्तान पीपुल्स पार्टी (पीपीपी) का प्रभाव और विकास रोकने का प्रयास किया। सैनिक-असैनिक इंटेलीजेंस और आईएसआई ने छिपे तौर पर पाकिस्तान के राजनेताओं पर भी निगाह रखनी शुरू की और राज्य के अंदर एक और राज्य की स्थापना कर लोगों के मन में ऐसी दशहत पैदा कर दी कि नेता अपना दरवाजा खटखटाया जाने पर डरते थे—न जाने कब पुलिस उन्हें उठाकर ले जाए और जबरदस्ती कुछ भी लिखित स्वीकारोक्ति करा ले। राजनेता, सरकारी कर्मचारी और सैनिक अधिकारी भी बहुत सोच-समझकर टेलीफोन पर बातें करते थे, क्योंकि हमेशा इस बात की आशंका रहती थी कि उनका टेलीफोन इंटेलीजेंस एजेंट टेप कर रहे हैं।

आठवें दशक के उत्तरार्द्ध में आंतरिक ऑपरेशन के उपनिदेशक इम्तियाज अहमद थे। उन्हें उनकी चालाकी और कंजी आंखों के लिए 'बिल्ला' के नाम से पुकारा जाता था। उन्होंने पाकिस्तान पीपुल्स पार्टी के विरुद्ध ऑपरेशन किए थे। 'ऑपरेशन मिडनाइट जैकात' के नाम से इम्तियाज अहमद ने इस्लामिक जमूरी इत्तिहाद का गठन किया और बहुत सलीके से ऑपरेशन की योजना बनाई और उसे लागू किया, जिसमें टेलीफोन टेपिंग और नेशनल एसेंबली के सदस्यों को रिश्वत देना और दल बदलने के लिए प्रेरित करना भी शामिल था। उस ऑपरेशन का उद्देश्य बेनजीर भुट्टो की सरकार को गिराना था।

पाकिस्तान के एक आतंकवादी मुनीर अहमद ने 'ऑपरेशन मिडनाइट जैकाल' नामक कैसेट जो कि 12 भागों में है, मे अपने उद्देश्यों का वर्णन किया है। कैसेट न.1 की रिकार्डिंग के मौके पर आईजेआई के गुलशेर खान, मलिक मुमताज और आईएसआई के मेजर आमिर की बातचीत रिकॉर्ड की गई। दूसरा कैसेट भी पहले कैसेट के क्रम में आगे रिकॉर्ड किया गया। तीसरी रिकॉर्डिंग में ब्रिगेडियर इम्तियाज सिद्दकी, डाइरेक्टर जनरल आईएसआई, मुमताज, आरिफ अन्यान और मेजर आमिर शामिल थे।

चौथी रिकॉर्डिंग में ब्रिगेडियर इम्तियाज, मेजर आमिर, मलिक मुमताज और आरिफ अन्वान शामिल थे। कैसेट नंबर पांच की रिकॉर्डिंग में मलिक मुमताज, मेजर आमिर और ब्रिगेडियर इम्तियाज शामिल थे। छठे, सातवें और आठवें कैसेट 5 अक्टूबर 1989 को रिकॉर्ड किए गए। इनमें ब्रिगेडियर इम्तियाज, मेजर आमिर, मलिक नईम, मलिक मुमताज, आरिफ अन्वान और रशीद मौजूद थे। नौवें, दसवें, ग्यारहवें और बारहवें कैसेट 6 अक्टूबर को रिकॉर्ड किए गए थे।

जनवरी 1991 में 'न्यूज लाइन' के एक अंक में रहीनुमा यूसुफ भाई ने वर्णन किया कि पाकिस्तान में सत्ताधारी पार्टी और विरोधी पार्टी एक-दूसरे की जासूसी कर रही थीं। पाकिस्तान पीपुल्स पार्टी के बीस माह के लंबे शासनकाल में वे एक-दूसरे की जासूसी कर रही थीं। आर्मी द्वारा टेप किए गए गुप्त 'ऑपरेशन मिडनाइट जैकाल' में पाकिस्तान पीपुल्स पार्टी और आईजेआई के संघर्ष की कहानी है, जिसमें नेशनल एसेंबली के सदस्यों को खरीदने की कोशिश उस समय की गई जब बेनजीर भुट्टो के विरुद्ध अविश्वास प्रस्ताव नेशनल एसेंबली में पेश होने वाला था। ये आतंकवादी अपने मंसूबों को पूरा करने के लिए किसी भी हद को पार कर सकते हैं। यही बात उनके कैसेटों एवं पत्रों से जाहिर होती है। 'ऑपरेशन मिडनाइट जेकाल' में मोहम्मद आरिफ अन्वान (पाकिस्तान पीपुल्स पार्टी के शेखपुरा से राष्ट्रीय एसेंबली के सदस्य) ने स्वयं को आईजेआई के उस समूह के सामने ऐसे पेश किया मानों वह स्वयं बिकाऊ है और बेनजीर भुट्टो के विरुद्ध वोट दे सकते हैं। युसुफ भाई ने मोहम्मद आरिफ अन्यान को पाकिस्तान पीपुल्स पार्टी का प्लांट बताया है, जिसका उद्‌देश्य आईजेआई के विरोधी तेवर को पहचानना और नकारा करना शामिल था। यूसुफ भाई के अनुसार, आईजेआई लीडर मलिक नईम, सीनेटर गुलशेर खान ने, जो खैबर एजेंसी के रहने वाले थे, रिटायर्ड ब्रिगेडियर इम्तियाज, मेजर आमिर और मलिक मुमताज ने आरंभ में मोहम्मद आरिफ अन्यान के साथ संबंध स्थापित किया था।

पाकिस्तान पीपुल्स पार्टी के उक्त सांसद ने 28 सितंबर से लेकर 6 अक्टूबर 1989 तक अपनी बातचीत अपने भतीजे मुमताज के घर पर अन्य लोगों के साथ रिकॉर्ड कराई। प्लान के मुताबिक, आरिफ अन्वान पाकिस्तान पीपुल्स पार्टी के तीन सांसदों के साथ 50 लाख रुपये की रिश्वत लेकर दल बदलने को तैयार थे। बदले में ये लोग संयुक्त विरोधी पार्टी के सदस्यों के साथ मिलकर अविश्वास प्रस्ताव के पक्ष में वोट देने वाले थे। इस सौदे में यह भी तय किया गया कि यदि आरजेआई सत्तारूढ़ हो तो दल बदलने वाले कम से कम एक सांसद को केंद्रीय मंत्री बनाया जाएगा। लेकिन यह षड्‌यंत्र एक नंवबर को विफल हो गया, क्योंकि अविश्वास प्रस्ताव पास हो गया। बेनजीर भुट्टो ने आईएसआई पर आरोप लगाया कि उसने उन्हें सत्ता से बेदखल कराया। उन्होंने कहा कि आईएसआई में सैनिक सहायता के अलावा सूचना की शक्ति भी थी। सेना उनका आदर करती थी, लेकिन विशिष्ट सैनिक अधिकारियों की ब्रीफिंग आईएसआई करती थी।

टेपों का संस्करण—जो मुनीर अहमद की उर्दू में छपी पुस्तक में छपा है—कुछ बहुत महत्त्वपूर्ण अंश लिए हुए है। आईएसआई ने इस तरह का दुष्प्रचार किया था कि सत्ता में आने के बाद बेनजीर भुट्टो ने वरिष्ठ सैनिक अधिकारियों के साथ अपमानजनक व्यवहार किया। बेनजीर भुट्टो ने जनरल जिया-उल-हक द्वारा फौज से निकाले गए, उच्च फौजी अफसरों को दोबारा नौकरी दे दी और सिक्ख आतंकवादियों की एक सूची भारतीय प्रधानमंत्री राजीव गांधी को दी, जिसके कारण आईएसआई द्वारा भारतीय पंजाब में चलाए जा रहे ऑपरेशनों को भारी धक्का लगा था। फौजी अफसरान इस बात से बहुत नाराज थे कि बेनजीर भुट्टो ने राजीव गांधी से मुलाकात के दौरान पाकिस्तानी फौज में कटौती का वायदा भी किया और भारतीय प्रधानमंत्री से सहायता प्राप्त करने के लिए बातचीत की। बेनजीर भुट्टो और राजीव गांधी के बीच होने वाली यह बातचीत पंजाब पुलिस के कर्मियों ने टेप कर ली थी, लेकिन इस टेप को अभी तक कहीं पेश नहीं किया गया। लगता है, यह मात्र दुष्प्रचार था।

बेनजीर भुट्टो से आईएसआई इसलिए भी नाराज थी कि उन्होंने पॉलिटिकल सेल को खत्म करने की घोषणा की, जबकि पहले इसे शक्तिशाली बनाए रखने के लिए सरकारी खजाने का मुंह खोल दिया गया था। उन्होंने आईएसआई के अधिकारियों और अन्य सदस्यों के स्पेशल ड्यूटी अलाउंस भी बहुत कम कर दिए थे। जब फौज में आईएसआई के प्रमुख इकाई को खत्म करने की बात चली तो उसने अपने खुफिया ब्यूरो को और चाक चौबंद कर दिया एवं राजनेताओं के बारे में हर एक जानकारी रखने लगे। बेनजीर भुट्टो ने आईएसआई के सीनियर अफसरों को अनदेखा कर एक रिटायर्ड जनरल को आईएसआई का अध्यक्ष बना दिया था। इंटेलिजेंस ब्यूरो और आईएसआई का दावा रहा है कि बेनजीर भुट्टो की हुकूमत का खात्मा इसलिए किया गया कि उन्होंने राष्ट्रीय सुरक्षा को खतरे में डाल दिया था। आईएसआई और मिलिट्री इंटेलीजेंस का यह भी दावा हे कि बेनजीर भुट्टो एटम बम के बारे में भारत और अमेरिका को सूचना देती थीं और इसलिए उन्होंने जिद की तो सेना और गुप्तचर संस्थाओं के वरिष्ठ अधिकारियों ने मिलकर उन्हें होशियारी से तैयार की गई ऐसी ब्रीफिंग दी जो सच्चाई से कहीं अलग थी।

भारतीय मीडिया के सामने पाकिस्तानी गुप्तचर एजेंसियों का वीभत्स रूप सामने आता रहता है। एक परिचय 25 सितंबर को रिकॉर्ड किए गए कैसेट नं. 1 में मेजर आमिर के इन शब्दों से मिलता है—'एक आदमी ऐसा भी है जिसका

जनरल बाबर की बीवी के साथ संबंध हैं। उसकी उम्र 45 साल है। यह आदमी आईएसआई का था।' एक अन्य कैसेट में मेजर आमिर ने कहा–'राजीव गांधी हाल ही में पाकिस्तान गया था, उसके साथ 120 कमांडो थे। हॉली-डे-इन होटल और इस्लामाबाद एयरपोर्ट इन कमांडो के कब्जे में था। आईएसआई को राजीव गांधी के फंक्शन में जाने से रोक दिया गया।'

पाकिस्तान गुप्तचर संस्था के सदस्य इम्तियाज ने इसी कैसेट में बतलाया कि–'मैं कहता हूं कि आईएसआई ही थी जिसने अफगानिस्तान में जेहाद किया और सिक्खों द्वारा भारत को टुकड़ों में बांटने का काम शुरू किया।' टेप में सिक्खों के बारे में 30 सेकेंड तक बहस होती है। 'वजीरे-आजम ने भारत' को जो फाइलें दी हैं, उनमें इस बात की चर्चा है, आईएसआई सिक्खों के मामले में मुखलिफत कर रही है.....आईएसआई के अच्छे आदमियों को पाकिस्तान पीपुल्स पार्टी ने निकालकर फेंक दिया। नए आदमी वही कर रहे हैं, जो काम उन्हें करने को कहा जाता है.......हमें भारत में नियुक्त करने के लिए तीन हजार अफसरों की भर्ती करने की मंजूरी मिली थी। तीन हजार अफसर भारत रवाना होने के लिए तैयार थे, क्योंकि इस बारे में आदेश जारी कर दिए गए थे। इन अफसरों को बंबई जाना था पर बेनजीर ने सब तबाह कर दिया।'

'पाकिस्तानी में इन आतंकवादी संगठनों के निर्माण में इन कैसेटों ने महत्त्वपूर्ण योगदान दिया। इस देश में सियासी एजेंसियों का किरदार' नामक अपनी पुस्तक में मुनीर अहमद ने लिखा है–'आज आईएसआई की हैसियत एक समुंदर की तरह है। यह नजर न आने वाली एक आलौकिक शक्ति की तरह है। हकीकत तो यह है कि पाकिस्तान में 1977 में अब तक कितनी भी सरकारें बनी या गिरीं, उनके पीछे आईएसआई का हाथ था। 1948 में जब आईएसआई शुरू हुई तो उसमें कोई मुलाजिम नहीं था, उसके पास कार्यालय के लिए जगह तक नहीं थी। काम करने के लिए योग्य स्टाफ भी नहीं था।'

मेजर जनरल काउथ्रोन इंटेलीजेंस के संस्थापक थे। 1948 में ही ब्रिगेडियर शाहिद हमीद–जो बाद में मेजर जनरल बने–आईएसआई के डाइरेक्टर जनरल बने और 1964 तक उसके प्रमुख बने रहे। शाहिद हमीन ने तीनों फौजों के तेज, चालाक और दक्ष अफसरों और सैनिकों का चुनाव करके उन्हें आईएसआई में भर्ती किया था। उन्होंने बहुत-सी पुस्तकें खरीद कर लाइब्रेरी बनाई, जो सीक्रेट सर्विसेज के हवाले से लिखी गई थीं। उस समय आईएसआई और इंटेलीजेंस ब्यूरो के बीच बहुत तालमेल था। कराची

के एक छोटे-से घर में आईएसआई का हेडक्वार्टर खोला गया था, जहां इस्कंदर मिर्जा भी चक्कर लगाया करते थे। शाहिद हमीद के हवाले से मुनीर अहमद ने अपनी इसी पुस्तक में लिखा है–'आईएसआई में काम करने के दौरान मैंने बहुत सी लुफ्त का अनुभव किया, लेकिन यहां रहकर मुझमें एक अजीब आदत भी पैदा हो गई कि मैं हर किसी को शक की निगाह से देखने लगा।'

1965 के भारत-पाकिस्तान युद्ध के दौरान पाकिस्तान की सरकार को अपनी गुप्तचर संस्थाओं की भारी कमी का अहसास हुआ। तब तक मिलिट्री इंटेलीजेंस ही सैनिक मामलों की महत्त्वपूर्ण सूचनाएं एकत्र करने के लिए जिम्मेदार थी। उसकी कमजोरियां और अन्य गुप्तचर संस्थाओं की खामियों को देखते हुए आईएसआई का पुनर्गठन 1966 में किया गया और 1981 में इसका प्रसार हुआ। तभी से यह संगठन रक्षा मंत्रालय के अधीन आ गया। उन दिनों पाकिस्तान में जनरल अयूब खान का शासन था।

1965 में जब कश्मीर में गड़बड़ी के बाद भारत-पाकिस्तान युद्ध शुरू हुआ तब पाकिस्तान की इंटेलीजेंस व्यवस्था पूरी तरह चरमराकर ठप्प हो गई, क्योंकि तब तक गुप्तचर एजेंसियों का काम टेलीफोन टेप करना और राजनेताओं का पीछा करना-भर रह गया था। 6 सितंबर 1965 को जब भारतीय सेना की पंद्रहवीं इनफैंट्री डिवीजन ने टैंकों, पैदल सेना और तोपखाने के साथ अंतर्राष्ट्रीय सीमा पार करके जीटी रोड पर अमृतसर से लाहौर की ओर बढ़ना शुरू किया तब पाकिस्तानी गुप्तचर संस्थाओं को यह सपने में भी अभास नहीं था कि भारतीय सेना कश्मीर में, विशेषकर छंब-जोड़ियां क्षेत्र से पाकिस्तानी सेना के दबाव को कम करने के लिए पंजाब-पाकिस्तानी पंजाब की सीमा पर फ्रंट खोल देगी। यह भारतीय गुप्तचर एजेंसी की भारी विजय थी जिसमें भारतीय सेना ने पाकिस्तान में इच्छोगिल नहर के पूर्वी किनारे तक पहुंचकर लाहौर के दरवाजों को खटखटा दिया। युद्ध के बाद जनरल याहिया खान की अध्यक्षता में इन कमियों को दूर करने के लिए एक कमेटी गठित की गई। जनरल अयूब खान को पाकिस्तान इंटेलीजेंस ब्यूरो में कोई विश्वास नहीं था, लिहाजा खान की कमेटी की सिफारिशों पर पाकिस्तान में डिफोंसिव इंटेलीजेंस सिस्टम का उदय हुआ, जिसको बाद में इंटर सर्विसेज इंटेलीजेंस डाइरेक्टरेट के नाम से जाना गया। पाकिस्तान इंटेलीजेंस ब्यूरो की घरेलू इंटेलीजेंस एकत्र करने की जिम्मेदारी मिली और आईएसआई को विदेशी और ओफेंसिव इंटेलीजेंस एकत्र करने की।

भारत की गुप्तचर संस्थाओं में योग्य कर्मी भर्ती किये जाने के कारण आई एस आई को इनकी कमजोरियों से फायदा होता रहता है। लेफ्टिनेंट जनरल गुलाम जिलानी खान 1971 से 1977 तक डीजी आईएसआई रहे। इनको डीजी इंटेलीजेंस भी कहा जाता है। उन्होंने रिटायर्ड अफसरों को विशेष ओहदा दिया, उन पर पूरा विश्वास किया और सेवारत सैनिक अधिकारियों की अपेक्षा उन्हें अधिक महत्त्व दिया।

जनरल जिलानी आईएसआई का योग्य कमांडर था लेकिन उसके बाद जनरल रहमान आईएसआई का प्रमुख बना जो कि बिल्कुल अयोग्य था। इसलिए उन्होंने अपने स्टाफ से सुझाव मांगा, जिसके आधार पर उन्होंने सबसे पहला काम रिटायर्ड अफसरों को हटाया। रिटायर्ड अफसरों का आईएसआई से सफाया हो गया और सेवारत सैनिक अधिकारियों को आईएसआई में प्रवेश मिला।

1958 में पाकिस्तान में मार्शल लॉ लागू होने के पूर्व आईएसआई अपनी रिपोर्ट सेना के कमांडर-इन-चीफ को भेजती थी, लेकिन मार्शल लॉ लागू होने पर सभी इंटेलीजेंस एजेंसियां राष्ट्रपति और चीफ मार्शल लॉ एडमिनिस्ट्रेटर के अधीन आ गईं। आईएसआई और मिलिट्री इंटेलीजेंस 1964 के राष्ट्रपति चुनाव के दौरान बहुत सक्रिय हो गई थीं। उन्होंने पूर्वी पाकिस्तान पर कड़ी नजर जमाई और वहां की पल-पल की सूचनाएं अयूब खान तक पहुंचाईं। लेकिन जनरल याहिया के युग में आईएसआई घरेलू राजनीति में लिप्त हो गई। यह संगठन इस तरह के ऑपरेशन करता था कि कोई भी पार्टी बहुमत लेकर सत्ता में न आ सके और इस काम के लिए उन्होंने 29 लाख रुपये अवामी लीग के भीतरी सर्किल के लोगों पर खर्च किए, लेकिन जब चुनावी नतीजे आए, तो मानों आईएसआई पर बिजली गिर गई—सब कुछ उल्टा हुआ था।

आईएसआई किसी नौकरशाह के अधीन नहीं, बल्कि एक तरह से स्वायत्त संगठन है। ऑपरेशन और अन्य योजनाएं वह खुद बनाती है, जिसके लिए किसी और संगठन से परामर्श करना उसके लिए आवश्यक नहीं।

कारगिल ऑपरेशन के दौरान सेना और आईएसआई के बीच तालमेल हुआ था। वहां के तत्कालीन आईएसआई प्रमुख लेफ्टिनेंट जनरल महमूद अहमद पाकिस्तान के तत्कालीन चीफ एक्जीक्यूटिव जनरल मुशर्रफ के अनन्य भक्त और विश्वासपात्र थे। 31 वर्ष पहले उन्होंने जनरल मुशर्रफ के साथ आर्टिलरी रेजीमेंट में

ही अपने नौकरी शुरू की थी। उनका जन्म 15 अगस्त 1948 को हुआ था। 30 मार्च 1966 में सेना में उन्हें कमीशन मिला था।

जो भी सत्ता में आया, जहां तक संभव हुआ, उसने आईएसआई का पूरा उपभोग किया। अपनी पुस्तक 'इफ आई एम एसेसिनेटेड' में भुट्टो ने आईएसआई पर आरोप लगाया था कि यह संस्था निगरानी तो करती है, लेकिन जहां तक विश्वसनीय कठोर इंटेलीजेंस का प्रश्न है, यह सन् 1965 और 1971 के युद्ध के दौरान पूरी तरह असफल रही। भुट्टो ने लिखा है–'अयूब खान और याहिया खान ने इंटेलीजेंस एजेंसियों का क्यों इस्तेमाल किया ? याहिया खान ने राजनेताओं में फूट डालने और आम चुनावों में मनचाहा नतीजा हासिल करने के लिए इंटेलीजेंस एजेंसी का इस्तेमाल किया और अयूब खान ने राजनीतिक लाभ के लिए इनका इस्तेमाल किया। उन्होंने मेरी पार्टी को उभरने से पूरी तरह रोका।'

जनरल जिया-उल-हक ने अपने काल में आईएसआई को सबसे अधिक महत्त्व प्रदान किया। उन्होंने भारत-विरोधी नीति पंजाब में लागू कराई।

ब्लूस्टार ऑपरेशन में आईएसआई ने भारत-विरोधी दुष्प्रचार में भयंकर विषवमन किया, सिखों को भड़काया, आतंकवादियों को पनाह दी, मार्गदर्शन किया, शस्त्र-अस्त्र और गोला-बारूद तथा धनराशि के साथ-साथ उन्हें शरण भी देती रही।

कश्मीर में आतंकवाद और अलगाव की कार्यवाही शुरू करने का काम भी आईएसआई ने किया। 1993 में पाकिस्तान के राष्ट्रपाति ने सेना की मंजूरी के बाद ही डीजी आईएसआई की तैनाती की थी और इस तरह आईएसआई पाकिस्तानी राष्ट्रपति के हाथों से निकलकर सेना के नियंत्रण में पहुंच गई।

आईएसआई किसी के प्रति उत्तरदायी नहीं है–न सेना के प्रति, न पाकिस्तान के राष्ट्रपति या प्रधानमंत्री के प्रति। इस पर किसी का कोई विशेष नियंत्रण नहीं है। धन का कोई अभाव नहीं। सीक्रेट सर्विसेज फंड के अलावा मादक द्रव्यों की तस्कारी से अपार धनराशि आईएसआई के हाथ लगी। अफगानिस्तान और मुजीहिदी से मिली सहायता-धनराशि से आईएसआई ने भारत के पंजाब और कश्मीर में छद्‌मयुद्ध शुरू किया। अफगानिस्तान युद्ध शुरू होते ही आईएसआई के 200 अधिकारियों को अमेरिकी सीआईए ने गहन प्रशिक्षण दिया।

आईएसआई के समस्त कार्य गुप्त रूप से होता है। इसी वजह से इसने अपने ग्रुप का विस्तार विदेशों में भी कर लिया है। आईएसआई के अफगान ब्यूरो के भूतपूर्व प्रमुख ब्रिगेडियर मोहम्मद यूसुफ ने कहा कि आईएसआई तीसरे विश्व का सबसे सफल गुप्तचर संगठन है, जिसमें सैकड़ों सैनिक और नागरिक अधिकारी हैं और हजारों का स्टॉफ। इसका मुख्यालय अब इस्लामाबाद में है। आईएसआई का प्रमुख सशस्त्र सेनाओं का सबसे शक्तिशाली है, जिसकी सीधी पहुँच पाकिस्तान के राष्ट्राध्यक्ष तक है। इसकी खतरनाक ख्याति के कारण सेनाओं के सामान्य अफसरों को हमेशा यह अहसास होता रहता है कि आईएसआई उन पर नजर रख रही है। आईएसआई में काम करने वाले स्टाफ का उसके साथी और उसके वरिष्ठ सहयोगी तक साथ छोड़ देते हैं।

इस्लामी कट्टरपंथी और आतंकवाद

इस्लामिक कट्टरपंथ का आतंकवाद से प्रत्यक्ष संबंध है। आज ज्यादातर आतंकवादी इस्लाम की छाया में पल-बढ़ रहे हैं। हालांकि कुछ विद्वानों का मानना है कि आतंकवाद इस्लामिक कट्टरपंथ तक ही सीमित नहीं हैं बल्कि इसके कई रूप हैं। बहरहाल पाकिस्तान में आतंकवाद के पर्याप्त बीज दिखायी देते हैं। पाकिस्तान ने अपनी गुप्तचर संस्थाओं, विशेषकर आईएसआई की सहायता से बड़े पैमाने पर कश्मीर में विद्रोह और आतंक फैलाने का षड्यंत्र रचा। उसने सीमापार से आतंकवादी और हथियार भेजे और मुस्लिम राष्ट्रों से बड़े पैमाने पर धन एकत्र कर कश्मीर में अलगाववादियों के साथ इस इरादे से भेजा कि यहां कि कानून-व्यवस्था चरमारा जाए और शासन तंत्र छिन्न-भिन्न हो जाए। 3 नवंबर 1993 को पाकिस्तान में बीस देशों के तीस हजार से अधिक प्रतिनिधि मरकज-दवा-अल-इरशाद के वार्षिक सम्मेलन में जमा हुए। यह कट्टरपंथी संगठन है। इनके मुखिया ने सम्मेलन में कहा कि हमारे 25 सिपाही पिछले साल कश्मीर में मारे गए—लेकिन कश्मीर ही हिंदुस्तान में प्रवेश करने का एकमात्र गेट-वे (दरवाजा) है। हमें बोस्निया और फिलीस्तीन में चल रहे आंदोलन के साथ कश्मीर को भी जोड़ना होगा, ताकि हम साढ़े बारह करोड़ मुसलमानों को हिंदुओं के शोषण से मुक्त करा सकें।

11 फरवरी 1994 को मोहम्मद मसूद अजहर नामक एक ऐसे व्यक्ति को श्रीनगर से गिरफ्तार किया गया, जो हरकत-उल-अंसार नामक संगठन का

पाकिस्तानी सचिव था। मसूद अजहर ने कहा कि बारह इस्लामी देशों के सिपाही कश्मीर को आजाद कराने आए हैं। हम हिंदुस्तानी कारबाइनों का जवाब रॉकेट लांचर से देंगे।

इसी मोहम्मद मसूद अजहर को मुक्त कराने के लिए नेपाल से भारत के इंडियन एयरलाइंस के विमान को अपहरण कर पहले लाहौर और बाद में अफगानिस्तान ले जाया गया। अपहर्ताओं की मांग के फलस्वरूप भारत सरकार को मसूद अजहर को रिहा करना पड़ा।

कश्मीर में भाड़े के आतंकवादी आतंक फैलाने की कसम खाकर अपने साथ आधुनिक हथियार, गोला-बारूद और विस्फोटक सामग्री लेकर भारत में जेहाद फैलाने के नाम पर वर्षों से पहले प्रवेश करते रहे हैं। पाकिस्तान सन् 1971 में अपनी सेनाओं की शर्मनाक हार और आत्मसमर्पण के अपमान को आज तक नहीं भुला पाया है। भारतीय गुप्तचर संस्थाओं और अमेरिकी राजदूतों ने अपनी पुस्ताकों और भाषणों में अनेक बार यह बात कही है। पाकिस्तान का सबसे बड़ा निशाना कश्मीर है। कश्मीर पर यदि वह कब्जा कर लेगा तो बहुत हद तक पाकिस्तान की सेना के माथे से सन् 1971 की पराजय का दाग धुल जाएगा।

भारत में रहने वाले मुसलमानों की संख्या विश्व में दूसरे नंबर पर है। यहां सदियों से रह रहे हिंदू और इस्लाम धर्म के अनुयायियों को बार-बार सांप्रदायिक तनाव के दौर से गुजरना पड़ता है। कभी हिंदू कट्टरपंथी जहर उगलते हैं तो कभी मुस्लिम। अयोध्या की घटना के बाद देश के कोने-कोने में सांप्रदयिक तनाव उभरा, जिसको पाकिस्तान और भारत के कोने-कोने में फैले पाकिस्तानी जासूसों ने बढ़ाया। बोस्निया और फिलीस्तीन के समानांतर कश्मीर में भी कट्टरपंथियों ने आतंक फैलाने में कोई कसर नहीं छोड़ी हे और उनकी अगुवाई पाकिस्तान कर रहा है। आतंकवादियों के लिए अपार धनराशि एकत्र की जाती है। पश्चिम एशियाई देशों, पाकिस्तान और अफगानिस्तान से धन और हथियार अबाध गति से आते रहे हैं। आतंकवाद पर अमेरिकी रिपब्लिकन टॉस्क फोर्स (जिसने पूरे विश्व में फैले आतंकवाद का वर्षों तक अध्ययन किया है) ने अपनी रिपोर्ट में कहा है—पाकिस्तान के लिए कश्मीर में क्षेत्रीय रुचि है और विश्व में पाकिस्तान इस्लाम के हित की खातिर मिलिटेंसी से जुड़ा है।'

पाकिस्तान की इंटेलिजेंस एजेंसी आईएसआई ने प्रमुख इस्लामिक संगठनों की सहायता से सीमापार से पर्दे के पीछे से युद्ध छेड़ रखा है। अफगानिस्तान में युद्ध लड़ चुके विभिन्न देशों के सैकड़ों आतंकवादी वास्तविक नियंत्रण रेखा पार

करके जम्मू-कश्मीर में आते रहते हैं। ये लोग भारत में सांप्रदायिक दंगे तथा आतंक फैलाना चाहते हैं। पर्दे के पीछे से चलने वाले युद्ध की शुरुआत 1987 में हुई थी, जब जम्मू-कश्मीर लिबरेशन फ्रंट को एक किनारे कर कट्टरपंथियों और पाक-समर्थित हिंजबुल-मुजाहिदीन ने आतंक फैलाने का बीड़ा उठाया। तीसरे दौर में कश्मीर समस्या को अंतर्राष्ट्रीय जामा पहनाने के प्रयास हुए और चौथे दौर में धर्म और इस्लाम के नाम पर आतंकवाद फैलाने के लिए भारत के शेष प्रांतों में बसे मुसलमानों को भड़काने और विरोध के लिए उकसाने का काम हुआ।

पाकिस्तान ने अपना इरादा बिल्कुल साफ कर दिया है। वह चाहता है कि कश्मीर की स्थिति को बुरी तरह से बिगाड़ दे, ताकि सुरक्षाबल, आतंकवाद को कुचलने के लिए कड़े कदम उठाएं और वह इस्लामी मंच के देशों को यह समझा सके कि भारत के तथाकथित हिंदू वहां मुसलमानों पर अत्याचार कर रहे हैं, जिसके कारण भारत के मुसलमान आक्रोश में हैं और इसी कारण वे सांप्रदायिक हिंसा फैला रहे हैं। पाकिस्तान ने परोक्ष युद्ध के लिए युद्धभूमि के रूप में उत्तरप्रदेश को भी चुना। इसकी सीमाएं नेपाल से लगती हैं। जेकेएलएफ का लीडर जावेद मीर सितंबर 1993 में काठमांडू गया और उसने इस्लामिक सेवक संघ के सदस्यों को भारी धनराशि दी। परवेज अफजल नामक एक आईएसआई एजेंट नेपाल में तैनात किया गया, जिसका काम तोड़-फोड़ की कार्रवाई के लिए आने वाले आतंकवादियों के प्रशिक्षण पर नजर रखना और अभ्यर्थियों को भारत के विरोध के लिए प्रेरित करना था। तराई के इलाके में स्थित मस्जिदों में वह ऐसे युवकों से मिलकर उन्हें भड़काने वाली कार्रवाई के लिए प्रेरित करता था। आईएसआई द्वारा प्रशिक्षित किए जाने के बाद ये युवक उत्तरप्रदेश में फैल गए। 1995 में बीस विस्फोटों में से सत्रह विस्फोट ऐसे युवकों द्वारा ही किए गए थे।

आज आईएसआई अपने संगठन में पंजाबी उग्रवादियों को भी शामिल कर रहा है। वह भारत में चौतरफा विभाजन का बीज रोपना चाहता था। अफगानिस्तान में तालिबान मुजाहिदीन को युद्ध में पाक के माध्यम से भरपूर सहायता और प्रेरणा देने के लिए अमेरिका का मोहभंग तब हुआ जब वर्ल्ड ट्रेड सेंटर में आतंकवादियों ने भयंकर विस्फोट किया और अमेरिकी गुप्तचर संस्थाओं ने उसका नाता पाकिस्तानी आतंकवादी संगठनों से जोड़ा। अमेरिकी शासकों ने तालिबान कट्टरपंथियों और मुजाहिदीन के बढ़ते हुए खौफनाक पंजों और उसके कारण मंडराते हुए खतरों को पहचाना। विशेषकर 1990 के दशक में आरंभ में सोवियत संघ के विघटन, चीन में इस्लामी कट्टरपंथियों के नए उग्र तेवर, बांग्लादेश में कट्टरपंथियों और

सरकार की सांठ-गांठ पूर्वी यूरोप विशेषकर बोस्निया, हरजेगोबिना तथा कोसोवो में इस्लाम धर्म के अनुयायियों की सहायता के लिए वहां युद्ध के लिए गए दर्जनों देशों के इस्लामिक कट्टरपंथियों के रौद्ररूप से अमेरिका को लगा कि इसके खूनी पंजों का आकार बहुत तेजी से फैल रहा है और उस पर अंकुश लगाना जरूरी है।

आईएसआई की प्रमुख शाखाएं

1. ज्वाइंट इंटेलीजेंस ब्यूरो,
2. ज्वाइंट काउंटर इंटेलीजेंस ब्यूरो,
3. ज्वाइंट इंटेलीजेंस मिसलेनियस(विविध)
4. ज्वाइंट इंटेलीजेंस (नॉर्थ),
5. ज्वाइंट इंटेलीजेंस टेक्निकल,
6. ज्वाइंट इंटेलीजेंस एक्स(जिक्स एडम्)
7. ज्वाइंट सिग्नल इंटेलीजेंस ब्यूरा, और
8. ज्वाइंट इंटेलीजेंस एक्स

ज्वाइंट इंटेलीजेंस ब्यूरो में आईएसआई का साठ प्रतिशत स्टाफ तैनात है। इसके तीन उपविभाग हैं, जिनमें से एक का काम भारत और सुदूर-पूर्व के देशों की इंटेलीजेंस एकत्र करना है। आईएसआई का मुख्य काम विदेशी इंटेलीजेंस ऑपरेशन है।

ब्रिगेडियर यूसुफ ने अपनी पुस्तक 'द वियर ट्रेप' में अफगानिस्तान में आईएसआई के अफगान ब्यूरो का बड़ा विस्तृत विवरण दिया है।

उत्तरी रावलपिंडी के इलाके में 70-80 एकड़ भूमि में इसका मुख्यालय स्थापित किया गया था, जिसे चारों ओर से ईंटों की दीवार से घेरा गया। इस ऑफिस में एक ऐसा स्टोर बनाया गया, जिसमें मुजाहिदीन के काम आने वाले 70 प्रतिशत हथियार और गोला-बारूद रखा जाता था। गैरेज में तीन सौ गाड़ियां पार्क की जा सकती थीं। इसके अलावा कई एकड़ भूमि पर ट्रेनिंग कराई जाती थी। मनोवैज्ञानिक युद्ध का प्रशिक्षण देने वाला एक केंद्र था, मैसहाल थे, पांच सौ लोगों के लिए डाइनिंग हाल थे और स्ट्रिंगर मिसाइल का पूरा स्कूल, सिमुलेटर के साथ था। इस स्थान को ओझेरी कैंप के नाम से जाना जाता है। सड़क के पार इसके सामने ही पाकिस्तान आर्मी का कैंप है, जिसके साथ-साथ अनेक मकान हैं।

अफगानिस्तान में गृहयुद्ध के समय रूसी सेना का प्रवेश होते ही पाकिस्तान ने मुजाहिदीन की सहायता करने का निर्णय लिया। अमेरिका से फंड और हथियारों की सप्लाई प्राप्त कर अफगानिस्तान में युद्धरत मुजाहिदीन तक पहुंचाने का काम आईएसआई को सौंपा गया। आईएसआई अपने ब्यूरो का 1984-85 के अवधि में जब अफगानिस्तान में घनघोर युद्ध चल रहा था तब, बहुत ज्यादा प्रसार किया। अस्सी हजार मुजाहिदी योद्धाओं को ट्रेंनिंग दी गई। पाकिस्तान ने सैनिक साज-सामान और युद्ध में काम आने वाली सामग्री-विस्फोटक आदि को 29 प्रांतों में आईएसआई के माध्यम से पहुंचाया। अफगान ब्यूरो की तीन शाखाएं थीं। हरेक का इंचार्ज एक कर्नल था, जिसका काम ट्रेनिंग और इंटेलीजेंस था। रोजमर्रा की लड़ाई की योजनाएं यहां बनाई जाती थीं। टारगेट चुने जाते थे और मुजाहिदीन की रणनीति तय की जाती थी। दूसरी ब्रांच का अध्यक्ष भी एक कर्नल था, जो सप्लाई (भंडारण) का काम करता था। इसका काम हथियार, गोला-बारूद एकत्र कर आगे पहुंचाना था। तीसरी शाखा का इंचार्ज एक लेफ्टिनेंट कर्नल था, जिसका काम मनोवैज्ञानिक युद्ध-संचालन था। उसके पास तीन रेडियो सेक्शन थे। उसके अलावा मनोवैज्ञानिक प्रभाव डालने के लिए पर्चे बंटवाना और मुजाहिदी का इंटरव्यू करना भी उसकी जिम्मेदारी थी।

आईएसआई का नेटवर्क अमेरिका तक फैला हुआ है, इस बात का रहस्योद्घाटन तब हुआ जब आईएसआई चीफ ने अमेरिका की सीआईए के डाइरेक्टर विलियम कैस्सी से व्यक्तिगत संपर्क स्थापित किया। मुजाहिदीनों के लिए पाकिस्तान सीआईए के धन से राशन खरीदता था।

युद्ध जब अपने चरमबिंदु पर था, तब ब्रिगेडियर यूसुफ ने अमेरिकी सीनेटर (संसद सदस्य) चार्ल्स विलसन को वहां की गुप्त यात्रा भी कराई थी। युद्ध के बाद के दौर में अफगानिस्तान ब्यूरो का एक और विंग खोला गया, जिसका काम अफगान गांवों में भोजन और कपड़े उपलब्ध कराना था, ताकि गांववासी मुजाहिदीन के ऑपरेशन वाले इलाकों के नजदीक रह सकें और निरंतर उन्हें युद्ध-संबंधी सूचनाएं भी उपलब्ध करा सकें। इस विभाग को अमेरिका से अत्यधिक मात्रा में धनराशि प्राप्त होती थी। अफगानिस्तान ब्यूरो के दो फारवर्ड डिटैचमेंट थे—एक पेशावर में था और एक पेशावर में था और एक क्वेटा में। पेशावर वाला डिटैचमेंट मुजाहिदीन के लिए हथियार, गोला-बारूद जमा रखता था। दोनों ही अगले डिटैचमेंटों का काम मुजाहिदीन कैंपों के साथ संपर्क स्थापित करना था। लेकिन आईएसआई एक ऐसी गुप्तचर संस्था नहीं है, जिसे हमेशा अभूतपूर्व सफलता ही मिलती रही हो। उसके असफलताएं भी

मिलीं। अफगानिस्तान में मुजाहिदीन युद्ध सीआईए के नियंत्रण में चल रहा था और हथियार पहुंचाए जाते थे, इसलिए आईएसआई का दावा कि उसे आशतीत सफलता मिली, सही नहीं है। ऑपरेशनों के दौरान उनसे कई भूलें हुईं, जिनमें ओझेरी कैंप के गोला-बारूद भंडार में लगी भयंकर आग की घटना शामिल थी। इसमें आईएसआई के पांच अफसर मारे गए थे। एक अन्य भूल सोवियत सेना के हटने के बाद भी दो वर्ष तक नजीबुल्लाह सरकार सत्ता में बनी रही। इससे स्पष्ट होता है कि आईएसआई के ऑपरेशनों की सफलता बहुत सीमित थी। अमेरिका द्वारा यदि अरबों की धनराशि और अनगिनत हथियार और गोला-बारूद उपलब्ध न कराए जाते तो अफगानिस्तान में मुजाहिदीन को जो सफलता मिली, उसका अंशमात्र भी न मिल पाता।

आईएसआई की सबसे बड़ी असफलता 17 अगस्त 1988 को सी-130 सैनिक वायुयान में विस्फोट था, जिसमें जनरल जिया-उल-हक, आईएसआई प्रमुख लेफ्टिनेंट जनरल रहमान और पाकिस्तान में तत्कालीन अमेरिकी राजदूत आर्नोल्ड रैफेल और अन्य अनेक अधिकारी मारे गए थे। आईएसआई को इस तोड़-फोड़ का गुमान भी न था। भारत के विरुद्ध चलाए गए आतंकवाद के अभियान को आईएसआई गुप्त न रख सकी। अनेक सूझ-बूझ वाले पत्रकारों ने अपनी पैनी रिपोर्टों में आईएसआई को नंगा किया है और यह सिद्ध कर दिया है कि इस्लामाबाद सीधे तौर पर भारत-विरोधी आतंकवादियों को सख्त प्रशिक्षण और प्रश्रय दे रहा है। कश्मीर और पंजाब में आतंकवाद के लिए यही जिम्मेदार है। श्री सेलिंग एक हरिसन ने 8 मार्च 1992 के 'एडमंटन जर्नल' में लिखा है, 'पाकिस्तान सैनिक आर्थिक और संगठन की सरकारी सहायता देकर कश्मीर में षड्यंत्रकारी युद्ध (इनसर्जेंसी) चला रहा है। इसमें पाकिस्तान का हाथ सिद्ध हो चुका है। 1991 में लेफ्टिनेंट जनरल मिर्जा असलम बेग ने—जो कुछ ही समय पहले सेना के पद से रिटायर हुए थे—बताया कि 'हजारों कश्मीरियों को भर्ती करके इस्लामाबाद में आईएसआई द्वारा ट्रेनिंग दी गई और ये प्रशिक्षण-प्राप्त लोग अब षड्यंत्रकारी युद्ध (आतंकवादियों के मेरुदंड) में शामिल हैं।'

1990 के दशक के आरंभ में पाकिस्तान ने पूर्वोत्तर भारत में विशेषकर उल्फा उग्रवादी संगठन के साथ संबंध स्थापित किए। ये संबंध बांग्लादेश से लिए गए थे। आईएसआई ने देश-विदेश की यात्रा के लिए उल्फा को दस्तावेज उपलब्ध कराए, संवेदनशील संचार-उपकरण उपलब्ध कराए और पाकिस्तान में स्थित अफगान मुजाहिदीन के कैंपों में उल्फा कैडरों की ट्रेनिंग भी कराई। आईएसआई

के पाकिस्तानी अधिकारियों ने उल्फा के लीडरों का महत्त्वपूर्ण संचार-केंद्रों में तोड़-फोड़, रेलवे लाइन और असम के तेलशोधक कारखानों में विध्वंस करने की जिम्मेदारी सौंपी थी। उल्फा और उसके सहयोगी 'बोडो सिक्योरिटी फोर्स' बड़ी वफादारी से पाकिस्तानी आकाओं द्वारा दी गई जिम्मेदारियों को निभाते रहे हैं।

बाबरी मस्जिद विध्वंस के बाद मुसलमानों और हिंदुओं के संबंधों में फर्क आ गया। इस घटना के बाद आईएसआई को अपने पैर पसारने का पर्याप्त अवसर मिला। आईएसआई ने सांप्रदायिक असंतोष को चरमसीमा पर ले जाने के लिए के-2 नामक ऑपरेशन शुरू किया था। कुख्यात लिबरेशन फोर्स का स्वयंभू लेफ्टिनेंट जनरल सिख आतंकवादी लालसिंह सैनी जुलाई 1992 में पकड़ा गया था। पूछताछ करने पर उसने अनेक आईएसआई अफसरों के नाम बताए और पाकिस्तान द्वारा रचा गया गेम प्लान भी उजागर किया।

उग्रवादियों द्वारा बंबई विस्फोट का सिर्फ एक ही उद्देश्य विदेशी पूंजी भारत में आने से रोकना था। कुतुबुद्दीन अजीज नामक व्यक्ति–जो पाकिस्तान हाई कमीशन, लंदन, में आईएसआई प्रमुख था, चांसलर(सूचना) का आवरण ओढ़कर काम करता रहा और आईएसआई और खालिस्तानी सिखों के बीच साउथ हाल में संपर्क कराता रहा।

दक्षिण-पूर्वी एशिया के कई राज्यों में भी आईएसआई का संगठन मजबूत है। उपरोक्त दोनों राजनयिक आठवें दशक के अंत में कार्यरत थे। ये खुलेआम विदेशी पत्रकारों को इंटरव्यू देते थे और भारत के विरूद्ध विषवमन करते थे। एक बार तो रिजवी ने जब कश्मीर से संबधित पर्चे बांटे तक विदेशी पत्रकारों के बैंकाक स्थित क्लब के अधिकारियों ने उसका विरोध किया। सिंगापुर और यानंगोन में भी आईएसआई भारतीय मुसलमानों को सरकार के विरुद्ध भड़काने के लिए ऐसे वीडियो टेप दिखाती रहती है, जिनमें कश्मीर में भारतीय सुरक्षाबलों की तथाकथित ज्यादतियां प्रदशित की गई हैं। ये वीडियों फिल्में झूठी हैं और इन्हें योजनाबद्ध प्रोपेगंडा करने के लिए आईएसआई ने तैयार कराया था।

इस बात का भी पता चला है कि आईएसआई का म्यांमार के गुप्तचर सेवाओं से सांठ-गांठ है क्योंकि यहाँ से आईएसआई ने पूर्वोत्तर भारत में डिप्लायमेंट की सूचना का आदान-प्रदान किया। पूर्वोत्तर भारत में आईएसआई ने मुस्लिम समाज में खासी घुसपैठ की है और भोले-भाले मुस्लिम समुदाय को बुरी तरह भड़काया है। दिल्ली स्थित पाकिस्तानी दूतावास के कर्मचारियों की संख्या 200 है, जिसमें 25 से 30

गुप्तचर संस्थाओं से जुड़े हैं। वे अलग-अलग आवरण ओढ़कर काम करते हैं। नवें दशक के आरंभ में आईएसआई के कम से कम 18 अधिकारी थे और अन्य मुजाहिदीन इंटेलीजेंस के। इनमें से एयर अटैची कर्नल इकबाल हैदर, प्रथम सचिव (कामर्शियल), सिबघाट मंसूर (तृतीय सचिव), शेख इरशाद हसन, (प्रथम सचिव), जावेद अहमद (प्रथम सचिव), नसीरुद्दीन अहमद (डिफेंस अटैची), बिग्रेडियर जमशेद गुलजार और एयर अटैची ग्रुप कैप्टन आर बुखारी थे। राजनयिकों के अलावा गैर-राजनायिक स्टाफ भी पाकिस्तान कमीशन में तैनात था और आईएसआई के लिए काम कर रहा था।

पाकिस्तान में कई गुप्तचर संस्थाएं हैं। इन संस्थाओं का सार-संक्षेप और कार्यक्षेत्र का उल्लेख परिशिष्ट में तालिका-1 और तालिका-2 द्वारा दर्शाया गया है। आईएसआई की विभिन्न शाखाएं अलग-अलग जिम्मेदारियां संभालती हैं।

ज्वाइंट काउंटर इंटेलीजेंस ब्यूरो

इस ब्यूरो का प्रमुख काम देश की सभी इंटेलीजेंस एजेंसियों की खुफिया इंटेलिजेंस शाखाओं में ताल-मेल बनाए रखना है। विदेशी दूतावासों में काम करने वाले संदेहास्पद कर्मियों पर नजर रखने के साथ-साथ विदेशों से आने वालों के बारे में सूचनाएं इकट्ठा करने का काम यही ब्यूरो करता है। इस शाखा द्वारा सूचना-संकलन और विश्लेषण का कार्य भी किया जाता है। इसका उद्देश्य विद्रोह की गतिविधियों, उपद्रवों और बलवों की तैयारी और षड्यंत्र का जायजा लेते रहना भी है। इस ब्यूरो का एक इंटर सर्विसेज सिक्योरिटी सेक्शन भी है, जो आईएसआई के कर्मचारियों पर भी निगाह रखता है। इसकी शाखाएं लाहौर, कराची और पेशावर में हैं। इसका प्रधान डीडीजी–आई (एक्सटर्नल) है, जिसके अधीन चार डाइरेक्टर और अनेक सहायक डाइरेक्टर काम करते हैं।

(क) डाइरेक्टर सर्वेलेंस–विदेशी राजनियकों और अन्य विदेशी नागरिकों के पाकिस्तान में प्रवेश के बाद उन पर कड़ी निगाह रखना इस डाइरेक्ट्रट का काम है। इसके अलावा आईएसआई के कार्मिकों और देश के राजनेताओं पर नजर रखना भी इस विभाग की जिम्मेदारी है। डाइरेक्टर का रैंक ब्रिगेडियर और उसके डिप्टी डाइरेक्टर का रैंक कर्नल है।

(ख) डाइरेक्टर प्राइम मिनिस्टर सैक्रेटरिएट।

(ग) डाइरेक्टर एक्सटर्नल और पॉलिटिकल–ब्रिगेडियर रैंक का अधिकारी

इसका प्रमुख है। सेना, वायुसेना या नौसेना, लेफ्टिनेंट कर्नल या कर्नल रैंक का अधिकारी इसका डिप्टी डाइरेक्टर होता है। इस विभाग का काम विदेशी गुप्तचरों पर निगाह रखना और देश के राजनेताओं की जासूसी करना है।

(घ) निदेशक एशिया, यूरोप और मध्यपूर्व–आज यूरोप और मध्यपूर्व के कुछ देशों में आतंकवादियों ने मजबूत ग्रुप बना लिये हैं। पाकिस्तान सरकार ने एशिया, यूरोप और मध्य पूर्व में तीन डिप्टी डायरेक्टरों को नियुक्त किया है। इनका काम इन देशों में पाकिस्तान और उसके मित्र देशों के उपयोग के लिए गुप्तचरी करना है।

आईएसआई और आतंकवाद

1 अक्टूबर 1997 को श्रीमती मेडलीन अल्ब्राइट ने अमेरिकी संसद को सूचित किया कि विश्व के 30 अंतर्राष्ट्रीय आंतकवादी संगठनों की एंटी-टेररिज्म और इफेक्टिव डेथ पेनेल्टी एक्ट-1996 के प्रावधनों के तहत लाने का सरकार का प्रस्ताव है। इस एक्ट के अंतर्गत यदि कोई आमेरिकी नागरिक या वहां का कोई भी निवासी आतंकी संगठन को धन या अन्य सहायता प्रदान करता है तो उसको आतंकवाद संबंधी अपराध माना जाएगा। एक्ट के तहत अमेरिकी प्रशासन किसी भी ऐसे संगठन के सदस्य को वीसा देने से इंकार कर सकता है और अमेरिका की धरती से इन संगठनों का प्रतिनिधित्व करने पर रोक लगा सकता है। पाकिस्तान के हरकत-उल-अंसार नामक संगठन को 30 अंतर्राष्ट्रीय आंतकवादी संगठनों की सूची में शामिल किया गया था।

1980 के दशक के मध्य में पाकिस्तान के मध्य में पाकिस्तान के मध्य पंजाब में कुछ धार्मिक तत्त्वों द्वारा हरकत-उल-मुजाहिदीन नामक एक संगठन शुरू किया गया। जिसका मुख्यालय रावलपिंडी में था। शुरू में इसका उद्देश्य मानवीय आधार पर उन अफगान रिफ्यूजियों को शरण और सहायता देना था जो पाकिस्तान के उत्तर पश्चिमी सीमांत प्रांत में आ गए थे। यह सुन्नी संगठन देवबंद स्कूल की विचारधारा के बहुत निकट है। उसके वालंटियर तब्लीकी जमात से आए थे जो दिखावे के तौर पर मिशनरी और धर्मार्थ कार्य करते थे। नवाज शरीफ के प्रधानमंत्रित्व काल में 1990 से 1993 के बीच आईएसआई के डाइरेक्टर जनरल रह चुके रिटायर्ड ले, जनरल जावेद नासिर सेना और आईएसआई में नौकरी करते समय भी इस संगठन तब्लीकी जमात से जुड़े थे। मजबूर होकर नवाज शरीफ को उन्हें हटाना पड़ा, क्योंकि 1993

में क्लिंटन सरकार ने पाकिस्तान को अंतर्राष्ट्रीय आतंकवाद को जन्म और सहायता देने वाला राष्ट्र की 'नजर में रखो' लिस्ट में डाल दिया था। पाकिस्तान का नाम उस लिस्ट में से हटाने के लिए अमेरिकी सरकार ने यह मांग की थी कि जनरल नासिर को आईएसआई से हटाया जाए और उन अधिकारियों को भी आईएसआई से निकाल बाहर किया जाए जो आतंकवादी संगठनों को भारत, मिस्त्र, ट्यूनीशिया और अल्जीरिया के विरुद्ध सहायता दे रहे थे।

रूस-अफगानिस्तान के युद्ध के बाद अफगानिस्तान में पैदा होने वाले प्रमुख आतंकवादी संगठनों में हरकत-उल-मुजाहिदीन और अफगान मुजाहिदीन ग्रुप प्रमुख हैं। ये पाकिस्तान, अधिकृत कश्मीर में भी सक्रिय हैं। वालंटियरों की अनुमानित संख्या छह हजार थी। बाद में यह तय किया गया कि अन्य मुस्लिम राष्ट्रों में भी वालंटियर भर्ती किए जाएं। इस तरह छः हजार वालंटियर अल्जीरिया, मिस्त्र, ट्यूनीशिया, जोर्डन, सऊदी अरब, भारत के जम्मू-कश्मीर, बंग्लादेश, म्यांमार और फिलीपींस से भर्ती किए गए। ये वालंटियर शुरू में सोवियत संघ सेना के विरुद्ध अफगानिस्तान जाने वाले थे, इसलिए सीआईए ने इस कार्यवाही की ओर से नजर फेर ली, क्योंकि इससे अमेरिका की उद्देश्य-पूर्ति भी हो रही थी। प्रारंभ में इन उग्रवादी संगठनों को अफगानिस्तान में अपना प्रभाव बनाये रखने के लिए पर्याप्त आर्थिक सहायता दी गयी। यह कैंप जलालुदीन हक्कानी चला रहा था जो हज्ब-इस्लामी(खलीस) मुजाहिदीन ग्रुप, अफगानिस्तान से संबंधित था। बाद में वह तालिबान के साथ मिलकर काबुल में तालिबान सरकार में शामिल हो गया। बाद में हरकत-उल-मुजाहिदीन ने अफगानिस्तान क्षेत्र में अपने ट्रेनिंग कैंप स्थापित किए। ऐसा भी समझा जाता है कि अफगान युद्ध के कुछ बेहतरीन योद्धा हरकत-उल-मुजाहिदीन कैंपों में प्रशिक्षण पा चुके थे। उनके दृढ़ संकल्प और साहस को देखते हुए सीआईए ने उन्हें स्ट्रिंगर मिसाइलें भी दीं और उन्हें चलाने के लिए प्रशिक्षण भी दिया, ताकि वे सोवियत जहाजों और हेलीकॉप्टरों को मार गिराएं। जब नजीबुल्ला सरकार का पतन हो गया तब सीआईए ने हरकत-उल-अंसार से स्ट्रिंगर मिसाइलें वापस लेनी चाहीं, लेकिन उन्होंने वापस करने से साफ इंकार कर दिया।

ले. जनरल नासिर से अमेरिका नाराज हो गया, क्योंकि उसके असर और भड़काने से ही हरकत-उल-अंसार ने स्ट्रिंगर मिसाइलें वापस देने से मना किया था। हरकत-उल-मुजाहिदीन की गतिविधियों के लिए धनराशि पाकिस्तान, सऊदी अरब और मिस्त्र से प्राप्त होती थी। उनको सबसे बड़ा संरक्षक ओसामा बिन लादेन सऊदी

अरब के शाही परिवार से जुड़ा था। वह मिस्त्र, अल्जीरिया और ट्यूनीशिया में आतंकवादी संगठनों को सहायता देने के आरोप में सऊदी अरब से निकाले जाने के बाद सूडान में रह रहा था। 1993 में अमेरिका ने सूडान को अंतर्राष्ट्रीय आतंकवाद को बढ़ावा देने वाला राष्ट्र घोषित कर दिया, तब ओसामा बिन लादेन ने अफगानिस्तान में शरण ली। वह कंधार में रहता था। उसकी रक्षा तालिबान करते थे। पिछले दिनों समाचार मिला था कि उसने तालिबान को–जो बांग्लादेश, म्यांमार (बर्मा) और पाकिस्तान के मुजाहिदीन थे–अपने अंगरक्षकों के रूप में चुना। कुछ वर्ष पहले अमेरिका ने मीर आईमल कांसी को गिरफ्तार कर अमेरिका से निष्कासित कर दिया, क्योंकि उस पर सीआईए के दो अधिकारियों की हत्या का आरोप था। तालिबान को यह आशंका थी कि अमेरिका का फेडरल ब्यूरो ऑफ इन्वेस्टीगेशन कोई ऑपरेशन करके ओसामा बिन लादेन को पकड़ ले जाएगा।

नज़ीबुल्ला सरकार के पतन के बाद हरकत-उल-मुजाहिदीन ने स्वयं को मुसलमानों के अधिकारों की रक्षा करने वाले अंतर्राष्ट्रीय संगठन के रूप में परिवर्तित कर लिया और घोषणा की कि जहां कहीं मुसलमानों के अधिकारों का हनन या खतरा होगा, वे युद्ध करेंगे। इस संगठन ने अमेरिका को इस्राइल को इस्लाम का मुख्य शत्रु घोषित किया। हरकत-उल-जेहाद-अल-इस्लामी नाम का एक अफगान मूल का संगठन भी इसमें विलीन हो गया। हरकत-उल-अंसार की आतंकवादी गतिविधियां भारत के जम्मू-कश्मीर, ट्यूनीशिया, अल्जीरिया, बोस्निया, चेचन्या, ताजिकिस्तान, म्यांमार और फिलीपींस में होती रही हैं। फरवरी 1995 में हरकत-उल-अंसार के एक अज्ञात कार्यकर्ता ने इस्लामाबाद के अखबार 'न्यूज' को इंटरव्यू दिया और बताया कि वे कश्मीर में भारतीय सेनाओं के विरुद्ध लड़े और कहा–'हमारे मुस्लिम भाई जहां कहीं भी आतंकित होंगे, हम बिना पैसे की परवाह किए वहां जाएंगे। हमारे साथी बोस्निया, चेचन्या, ताजिकिस्तान, बर्मा, फिलीपींस और हिंदुस्तान में भी गए और दमन करने वालों से लड़े। हम पूरी कोशिश कर रहे हैं कि इन देशों में इस्लामी सरकारें स्थापित हों।'

रायविंड में 1994 में हुई सालाना बैठक में दस हजार लोगों ने भाग लिया जिसमें सोलह अश्वेत मुस्लिम देशों के प्रतिनिधि भी आए थे। हरकत-उल-अंसार के प्रतिनिधि ने यह भी कहा कि दिसंबर 1992 में बाबरी मस्जिद गिराए जाने के बाद इंग्लैड में रहने वाले भारतीय नॉन रेजीडेंट इंडियन मुसलमानों से आर्थिक सहायता प्राप्त हुई। फजलुर-रहमान खलील को 'न्यूज' में हरकत-उल-अंसार का अध्यक्ष बताया गया है। फजलुर-रहमान पाकिस्तान में हरकत-उल-अंसार का अध्यक्ष और मौलाना सदातुल्ला पाक-अधिकृत कशमीर का अध्यक्ष था। दर्जनों सऊदी जेहाद के

इरादे से अफगानिस्तान गए। हजारों पाकिस्तानी और अरब मूल के मुसलमानों ने विभिन्न कैंपों में कश्मीर और अन्य देशों में जेहाद की ट्रेनिंग ली।

पाकिस्तान में ऐसे अनेकों संगठन हैं, जो आईएसआई के निर्देशों को मानते हैं। इन्हें कई देशों से आर्थिक सहायता भी मिलती है। इन्होंने खुलेआम घोषणा की है कि उन्होंने अपने गुरिल्ला ताजिकिस्तान, बोस्निया, चेचन्या, फिलीपींस, म्यांमार (बर्मा) और कश्मीर में जेहाद के लिए भेजे हैं। जमात-ए-इस्लामी, हरकत-उल-अंसार और अन्य संगठनों को पाकिस्तान सरकार ने जेहाद के लिए मुसलमानों को भर्ती कराने से भी नहीं रोका। वे आम सभाएं करते हैं और भाषण देते हैं, जेहाद के लिए धनराशि एकत्र करते हैं और युवकों को ट्रेनिंग के लिए भड़काते हैं। तबलीकी जमात मूवमेंट—जिससे ले. जनरल नासिर, भूतपूर्व डीजी, आईएसआई सीधे जुड़े थे—ने मिलिट्री इंटेलीजेंस की सहायता से तीन लाख मुसलमानों को 1995 तक जमात का सदस्य बना लिया था।

विश्व आतंकवाद पर अमरीकी गृह विभाग द्वारा एक रिपोर्ट प्रकाशित किया गया जिसमें यह कहा गया है, कि हरकत-उल-अंसार के आतंकवादियों ने भारत में 1994 में दो ब्रिटिश नागरिकों का अपहरण किया। इस संगठन ने भारतीय सेना और नागरिकों के विरुद्ध कश्मीर में हथियारबंद कार्यवाही की। हरकत-उल-अंसार ने ले. कर्नल भूपिंदर सिंह का अपहरण कर लिया और यह मांग की कि भारतीय सेना हरकत-उल-अंसार के कमांडर को कर्नल भूपिंदर सिंह के बदले छोड़ दे। जब भारतीय अधिकारियों ने ऐसा करने से मना कर दिया तो उन्होंने कर्नल भूपिंदर सिंह की हत्या कर दी। हरकत-उल-अंसार ने कश्मीर में अनेक स्थानों पर नागरिकों और सुरक्षाबलों के विरुद्ध हमले किए, बसों से उतारकर नागरिकों की हत्याएं कीं, जिसमें 14 वर्ष का एक मुस्लिम बच्चा भी शामिल था।

आज पाक-अधिकृत कश्मीर में हजारों सशस्त्र कार्यकर्त्ताओं को प्रशिक्षण दिया जा रहा है जिनमें से हरकत-उल-अंसार एक प्रमुख संगठन है जो इस दिशा में तेजी से उभर रहा है। उनके पास हल्की से भारी मशीनगनें, रॉकेट लांचर, असॉल्ट राइफलें और गोला-बारूद हैं। जो कोई वालंटियर इस संगठन में शामिल होना चाहता है उसे चालीस दिन की ट्रेनिंग दी जाती है और चुने हुए लोगों को और कठोर ट्रेनिंग देकर विभिन्न स्थानों पर कश्मीर, म्यांमार, ताजिकिस्तान और बोस्निया में लड़ने के लिए भेजा जाता है। आतंकवादी कट्टरपंथी धार्मिक संगठनों को आईएसआई का संरक्षण और दिशा-निर्देश प्राप्त हैं।

सितंबर 1995 में पाकिस्तान कस्टम अधिकारियों ने कार को कोहाट के पास

पकड़ा, जिसमें भारी मात्रा में हथियार और गोला-बारूद था। ड्राइवर सैफउल्लाह को पकड़ा जो हरकत-उल-अंसार के पाक-अधिकृत कश्मीर कार्यालय में काम करता था। वे हथियार उसे पाकिस्तानी सेना के ब्रिगेडियर मस्त अंसार बिल्ला के द्वारा आदम खेल सप्लाई डिपो से कश्मीरी आतंकवादियों के लिए उपलब्ध कराए थे। 'डान' में असकरी नामक प्रसिद्ध लेखक ने लिखा था कि हिजबुल मुजाहिदी और हरकत-उल-अंसार अंतर्राष्ट्रीय आतंकवाद में लिप्त हैं। 'नेशन' में 20 अक्तूबर 1995 में छपी एक रिपोर्ट के अनुसार, मेजर जनरल अब्बासी के हरकत-उल-अंसार के साथ गहरे संबंध थे। कोहाट में कार से बरामद हुए हथियार गोला-बारूद के बाद पाक सेना ने मामले की तहकीकात अपने हाथों में ले ली। बाद में सेना ने मेजर जनरल जहीर-उल-इस्लाम अब्बासी सहित चालीस सैनिक अधिकारियों और दस नागरिकों को गिरफ्तार किया। 'खबरें' पत्र में यह समाचार छपा कि गिरफ्तार किए गए सैनिक अफसरों में से दो अधिकारी लेफ्टीनेंट जनरल जावेद नासिर के आईएसआई में स्टाफ-ऑफिसर रह चुके थे। यह रिपोर्ट चालीस सैनिक अफसरों और 10 असैनिकों की गिरफ्तारी के ऊपर छपी थी, जिनका मुखिया मेजर जनरल जहीर-उल-इस्लाम अब्बासी (जिसे भारत में स्थित पाकिस्तान हाई कमीशन से मिलिट्री अटैची के पद पर रहते हुए जासूसी करने के आरोप में गिरफ्तार कर अवांछित व्यक्ति घोषित करके भारत से निकाला गया था) पकड़े गए। इन अफसरों के बारे में 'नेशन' में 16 नवंबर 1995 को एक समाचार छपा था, जिसमें लिखा था कि ये सभी अधिकारी तब्लीकी जमात से जुड़े थे।

जुलाई 1995 में गुवाहाटी में गिरफ्तार किया गया सलीम कारी पाकिस्तानी गुप्तचर संस्था आईएसआई के लिए ही काम करता था। पाकिस्तान भारत के विरुद्ध निरंतर छिपे तौर पर आतंकवाद फैलाता रहा है। पाकिस्तान ने आतंकवादियों को भड़काने, आर्थिक सहायता देने, शास्त्र देने और उन्हें भारत में घुसपैठ कराने की कार्रवाई की है। पाकिस्तान—लंबे अरसे से भारत-विरोधी तत्त्वों को—जिन्हें अपराधी घोषित किया गया था—अपने यहां पनाह देता रहा है। पाकिस्तान ने भारत में जेहाद और आतंक फैलाने के लिए अनेक षड्यंत्र रचे, ताकि यहां अस्थिरता का माहौल पैदा हो, विकास की गति में ठहराव आए और सुरक्षा को खतरा पैदा हो।

12 नवंबर 1998 को दिल्ली में गृहसचिव स्तर की भारत-पाक वार्ताएं हुई जिसका विषय 'आतंकवाद और मादक द्रव्य' था। इस वार्ता के दौरान गृह मंत्रालय ने कुछ ऐसे दस्तावेज पाकिस्तान के दल को दिए जिनसे यह प्रमाणित होता था कि पाकिस्तान सरकार भारत में आतंकवाद को समर्थन और सहायता दे रही है।

पाकिस्तान द्वारा समर्थित आतंकवाद पूरे भारत में फैला है, लेकिन नवंबर

1998 की वार्ताओं में केंद्र-बिंदु जम्मू-कश्मीर और पंजाब ही रहा। आज इस बात से ज्यादातर लोग सहमत हैं कि पाकिस्तान-समर्थित, नियंत्रित और उनसे आर्थिक सहायता लेकर पनप रहे आतंकवादियों ने जम्मू-कशमीर में अपहरण किए, लूटपाट की, सार्वजनिक और निजी संपत्ति को नष्ट-भ्रष्ट किया और निर्दोष लोगों की बेदर्दी से हत्याएं कीं, जिनमें बच्चे, बूढ़े और औरतें भी शामिल थीं। इन आतंकवादियों में से अनेक को सुरक्षाबलों ने पकड़ा, जिन्होंने स्वीकार किया कि उन्हें पाकिस्तान ने प्रशिक्षण, हथियार तथा गोला-बारूद देकर भेजा है। वहां से उन्हें आर्थिक सहायता और शरण भी प्राप्त हुई।

आईएसआई पर ऐसे अनेकों तरह के आरोपों की पुष्टि होती है जिसमें वे भारत विरोधी षय्यंत्र में संलिप्त पाये गये हैं। पाकिस्तान को दिए गए दस्तावेजों में विदेशी भाड़े के आतंकवादियों का विवरण भी है, जो पाकिस्तान मूल के थे, या पाक-अधिकृत कश्मीर के थे और कश्मीर में सुरक्षाबलों के हाथों मारे गए। पाकिस्तानी सूत्रों द्वारा अनेक नामों की पुष्टि हुई। मरकज दवा-अल-इरशाद (एमडीआइ) के सशस्त्र संगठन लश्कर-ए-तोइबा की वार्षिक कन्वेशन में कश्मीर में मारे गए ऐसे आतंकवादियों के नाम प्रकाशित किए जाते हैं। इसी तरह सन् 1998 में जमात-ए-इस्लामी ने इस्लामाबाद में हुए अपने इजत्तेमा (कन्वेंशन) में, जो इस्लामाबाद में हुआ, अपनी पुस्तक में कश्मीर में 1997-1998 में मारे गए अल-बदर के तथाकथित योद्धाओं की लिस्ट प्रकाशित की है, जिनमें अनेक नाम, कोडनाम और पते भी दिए गए हैं। अल-बदर के ऐसे 69 आतंकवादी जम्मू-कश्मीर में मारे गए थे। इन दस्तावेजों में उन विदेशी नागरिकों और पाक-अधिकृत कश्मीर में रहने वालों की सूची भी है जो इस समय भारतीय जेलों में बंद हैं। चोटी के अपराधी तत्त्वों और अंडरवर्ल्ड के ऐसे गुंडों का विवरण भी इन दस्तावेजों में है, जो पाकिस्तान में शरण लिए हुए हैं।

भारत में समय-समय पर आईएसआई के एजेंट पकड़े जाते रहते हैं। उनके कब्जे से गोला-बारूद और हथियार बरामद हुए और ऐसे षड्यंत्रों का पता चला जिनके पीछे पाकिस्तान की आईएसआई का हाथ है। भारत के विरुद्ध आतंकवादी कार्यवाही को प्रोत्साहित करना पाकिस्तान की सरकारी पॉलिसी बन चुकी है।